高等职业教育智能制造专业群
“三新一融”系列教材



# 液压与气压传动技术

主　编
陶希海　赵亮培

副主编
杨兆举　陈益鹏

中国教育出版传媒集团
高等教育出版社·北京

内容提要

本书是根据教育部颁布的最新版《高等职业学校专业教学标准》，结合高等职业教育人才培养目标，并参考相关职业资格标准，突出以培养应用能力和综合素质为原则而编写。本书共有十个学习项目，主要内容包括液压传动的认识、液压元件的认识与选用、液压基本回路的组建和液压系统的分析与维护，气压传动的认识、气动元件的认识与选用、气动基本回路的组建和气动系统的分析与维护等。

本书可作为高等职业院校自动化类、机械设计制造类、机电设备类及汽车制造类等相关专业的教学和培训用书，也可作为机械工程类技术人员的学习和参考用书。

授课教师如需获取本书配套教学课件，请登录“高等教育出版社产品信息检索系统”(https://xuanshu.hep.com.cn/)免费下载。

**图书在版编目（CIP）数据**

液压与气压传动技术 / 陶希海，赵亮培主编．北京：高等教育出版社，2024．8．-- ISBN 978-7-04-062491-5

Ⅰ．TH137；TH138

中国国家版本馆 CIP 数据核字第 20240PX537 号

液压与气压传动技术
YEYA YU QIYA CHUANDONG JISHU

策划编辑 张 璋　责任编辑 张 璋　封面设计 贺雅馨　版式设计 马 云
责任绘图 于 博　责任校对 刘丽娴　责任印制 高 峰

出版发行 高等教育出版社
社　　址 北京市西城区德外大街 4 号
邮政编码 100120
印　　刷 天津市银博印刷集团有限公司
开　　本 787mm×1092mm 1/16
印　　张 18.5
字　　数 440 千字
购书热线 010-58581118
咨询电话 400-810-0598
网　　址 http://www.hep.edu.cn
　　　　 http://www.hep.com.cn
网上订购 http://www.hepmall.com.cn
　　　　 http://www.hepmall.com
　　　　 http://www.hepmall.cn
版　　次 2024 年 8 月第 1 版
印　　次 2024 年 8 月第 1 次印刷
定　　价 48.80 元



物 料 号 62491-00

# 前　言

本书是高等职业教育智能制造专业群“三融一新”系列教材之一。本套书的编写过程紧密跟随新时代的步伐，确保内容和教学方法的现代化与创新；以新业态教育为核心，致力于强化工程教育的实践性和前瞻性，以更好地适应技术和产业的快速发展；采用了多样化的新形态来呈现教学资源，充分利用数字化和多媒体技术，以增强学习体验。除此“三新”理念之外，教材还贯彻了“一融”的教育理念，将学生的价值观念塑造、知识体系构建和综合能力培养紧密融合，实现教育的全面性和深远影响，最终设计了本套“三新一融”系列教材。本套书承载着创新教育的使命，致力于强化工程教育的实践性和前瞻性，以更好地适应科技进步和产业发展。

液压与气压传动是一种以流体（液体或气体）作为工作介质进行能量传递和控制的传动形式。随着我国工业水平的迅速发展，液压与气压传动技术已发展成为包括传动、控制和检测在内的一门完整的自动化技术，广泛应用于各工业领域。如今，随着微电子、计算机技术的发展，机、电、液（气）技术的紧密结合，液压与气压传动技术的发展进入了一个崭新的阶段。液压与气压传动技术是装备制造大类专业人才培育的重要内容之一。

针对高等职业教育的培养目标，本书在内容的选取和安排上体现了“培养技能、重在应用”的特点，理论知识以“必需、够用”为度，注重与实际相结合，处理好理论与实际的关系，充分体现了高等职业教育的特色。同时，紧贴素质教育目标，落实全员全过程全方位育人，本书的编写坚持立德树人，坚守为党育人、为国育才，强化德技并修，注重发掘液压与气压传动技术背后的人文素质和价值关怀，把家国情怀、理想信念、职业素养、工匠精神等思想政治教育元素融入教材中。

本书在深入调研岗位需求和岗位职业能力，并与校企合作单位的专家和一线生产人员进行充分论证的基础上，确定以应用为主线，设置了包括液压传动的认识、液压元件的认识与选用、液压基本回路的组建和液压系统的分析与维护，气压传动的认识、气动元件的认识与选用、气动基本回路的组建和气动系统的分析与维护等内容的十个学习项目，以着重培养认识、选择、使用和维护液压与气动元件，安装、调试、使用、维护和检修液压与气动系统的实践能力；同时也培养分析、解决问题的能力，团队合作意识，良好职业素养及爱岗敬业精神等。本书具有以下特点：

1. 执行现行国家标准 GB/T 786.1—2021《流体传动系统及元件 图形符号和回路图 第 1 部分：图形符号》，采用了规定的液压与气动元件图形符号和有关术语。

2. 力求图文并茂，书中配有大量的实物图和动画，以增强学习的感性认识。

3. 以真实的案例为载体，采用项目引入、目标导向、任务驱动、技能实训、理实一体的模式设计学习项目，将理论知识与技能实训相结合，使学生“学中做、做中学”，这样不但有利于对理论知识的理解和掌握，而且还能提高和增强实践能力，并通过技能实训评价表对实训能力和职业素养进行综合评价。

4. 以应用为主线，从“元件认识”→“元件选用”→“元件维护”→“元件拆装”→“回路组建”→“系统分析与维护”来组织教材内容，突出了教材内容的实用性和应用性。

5. 教学资源丰富，本书已上线了教学资源库(登录莱芜职业技术学院在线教育综合平台，搜索课程名称“液压与气压传动技术”，选择主讲教师“陶希海”)，包括单元学习、微课视频、电子课件、在线测试、在线讨论、动画素材、虚拟仿真、试题库等内容，可实现线上学习。

本书由莱芜职业技术学院陶希海、赵亮培担任主编，莱芜职业技术学院杨兆举、陈益鹏担任副主编，陶希海对全书统一加工整理、修改和定稿。具体分工为：陶希海编写项目一、项目七、项目九、项目十及技能实训；赵亮培编写项目四、项目六；杨兆举编写项目三、项目八；陈益鹏编写项目二、项目五。莱芜职业技术学院宋健教授审阅了本书并提出了许多宝贵的意见和建议，在此深表感谢。同时，感谢山东泰山钢铁集团有限公司孙式超高级工程师等企业专家对本书中相关应用及维护内容的指导，并提供企业案例。感谢莱芜职业技术学院领导及相关教师在本书编写过程中给予的支持和帮助。在编写过程中，参阅了大量相关的文献资料和网络资源，在此向所有作者一并表示衷心的感谢。

由于编者水平有限，书中难免存在疏漏或不当之处，欢迎广大读者提出宝贵意见。

编　者

2024 年 3 月

# 目 录

# 项目一　液压传动基础知识的认识

## 项目引入

液压传动与机械传动、电气传动一样，是一种常用的传动形式，它是以液体作为工作介质进行能量传递和控制的。液压传动具有诸多独特的优点，在工程装备中被广泛应用。图 1-1 所示为液压千斤顶，其可利用液压传动实现重物的举升。随着微电子和计算机技术的发展，机、电、液技术的紧密结合，液压传动技术的发展和应用进入了一个崭新的阶段。本项目通过对液压传动基础知识的认识，为进一步理解和运用液压传动技术打下必要的理论基础。

拓展阅读：
大国重器——
“蓝鲸 1 号”
钻井平台

图 1-1　液压千斤顶

## 学习目标

1. 知识目标

掌握液压传动的工作原理、液压系统的组成及其图形符号。

了解液压传动的特点及应用。

掌握液压油的主要性质与选用。

了解液压油的污染与控制。

掌握液体的静力学基础及动力学基础。

了解管路中液流的压力损失。

了解液体流经小孔和缝隙的流量。
了解液压冲击和气穴现象。
2. 技能目标
能正确分析液压传动的工作原理。
能正确选用液压油。
能正确利用流体力学知识分析并解决问题。
能正确演示机床工作台液压传动系统。
3. 素质目标
增强自主学习意识。
增强团队合作意识。
培养分析、解决问题的能力。
培养良好的职业素养。

## 任务1.1　液压传动的认识

### 任务清单

| | | | |
|---|---|---|---|
| 任务引入 | 由于液压传动传递的动力大,运动平稳,操纵方便,易于实现自动控制,因此其被广泛应用于各个工程领域。液压系统是由各种液压元件组成的能完成一定控制功能的传动系统,以实现运动和动力的传递。 | | |
| 任务目标 | 能正确分析液压传动的工作原理及液压系统的组成。 | | |
| 任务要求 | 请分别以液压千斤顶和平面磨床工作台液压系统为例,分析液压传动的工作原理、液压系统的组成及其作用。 | | |
| 任务思考 | 1. 液压千斤顶如何实现重物的举升?<br>2. 如何操纵平面磨床工作台的起动、停止和换向?<br>3. 如何表示平面磨床工作台液压系统的工作原理图? | | |
| 任务实施 | 1. 分析液压传动的工作原理。<br>2. 分析液压系统的组成。 | | |
| 任务总结 | 通过完成上述任务,学到了哪些知识或技能? | | |
| 实施人员 | | | |
| 任务评价 | 参考附录C。 | 得分 | |

## 知识库

### 一、液压传动的工作原理

液压千斤顶是常用的举升工具，下面以它为例简述液压传动的工作原理。图 1-2 所示为液压千斤顶的工作原理图。液压缸 1 和 6 的内部分别装有活塞，活塞和缸体之间保持良好的配合关系，不仅活塞能在缸内滑动，配合面之间还能实现可靠的密封。当抬起杠杆时，小液压缸 1 活塞上移，其下腔容积增大形成局部真空，压油单向阀 2 关闭，油箱 4 内的油液在大气压作用下经吸油管顶开吸油单向阀 3 进入小液压缸 1 的下腔，完成一次吸油过程。当压下杠杆时，小液压缸 1 的活塞下移，其下腔容积减小，油液受挤压，压力升高，关闭吸油单向阀 3，小液压缸 1 下腔的压力油顶开压油单向阀 2，油液经油管进入大液压缸 6 的下腔，推动其活塞上移顶起重物，完成一次压油过程。如此不断地抬起和压下杠杆，就能使油液不断地被压入大液压缸 6 的下腔，使重物不断升起，达到举升的目的。如杠杆停止动作，大液压缸 6 下腔的油液压力将使压油单向阀 2 关闭，其活塞连同重物一起被锁住不动，停止在举升位置。如打开截止阀 5，大液压缸 6 下腔连通油箱 4，重物随大液压缸 6 的活塞在自重作用下一起下移并回到原位。

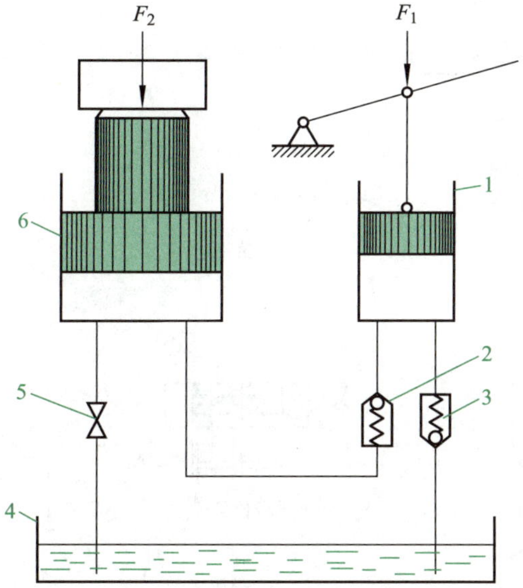


微课：液压传动的认识

动画：液压千斤顶的工作原理

1—小液压缸；2—压油单向阀；3—吸油单向阀；4—油箱；5—截止阀；6—大液压缸

图 1-2 液压千斤顶的工作原理图

由液压千斤顶的工作原理分析可知，液压系统的实质是一种能量转换装置。小液压缸 1 与单向阀 2、3 一起完成吸油与压油过程，将杠杆的机械能转换为油液的压力能输出。大液压缸 6 将油液的压力能转换为机械能输出，即举起重物。在这里液压缸 1、6 组成了最简单的液压系统，实现了运动和动力的传递。据此，可初步归纳出液压传动的工作原理如下：

1）液压传动是以液体作为传递运动和动力的工作介质的。

2）液压传动经过两次能量转换，先把机械能转换为便于输送的液体的压力能，再把液体的压力能转换为机械能对外做功。

3）液压传动是依靠液体在密封容积变化中的压力能来实现能量传递的。

## 二、液压系统的组成

图 1-3 所示为平面磨床工作台液压系统。液压泵 3 由电动机驱动旋转，从油箱 1 中经过滤器 2 把油液吸入并输出给系统。当换向阀 5、7 处于图 1-3a 所示状态时，油液经换向阀 5、节流阀 6、换向阀 7 进入液压缸 8 的左腔，推动活塞使工作台 9 向右移动。液压缸 8 右腔的油液经换向阀 7 流回油箱 1。当换向阀 7 处于图 1-3b 所示状态时，液压缸 8 的活塞反向运动，带动工作台 9 向左移动。即改变换向阀 7 油液的通路，便能实现工作台 9 的换向移动。

动画：平面磨床工作台液压系统

调节节流阀 6 开口的大小，可调节进入液压缸 8 油液的流量，从而调节工作台的移动速度。为适应克服不同阻力的需要，要求液压泵 3 输出的油液具有不同的压力，可通过溢流阀 4 来调节。

当换向阀 5 处于图 1-3c 所示状态时，液压泵 3 输出的油液经换向阀 5 流回油箱 1，这时工作台 9 处于停止状态。

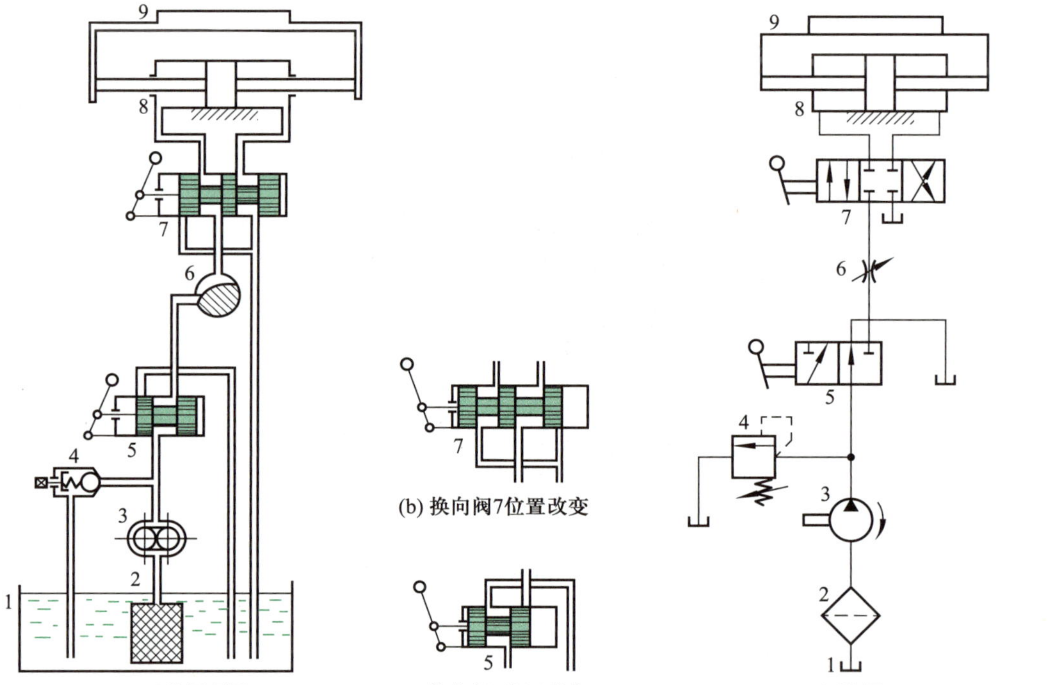


(a) 工作原理图　(b) 换向阀7位置改变　(c) 换向阀5位置改变　(d) 回路图

1—油箱；2—过滤器；3—液压泵；4—溢流阀；5、7—换向阀；
6—节流阀；8—液压缸；9—工作台

图 1-3　平面磨床工作台液压系统

由平面磨床工作台液压系统可知，液压系统主要由以下 5 部分组成。

1）动力元件　将机械能转换成液体压力能的元件，为系统提供压力油，如液压泵。

2）执行元件　将液体的压力能转换成机械能的元件，以驱动工作机构，如液压缸、液压马达。

3）控制元件　用来控制和调节液体的压力、流量及流动方向的元件，以保证执行元件的预期工作，如溢流阀、节流阀和换向阀等。

4）辅助元件　保证系统正常工作所需的上述三种元件以外的元件，如油管、油箱、过滤器等。

5）工作介质　传递能量的液体，通常指液压油。

## 三、液压系统的图形符号

图 1-3a 中的各个元件是用半结构式图形画出来的，这种形式直观性强，易理解，但难于绘制，元件多时更是如此。在工程实际中，除某些特殊情况外，一般都用国家标准规定的图形符号绘制，使回路图简化，便于绘制，如图 1-3d 所示。图形符号只表示元件的功能，不表示具体结构和参数。我国目前采用的液压元件的图形符号见附录 A。

拓展阅读：遵守国家标准——图形符号的绘制

## 四、液压传动的特点及应用

1. 液压传动的特点

液压传动与机械传动、电气传动相比有以下优缺点。

（1）液压传动的优点

1）液压传动装置运动平稳、反应快、惯性小，能高速起动、制动和换向。

2）容易实现较大的力和转矩的传递。在同等功率情况下，液压传动装置体积小、重量轻、结构紧凑。

3）能方便实现无级调速，且调速范围最大可达 1∶2 000。

4）操作简便，易于实现自动化。当它与电气控制结合时，能实现复杂的自动工作循环和远距离控制。

5）易实现过载保护，并且液压元件能自行润滑，使用寿命较长。

6）液压元件已实现标准化、系列化、通用化，便于设计、制造和使用。

（2）液压传动的缺点

1）由于液压油的泄漏和可压缩性，液压传动不能保证严格的传动比。泄漏如果处理不当，不仅污染场地，还可能引起火灾和爆炸等事故。

2）液压传动对油温变化比较敏感，这会影响它的工作稳定性。因此液压传动不宜在很高或很低的温度下工作，一般工作温度为 -15～60 ℃。

3）液压元件在制造精度上要求较高，因此它的造价高，且对油液的污染比较敏感。

4）液压传动在能量转换的过程中，压力、流量损失大，故系统效率较低。

5）液压传动装置出现故障时不易查找原因，使用和维修有较高的技术要求。

2. 液压传动的应用与发展

从第一台水压机问世至今，液压传动技术已有200多年的发展历史。随着原子能、空间技术、电子技术等方面的发展，液压传动技术得到了很大的发展，并向各个工业领域渗透，已发展成为包括传动、控制和检测在内的一门完整的自动化技术。目前，液压传动技术被广泛地应用于机械制造、工程机械、建筑、汽车工业、石油化工、航天航空、军事、冶金、农机、海洋开发等领域。如今，采用液压传动的程度已成为衡量一个国家工业水平的重要标志之一。随着微电子、计算机技术的发展，机、电、液技术的紧密结合，液压传动技术的发展进入了一个崭新的阶段。当前，液压传动技术正在向着高压、高速、高效率、大流量、大功率、微型化、低噪声、低能耗、经久耐用、高度集成化方向发展。同时，新型液压元件和液压系统的计算机辅助设计、计算机辅助测试、计算机实时控制也是当前液压传动技术的发展方向。

拓展阅读：
我国第一台
万吨水压机

## 任务1.2　液压传动工作介质的认识

### 任务清单

| | |
|---|---|
| 任务引入 | 液压传动所用的液压油一般是矿物油，其作用主要是传递能量、润滑、冷却和防锈等。液压油的性能是液压系统正常运转和高效率工作的前提，液压设备75%的故障来自液压油，因此应正确选择和使用液压油，同时还要控制液压油的污染，以提高液压系统的可靠性及延长液压元件的使用寿命。 |
| 任务目标 | 能正确选用液压油、控制液压油的污染。 |
| 任务要求 | 液压油的选择包括品种和牌号，请根据国家标准GB/T 7631.2—2003《润滑剂、工业用油和相关产品（L类）的分类 第2部分：H组（液压系统）》中液压系统工作介质的分类和液压系统的工作条件选择液压油，并根据液压油污染的原因，分析控制液压油污染的措施。 |
| 任务思考 | 1. 液压油代号的表示方法及其含义。<br>2. 液压油的性质主要有哪些？<br>3. 液压系统对液压油有哪些要求？<br>4. 什么是液压油的污染，液压油的污染有何危害？ |

续表

| | | | |
|---|---|---|---|
| 任务实施 | 1. 分析液压油的选用原则。<br>2. 分析液压油使用注意事项。<br>3. 分析控制液压油污染的措施。 | | |
| 任务总结 | 通过完成上述任务,学到了哪些知识或技能? | | |
| 实施人员 | | | |
| 任务评价 | 参考附录 C。 | 得分 | |

## 知识库

微课:液压油的选用

### 一、液压油的主要性质

(1) 密度 $\rho$

密度指单位体积液压油的质量,即

$$\rho = m/V \tag{1-1}$$

式中,$m$——液体的质量,kg;

$V$——液体的体积,$m^3$。

密度随着温度或压力的变化而变化,但变化不大,通常忽略不计,一般取 $\rho = 900\ kg/m^3$。

(2) 黏性

动画:液体的黏性

液体在外力作用下流动时,分子间的内聚力阻止分子相对运动而产生一种内摩擦阻力,液体的这种特性称为黏性。液体只有在流动(或有流动趋势)时才会呈现出黏性,黏性使流动液体内部各处的速度不相等。静止液体不呈现黏性。黏性的大小可以用黏度来表示,常用的有动力黏度和运动黏度等。

1) 动力黏度 $\mu$ 又称绝对黏度,它是表征液体黏性的内摩擦系数,单位为 Pa·s。

2) 运动黏度 $\nu$ 它是动力黏度与液体密度的比值,即 $\nu = \mu/\rho$,单位为 $m^2/s$(实际中常用 $cm^2/s$ 和 $mm^2/s$)。运动黏度无明确的物理意义,但工程上常用运动黏度作为液体黏度的标志。液压油的牌号就是用液压油在 40 ℃时运动黏度的平均值来表示的,例如牌号 L-HL32 表示液压油在 40 ℃时运动黏度的平均值为 32 $mm^2/s$。

(3) 黏度与温度的关系

液体的黏度对温度的变化十分敏感,温度升高,黏度下降;温度降低,黏度升高。液压油的黏度随温度变化而变化的性质称为黏温特性,不同种类的液压油具有不同的黏温特性。

(4) 黏度与压力的关系

当液体所受压力增大时,其分子间距离减小,内聚力增大,黏度也随之增大。液压油的黏度随压力变化而变化的性质称为黏压特性。在液压系统中，若压力不高时，压力对液压油黏度的影响较小，可忽略不计。

(5) 可压缩性

液体受压力作用而发生体积变小的性质称为液体的可压缩性。一般情况下可认为液体是不可压缩的。但在需要精密控制的高压系统中，就要考虑液体可压缩性的影响。另外，当液体混入空气时，将增大液体的可压缩性，从而影响液压系统的工作性能。

## 二、液压油的选用

1. 液压系统对液压油的要求

1) 黏度适当，黏温特性良好。

2) 润滑性能好，以减少元件中相对运动表面的磨损。

3) 质地纯净、杂质少。

4) 相容性良好，对金属和密封件等无软化、硬化、溶解等作用。

5) 化学稳定性和热稳定性良好，不易氧化和变质，使用寿命长。

6) 抗泡沫性好，抗乳化性好，腐蚀性小，抗锈性好。

7) 凝点和流动点低，闪点和燃点高。

8) 体积膨胀系数低，比热容高。

9) 对人体无害，对环境污染小，价格便宜。

2. 液压油的种类

液压油主要有矿油型、合成型、乳化型三类，见表 1-1。

表 1-1 液压系统工作介质分类(GB/T 7631.2—2003)

| 分类 | 名称 | 代号 | 组成和特性 | 应用 |
| --- | --- | --- | --- | --- |
| 矿油型 | 抗氧防锈液压油 | L-HL | HH 油，并改善其防锈和抗氧性 | 一般的液压系统 |
| | 抗磨液压油 | L-HM | HL 油，并改善其抗磨性 | 适用于高、中、低液压系统，特别适用于有防磨要求带叶片泵的液压系统 |
| | 低温液压油 | L-HV | HM 油，并改善其黏温特性 | 能在-40～-20 ℃的低温环境下工作，用于户外工作的各种工程机械和船用设备的液压系统 |
| | 超低温液压油 | L-HS | HL 油，并改善其黏温特性 | 黏温特性优于 L-HV，用于数控机床液压系统和伺服系统 |
| | 液压导轨油 | L-HG | HM 油，并具有抗黏滑特性 | 适用于机床中的液压和导轨润滑共用一种油品的系统 |

续表

| 分类 | 名称 | 代号 | 组成和特性 | 应用 |
|---|---|---|---|---|
| 合成型 | 水—乙二醇液 | L-HFC | 含聚合物水溶液，难燃，并具有黏温特性和抗腐蚀性 | 系统压力低于 14 MPa，工作温度在-20～50 ℃，适用于飞机液压系统 |
| | 磷酸酯液 | L-HFDR | 磷酸酯无水合成液，难燃，并具有滑润抗磨性和抗氧化性 | 适用于冶金设备、汽轮机等高温、高压系统和大型民航客机的液压系统 |
| 乳化型 | 水包油乳化液 | L-HFAE | 含油量 5%～10%，含水量 90%～95%，难燃，并改善黏温特性和防锈性 | 系统压力不高于 7 MPa，适用于液压支架及用量特别大的液压系统 |
| | 油包水乳化液 | L-HFB | 含油量 60%，含水量 40%，并改善润滑性、防锈性和抗燃性 | 性能接近液压油，使用油温不高于 65 ℃ |

3. 液压油的选用

液压油的选用包含品种和黏度两个方面。选用液压油时，可根据液压设备及液压元件生产厂商所推荐的品种号数来选用液压油，也可参考表 1-1，或者根据液压系统的工作环境、工作压力、工作速度、液压泵类型及经济性等因素全面考虑，见表 1-2。

表 1-2 选择液压油时应考虑的因素

| 考虑因素 | 内容 |
|---|---|
| 工作环境 | 要考虑环境温度（环境温度较高时，宜选用黏度较大的液压油；反之选用黏度较小的液压油），还要考虑是否有阻燃、抑制噪声、废液再生处理及环保等要求 |
| 工作压力 | 对于工作压力较高的液压系统，应选用黏度较大的液压油；反之选用黏度较小的液压油 |
| 工作速度 | 对于工作速度较高的液压系统，应选用黏度较小的液压油；反之选用黏度较大的液压油 |
| 液压泵类型 | 根据液压泵类型，考虑液压油的黏度范围及推荐牌号，见表 1-3 |
| 经济性 | 要考虑液压油的价格、使用寿命、货源情况等 |

表 1-3 各种液压泵用油的黏度范围及推荐牌号 $mm^2/s$

| 液压泵类型 | | 条件 | | 推荐牌号 |
|---|---|---|---|---|
| | | 运动黏度（40 ℃）环境温度 5～40 ℃时 | 运动黏度（40 ℃）环境温度 40～80 ℃时 | |
| 叶片泵 | $p<7$ MPa | 30～50 | 40～75 | L-HM32、L-HM46、L-HM68 |
| | $p\geq 7$ MPa | 50～70 | 55～90 | L-HM46、L-HM68、L-HM100 |

续表

| 液压泵类型 | 条件 | | 推荐牌号 |
|---|---|---|---|
| | 运动黏度(40 ℃)环境温度 5~40 ℃时 | 运动黏度(40 ℃)环境温度 40~80 ℃时 | |
| 齿轮泵 | 30~70 | 65~165 | 中、低压时用：L-HL32、L-HL46、L-HL68、L-HL100、L-HL150；中、高压时用：L-HM32、L-HM46、L-HM68、L-HM100、L-HM150 |
| 轴向柱塞泵 | 40~75 | 70~150 | |
| 径向柱塞泵 | 30~80 | 65~240 | |

4. 液压油的使用

除了合理选择液压油外，使用中还应注意以下问题：

1）对于长期使用的液压油，应使其长期处于低于它开始氧化的温度下工作。

2）在储存、搬运及加注过程中，应防止油液被污染。

3）对油液定期抽样检验，并建立定期换油制度。

4）油箱的储油量应充分，以利于液压系统的散热。

5）保持液压系统密封良好，一旦有泄漏应立即排除。

## 三、液压油的污染与控制

1. 液压油的污染及危害

液压油的污染是指液压油中含有水分、空气、固体颗粒及胶状生成物等杂物。液压油污染产生的危害如下：

1）固体颗粒和胶状生成物堵塞过滤器，使液压泵吸油不畅、运转困难、产生噪声。堵塞阀类元件的小孔或缝隙，使阀类元件动作失灵。

2）微小固体颗粒会加速有相对滑动零件表面的磨损，使液压元件不能正常工作，同时还会划伤密封件，使泄漏流量增加。

3）水分和空气的混入会降低液压油的润滑性，并加速其氧化变质，产生气蚀，使液压元件加速损坏，也会使液压系统出现振动、爬行等现象。

2. 液压油污染的原因

液压油的污染物主要来源于外界侵入和使用中产生两个方面。外界侵入主要有液压装置组装时的残留物，从周围环境中混入的空气、尘埃等。使用中产生的污染物主要是金属微粒、锈斑、液压油变质后的胶状生成物等。

3. 液压油污染的控制

1）要对元件和系统进行严格清洗。

2）要过滤注入系统的液压油，要在油箱与大气相通处加装空气过滤器，要对外露件做好防尘密封等措施，以减少外来的污染。

3）应在系统的相应部位安装适当精度的过滤器，滤除系统产生的杂质，并定期检查、清洗和更换滤芯。

4）应控制液压油的工作温度，防止油温过高造成液压油氧化变质。

5）应根据液压设备使用说明书和维护保养规程，定期检查、更换液压油，换油时应将油箱和管道清洗干净。

## 任务 1.3 液压流体力学基础知识的认识

### 任务清单

| | | | |
|---|---|---|---|
| 任务引入 | 液压传动中最基本、最重要的两个参数是压力和流量。压力与负载有关，流量与流速有关。流体力学研究液体的压力、流量与流速的力学规律和这些规律的实际应用，它是液压传动技术中设计计算、分析问题和合理应用的理论基础。 | | |
| 任务目标 | 能正确分析压力与负载、流量与流速的关系，能够根据工作状况计算压力、流量和流速，并能正确分析压力损失和流量特性。 | | |
| 任务要求 | 请根据液压流体力学基础知识，分析压力与负载、流量与流速的关系，分析影响管路中压力损失的因素及液体流经小孔和缝隙的流量特性。 | | |
| 任务思考 | 1. 什么是液体静压力？由液体静力学基本方程可知液体静压力有何特性？<br>2. 压力有哪几种表示方法，它们有什么关系？<br>3. 解释理想液体、恒定流动、流量和流速的概念。<br>4. 液体的流态分为哪几种？如何判断液体的流态？<br>5. 解释连续性方程、伯努利方程和动量方程的物理意义。<br>6. 液压系统中液体流经的小孔和缝隙有哪些形式？<br>7. 解释液压系统中的液压冲击和气穴现象。 | | |
| 任务实施 | 1. 分析液压系统中压力与负载的关系。<br>2. 分析液压系统中流量与流速的关系。<br>3. 分析液压系统中影响管路压力损失的因素。<br>4. 分析液压系统中液体流经小孔和缝隙的流量特性。 | | |
| 任务总结 | 通过完成上述任务，学到了哪些知识或技能？ | | |
| 实施人员 | | | |
| 任务评价 | 参考附录 C。 | 得分 | |

## 知识库

### 一、液体静力学基础

液体静力学主要是研究液体处于相对平衡状态下的力学规律和这些规律的实际应用。相对平衡是指液体内部质点之间没有相对位移，至于液体整体，可以是处于静止状态，也可以随同容器如刚体似的做各种运动。

微课：液体静压力

1. 液体静压力及其特性

（1）液体静压力

静止液体在单位面积上所受的法向力称为液体静压力，在物理学中称为压强，在液压传动中称为压力，用 $p$ 表示。若法向力 $F$（单位为 N）均匀作用于面积 $A$（单位为 $m^2$）上，则

$$p=\frac{F}{A} \tag{1-2}$$

压力的法定单位为帕斯卡，简称帕，符号为 Pa，1 Pa = 1N/$m^2$，工程中的常用单位为兆帕，符号为 MPa，1 MPa = $10^6$ Pa。

（2）液体静压力的特性

1）液体静压力沿内法线方向并垂直于受压平面。

2）静止液体内任意一点处所受到的静压力在各个方向上都相等。

微课：液体静力学基本方程

2. 液体静力学基本方程

如图 1-4 所示，密度为 $\rho$ 的液体在容器内处于静止状态，作用在液面上的压力为 $p_0$，计算距液面深度为 $h$ 处某一点 $A$ 的压力 $p$。假想从液面向下取一个包含 $A$ 点，高度为 $h$、底面积为 $\Delta A$ 的小液柱为研究对象，这个小液柱在重力和周围液体压力作用下处于平衡状态，所以有

$$p\Delta A=p_0\Delta A+\rho gh\Delta A \tag{1-3}$$

得

$$p=p_0+\rho gh \tag{1-4}$$

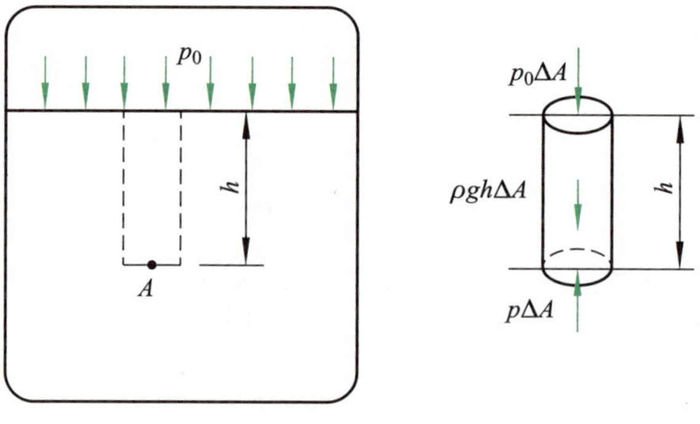


图 1-4 静止液体内压力分布规律

式(1-4)称为液体静力学基本方程。由方程可知：

1）静止液体内任意一点的压力均由两部分组成，即液面上的压力 $p_0$ 和液体自重而引起的对该点的压力 $\rho gh$。

2）静止液体内的压力随液体距液面的深度变化呈线性规律分布。

3）在同一深度上各点的压力相等，压力相等的所有点组成的面称为等压面，在重力作用下静止液体的等压面为一个平面。

3. 压力的表示方法

压力通常有绝对压力、相对压力和真空度三种表示方法。绝对压力是以绝对真空($p=0$)为基准所表示的压力。相对压力是以大气压力($p=p_a$)为基准所表示的压力。由于大多数测压仪表所测压力都是相对压力，所以相对压力又称表压力。当绝对压力小于大气压力时，会产生真空，把绝对压力小于大气压力的数值称为真空度。绝对压力、相对压力和真空度的相对关系如图 1-5 所示。

绝对压力 = 大气压力 + 相对压力

真空度 = 大气压力 - 绝对压力

4. 压力的传递

由静力学基本方程可知，静止液体内任意一点的压力都包含了液面压力 $p_0$。因此在密封容器内，施加于静止液体上的压力，能等值地传递到液体内的各点，这就是液体压力传递原理，也称为帕斯卡原理。

动画：液体压力的产生

在液压传动中，由外力所产生的压力要比液体自重形成的压力大得多，为此可将静力学基本方程中的 $\rho gh$ 项忽略不计，而认为静止液体内各点的压力相等，即 $p=p_0$。

如图 1-6 所示，负载 $F$ 作用在密封容器的活塞上，活塞的横截面面积为 $A$，由静压力公式可得 $p_0=F/A$，则得容器内深度为 $h$ 处液体的压力 $p=F/A$。

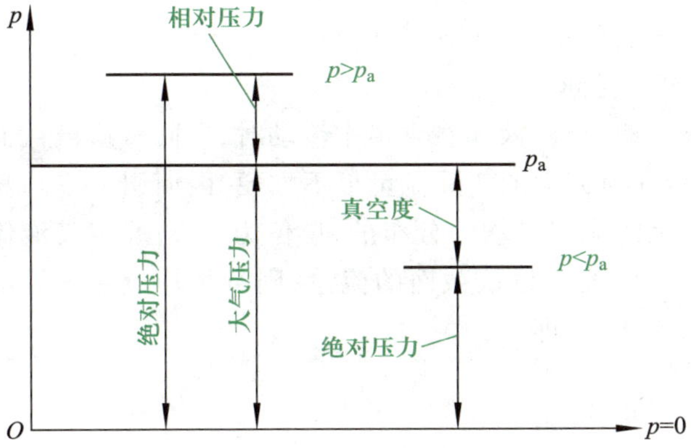


图 1-5　绝对压力、相对压力和真空度的相对关系

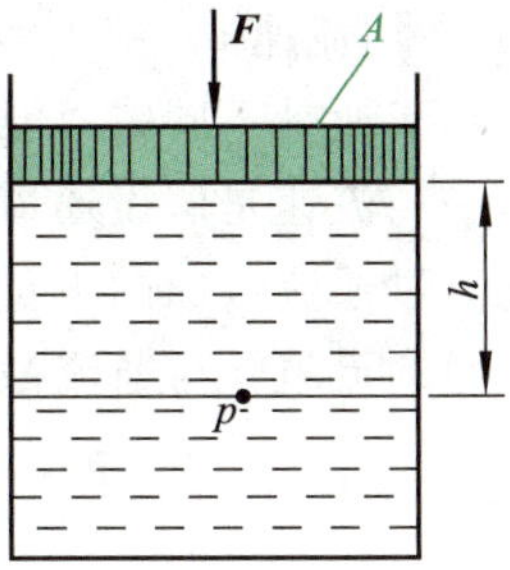


图 1-6　液体内压力的计算

由此可知，液体内部的压力是由外界负载作用所形成的，即压力取决于负载。

5. 液体对固体壁面的作用力

静止液体与固体壁面接触时，固体壁面将受到液体的作用力。

当固体壁面为平面时，液体对固体壁面上的作用力 $F$ 等于液体压力 $p$ 与该平面面积 $A$ 的乘积，即

$$F=pA \tag{1-5}$$

当固体壁面为曲面时，液体作用于曲面某 $x$ 方向上的作用力等于液体压力 $p$ 与曲面在该方向投影面积 $A_x$ 的乘积，即

$$F_x=pA_x \tag{1-6}$$

## 二、液体动力学基础

液体动力学主要是研究液体在外力的作用下流动时的运动规律、能量转换和流动液体对固体壁面的作用力，这是液体动力学的基础。

微课：液体动力学基本概念

动画：恒定流动

动画：非恒定流动

1. 基本概念

（1）理想液体和恒定流动

实际液体具有黏性和可压缩性，因此在研究流动液体运动规律时非常困难。为了简化，可先假定液体无黏性、不可压缩，然后再通过试验验证的方法对所得的结论进行补充和修正，使之更加符合实际液体流动时的情况。一般把既无黏性又不可压缩的假想液体称为理想液体。

恒定流动是指液体流动时，液体中任意一点处的压力、流速和密度不随时间变化而变化。反之，则是非恒定流动。

（2）流量和平均流速

流量和平均流速是液体流动时的两个主要参数。

1）流量 $q$　指单位时间内流过某一通流截面（液体在管道中流动时，垂直于液体流动方向的截面）的液体体积，即

$$q=\frac{V}{t} \tag{1-7}$$

式中，$V$——流过某一通流截面的液体体积，$m^3$；

$t$——液体通过的时间，s。

2）平均流速 $v$　由于实际液体都具有黏性，液体在管道中流动时，在同一通流截面上各点的实际流速是不同的，计算通过整个通流截面的实际流量很不方便，因而引入平均流速的概念。平均流速是假设通流截面上各点的流速是均匀分布的，单位为 m/s；并定义液体以平均流速流过通流截面的流量等于以实际流速流过该截面的流量，则有平均流速 $v$ 等于流过通流截面的流量 $q$ 与通流截面的面积 $A$ 之比，即

$$v=\frac{q}{A} \tag{1-8}$$

在工程实际中，平均流速 $v$ 才有应用价值。如液压缸工作时，活塞的运动速度就等于液压缸内液体的平均流速。当液压缸活塞的有效工作面积一定时，活塞的运动速度由输入液压缸的流量决定，即流速取决于流量。工程上指的流速一般均为平均流速。

（3）流态和雷诺数

1）层流和紊流　1883 年，英国物理学家雷诺首次通过试验发现液体在管道中流动时有

层流和紊流两种流动状态。层流时，液体质点互不干扰，液体分层流动，且平行于管道轴线。紊流时，液体质点运动杂乱无章，既有轴向运动，又有横向运动。

层流和紊流是两种不同性质的流态。层流时，液体流速较低，质点受黏性制约，不能随意运动，黏性力起主导作用。紊流时，液体流速较高，黏性制约作用减弱，惯性力起主导作用。

微课：液体的流动状态

2）雷诺数 试验证明，液体在圆管中的流动状态与平均流速 $v$、管道直径 $d$ 及液体的运动黏度 $\nu$ 有关。由这三个因数所组成的无量纲组合数称为雷诺数，用 $Re$ 表示，即

$$Re=\frac{vd}{\nu} \tag{1-9}$$

动画：层流和紊流

雷诺数可决定液体的流动状态。如果液体流动时的雷诺数相同，则流动状态也相同。

液体从层流变为紊流时的雷诺数大于由紊流变为层流时的雷诺数，前者称上临界雷诺数，后者称下临界雷诺数。工程中以下临界雷诺数作为液流状态判断的依据，称为临界雷诺数，用 $Re_c$ 表示。当液流的实际雷诺数 $Re$ 小于临界雷诺数 $Re_c$ 时，为层流；反之，为紊流。常见液流管道的临界雷诺数见表 1-4。

表 1-4 常见液流管道的临界雷诺数

| 管道 | $Re_c$ | 管道 | $Re_c$ |
|---|---|---|---|
| 光滑的金属圆管 | 2 000～2 320 | 带环槽的同心环状缝隙 | 700 |
| 橡胶软管 | 1 600～2 000 | 带环槽的偏心环状缝隙 | 400 |
| 光滑的同心环状缝隙 | 1 100 | 圆柱形滑阀阀口 | 260 |
| 光滑的偏心环状缝隙 | 1 000 | 锥阀阀口 | 20～100 |

2. 连续性方程

连续性方程是质量守恒定律在流体力学中的一种表达形式。设不可压缩的液体在图 1-7 所示的管道中做恒定流动，若任意取两个通流截面 1 和 2，其截面面积分别为 $A_1$ 和 $A_2$，液体在这两截面上的平均流速分别为 $v_1$ 和 $v_2$，密度 $\rho$ 不变，则单位时间内流过两截面的液体质量相等，即

微课：液体动力学三个基本方程

$$v_1 A_1 = v_2 A_2 = \text{常数}$$
$$q = vA = c\,(c\ \text{为常数}) \tag{1-10}$$

式(1-10)称为连续性方程，它表明液体在同一管道中做恒定流动时，流量是一个常数；当流量一定时，流速与通流截面的面积成反比。

3. 伯努利方程

伯努利方程是能量守恒定律在流体力学中的一种表达形式。设密度为 $\rho$ 的理想液体在图 1-8 所示的管道中做恒定流动。在管道上任意取两个通流截面 1 和 2，其截面面积分别为 $A_1$ 和 $A_2$，截面的位置高度分别为 $z_1$、$z_2$，平均流速分别为 $v_1$、$v_2$，压力分别为 $p_1$、$p_2$。根据能量守恒定律，由理论推导可得理想液体伯努利方程为

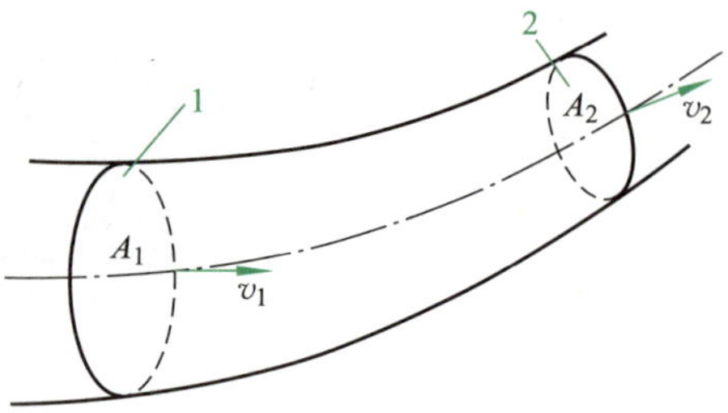

图 1-7 连续性方程示意图

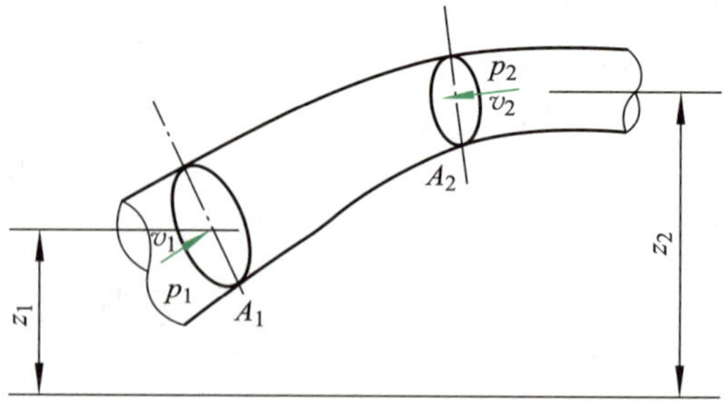

图 1-8 理想液体伯努利方程示意图

$$p_1+\rho g z_1+\frac{1}{2}\rho v_1^2=p_2+\rho g z_2+\frac{1}{2}\rho v_2^2 \tag{1-11}$$

由于截面 1 和 2 是任意取的，所以式(1-11)也可写成

$$p+\rho g z+\frac{1}{2}\rho v^2=c\text{（}c\text{ 为常数）} \tag{1-12}$$

式中，$p$——单位体积液体的压力能（压力水头）；

$\rho g z$——单位体积液体的位能（位置水头）；

$\frac{1}{2}\rho v^2$——单位体积液体的动能（速度水头）。

式(1-11)和式(1-12)均为理想液体的伯努利方程。它表明在密封管道内做恒定流动的理想液体在任意一个通流截面上具有压力能、位能和动能三种形式的能量，流动时三种能量可以互相转换，但能量总和不变，即能量守恒。

实际液体在管道中流动时，由于存在液体黏性和管道突变，故其流动时会产生内摩擦阻力及液流扰动而消耗能量，因此造成能量损失 $\Delta p_w$。另外，实际流速在管道通流截面上分布是不均匀的，用平均流速来代替，必然会产生偏差，这样就需引入动能修正系数 $\alpha$ 来补偿产生的偏差，因此实际液体的伯努利方程为

$$p_1+\rho g z_1+\frac{1}{2}\rho\alpha_1 v_1^2=p_2+\rho g z_2+\frac{1}{2}\rho\alpha_2 v_2^2+\Delta p_w \tag{1-13}$$

式中，$\alpha_1$、$\alpha_2$——动能修正系数，紊流时 $\alpha=1$，层流时 $\alpha=2$；

$\Delta p_w$——单位体积液体在两通流截面间流动的能量损失。

伯努利方程是流体力学的重要方程。在液压传动中常与连续性方程一起应用来求解系统中的压力和速度问题，应用伯努利方程时应注意以下两点：

1）在两通流截面间列伯努利方程时，通流截面 1 和 2 应顺流向依次选取（否则 $\Delta p_w$ 为负值），且应选在缓变（流线近似于平行）的通流截面上。

2）基准面通常选在特殊位置的水平面上，通流截面中心在基准面以上时，$z$ 取正值；反之取负值。

4. 动量方程

动量方程是动量定理在流体力学中的具体应用。它是研究液体流动时作用在液体上的外力与其动量的变化之间的关系。假设液体做恒定流动，且忽略其可压缩性，则动量方程式为

$$F=\rho q(\beta_2 v_2-\beta_1 v_1) \tag{1-14}$$

式中，$F$——作用在液体上的外力合力；

$\rho$——液体的密度；

$q$——液体的流量；

$v_1$、$v_2$——液体在前、后两个通流截面上的平均流速；

$\beta_1$、$\beta_2$——动量修正系数，紊流时 $\beta=1$，层流时 $\beta=1.33$。为简化计算，通常均取 $\beta=1$。

式(1-14)是一个矢量表达式。它表明作用在液流控制体上的外力合力等于单位时间内流出与流入控制表面的液体的动量之差。显然，液体对固体壁面的作用力(稳态液动力，简称液动力)与液体所受的外力是一对作用力与反作用力。因此，可用动量方程计算流动液体作用在固体壁面上的作用力。

## 三、管路中液流的压力损失

微课：管路中液体的压力损失

由于实际液体具有黏性，以及液体在流动时会相互撞击和出现漩涡等，故液体流动时会产生阻力，为了克服阻力将造成部分能量损失。在液压传动中，能量损失主要表现为液体的压力损失。压力损失分为沿程压力损失和局部压力损失两类。

1. 沿程压力损失

液体在等径直管中流动时因黏性摩擦阻力而产生的能量损失称为沿程压力损失。试验证明：液体的沿程压力损失与管道长度、单位体积的动能成正比，与管径成反比，即沿程压力损失 $\Delta p_f$ 为

$$\Delta p_f=\lambda \frac{l}{d}\frac{\rho v^2}{2} \tag{1-15}$$

式中，$\lambda$——沿程阻力系数，其与液体的流动状态有关，可利用经验公式计算取值；

$l$——液体流经直管的长度；

$d$——管道内径；

$v$——液体的平均流速。

2. 局部压力损失

液体流经阀口、弯管、管接头及突变的截面等处时，液体速度的大小和方向发生变化，会产生漩涡并使质点互相撞击和摩擦而造成的能量损失，称为局部压力损失。局部压力损失 $\Delta p_r$ 为

$$\Delta p_r=\zeta \frac{\rho v^2}{2} \tag{1-16}$$

式中，$\zeta$——局部阻力系数，具体数据可通过试验测定或查阅有关液压传动设计手册；

$v$——一般指局部阻力区域下游的平均流速。

3. 管路系统的总压力损失

管路系统的总压力损失等于系统中所有沿程压力损失和所有局部压力损失之和，即

$$\Delta p_w=\sum \Delta p_f+\sum \Delta p_r=\sum \lambda \frac{l}{d}\frac{\rho v^2}{2}+\sum \zeta \frac{\rho v^2}{2} \tag{1-17}$$

液压系统中的压力损失绝大部分将转换为热能，造成系统油温升高、泄漏增加，从而影响液压系统的工作性能。因此常采用减小流速，缩短管道长度，减少管道截面突变和管道弯曲，减少管道内壁的粗糙度和适当增大管道直径，合理选用阀门元件等一系列措施，减少管路系统中的压力损失，从而保证液压系统正常运行。

## 四、液体流经小孔和缝隙的流量

在液压系统中，小孔及缝隙是液压元件和系统中常见的结构，如阀口、节流口、阻尼孔及液压元件相对运动的表面缝隙等，前者用来调节流量或压力，以此来达到调速或调压的目的；后者会造成系统泄漏而降低效率。

微课：液体流经小孔的流量压力特性

1. 液体流经小孔的流量

液体流经的小孔，如图 1-9 所示。根据其长度 $l$ 与孔径 $d$ 之比可分为薄壁孔、细长孔和短孔。当 $l/d\leqslant0.5$ 时为薄壁孔；当 $l/d>4$ 时为细长孔；当 $0.5<l/d\leqslant4$ 时为短孔。

流经各种小孔的流量可用一个通用公式表示为

$$q=KA_{\mathrm{T}}\Delta p^{m} \tag{1-18}$$

式中，$K$——由小孔的形状、尺寸和液体性质决定的系数。薄壁孔 $K=C_{\mathrm{q}}(2/\rho)^{1/2}$，$C_{\mathrm{q}}$ 为流量系数，由实验确定；细长孔 $K=d^2/32\mu l$，$\mu$ 为动力黏度；

$m$——由小孔的长径比决定的压差指数，薄壁孔 $m=0.5$、细长孔 $m=1$、短孔 $m=0.5\sim1$；

$A_{\mathrm{T}}$——小孔的通流截面面积；

$\Delta p$——小孔前后的压差。

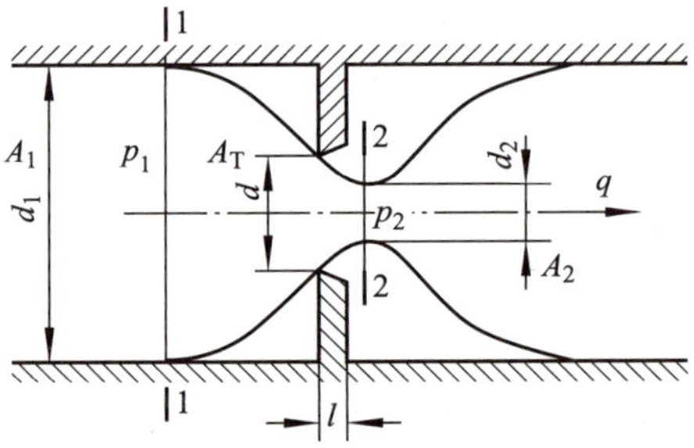


图 1-9　液体在小孔中的流动

由式(1-18)可知：

1）流经薄壁孔的流量 $q$ 与小孔的通流截面面积成正比，与小孔前后压差 $\Delta p$ 的平方根成正比。由于薄壁孔的流程很短，沿程阻力小，且不受黏度的影响，因而油温变化对其流量影响也很小，薄壁孔处流速较高且不易堵塞，故常用作节流阀的阀口。

2）流经细长孔的流量与液体的动力黏度成反比，受油温的影响较大，同时细长孔易被堵塞，故常用作控制阀的阻尼孔。

3）流经短孔的流量可采用薄壁孔的公式计算，但流量系数 $C_{\mathrm{q}}$ 不同，一般取 $C_{\mathrm{q}}=0.82$。加工短孔比薄壁孔容易，故常用作固定的节流孔。

2. 液体流经缝隙的流量

液压元件中只要有相对运动的部位，都会有适当的配合缝隙，缝隙的大小对系统的性能影响极大，缝隙太小会使元件卡死，缝隙过大会造成液体泄漏，缝隙是造成泄漏的主要原因。

微课：液体流经缝隙的流量压力特性

常见的缝隙有两个平行平板形成的缝隙和内、外圆柱表面形成的环状缝隙两种。液体流经缝隙的流量是由压差流动、剪切流动及压差流动和剪切流动联合流动引起的。液体流经缝隙的流量公式见表 1-5。

表 1-5 液体流经缝隙的流量公式

| 缝隙类型 | | 示意图 | 计算公式 | 说明 |
|---|---|---|---|---|
| 平行平板缝隙 | 压差流动 | 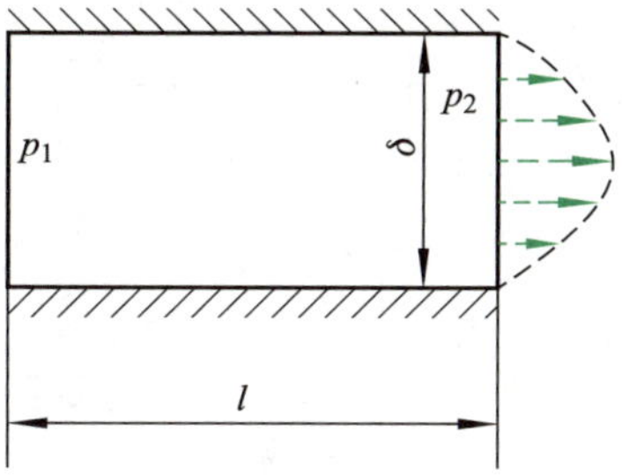 | $q=\frac{b\delta^3}{12\mu l}\Delta p$<br>式中，$\mu$——液体的动力黏度；<br>$l$、$b$、$\delta$——缝隙的长、宽、高；<br>$\Delta p$——缝隙两端的压差 | 压差流动是指液体在两个平行平板相对静止的缝隙中，由缝隙两端的压差引起的流动 |
| | 剪切流动 | 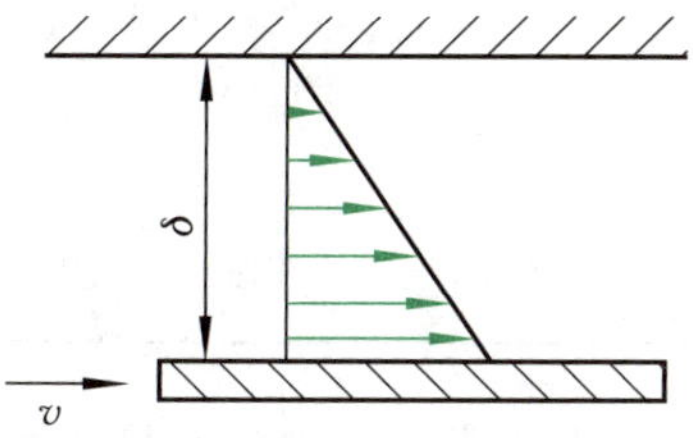 | $q=\frac{v}{2}b\delta$<br>式中，$v$——两个平行平板的相对运动速度 | 剪切流动是液体在无压差作用下，缝隙的两个平行平板有相对运动时，由于液体的黏度引起的流动 |
| | 联合流动 | 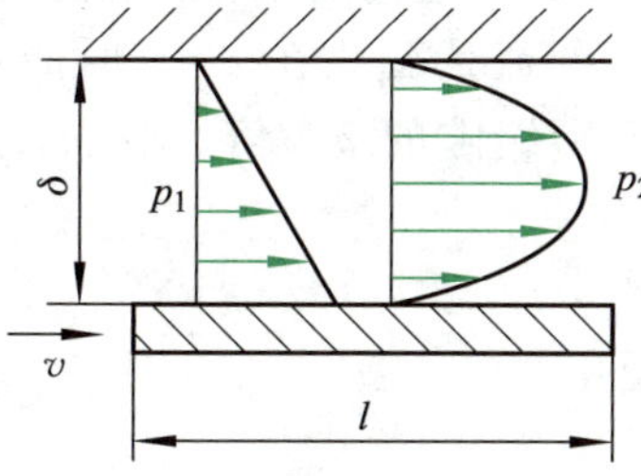<br>(a)<br>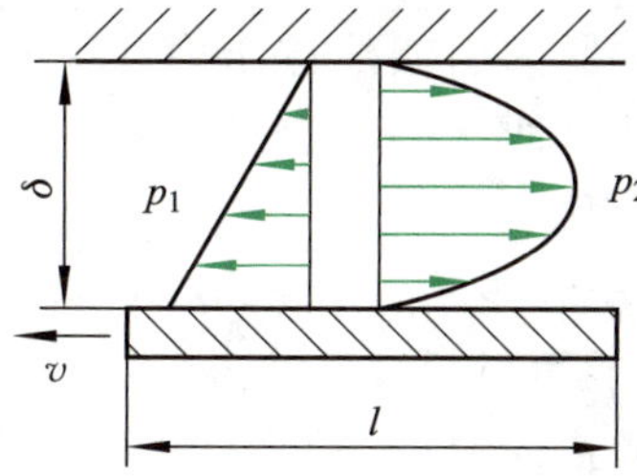<br>(b) | $q=\frac{b\delta^3}{12\mu l}\Delta p\pm\frac{v}{2}b\delta$<br>式中，若压差流动与剪切流动方向相同则取“+”，如图 a 所示；反之取“-”，如图 b 所示 | 联合流动是压差流动和剪切流动同时存在的流动 |

续表

| 缝隙类型 | | 示意图 | 计算公式 | 说明 |
|---|---|---|---|---|
| 环状缝隙 | 同心环状缝隙 | 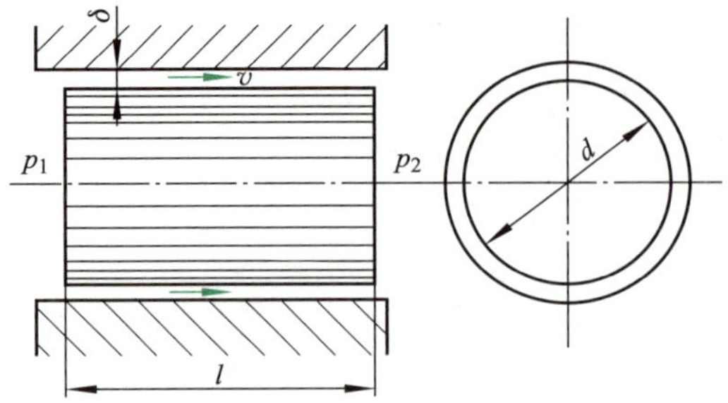 | $q=\frac{\pi d\delta^3}{12\mu l}\Delta p\pm\frac{\pi d\delta v}{2}$<br>式中，“±”的选取同上 | 将上述公式中的缝隙宽度 $b$ 换成环状缝隙的周长 $\pi d$ 即得 |
| | 偏心环状缝隙 | 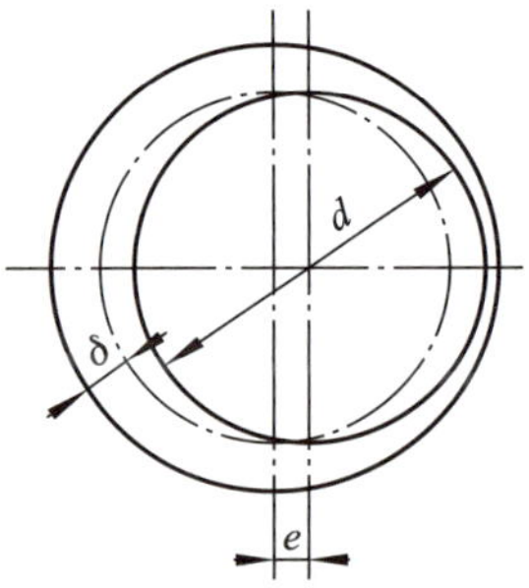 | $q=\frac{\pi d\delta^3\Delta p}{12\mu l}(1+1.5\varepsilon^2)\pm\frac{\pi d\delta v}{2}$<br>式中，$\varepsilon$——偏心率，$\varepsilon=e/\delta$，$e$ 为偏心量，$\delta$ 为无偏心时的环状缝隙值；<br>“±”的选取同上 | |

由表 1-5 中公式可知，在压差流动下流经缝隙的流量与缝隙高度 $\delta$ 的三次方成正比，可见液压元件内缝隙的大小对泄漏的影响很大，故要尽量提高元件的制造精度，以减少泄漏。通过同心环状缝隙的流量公式是偏心环状缝隙的流量公式在 $\varepsilon=0$ 时的特例，当 $e=\delta$、$\varepsilon=1$ 时，即完全偏心时，其压差流动的流量是同心环形缝隙的 2.5 倍。所以，应尽可能使液压配合元件的轴线处于同心状态。

微课：液压冲击和气穴现象

## 五、液压冲击和气穴现象

1. 液压冲击

在液压系统中，由于某种原因引起液体压力在瞬间急剧升高，形成很大的压力峰值的现象，称为液压冲击。

（1）液压冲击产生的原因

1）快速关闭阀门，使流动液体突然停止，这时流动液体的动能在极短的时间内转换为较高的压力能而引起液压冲击。

动画：液压冲击

2）运动部件突然制动或换向时，运动部件的动能将引起液压执行元件的回油腔和管道内的油液产生液压激振，导致液压冲击。

3）液压元件反应不灵敏导致液压冲击。如液压系统中压力突然升高时，溢流阀不能迅速打开阀口，便产生压力超调，形成液压冲击。

（2）液压冲击的危害

产生液压冲击时，液压系统的瞬时压力峰值可超过工作压力的几倍，由此会引起振动和噪声，使某些液压元件，如压力继电器、顺序阀等产生误动作而影响系统正常工作，也可能使某些液压元件、密封装置和管路损坏，造成设备事故。

（3）减小液压冲击的措施

1）开关阀门的速度要缓慢，减少冲击波的强度。

2）限制管道中液流的流速和运动部件的速度。

3）采用吸收液压冲击的能量装置，如蓄能器等。

4）在液压元件中设置缓冲装置。

5）在出现液压冲击的地方，安装限制压力的安全阀。

6）适当加大管道内径，缩短管道长度。

7）采用橡胶软管，以增加系统的弹性。

2. 气穴现象

动画：气穴现象

在流动的液体中，因某点处的压力低于液体所在温度下的空气分离压时，原先溶于液体中的空气会分离出来，使液体产生大量气泡的现象，称为气穴现象。

（1）气穴现象产生的原因

1）压力油流过节流口、阀口或管道狭缝时，速度升高，压力降低。

2）液压泵吸油管的管径较小，吸油高度过大，阻力增大，压力降低。

3）液压泵转速过高，吸油不充分，压力降低。

（2）气穴现象的危害

气泡随着液流流到压力较高的部位时，会因承受不了高压而破碎，产生局部的液压冲击，从而发出噪声并引起振动。当附着在金属表面上的气泡破碎时，它所产生的局部高温和高压会使金属剥落，使表面粗糙，或出现海绵状的小洞穴。这种固体壁面的腐蚀、剥蚀的现象称为气蚀。

（3）预防气穴现象的措施

1）减小流经节流小孔及缝隙前后的压差，一般希望节流口或缝隙前后压力比小于3.5。

2）正确确定液压泵吸油管内径，对管内液体的流速加以限制，降低液压泵的吸油高度，尽可能减少吸油管路中的压力损失。

3）提高元件的抗气蚀能力，增加元件的机械强度，采用抗腐蚀能力强的金属材料，减小元件的表面粗糙度。

4）管路要有良好的密封，以防止空气的进入。

## 技能实训一 机床工作台液压系统的演示

### 技能实训任务单

| | |
|---|---|
| 实训目的 | 1. 进一步理解液压传动的工作原理、组成及作用。<br>2. 熟悉液压实训台的基本操作方法。<br>3. 熟悉液压元件和管路的安装方法。<br>4. 增加对液压传动的感性认识，激发学习液压传动的兴趣。 |
| 实训要求 | 1. 保证实训设备和元件的完好性。<br>2. 正确安装和固定液压元件。<br>3. 牢固连接管路，检查无误后才能起动电机。<br>4. 在实训过程中，不得在有压力的情况下拆卸油管。<br>5. 严格遵守各种安全操作规程。<br>6. 观察机床工作台液压系统运行情况，加深对液压系统的认知。<br>7. 对演示的机床工作台液压系统进行运行情况分析，按要求完成技能实训工作页。 |
| 实训器材 | 液压实训台、液压缸、换向阀、流量控制阀、溢流阀、油管、压力表等。 |
| 实训内容与参考步骤 | 以图 1-3 所示的平面磨床工作台液压系统为例，在实训教师的指导下，利用液压实训台进行演示操作。<br>1. 熟悉液压实训台的工作原理、实训要求及设备安全操作规程。<br>2. 按照液压回路图，将所需元件安装在实训台相应位置。<br>3. 将各组成部分按照工作原理图用油管连接完整，检查无误后，放松溢流阀，起动液压泵。<br>4. 观察压力表，在设备允许的压力下，调整溢流阀到规定压力范围内，操作方向控制阀和流量控制阀，使工作台液压缸往复运动并实现速度调节，观察液压系统各组成部分在液压传动中的作用，分析液压传动的工作原理。<br>5. 实训完成后，放松溢流阀，关闭液压泵，待回路中的压力为零后，拆卸元件。<br>6. 清理现场，元件、工具清洁后放回原处。 |
| 实训思考 | 1. 液压系统的工作压力是由什么元件调节的？<br>2. 方向控制阀在液压系统中的作用是什么？<br>3. 调节节流阀，为什么能引起液压缸运动速度的变化？<br>4. 液压泵在起动和关闭前，溢流阀应处于何种状态？ |

## 技能实训工作页

| | | | |
|---|---|---|---|
| 实训内容 | | | |
| 实训过程记录 | | | |
| 实训出现的问题及解决方法 | | | |
| 实训思考解答 | | | |
| 实训效果 | | | |
| 实训人员 | | | |
| 技能实训评价 | 参考附录 D。 | 得分 | |

## 思考和练习

1. 选择题

(1) 普通压力表所测得压力值表示(　　)。

A. 绝对压力　　B. 真空度　　C. 相对压力　　D. 大气压力

(2) 我国生产液压油采用 40 ℃时的(　　)为标号。

A. 动力黏度(Pa · s)　　B. 恩氏黏度(°$E_t$)

C. 运动黏度(mm/s)　　D. 赛氏黏度(SSU)

(3) 运动速度(　　)时宜采用黏度较低的液压油以减少摩擦损失,工作压力(　　)时宜采用黏度较高的液压油以减少泄漏。

A. 高 低　　B. 高 高　　C. 低 高　　D. 低 低

(4) 液压传动是利用(　　)来传递运动和动力的。

A. 固体　　B. 液体　　C. 气体　　D. 绝缘体

(5) 在液压系统的组成中,液压泵是(　　)。
A. 动力元件　B. 执行元件　C. 控制调节元件　D. 传动元件
(6) 可以在运行过程中实现大范围的无级调速的传动方式是(　　)。
A. 机械传动　B. 电气传动　C. 气压传动　D. 液压传动
(7) 液压油的黏度对(　　)的变化十分敏感。
A. 压力　B. 温度　C. 湿度　D. 负载
(8) 在密封容器中,施加于静止液体上的压力将被传递到液体内各点,其数值将(　　)。
A. 放大　B. 缩小　C. 不变　D. 不确定
(9) 采用图 1-1 所示液压千斤顶举升时,重物上升的速度取决于(　　)。
A. 重物的大小　B. 杠杆上作用力 $F$ 的大小
C. 单位时间杠杆上、下作用的次数　D. 重物和杠杆上作用力 $F$ 的大小
(10) 在寒冷的冬季野外作业时,工程机械选用液压油的代号为(　　)。
A. L-HG　B. L-HR　C. L-HV　D. L-HH
(11) 理想液体在同一管道中做恒定流动时,任意两通流截面的流量(　　)。
A. 都不相等　B. 都相等　C. 都等于零　D. 不确定
(12) 管道越长,沿程压力损失(　　)。
A. 越大　B. 越小　C. 不变　D. 不确定

2. 判断题
(1) 不管液体是在运动状态还是静止状态,都可能显示黏性。(　　)
(2) 液压油的温度越高,黏度越大。(　　)
(3) 液压油牌号值越大,黏度越高,流动性越好。(　　)
(4) 同一牌号的液压油,在不同温度下的黏度是相同的。(　　)
(5) 有一细长小孔,通流截面面积不变,出口压力不变,通过小孔的流量随着进口压力的增大而增加。(　　)
(6) 因流经缝隙的流量与缝隙高度的三次方成正比,当液压控制阀的阀体与阀芯的配合间隙增大时,泄漏流量就随之增大。(　　)
(7) 液压传动中的油液的流动速度越高,功率越大,能量损失就越小。(　　)
(8) 作用在活塞上的推力越大,活塞的运动速度越快。(　　)
(9) 液压传动只能进行力的传递,不能将力放大或改变力的方向。(　　)
(10) 液压系统中常采用薄壁孔作为节流孔。(　　)

3. 什么是液压传动? 和其他传动方式相比较,液压传动有哪些主要优点和缺点?

4. 已知液体在一个变截面水平放置的管道中流动,依次流过三个不同面积的通流截面 $A_1$、$A_2$、$A_3$,且 $A_1<A_3<A_2$,若不考虑能量损失,试用连续性方程和伯努利方程判别液体通过这三个通流截面的流量 $q_1$、$q_2$、$q_3$,流速 $v_1$、$v_2$、$v_3$ 及压力 $p_1$、$p_2$、$p_3$ 之间的大小关系是怎样的?

5. 管路中的液压冲击是否就是管路中压力升高? 为什么?

6. 如图 1-10 所示,液压千斤顶柱塞的直径 $D=34$ mm,活塞的直径 $d=13$ mm,杠杆长度如图所示。试求杠杆端点应加多大的力 $F$ 才能将 $5\times10^4$ N 的重物顶起。

7. 如图 1-11 所示,液压泵装置的油箱和大气相通,试确定液压泵吸油口处的真空度。

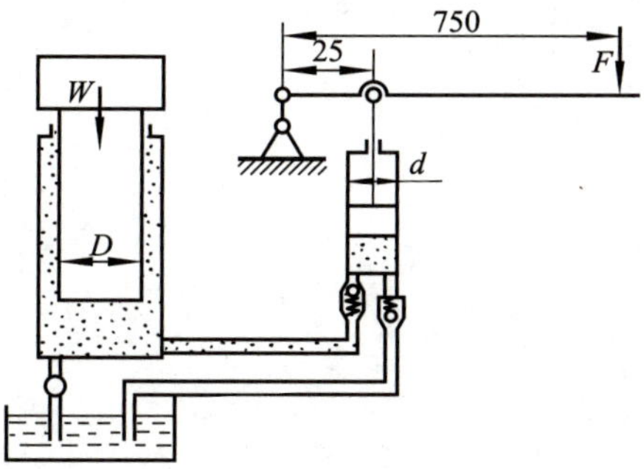


图 1-10 题 6 图

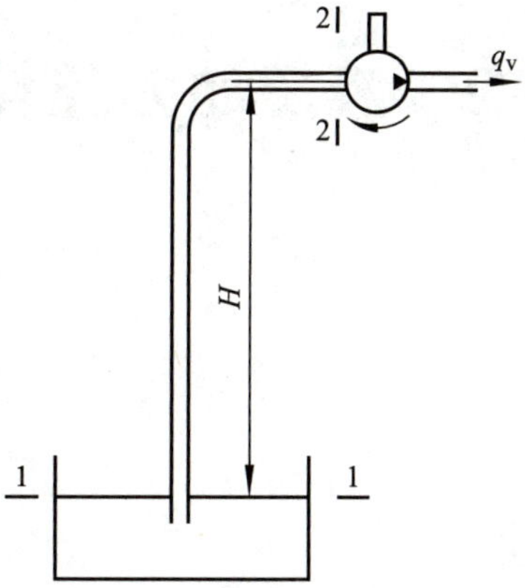


图 1-11 题 7 图

# 项目二　液压动力元件的认识与选用

## 项目引入

在液压系统中，动力元件将原动机（电动机、内燃机等）输入的机械能转换为液体的压力能输出，为液压系统提供一定流量和压力的工作介质。液压系统的主要动力元件为液压泵。图 2-1 所示为液压折弯机，用液压泵提供很大的油液压力以驱动压力头实现板料的折弯或压边成型等工作。如果将液压系统比作人的血液系统，则液压泵就相当于人的心脏，是液压系统不可缺少的核心元件。液压泵的性能好坏直接影响到液压系统的工作性能和可靠性，在液压传动中占有极其重要的地位。本项目通过对动力元件的认识，掌握正确选用与维护液压泵的方法，以保证液压系统可靠工作。

拓展阅读：中国古代引水灌溉农具——水车

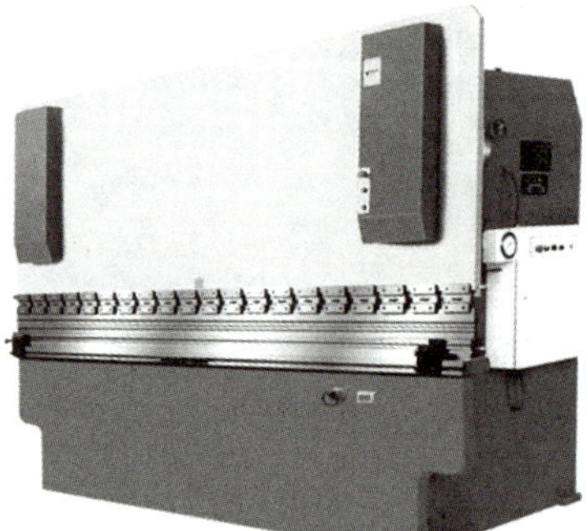

图 2-1　液压折弯机

## 学习目标

1. 知识目标

了解液压泵的工作原理及分类。

掌握液压泵的主要性能参数。

理解常用液压泵的工作原理及结构特点。

掌握液压泵的选用、使用与维护。

掌握液压泵的常见故障及排除方法。

2. 技能目标

能正确分析液压泵的主要性能参数。

能正确分析常用液压泵的工作原理。

能正确分析常用液压泵的结构特点。

能正确选用和维护液压泵。

能正确拆装液压泵。

3. 素质目标

增强自主学习意识。

增强团队合作意识。

培养分析、解决问题的能力。

培养良好的职业素养。

## 任务 2.1 液压泵的认识

### 任务清单

| | |
|---|---|
| 任务引入 | 液压泵的类型有很多,不同类型液压泵的工作原理和结构特点是不同的,它们所具有的性能和使用场合也不同。 |
| 任务目标 | 能正确认识液压泵。 |
| 任务要求 | 按结构形式的不同,常用的液压泵有齿轮泵、叶片泵和柱塞泵,请分析这三类液压泵的工作原理和结构特点。 |
| 任务思考 | 1. 容积式液压泵的工作原理是什么?其正常工作的基本条件有哪些?<br><br>2. 请画出下列液压泵的图形符号。<br>单向定量泵:<br>单向变量泵:<br>双向定量泵(单向旋转):<br>双向变量泵(单向旋转):<br>3. 液压泵铭牌上的压力是什么压力?当工作压力超过此压力时,液压泵会出现什么情况?液压泵按此压力分为哪几级?<br><br>4. 液压泵的排量和流量有什么关系?<br><br>5. 液压泵的容积效率和机械效率分别指什么?它们和液压泵的输入、输出功率有何关系? |

续表

| | | | |
|---|---|---|---|
| 任务思考 | 6. 外啮合齿轮泵和内啮合齿轮泵有何区别？<br>7. 双作用叶片泵和单作用叶片泵有何区别？<br>8. 径向柱塞泵和轴向柱塞泵有何区别？ | | |
| 任务实施 | 1. 分析 CB-B 型外啮合齿轮泵的工作原理、结构特性及解决措施。<br>2. 分析 YB1 型双作用叶片泵的工作原理和结构特点。<br>3. 分析 YBX 型外反馈限压式变量叶片泵的工作原理和结构特点。<br>4. 分析 SCY14-1 型轴向柱塞泵的工作原理和结构特点。 | | |
| 任务总结 | 通过完成上述任务，学到了哪些知识或技能？ | | |
| 实施人员 | | | |
| 任务评价 | 参考附录 C。 | 得分 | |

## 知识库

### 一、液压泵的工作原理及分类

微课：液压泵的工作原理

动画：单柱塞液压泵的工作原理

1. 液压泵的工作原理

图 2-2 所示为单柱塞液压泵。柱塞 2 装在缸体 3 中形成一个密封容积 a，柱塞 2 靠弹簧 4 紧贴在偏心轮 1 上，偏心轮 1 的转动使柱塞 2 做往复移动。当柱塞 2 向右移动时，密封容积 a 的容积由小变大，形成局部真空，油箱中的油液在大气压力作用下，经单向阀 6 进入密封容积 a 中实现吸油。当柱塞 2 向左移动时，密封容积 a 的容积由大变小，油液压力升高，经单向阀 5 进入系统实现压油。偏心轮不断旋转，液压泵就不断地吸油和压油。由此可知，液压泵是依靠密封容积的变化实现吸油和压油的，故又称为容积式液压泵。

2. 液压泵的基本工作条件

单柱塞液压泵具有一切容积式液压泵的基本特点，由此可看出容积式液压泵的基本工作条件为：

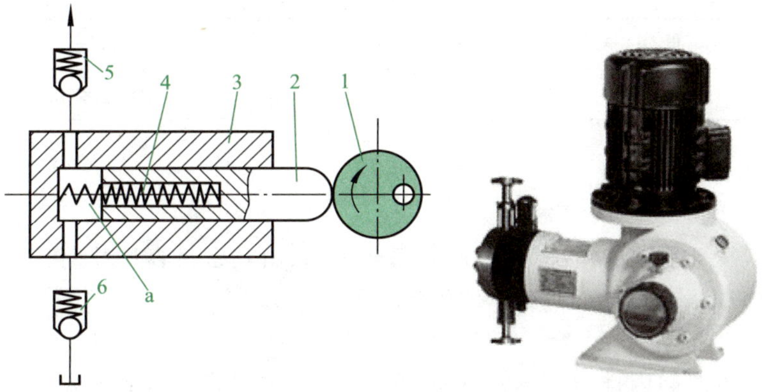


(a) 工作原理图　　(b) 实物图

1—偏心轮；2—柱塞；3—缸体；4—弹簧；5、6—单向阀

图 2-2　单柱塞液压泵

1）具有若干个密封且又可周期性变化的容积。液压泵输出流量与此密封容积的变化量和单位时间内的变化次数成正比，与其他因素无关。这是容积式液压泵的一个重要特性。

2）要有配流装置，将吸油过程和压油过程隔开，以确保液压泵有规律地、连续地吸油和压油。

3）吸油过程中，油箱必须与大气相通，或采用密闭的充压油箱。这是容积式液压泵能够吸入油液的外部条件。

3. 液压泵的类型及图形符号

液压泵的分类方式众多，按输出流量是否可调节可分为定量泵和变量泵；按输油方向是否可变可分为单向泵和双向泵；按额定压力的高低可分为低压泵、中压泵和高压泵；按结构形式不同可分为齿轮泵、叶片泵、柱塞泵等。液压泵的图形符号如图 2-3 所示。

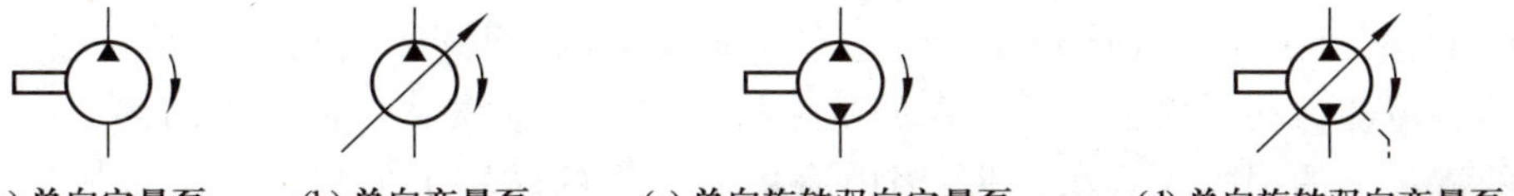

(a) 单向定量泵　(b) 单向变量泵　(c) 单向旋转双向定量泵　(d) 单向旋转双向变量泵

图 2-3　液压泵的图形符号

微课：液压泵的主要性能参数

## 二、液压泵的主要性能参数

1. 液压泵的压力

1）工作压力 $p$　液压泵实际工作时的输出压力，其大小主要取决于负载。

2）额定压力 $p_n$　液压泵在正常工作条件下，按试验标准规定连续运转的最高压力，超过此值视为过载，它受液压泵本身的泄漏和结构强度的影响。一般额定压力就是液压泵的公称压力，即在液压泵铭牌上标出的压力。液压系统的用途不同，所需的压力也不同，液压泵的压力分级见表 2-1。

拓展阅读：守住道德底线——液压泵的额定压力

表 2-1　压力分级

| 压力等级 | 低压 | 中压 | 中高压 | 高压 | 超高压 |
| --- | --- | --- | --- | --- | --- |
| $p$/MPa | $p\leqslant2.5$ | $2.5<p\leqslant8$ | $8<p\leqslant16$ | $16<p\leqslant32$ | $p>32$ |

2. 液压泵的排量和流量

(1) 排量 $V$

在不考虑液压泵泄漏的情况下，液压泵每转一周，由其密封容积几何尺寸变化计算而得的排出液体的体积，称为排量，常用单位为 $cm^3/r$ 或 mL/r。

(2) 流量

液压泵在单位时间内排出液体的体积，称为流量，常用单位为 L/min。

1) 理论流量 $q_t$　在不考虑液压泵泄漏的情况下，单位时间内所排出的液体体积，工程上又称空载流量。如果液压泵的排量为 $V$，其转速为 $n$，则其理论流量 $q_t$ 为

$$q_t=Vn \tag{2-1}$$

2) 实际流量 $q$　液压泵在工作时，单位时间内所排出的液体体积。由于存在泄漏，所以实际流量小于理论流量。

3) 额定流量 $q_n$　液压泵在正常工作条件下，按试验标准规定（如在额定压力和额定转速下）必须保证的流量，即在液压泵铭牌上标出的流量。

3. 液压泵的功率和效率

(1) 功率

1) 输入功率 $P_i$　液压泵输入的机械功率，以液压泵轴上的转矩和角速度（或转速）的乘积来表示。

2) 输出功率 $P_o$　液压泵输出的液压功率，以液压泵的工作压力和输出流量的乘积来表示。

(2) 效率

实际上，液压泵在能量转换过程中是有功率损失的，因此输出功率会小于输入功率，两者之间的差值即为功率损失。液压泵的功率损失有容积损失和机械损失两部分。因内泄漏而产生的流量上的损失为容积损失；因内摩擦而产生的转矩上的损失为机械损失。功率损失可用效率来描述。

1) 容积效率 $\eta_v$　液压泵的实际流量 $q$ 与其理论流量 $q_t$ 之比，即

$$\eta_v=\frac{q}{q_t}=\frac{q}{Vn} \tag{2-2}$$

2) 机械效率 $\eta_m$　液压泵的理论转矩 $T_t\left(T_t=\frac{pV}{2\pi}\right)$ 与实际输入转矩 $T$ 之比，即

$$\eta_m=\frac{T_t}{T}=\frac{pV}{2\pi T} \tag{2-3}$$

3) 总效率 $\eta$　液压泵的输出功率和输入功率的之比，即

$$\eta=\frac{P_o}{P_i} \tag{2-4}$$

它也等于液压泵的容积效率和机械效率的乘积，即

$$\eta = \eta_v \eta_m \tag{2-5}$$

## 三、常用液压泵的工作原理与结构特点

（一）齿轮泵

齿轮泵是液压系统中常用的液压泵，按齿轮啮合形式的不同可分为外啮合齿轮泵和内啮合齿轮泵两种。一般是定量泵，以外啮合齿轮泵应用最广。

微课：齿轮泵

1. 外啮合齿轮泵

（1）外啮合齿轮泵的工作原理

动画：外啮合齿轮泵的工作原理

图 2-4 所示为外啮合齿轮泵的工作原理图。泵体、端盖和齿轮之间形成了密封容积，并由两个齿轮的齿面接触线将左、右两腔分隔开。当齿轮按图示方向旋转时，右侧吸油腔内的齿轮相继脱开啮合，使密封容积增大形成局部真空，油箱中的油液在大气压力作用下，通过吸油口进入吸油腔，并被旋转的齿轮带入左侧，左侧压油腔内的齿轮不断进入啮合，使密封容积变小，油液被挤出，即通过压油口压油。这就是外啮合齿轮泵的吸油和压油过程。

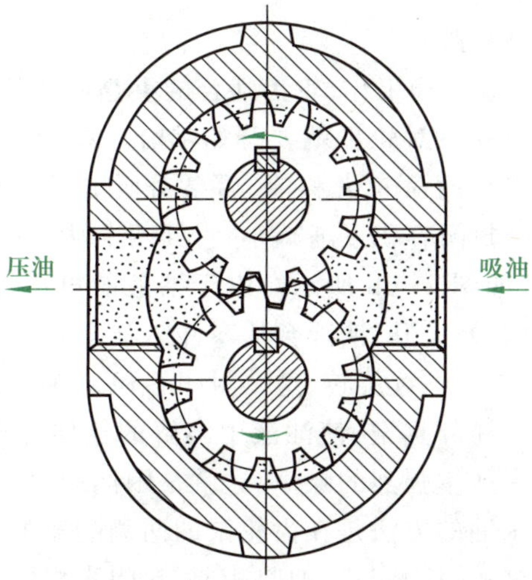


图 2-4 外啮合齿轮泵的工作原理图

（2）外啮合齿轮泵的结构

CB-B 型外啮合齿轮泵属于中低压泵，其结构简单，承压能力低，额定压力为 2.5 MPa，排量为 2.5～125 mL/r，转速为 1 450 r/min。

动画：CB-B 型齿轮泵结构

如图 2-5 所示，CB-B 型外啮合齿轮泵属于三片式结构。主动轴 12 上装有主动齿轮 6，从动轴 15 上装有与主动齿轮 6 几何参数完全相同的从动齿轮。用定位销 16 和螺钉 9 把泵体 7 与后泵盖 4 和前泵盖 8 装配在一起，形成齿轮泵的密封容积。泵体两端面开有封油卸荷槽，可防止油液外泄并可减轻螺钉拉力。泄油孔 14 可使轴承处泄漏的油液流向吸油口。

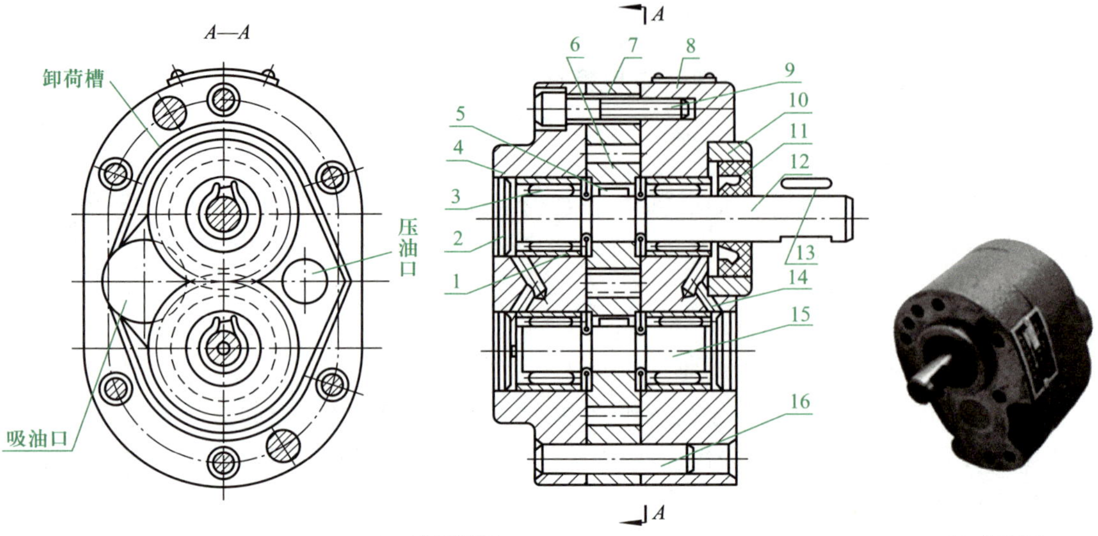


(a) 工作原理图　　(b) 实物图

1—轴承外环；2—堵头；3—滚子；4—后泵盖；5—键；6—主动齿轮；7—泵体；8—前泵盖；9—螺钉；
10—压环；11—密封环；12—主动轴；13—键；14—泄油孔；15—从动轴；16—定位销

图 2-5　CB-B 型外啮合齿轮泵

(3) 外啮合齿轮泵的结构特性

1) 困油现象　齿轮泵要想平稳工作，轮齿啮合的重叠系数就应大于 1，也就是要求在一对轮齿即将脱开啮合前，后面的一对轮齿就要开始啮合。在两对轮齿同时啮合的这一小段时间内，留在齿间的油液被困在两对轮齿和前、后泵盖所形成的封闭容积中，如图 2-6a 所示。当齿轮继续旋转时，这个封闭容积逐渐减小，直到两个啮合点 $A$、$B$ 处于节点两侧的对称位置时，封闭容积减至最小，如图 2-6b 所示。由于油液的可压缩性很小，当封闭容积减小时，被困的油液受挤压，压力急剧上升，油液会从零件结合面的缝隙中被强行挤出，使齿轮和轴承受到很大的径向力。当齿轮继续旋转，这个封闭容积又逐渐增大到如图 2-6c 所示的最大位置，容积增大时又会造成局部真空，使油液中溶解的气体分离，产生气穴现象。这些都将使齿轮泵产生强烈的噪声，这就是困油现象。

动画：困油现象

消除困油的方法是在齿轮泵的两侧端盖上开卸荷槽，如图 2-6d 所示。封闭容积减小时，其与压油腔相通；封闭容积增大时，其与吸油腔相通。

2) 径向不平衡力　齿轮泵工作时，作用在齿轮外圆上的压力是不相等的。在压油腔和吸油腔处齿轮外圆和齿廓表面承受着工作压力和吸油腔压力，在齿轮和泵体内孔的径向间隙中，可以认为压力由压油腔压力逐渐分级下降至吸油腔压力。这些液体压力综合作用的结果，相当于给齿轮一个径向的作用力，使齿轮和轴承承载，这就是径向不平衡力。工作压力越大，径向不平衡力也越大，甚至可以使轴发生弯曲，使齿顶和壳体发生接触，同时加速轴承的磨损，降低轴承的寿命。常采用缩小压油口的方法，使压油腔的压力油仅作用到一个到两个轮齿的范围以减小其作用面积。

动画：径向不平衡力

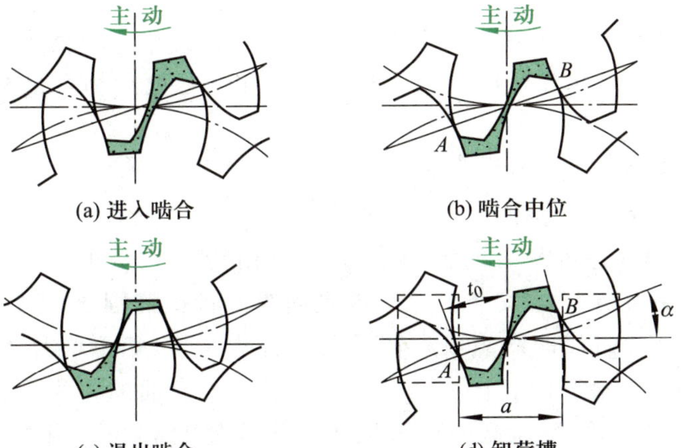


(a) 进入啮合　(b) 啮合中位　(c) 退出啮合　(d) 卸荷槽

图 2-6　困油现象

3）泄漏　一般的齿轮泵泄漏大，外啮合齿轮泵压油腔的压力油向吸油腔泄漏有三种途径：一是通过轮齿啮合处的间隙；二是通过泵体内孔与齿顶圆间的径向间隙；三是通过齿轮端面和端盖间的端面间隙。其中通过端面间隙的泄漏占 75%～80%，且泄漏量会随着工作压力的提高而增大。因此，齿轮泵的容积效率很低，一般只适用于低压场合。要提高齿轮泵的工作压力，必须减少端面间隙的泄漏，一般采用齿轮端面间隙自动补偿的方法，在齿轮和端盖之间增加一个补偿零件，如浮动轴套、弹性侧板等。

2. 内啮合齿轮泵

内啮合齿轮泵有渐开线齿形和摆线齿形两种，其工作原理图如图 2-7 所示。当主动小齿轮按图示方向旋转时，轮齿退出啮合时容积增大而吸油，进入啮合时容积减小而压油。在如图 2-7a 所示的渐开线齿形内啮合齿轮泵中，主动小齿轮 1 和从动内齿轮 2 之间要装配一块月牙隔板 5，以便把吸油腔 3 和压油腔 4 隔开。如图 2-7b 所示的摆线齿形内啮合齿轮泵又称摆线转子泵，由于其主动小齿轮和从动内齿轮相差一齿，因而无须设置隔板。

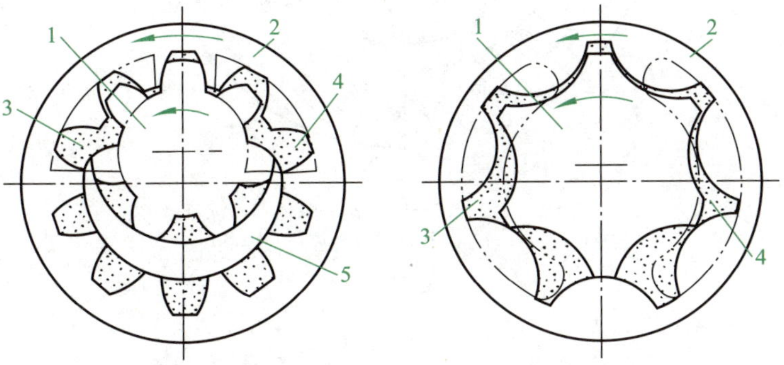


动画：内啮合齿轮泵的工作原理

(a) 渐开线齿形　(b) 摆线齿形

1—主动小齿轮；2—从动内齿轮；3—吸油腔；4—压油腔；5—月牙隔板

图 2-7　内啮合齿轮泵的工作原理图

内啮合齿轮泵具有结构紧凑、体积小、运转平稳、噪声小等优点，在高转速下工作有较高的容积效率。其缺点是制造工艺较复杂，价格较贵。

（二）叶片泵

叶片泵的结构较齿轮泵复杂，广泛用于中高压液压系统中。根据工作方式的不同，叶片泵可分为双作用叶片泵和单作用叶片泵两种。双作用叶片泵均为定量泵，单作用叶片泵多为变量泵。

1. 双作用叶片泵

（1）双作用叶片泵的工作原理

图 2-8 所示为双作用叶片泵的工作原理图，其由转子 1、定子 2、叶片 3、泵体 4 及配流盘 5 等组成。转子和定子同心安装。定子内表面为一近似椭圆，由两段长半径 $R$ 圆弧、两段短半径 $r$ 圆弧及 4 段过渡曲线组成。转子上开有均布槽，矩形叶片安装在转子槽内，并可在槽内滑动。当转子旋转时，叶片在离心力和根部压力油的作用下，紧贴定子内表面。由此，转子、定子、叶片和配流盘之间就形成了若干个密封容积。当相邻两叶片由短半径处向长半径处转动时，两叶片间的密封容积逐渐增大，形成局部真空而吸油。当相邻两叶片由长半径处向短半径处转动时，两叶片间的密封容积逐渐减小而压油。转子转动一周，两相邻叶片间的密封容积完成两次吸油和压油，所以这种叶片泵称为双作用叶片泵。这种叶片泵由于有两个吸油腔和两个压油腔，并且各自是径向对称的，所以作用在转子上的油液压力是相互平衡的，因此又称为平衡式叶片泵。为了使径向力完全平衡，密封空间数（即叶片数）应为双数。

微课：双作用叶片泵

动画：双作用叶片泵的工作原理

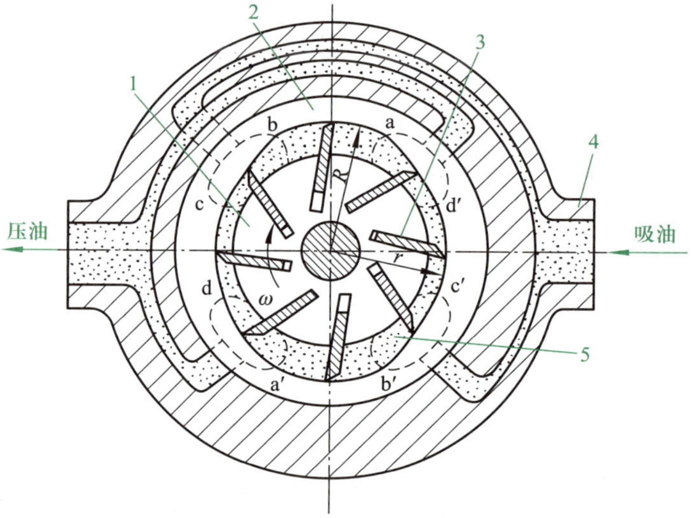


1—转子；2—定子；3—叶片；4—泵体；5—配流盘

图 2-8　双作用叶片泵的工作原理图

（2）双作用叶片泵的结构

图 2-9 所示为 YB1 型双作用叶片泵。它由前、后泵体 7 和 6，左、右配流盘 1 和 5，定子 4，转子 12 等组成。为了便于装配，将两个配流盘与定子、转子和叶片组装成一个部件。两螺钉 13 为部件的紧固螺钉，其头部作为定位销插入后泵体的定位孔内，以保证配流盘上吸、压油窗口的位置能与定子内表面的过渡曲线相对应。转子上开有 12 条狭槽，叶片 11 安装在槽内，并可在槽内滑动。为了减小压力角以减小侧向力和磨损，叶片顺着转子回转方向有一个前倾角 $\theta$（一般为 13°）。转子通过内花键与传动轴相连接，传动轴由两个球轴承 2 和 8

支承。骨架式密封圈 9 安装在端盖 10 上，用来防止油液泄漏和空气渗入。

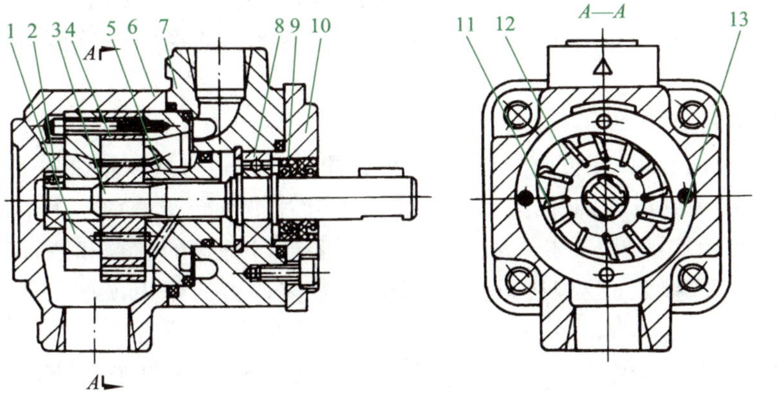


(a) 结构图

(b) 实物图

1—左配流盘；2、8—球轴承；3—传动轴；4—定子；5—右配流盘；6—后泵体；7—前泵体；9—骨架式密封圈；10—端盖；11—叶片；12—转子；13—螺钉

图 2-9 YB1 型双作用叶片泵

动画：YB1 型双作用叶片泵的结构

2. 单作用叶片泵

(1) 单作用叶片泵的工作原理

微课：单作用叶片泵

图 2-10 所示为单作用叶片泵的工作原理图。它由转子 3、定子 4、叶片 5、配流盘 1、传动轴 2 及泵体等组成。转子和定子偏心安装，偏心距为 $e$，定子具有圆柱形的内表面。转子上开有均布槽，矩形叶片安装在转子槽内，并可在槽内滑动。转子旋转时，叶片在离心力的作用下，紧贴定子内表面，起密封作用。由此，转子、定子、叶片和配流盘之间就形成了若干个密封容积。当转子按图示方向旋转时，右边的叶片逐渐伸出，相邻两叶片间的密封容积逐渐增大，形成局部真空，从配流盘上的吸油窗口吸油。左边的叶片被定子的内表面逐渐压进槽内，相邻两叶片间的密封容积逐渐减

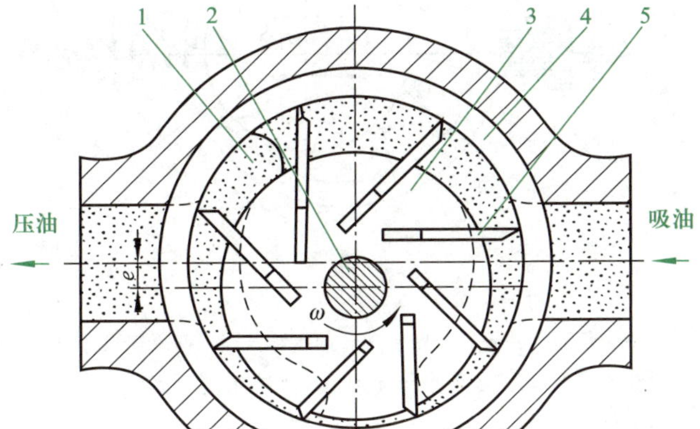


1—配流盘；2—传动轴；3—转子；4—定子；5—叶片

图 2-10 单作用叶片泵的工作原理图

动画：单作用叶片泵的工作原理

小,压力升高,从配流盘上的压油窗口压油。在配流盘的吸油窗口和压油窗口之间有一段封油区,把吸油腔和压油腔隔开。转子转动一周,两叶片间的密封容积完成一次吸油和压油,所以这种叶片泵称为单作用叶片泵。由于这种叶片泵的转子受不平衡的径向油液压力作用,因此又称为非平衡式叶片泵。

(2) 单作用叶片泵的结构特点

1) 改变定子和转子之间的偏心距,便可改变流量,故单作用叶片泵可做成变量泵。

2) 处在压油腔的叶片顶部受到压力油的作用,该作用要把叶片推入转子槽内。为了使叶片顶部可靠地和定子内表面相接触,压油腔一侧的叶片底部要通过特殊的沟槽和压油腔相通。吸油腔一侧的叶片底部要和吸油腔相通,这里的叶片仅靠离心力的作用顶在定子内表面上。

3) 由于转子受到不平衡的径向油液压力作用,所以这种泵一般不宜用于高压液压系统。

4) 为了更有利于叶片在惯性力作用下向外伸出,会使叶片有一个与转子旋转方向相反的后倾角,一般为 24°。

(3) 外反馈限压式变量叶片泵

1) 外反馈限压式变量叶片泵的工作原理。

图 2-11 所示为外反馈限压式变量叶片泵的工作原理图。根据前面介绍的单作用叶片泵的工作原理,改变定子和转子间的偏心距 $e$,就能改变泵的输出流量。外反馈限压式变量叶片泵能根据输出压力的大小自动改变偏心距 $e$ 的大小,从而改变泵的输出流量。当压力低于某一限定压力(可调节)时,泵的输出流量最大。当压力高于限定压力时,随着压力的增加,泵的输出流量线性地减少。

动画:外反馈限压式变量叶片泵的工作原理

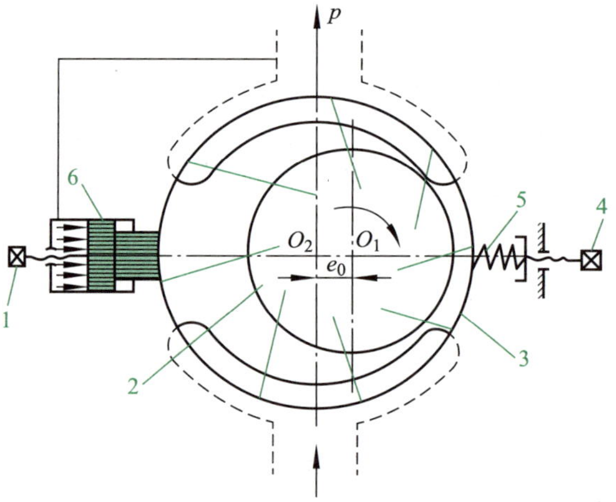


1—流量调节螺钉;2—转子;3—定子;4—调压螺钉;5—调压弹簧;6—变量活塞

图 2-11　外反馈限压式变量叶片泵的工作原理图

2) 外反馈限压式变量叶片泵的结构。

图 2-12 所示为 YBX 型外反馈限压式变量叶片泵。其传动轴 2 支承在两个滚针轴承 1 上,它带动转子 7 做逆时针旋转。转子 7 的中心是不变的,定子 6 可以上下移动。滑块 8 用来支承定子 6,并承受压力油对定子的作用力。滑块 8 支承在滚针 9 上,以便提高定子随滑

块对油压变化时的移动反应灵敏度。在调压弹簧 4 的作用下，通过弹簧座 5 使定子 6 紧靠在变量活塞 11 上，使定子中心和转子中心之间有一初始偏心距 $e_0$，偏心距的大小可用流量调节螺钉 10 来调节。流量调节螺钉 10 调定后，即确定了液压泵的最大偏心距。液压泵压油口的压力油经孔 a(图中虚线表示)流至变量活塞 11 的下端，使其产生一个改变偏心距 $e$ 的反馈力。通过调压螺钉 3 可调节调压弹簧 4 对定子的作用力，从而改变泵的限定工作压力。

动画：YBX 型外反馈限压式变量叶片泵的结构

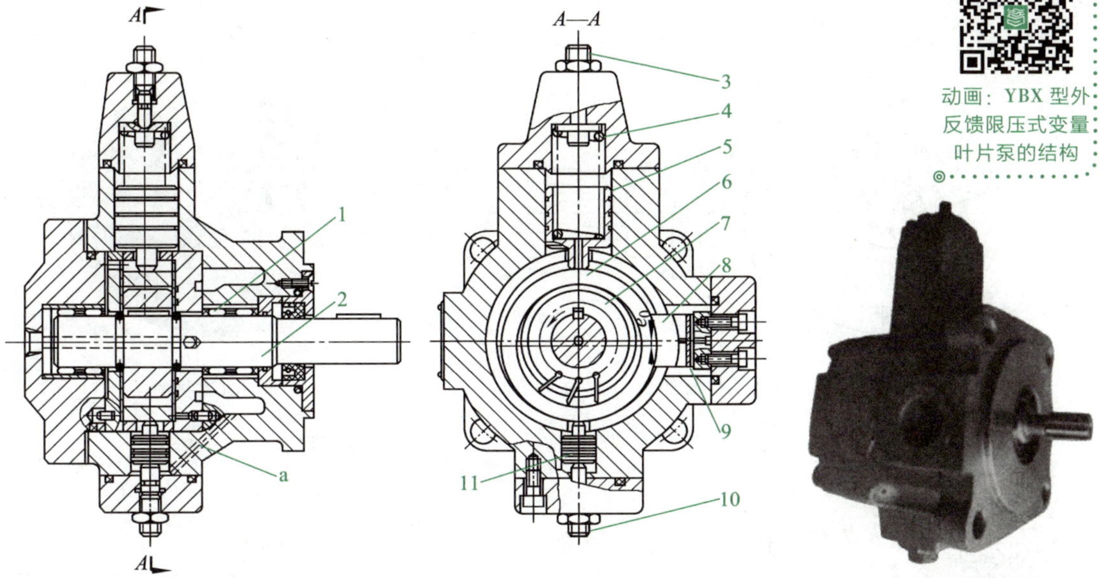


(a) 结构图　　(b) 实物图

1—滚针轴承；2—传动轴；3—调压螺钉；4—调压弹簧；5—弹簧座；6—定子；7—转子；8—滑块；9—滚针；10—流量调节螺钉；11—变量活塞

图 2-12　YBX 型外反馈限压式变量叶片泵

(三) 柱塞泵

柱塞泵是靠柱塞在缸体中做往复移动而使密封容积变化来实现吸油与压油的。与齿轮泵和叶片泵相比，这种泵有诸多优点，比如压力高、结构紧凑、效率高、流量调节方便等，故在需要高压、大流量、大功率的系统中和流量需要调节的场合，如龙门刨 床、拉床、液压机、工程机械、矿山冶金机械、船舶上得到了广泛的应用。柱塞泵按柱塞的排列和运动方向不同，可分为径向柱塞泵和轴向柱塞泵两大类。

拓展阅读：新型液压“中国心”耐久测试创纪录

1. 径向柱塞泵

(1) 径向柱塞泵的工作原理

图 2-13 所示为径向柱塞泵，其由柱塞 1、转子 2、定子 4、配流铜套 3 和配流轴 5 等组成。柱塞沿径向均匀地安装在转子上。配流铜套和转子紧密配合，随转子一起旋转，并套装在配流轴上。定子和配流轴固定不动。当转子按图示方向旋转时，柱塞在离心力的作用下紧压在定子的内表面上。由于定子和转子间有一偏心距 $e$，所以当柱塞随转子旋转到上半周时向外伸出，其底部

微课：径向柱塞泵

的密封容积逐渐增大，产生局部真空，经配流轴上的 a 孔吸油。当柱塞处于下半周时向内压入，柱塞底部的密封容积逐渐减小，油压升高，经配流轴上的 d 孔压油。为了进行配流，配流轴在和配流铜套接触的一段加工出上、下两个缺口，形成吸油腔 b 和压油腔 c，留下的部分形成封油区。封油区的宽度应能封住配流铜套上的吸、压油口，以防吸油腔和压油腔相连通，但尺寸也不能过大，以免产生困油现象。转子转动一周，每个柱塞各实现吸油和压油一次。改变定子和转子的偏心距 $e$，泵的输出流量便会随之改变，因此径向柱塞泵可做成变量泵。

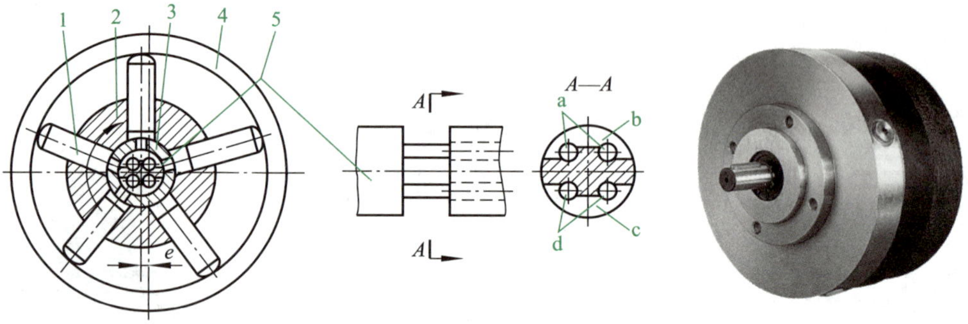


(a) 工作原理图　　(b) 实物图

1—柱塞；2—转子；3—配流铜套；4—定子；5—配流轴

图 2-13　径向柱塞泵

动画：径向柱塞泵的工作原理

(2) 径向柱塞泵的特点

径向柱塞泵的性能稳定，耐冲击性好，工作可靠。但其径向尺寸大，结构较复杂，自吸能力差，且配流轴受到径向不平衡油液压力的作用，易磨损，这些都限制了它的转速和压力的提高，目前应用不多。

2. 轴向柱塞泵

(1) 轴向柱塞泵的工作原理

微课：轴向柱塞泵

图 2-14 所示为轴向柱塞泵的工作原理图。它主要由斜盘 1、柱塞 5、缸体 7 和配流盘 10 等组成。轴向柱塞泵的柱塞 5 装在缸体 7 的轴向柱塞孔内，并均布在缸体 7 的圆周上。传动轴 9 带动缸体 7、柱塞 5 一起转动。斜盘的法线和缸体轴线间的交角 $\gamma$ 为斜盘倾角。内套筒 4 在弹簧 6 的作用下通过压盘 3 而使柱塞头部的滑履 2 和斜盘 1 靠牢。同时，外套筒 8 使缸体 7 和配流盘 10 紧密接触，起密封作用。当缸体转动时，由于斜盘和压盘的作用，迫使柱塞在缸体内做往复运动，通过配流盘的配流窗口进行吸油和压油。当缸的柱塞孔自最低位置按图示方向转动时，柱塞转角在 $0\sim\pi$ 范围内变化，柱塞向左运动，柱塞端部和缸体形成的密封容积增大，通过配流盘的吸油窗口吸油；柱塞转角在 $\pi\sim2\pi$ 范围内变化，柱塞被斜盘逐步压入缸体，使密封容积减小，将油液通过配流盘压油窗口压油。缸体每转动一转，每个柱塞做往复运动一次，即吸油和压油各一次。若改变斜盘倾角 $\gamma$ 的大小，则泵的输出流量随之改变。若改变斜盘倾角 $\gamma$ 的方向，则吸油口和压油口互换，即为双向轴向柱塞变量泵。

动画：轴向柱塞泵的工作原理

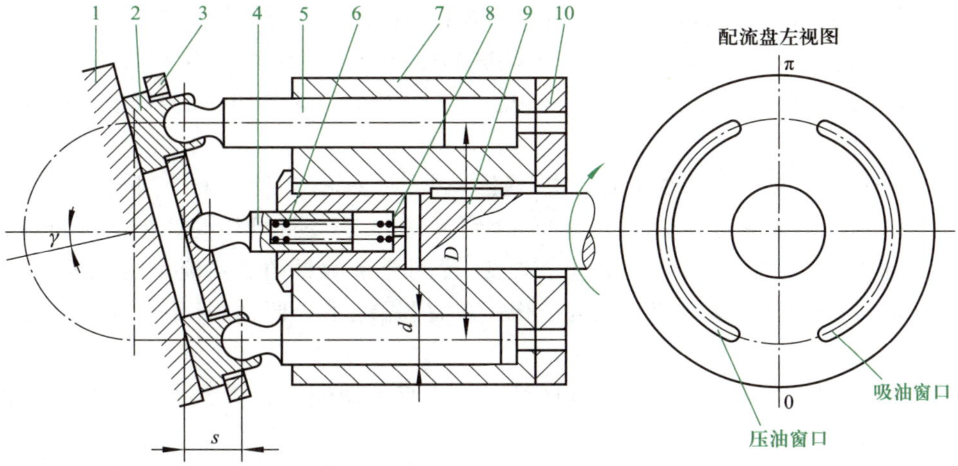


1—斜盘；2—滑履；3—压盘；4—内套筒；5—柱塞；6—弹簧；7—缸体；8—外套筒；9—传动轴；10—配流盘

图 2-14 轴向柱塞泵的工作原理图

（2）轴向柱塞泵的结构

图 2-15 所示为 SCY14-1 型轴向柱塞泵，其结构分两部分，主体部分和变量机构。

动画：SCY14-1 型轴向柱塞泵结构

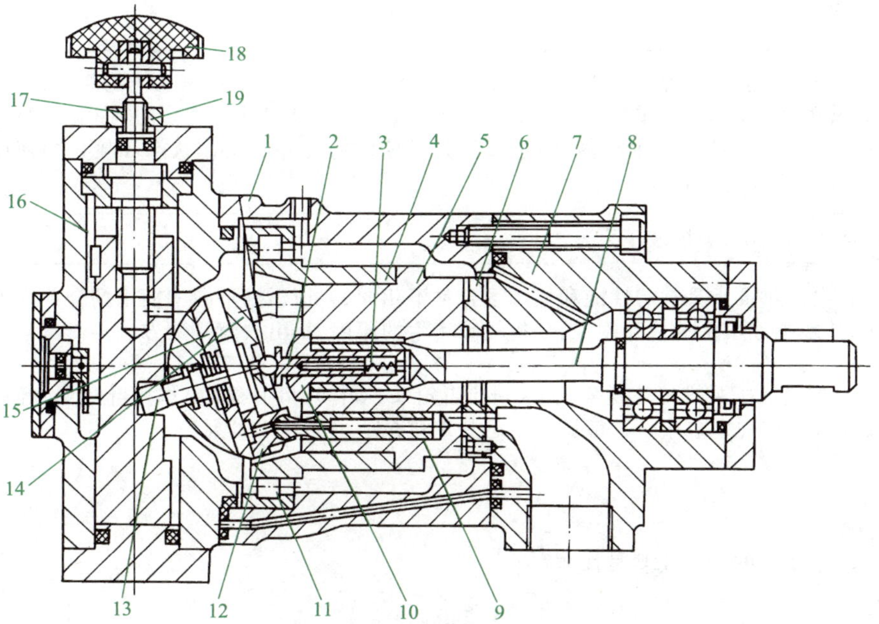


(a) 结构图

(b) 实物图

1—中间泵体；2—内套筒；3—定心弹簧；4—钢筒；5—缸体；6—配流盘；7—前泵体；8—传动轴；9—柱塞；10—外套筒；11—轴承；12—滑履；13—销轴；14—压盘；15—斜盘；16—变量活塞；17—丝杠；18—手轮；19—螺母

图 2-15 SCY14-1 型轴向柱塞泵

1）主体部分　传动轴 8 与缸体 5 用花键连接，传动轴带动缸体转动，使均匀分布于缸体上的 7 个柱塞 9 绕传动轴的中心线转动。每个柱塞的一端设有滑履 12，由定心弹簧 3 通过内套筒 2 及压盘 14，将滑履 12 压紧在斜盘 15 上。当缸体旋转时，柱塞同时做轴向往复运动，完成吸油和压油过程。

2）变量机构　该泵为手动变量机构，变量时，转动手轮 18，使丝杠 17 随之转动，带动变量活塞 16 沿导向键做轴向移动，通过销轴 13 使斜盘 15 绕变量机构壳体上的圆弧导轨面的中心（即钢球中心）旋转，从而使斜盘倾角改变，达到变量的目的。当流量达到要求时，可利用螺母 19 锁紧丝杠 17。这种变量机构结构简单，但操纵不轻便，并且不能在工作过程中改变流量。

轴向柱塞泵的变量机构除了有手动变量外，还有手动伺服变量、压力补偿变量、恒压变量等。

## 任务 2.2　液压泵的选用与维护

### 任务清单

| | |
|---|---|
| 任务引入 | 液压泵是液压系统的核心元件。正确选用液压泵对于降低液压系统的能耗、提高效率、降低噪声、改善工作性能和保证系统的可靠工作等都十分重要。在使用过程中，液压泵不可避免地会发生故障，为了能使其长期保持良好的工作状态和较长的使用寿命，还应正确使用和维护液压泵。 |
| 任务目标 | 能正确选用、维护液压泵。 |
| 任务要求 | 各类液压泵所具有的性能和使用场合是不相同的，请根据不同的使用场合选择液压泵，并根据液压泵的故障现象，分析故障产生的原因，找出故障排除方法。 |
| 任务思考 | 1. 根据液压泵排量计算公式，试判断齿轮泵、双作用叶片泵、单作用叶片泵、径向柱塞泵和轴向柱塞泵中哪种液压泵一定是定量泵或可能是变量泵？<br>2. 液压泵的选择原则是什么？<br>3. 常用液压泵的性能有何区别？<br>4. 如何正确使用和维护液压泵？ |

续表

<table>
<tr><td>任务实施</td><td>1. 请分析以下液压设备的工况，试为其选择液压泵的类型。
<table>
<tr><th>使用场合</th><th>液压泵的类型</th></tr>
<tr><td>磨床：精度较高的机床</td><td></td></tr>
<tr><td>组合机床：负载较大且有快速和慢速工作行程的机床</td><td></td></tr>
<tr><td>液压机：负载大、功率大的锻压机器</td><td></td></tr>
<tr><td>送料机构：机床的辅助装置</td><td></td></tr>
</table>
2. 分析齿轮泵工作时油液压力不能升高的原因，并找出故障排除方法。<br>
3. 分析叶片泵工作时油液压力不能升高的原因，并找出故障排除方法。<br>
4. 分析柱塞泵工作时油液压力不能升高的原因，并找出故障排除方法。</td></tr>
<tr><td>任务总结</td><td>通过完成上述任务，学到了哪些知识或技能？</td></tr>
<tr><td>实施人员</td><td></td></tr>
<tr><td>任务评价</td><td>参考附录 C。　　得分：</td></tr>
</table>

## 知识库

### 一、液压泵的选用

1. 各类液压泵的排量

各类液压泵的排量见表 2-2。

表 2-2 各种液压泵的排量

| 液压泵的类型 | 排量公式 | 排量公式中符号的含义 |
|---|---|---|
| 齿轮泵 | $V=6.66zm^2B$ | $z$ 为齿轮的齿数，$m$ 为齿轮的模数，$B$ 为叶片宽度 |
| 双作用叶片泵 | $V=2B\left[\pi(R^2-r^2)-\frac{R-r}{\cos\theta}bz\right]$ | $R$、$r$ 分别为大、小圆弧半径，$\theta$ 为叶片倾角，$z$ 为叶片数，$B$ 为叶片宽度，$b$ 为叶片厚度 |
| 单作用叶片泵 | $V=4\pi RBe$ | $R$ 为大圆弧半径，$B$ 为叶片宽度，$e$ 为定子和转子之间的偏心距 |
| 径向柱塞泵 | $V=\frac{\pi}{2}d^2ze$ | $z$ 为柱塞个数，$e$ 为定子和转子之间的偏心距，$d$ 为柱塞直径 |
| 轴向柱塞泵 | $V=\frac{\pi}{4}d^2Dz\tan\gamma$ | $d$ 为柱塞直径，$D$ 为柱塞分布圆直径，$z$ 为柱塞个数，$\gamma$ 为斜盘倾角 |

2. 液压泵的选择

液压泵的选择原则是：根据主机工况、功率大小和系统对工作性能的要求，首先确定液压泵的类型，然后按系统所要求的压力、流量大小确定其规格型号。

由于各类液压泵有各自突出的特点，其结构、性能各不相同，因此应根据不同的使用场合选择液压泵。一般负载小、功率小的液压设备可选用齿轮泵或双作用叶片泵；精度较高的中、小型机械设备（如磨床）可选用双作用叶片泵；负载较大，并有快速和慢速工作行程的机械设备（如组合机床）可选用限压式变量叶片泵；负载大、功率大的设备（如刨床、拉床、液压机等）可选用柱塞泵；对于机械设备的辅助装置（如送料、定位、夹紧、转位等）可选用价格低廉的齿轮泵。表 2-3 列出了常用液压泵的性能与应用范围。

表 2-3 常用液压泵的性能与应用范围

| 类型 | 齿轮泵 | 双作用叶片泵 | 单作用叶片泵 | 径向柱塞泵 | 轴向柱塞泵 |
|---|---|---|---|---|---|
| 压力范围/MPa | <20 | 6.3~21 | ≤7 | 10~20 | 20~35 |
| 转速范围/(r/min) | 300~7 000 | 500~4 000 | 500~2 000 | 700~1 800 | 600~6 000 |
| 容积效率 | 0.70~0.95 | 0.80~0.95 | 0.80~0.90 | 0.85~0.95 | 0.90~0.98 |
| 总效率 | 0.60~0.85 | 0.70~0.85 | 0.70~0.85 | 0.75~0.92 | 0.85~0.95 |
| 流量调节 | 不能 | 不能 | 能 | 能 | 能 |
| 流量脉动 | 大 | 小 | 中等 | 中等 | 中等 |
| 功率重量比 | 中等 | 中等 | 小 | 小 | 大 |
| 自吸特性 | 好 | 较差 | 较差 | 差 | 较差 |
| 噪声 | 大 | 小 | 较大 | 大 | 大 |
| 对油污的敏感性 | 不敏感 | 敏感 | 敏感 | 敏感 | 敏感 |
| 寿命 | 较短 | 较长 | 较短 | 长 | 长 |
| 单位功率造价 | 最低 | 中等 | 较高 | 高 | 高 |
| 应用 | 机床、工程机械、农机、航空、船舶、一般机械 | 机床、注塑机、液压机、起重运输机械、工程机械 | 机床、注塑机 | 机床、液压机、船舶 | 工程机械、起重运输机械、锻压机械、矿山机械、船舶、飞机 |

## 二、液压泵的使用与维护

液压泵的故障可分为突发性和磨损性故障。其中，磨损性故障主要是由元件的自然磨损所引起的。而突发性故障则主要是由管理者在使用与维护时未按要求及规程操作所引起的。为了能使其长期保持良好的工作状态和较长的使用寿命，除应科学合理地使用液压泵以外，还要建立必要的日常维护保养制度。

1. 保证系统油液的正常状态

（1）油液黏度应符合要求

根据不同型号类别的液压泵及工况条件选用适宜的液压油。

（2）保持油液清洁，维持一定的滤油精度

1）轴向柱塞泵的端面间隙能自动补偿，间隙小，油膜薄，油液的滤油精度要求高。

2）油液中的固体杂质会造成元件磨损，导致容积效率下降，以及通孔、变量机构、元件等的堵塞和卡阻。

3）油液一旦污染，应全部更换，并用清洁油冲洗。

（3）工作油温适当

1）一般工作油温应为 10~50 ℃，最高应低于 65 ℃，局部短时也应低于 90 ℃。

2）低温时应轻载或空载起动设备，待油温正常后再恢复正常运行。一般油温低于 10 ℃时，应空载运行 20 min 以上才能加载。若气温在 0 ℃以下或 35 ℃以上，则应加热或冷却后运行设备。在寒冷地区或冬天起动设备时，应使油温升至 15 ℃以上方能加载。在-15 ℃以下时不允许起动设备。

3）工作时严禁将冷油充入热元件，或将热油充入冷元件，以免温差过大导致配合件间膨胀或收缩不一致从而卡死。在寒冷地区或冬天，若采用电加热器加热油箱中的油液，由于泵和马达依然是冷的，故仍易卡死，使用时要特别注意。

2. 保证正常的工作条件

虽然液压泵均为容积式泵，有一定的自吸能力，但泵的内摩擦密封面多，自吸能力有限，并且有些泵规定不允许自吸，因此应该考虑其吸入条件，尽量减小吸入阻力。

1）吸油管安装阻尼较小的粗过滤器或不设过滤器。

2）吸油管应短而直，且管径应比泵的吸油口略大。

3）吸油管截止阀应全开。否则会发生气穴现象，导致容积效率下降。

3. 正确使用和维护

1）初次使用或拆修过的泵在起动前应向泵内灌油，以保证润滑。

2）起动前应检查转向，规定转向的泵不得反转，且采用辅助泵供油时，起动时应先开辅助泵后开主泵，停车时应先停主泵后停辅助泵，以保证泵内有油。

3）使用时不得超过最大工作压力，最大工作压力的一次连续工作时间不超过 1 min，且 1 h 内最大工作压力的累计工作时间不超过 10%，即 6 min。

4）使用时不得超过额定转速。

5）不宜长时间在零位（排量为零）运转，否则会因无排油而导致润滑、冷却、密封的恶化。

6）拆检时应严防各零件错配，防止用力锤击和撬拔零件（硬度高且已研配好的零件），零件装配前应用挥发性洗涤剂清洗并吹干，严禁用棉纺布擦洗。

## 三、液压泵的常见故障及排除方法

1）齿轮泵的常见故障及排除方法见表 2-4。

表 2-4　齿轮泵的常见故障及排除方法

| 故障现象 | 故障原因 | 排除方法 |
|---|---|---|
| 流量不足或压力不能升高 | 1. 齿轮端面与泵盖接合面严重拉伤，使轴向间隙过大；<br>2. 径向不平衡力使齿轮轴变形碰擦泵体，增大径向间隙；<br>3. 泵盖螺钉过松；<br>4. 中、高压泵弓形密封圈破坏；或侧板磨损严重 | 1. 修磨齿轮及泵盖端面，并清除齿形上的毛刺；<br>2. 校正或更换齿轮轴；<br>3. 适当拧紧螺钉；<br>4. 更换磨损零件 |
| 过热 | 1. 轴向间隙与径向间隙过小；<br>2. 侧板和轴套与齿轮端面严重摩擦 | 1. 检测泵体、齿轮，重配间隙；<br>2. 修理或更换侧板和轴套 |
| 噪声大 | 1. 吸油管管接头、泵体与泵盖的接合面、堵头和泵轴密封圈等处密封不良，有空气被吸入；<br>2. 泵盖螺钉松动；<br>3. 泵与联轴器不同心或松动；<br>4. 齿轮精度太低或接触不良；<br>5. 齿轮轴向间隙过小；<br>6. 齿轮内孔与端面垂直度或泵盖上两孔平行度超过公差要求；<br>7. 泵盖修磨后，两卸荷槽距离增大，产生困油现象；<br>8. 滚针轴承等零件损坏；<br>9. 装配不良，如主轴转动一周存在有时轻时重的现象 | 1. 用涂脂法查出泄漏处，用密封胶涂敷管接头并拧紧；修磨泵体与泵盖结合面保证平面度误差不超过 0.005 mm；用环氧树脂黏结剂涂敷堵头配合面再压紧；更换密封圈；<br>2. 适当拧紧螺钉；<br>3. 重新安装，使泵与联轴器同心，紧固连接件；<br>4. 更换齿轮或研磨修整；<br>5. 配磨齿轮、泵体和泵盖；<br>6. 检查并修复有关零件；<br>7. 修整卸荷槽，保证两槽距离；<br>8. 拆检，更换损坏件；<br>9. 拆检，重装调整有关零件 |

2）叶片泵的常见故障及排除方法见表 2-5。

表 2-5　叶片泵的常见故障及排除方法

| 故障现象 | 故障原因 | 排除方法 |
|---|---|---|
| 流量不足或压力不能升高 | 1. 个别叶片在转子槽内移动不灵活甚至卡住；<br>2. 叶片装反；<br>3. 叶片顶部与定子内表面接触不良；<br>4. 叶片与转子叶片槽配合间隙过大；<br>5. 配流盘端面磨损；<br>6. 限压式变量泵限定压力调得太小；<br>7. 限压式变量泵的调压弹簧变形或太软；<br>8. 变量泵的反馈缸柱塞磨损 | 1. 检查，选配叶片或单槽研配保证配合间隙；<br>2. 重新装配叶片；<br>3. 修磨定子内表面或更换叶片；<br>4. 选配叶片，保证配合间隙；<br>5. 修磨或更换配流盘；<br>6. 重新调整压力调节螺钉；<br>7. 更换合适的弹簧；<br>8. 更换柱塞 |

续表

| 故障现象 | 故障原因 | 排除方法 |
|---|---|---|
| 噪声大 | 1. 叶片顶部倒角太小；<br>2. 叶片各面不垂直；<br>3. 定子内表面被刮伤或磨损，产生运动噪声；<br>4. 由于修磨使配流盘上三角形卸荷槽太短，不能消除困油现象；<br>5. 配流盘端面与内孔不垂直，旋转时刮磨转子端面而产生噪声；<br>6. 泵轴与原动机不同轴 | 1. 重新倒角或修成圆角；<br>2. 检查，修磨；<br>3. 抛光，有的定子可翻转 180°使用；<br>4. 锉修卸荷槽；<br>5. 修磨配流盘端面，保证其与内孔的垂直度误差小于 0.005 mm；<br>6. 调整联轴器，使泵轴与原动机同轴度误差小于 0.1 mm |

3）柱塞泵的常见故障及排除方法见表 2-6。

表 2-6　柱塞泵的常见故障及排除方法

| 故障现象 | 故障原因 | 排除方法 |
|---|---|---|
| 流量不足或压力不能升高 | 1. 泵轴中心弹簧折断，使柱塞回程不够或不能回程，缸体与配流盘间密封不良；<br>2. 配流盘与缸体间接合面不平或有污物卡住及拉毛；<br>3. 柱塞与缸体孔间磨损或拉伤；<br>4. 变量机构失灵 | 1. 更换中心弹簧；<br>2. 清洗或研磨、抛光配流盘与缸体结合面；<br>3. 研磨或更换有关零件，保证其配合间隙；<br>4. 检查变量机构，纠正其调整误差 |
| 噪声大 | 1. 变量柱塞泵因油脏或污物卡住，运动不灵活；<br>2. 变量机构偏角太小，流量过小，内泄漏增大；<br>3. 柱塞头部与滑履配合松动 | 1. 清洗或拆下配研、更换；<br>2. 加大变量机构偏角，消除内泄漏；<br>3. 可适当铆紧 |

拓展阅读：
实践是检验真理的唯一标准

## 技能实训二　液压泵的拆装

### 技能实训任务单

| | |
|---|---|
| 实训目的 | 1. 进一步理解液压泵的类型、结构、组成及工作原理。<br>2. 掌握液压泵的拆卸、装配方法。<br>3. 掌握常用液压泵维修的基本方法。<br>4. 培养实践技能和分析、解决问题的能力。 |

续表

<table>
<tr><td>实训要求</td><td colspan="3">1. 拆装时要按照拆装顺序进行操作，不能拆卸的禁止强拆。<br>2. 拆装时要边拆装边分析液压泵的工作原理及结构特点，并做好拆卸记录。<br>3. 拆装时注意不要散失小的零件，实训完要把液压泵装配好。<br>4. 拆装过程中实行“谁拆卸，谁装配”的原则。<br>5. 拆装完毕后，整理好现场，将液压泵的外表面擦拭干净，工具清洁后放回原处。<br>6. 对拆装的液压泵进行结构分析，按要求完成技能实训工作页。</td></tr>
<tr><td>实训器材</td><td colspan="3">1. 液压泵：CB-B 型外啮合齿轮泵、YB1 型双作用叶片泵、YBX 型外反馈限压式变量叶片泵、SCY14-1 型轴向柱塞泵。<br>2. 拆装工具：内六角扳手、固定扳手、油盆、螺丝刀、卡簧钳、铜棒、煤油等。</td></tr>
<tr><td rowspan="5">实训内容与参考步骤</td><td colspan="3">在实训教师的指导下，拆卸液压泵，观察、了解各零件在液压泵中的作用，分析液压泵的工作原理，按照规定的步骤装配液压泵。</td></tr>
<tr><td rowspan="4">CB-B 型外啮合齿轮泵（图 2-5）</td><td>拆卸顺序</td><td>1. 拆卸齿轮泵时，先用内六角扳手在对称位置松开紧固螺栓，之后取下螺栓，取出定位销，卸下前泵盖。<br>2. 从泵体中取出主动齿轮及轴、从动齿轮及轴。<br>3. 再分解端盖与轴承、齿轮与轴、端盖与油封。</td></tr>
<tr><td>主要零件的结构及作用分析</td><td>观察泵体两端面上泄荷槽的形状和位置，并分析其作用。观察前、后泵盖上两个矩形卸荷槽的形状和位置（图 2-6d 虚线所示），并分析其作用。观察吸、压油口的位置和尺寸。</td></tr>
<tr><td>装配要领</td><td>装配前清洗各零件，将轴与端盖之间、齿轮与泵体之间的配合表面涂润滑油，按拆卸时的反向顺序装配。安装完成后泵应能转动灵活，没有阻滞、卡死现象。</td></tr>
<tr><td>拆装注意事项</td><td>1. 拆装中应用铜棒敲打零件，以免损坏零件和轴承。<br>2. 拆卸过程中，遇到零件卡住的情况时，不要乱敲、硬砸，请实训教师来解决。<br>3. 装配齿轮泵时，先将齿轮、轴装在后泵盖的滚针轴承内，再轻轻装上泵体和前泵盖，打紧定位销，拧紧螺栓，注意使其受力均匀。</td></tr>
</table>

续表

| | | | |
|---|---|---|---|
| 实训内容与参考步骤 | YB1 型双作用叶片泵（图 2-9） | 拆卸顺序 | 1. 拆下前端盖上的螺钉，取下端盖，拆下前泵体。<br>2. 拆下两个配流盘、定子、转子、叶片和传动轴，使它们与后泵体脱离。 |
| | | 主要零件的结构及作用分析 | 观察定子内表面的 4 段圆弧和 4 段过渡曲线的组成情况；观察转子叶片槽的倾斜角度和倾斜方向；观察配流盘的结构；观察吸油口、压油口、三角槽、环形槽及槽底孔，并分析其作用；观察泵中所用密封圈的位置及形式。 |
| | | 装配要领 | 装配前清洗各零件，在各配合表面涂润滑油，按拆卸时的反向顺序装配，安装完成后泵应能转动灵活，没有阻滞、卡死现象。 |
| | | 拆装注意事项 | 1. 在拆卸时，由于左右配流盘、定子、转子、叶片之间及轴与轴承之间是预先组成一体的，不能分离的部分不要强拆。<br>2. 安装后叶片在转子槽内应能灵活转动，其间隙为 0.015～0.025 mm。<br>3. 安装后叶片高度应略低于转子的高度，其值为 0.005 mm。<br>4. 安装时转子及叶片在定子中应保持原装配方向，不可反装。<br>5. 安装时轴向间隙控制在 0.04～0.07 mm。<br>6. 紧固螺钉时用力必须均匀。<br>7. 装配完工后用手旋转主动轴，应运转平稳，无阻滞现象。 |
| | YBX 型外反馈限压式变量叶片泵（图 2-12） | 拆卸顺序 | 1. 松开固定螺钉，拆下弹簧压盖，取出调压弹簧及弹簧座。<br>2. 松开固定螺钉，拆下活塞压盖，取出变量活塞。<br>3. 松开固定螺钉，拆下滑块压盖，取出滑块及滚针。<br>4. 松开固定螺钉，拆下传动轴左右端盖，取出左配流盘、定子、转子、传动轴组件和右配流盘。<br>5. 分解以上各零件。 |
| | | 主要零件的结构及作用分析 | 观察定子内表面的形状；观察定子与转子中心距变化情况；观察转子叶片槽的倾斜角度和倾斜方向；观察配流盘的结构；观察吸油口、压油口与槽底孔连通情况；观察压力调节装置及压力反馈装置，并分析其作用；观察最大流量调节装置，并分析其作用；观察泵的密封及安装形式。 |
| | | 装配要领 | 装配前要清洗各零件，在各配合表面涂润滑油，按拆卸时的反向顺序装配，注意配流盘、定子、转子、叶片应保持正确装配方向，安装完成后泵应能转动灵活，没有阻滞、卡死现象。 |
| | | 拆装注意事项 | 1. 拆卸叶片泵时，先用内六角扳手在对称位置松开后泵体上的螺栓后，再取掉螺栓，用铜棒轻轻敲打使传动轴和前泵体及泵盖部分从轴承上脱下。<br>2. 拆卸过程中，遇到元件卡住的情况时，不要乱敲、硬砸，请实训教师来解决。<br>3. 安装后叶片在转子槽内，其配合间隙为 0.015～0.025 mm；叶片高度应略低于转子的高度，其值为 0.005 mm。 |

续表

| | | | |
|---|---|---|---|
| 实训内容与参考步骤 | SCY14-1型轴向柱塞泵（图 2-15） | 拆卸顺序 | 1. 拆卸前泵体上的螺钉、定位销，分离前泵体与中间泵体。再拆变量机构上的螺钉，分离中间泵体与变量机构。<br>2. 拆卸前泵体部分：拆下端盖，再拆下传动轴、前轴承及轴承套等。<br>3. 拆下中间泵体部分：拆下回程盘及其上的柱塞，取出弹簧、钢珠、内外套等，卸下缸体、配流盘。<br>4. 拆卸变量机构部分：拆下斜盘，拆掉手轮上的定位销，拆掉手轮；拆掉两端的螺钉，拆掉端盖，取出丝杠、变量活塞等。 |
| | | 主要零件的结构及作用分析 | 观察柱塞球形头部与滑履之间的连接形式及滑履与柱塞之间的相互滑动情况；观察滑履上的小孔；观察配流盘的结构；找出吸油口、压油口，分析外圈的环形卸荷槽、2 个通孔和 4 个盲孔的作用；观察泵的密封、连接及安装形式。 |
| | | 装配要领 | 装配前要清洗各零件，将柱塞等零件的配合面涂润滑油，按照拆卸时的反向顺序装配。安装完成后泵应能转动灵活，没有阻滞、卡死现象。 |
| | | 拆装注意事项 | 1. 拆卸过程中，遇到元件卡住的情况时，不要乱敲、硬砸，请实训教师来解决。<br>2. 装配时，先装中间泵体和前泵体，注意装好配流盘之后再装上弹簧、套筒、钢球、压盘、柱塞。在变量机构上装好斜盘，最后用螺栓把泵体和变量机构连接为一体。<br>3. 装配时，注意不能最后把传动轴装入缸体的花键槽中，更不能猛烈敲打传动轴，避免传动轴推动钢球顶坏压盘。<br>4. 紧固螺钉时用力必须均匀，顺序应按相互对称旋拧。 |
| 实训思考 | CB-B 型外啮合齿轮泵 | | 1. 齿轮泵由哪几部分组成？各密封腔是怎样形成的？<br>2. 齿轮泵困油现象的原因及消除措施。<br>3. 该齿轮泵有无配流装置？它是如何完成吸、压油分配的？<br>4. 该齿轮泵中存在几种可能产生泄漏的途径？为了减少泄漏，该泵采取了什么措施？<br>5. 齿轮、轴和轴承所受的径向不平衡力是怎样形成的？如何解决？ |
| | YB1 型双作用叶片泵 | | 1. 叶片泵的定子由哪几种曲线组成？双作用叶片泵为什么是定量泵？<br>2. 定子与转子是否同心？<br>3. 转子转动一周，每个密封容积变化几次？<br>4. 叶片泵的叶片倾斜角度与旋转方向的关系有什么不同？为什么？<br>5. 为什么各叶片的根部都要通压力油？压力油是如何通入的？ |

续表

| | | |
|---|---|---|
| 实训思考 | YBX 型外反馈限压式变量叶片泵 | 1. 单作用叶片泵的密封腔是由哪些零件组成的？共有几个？<br>2. 单作用叶片泵和双作用叶片泵在结构上有什么区别？<br>3. 限压式变量泵配流盘上开有几个槽孔？各有什么作用？<br>4. 应操纵何种装置来调节限压式变量泵的最大流量和限定压力？ |
| | SCY14-1 型轴向柱塞泵 | 1. 轴向柱塞泵由哪几部分组成？<br>2. 柱塞泵的密封容积由哪些零件组成？密封腔有几个？<br>3. 采用中心弹簧结构有何优点？<br>4. 柱塞泵是如何实现配流的？<br>5. 柱塞泵的配流盘上开有几个槽孔？各有什么作用？<br>6. 手动变量机构由哪些零件组成？如何调节泵的流量？<br>7. 说明轴向柱塞泵中变量机构改变输出流量的过程。 |

## 技能实训工作页

| | | | |
|---|---|---|---|
| 实训内容 | | | |
| 实训过程记录 | | | |
| 实训出现的问题及解决方法 | | | |
| 实训思考解答 | | | |
| 实训效果 | | | |
| 实训人员 | | | |
| 技能实训评价 | 参考附录 D。 | 得分 | |

## 思考和练习

1. 选择题

(1) 泵的实际工作压力称为(　　)；泵在连续运转时允许使用的最高工作压力称为(　　)；泵短时间内超载所允许的极限压力称为(　　)。

A. 工作压力　　B. 最大压力　　C. 额定压力

(2) 在没有泄漏的情况下,根据泵的几何尺寸计算得到的流量称为(　　);泵在额定转速和额定压力下输出的流量称为(　　);泵在某工作压力下实际输出的流量称为(　　)。

A. 实际流量　　B. 额定流量　　C. 理论流量

(3) 液压系统中的压力大小取决于(　　)。

A. 液压泵的额定压力　　B. 负载　　C. 溢流阀的调定压力

(4) 液压泵的理论流量(　　)实际流量。

A. 大于　　B. 小于　　C. 等于

(5) 液压系统的功率大小与系统的(　　)大小有关。

A. 压力和面积　　B. 压力和流量　　C. 速度和流量

(6) 齿轮泵压油腔泄漏的主要途径是(　　)。

A. 径向间隙　　B. 轴向间隙　　C. 两齿轮啮合处

(7) 变量叶片泵的限定压力是指(　　)。

A. 泵在流量不变时达到的工作压力

B. 泵在最大流量保持不变时达到的最高工作压力

C. 泵在输出流量近似为零时的工作压力

(8) 改变轴向柱塞泵斜盘倾角 $\gamma$ 的大小和方向,可改变(　　)。

A. 流量大小　　B. 油液流动方向　　C. 流量大小和油液流动方向

(9) 在大功率工程机械的液压系统中常采用的液压泵是(　　)。

A. 齿轮泵　　B. 柱塞泵　　C. 叶片泵

(10) 额定压力为 6.3 MPa 的液压泵,其压油口接油箱,则液压泵的工作压力为(　　)。

A. 小于 6.3 MPa　　B. 大于 6.3 MPa　　C. 0

2. 判断题

(1) 齿轮泵可以是变量泵。(　　)

(2) 齿轮泵的吸油口尺寸比压油口大,是为了减小径向不平衡力。(　　)

(3) 双作用叶片泵可改变泵的流量。(　　)

(4) 限压式变量泵主要依靠泵压油口压力的变化来改变泵的流量。(　　)

(5) 齿轮泵、叶片泵和柱塞泵相比较,柱塞泵最高工作压力最大,齿轮泵容积效率最低,双作用叶片泵噪声最小。(　　)

(6) YB1 型双作用叶片泵中的叶片是依靠离心力和叶片根部的油液压力紧贴在定子内表面上的。(　　)

(7) 液压泵吸油口的压力大于压油口的压力。(　　)

(8) 液压泵的工作压力取决于液压泵的额定压力的大小。(　　)

(9) 液压泵在公称压力下的流量就是液压泵的理论流量。(　　)

(10) 在齿轮泵中,为了消除困油现象,在泵的端盖上开有卸荷槽。(　　)

3. 如果液压泵的油箱完全封闭不与大气相通,液压泵是否还能工作?

4. 液压泵有哪些主要性能参数?

5. 液压泵安装于系统中之后,它的工作压力是否就是铭牌上的压力?为什么?

6. 如图 2-16 所示,已知液压泵的额定压力为 $p_n$,通过薄壁孔的进、出口压差为 $\Delta p$。如忽略管路损失，试确定下列工况下，液压泵的工作压力各为多少？

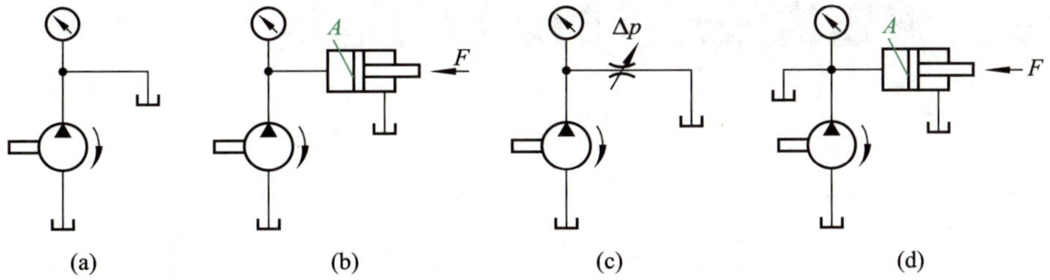


图 2-16　题 6 图

7. 某液压泵的排量 $V=10$ mL/r，泵的转速 $n=1\ 200$ r/min，泵的输出压力 $p=5$ MPa，泵的容积效率 $\eta_v=0.92$，总效率 $\eta=0.84$，试求：

(1) 泵的理论流量 $q_t$。

(2) 泵的实际流量 $q$。

(3) 泵的输出功率 $P_o$。

(4) 所需电动机的驱动功率 $P_i$。

(5) 如果泵的转速降至 750 r/min，其他的条件均不变，此时容积效率 $\eta_v$ 是多少？

# 项目三　液压执行元件的认识与选用

## 项目引入

执行元件是将液压泵提供的液压能转换为机械能的能量转换装置，以驱动外部工作部件工作，它包括液压马达和液压缸两种类型。液压马达可将液压能转换为旋转运动的机械能。与液压泵一样，液压马达也是依靠密封容积变化工作的，从工作原理和能量转换的观点看，二者具有可逆性。但由于二者的工作状态不同，为了更好地发挥各自的工作性能，它们在结构上又有所差异，一般不能通用。液压缸可将液压能转换为直线运动或摆动的机械能，其结构简单、工作可靠，应用广泛。图 3-1 所示为履带式液压挖掘机，其采用液压马达实现行走和回转运动，采用液压缸实现挖掘动作。液压执行元件对液压系统的效率、工作性能和工作的可靠性都有着重要的影响。本项目通过对执行元件的认识，掌握正确选用与维护液压马达和液压缸的方法，以保证液压系统工作的可靠性及使用性能。

图 3-1　履带式液压挖掘机

## 学习目标

1. 知识目标

了解液压马达的分类，掌握液压马达的主要性能参数。

了解液压马达的工作原理与结构特点。

掌握液压马达的选用与维护。

了解液压缸的类型和特点。

掌握液压缸结构尺寸的选用。

掌握液压缸的使用与维护。

2. 技能目标

能正确认识液压马达和液压缸。

能正确确定活塞缸的运动速度和推力。

能正确选用和维护液压马达和液压缸。

能正确拆装液压马达和液压缸。

3. 素质目标

增强自主学习意识。

增强团队合作意识。

培养分析、解决问题的能力。

培养良好的职业素养。

拓展阅读：中国古代水力加工机具——水磨

## 任务 3.1 液压马达的认识与选用

### 任务清单

| | |
|---|---|
| 任务引入 | 液压马达的类型很多，不同类型的液压马达所具有的性能和使用场合也不同。正确选用和维护液压马达对提高系统的效率、改善工作性能和保证系统工作的可靠性都十分重要。 |
| 任务目标 | 能正确认识、选用和维护液压马达。 |
| 任务要求 | 按结构形式的不同，常用的液压马达有齿轮式、叶片式和柱塞式，请分析这三类液压马达的工作原理和结构特点；根据不同的工况选择液压马达；分析液压马达故障产生原因，并找出故障排除方法。 |
| 任务思考 | 1. 请画出下列液压马达的图形符号。<br>单向定量马达：<br>单向变量马达：<br>双向定量马达（单向旋转）：<br>双向变量马达（双向旋转）：<br>2. 如何计算液压马达的转速和转矩？<br>3. 液压马达的选择原则是什么？<br>4. 使用液压马达时应注意哪些问题？ |
| 任务实施 | 1. 分析齿轮马达的工作原理和结构特点。<br>2. 分析叶片马达的工作原理和结构特点。<br>3. 分析柱塞马达的工作原理和结构特点。 |

续表

<table>
<tr><td rowspan="2">任务实施</td><td colspan="3">4. 请分析以下液压设备的工况，试为其选择液压马达的类型。
<table>
<tr><th>使用场合</th><th>液压马达的类型</th></tr>
<tr><td>风扇：转速高，运动平稳性要求不高</td><td></td></tr>
<tr><td>磨床回转工作台：转矩不大，回转平稳，起动、换向频繁</td><td></td></tr>
<tr><td>起重机：负载大，低速运动，平稳性高</td><td></td></tr>
</table></td></tr>
<tr><td colspan="3">5. 分析液压马达工作时油液外泄漏的原因，并找出故障排除方法。</td></tr>
<tr><td>任务总结</td><td colspan="3">通过完成上述任务，学到了哪些知识或技能？</td></tr>
<tr><td>实施人员</td><td colspan="3"></td></tr>
<tr><td>任务评价</td><td>参考附录 C。</td><td>得分</td><td></td></tr>
</table>

## 知识库

### 一、液压马达的分类及其主要性能参数

微课：液压马达

1. 液压马达的分类与图形符号

常用的液压马达按结构可分为齿轮式、叶片式和柱塞式三大类；按其额定转速可分为高速和低速两大类，额定转速高于 500 r/min 的属于高速液压马达，额定转速低于 500 r/min 的属于低速液压马达。液压马达的图形符号如图 3-2 所示。

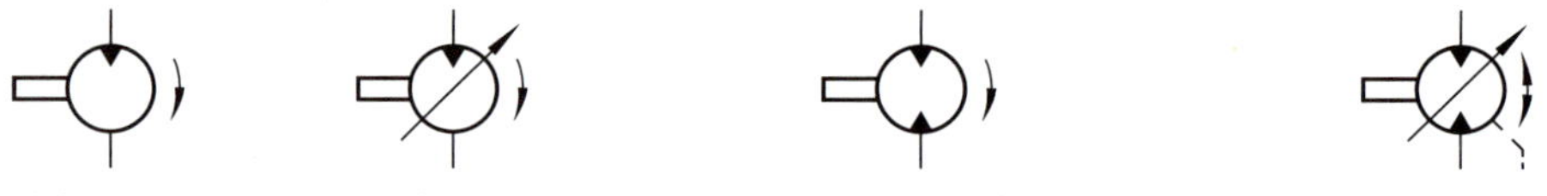

(a) 单向定量马达　(b) 单向变量马达　(c) 单向旋转双向定量马达　(d) 双向旋转双向变量马达

图 3-2　液压马达的图形符号

2. 液压马达的主要性能参数

1）转速和容积效率　若液压马达的排量为 $V$，液压马达进油口处的流量为 $q$（又称实际流量），容积效率 $\eta_v$ 为理论流量和实际流量之比，即

$$\eta_v=\frac{Vn}{q} \tag{3-1}$$

液压马达的转速

$$n=\frac{q\eta_v}{V} \tag{3-2}$$

2）转矩和机械效率　若液压马达进、出油口压差为 $\Delta p$，不考虑其机械损失，液压马达理论输出转矩为 $T_t=\frac{\Delta pV}{2\pi}$，机械效率 $\eta_m$ 为实际输出转矩 $T$ 与理论转矩 $T_t$ 之比，即

$$\eta_m=\frac{T}{T_t}=\frac{2\pi T}{\Delta pV} \tag{3-3}$$

液压马达的转矩

$$T=\frac{\Delta pV\eta_m}{2\pi} \tag{3-4}$$

3）总效率　液压马达的总效率为输出功率与输入功率之比，也等于容积效率和机械效率的乘积，即

$$\eta=\eta_v\eta_m \tag{3-5}$$

## 二、液压马达的工作原理和结构特点

1. 齿轮马达

图 3-3 所示为齿轮马达，其与齿轮泵的结构基本相同，最大的不同是齿轮马达的两个油口的大小一样，且内泄漏单独引回油箱。当高压油进入右腔时，由于两个齿轮的受压面积存在差异，因而产生转矩，推动齿轮转动。齿轮马达输出转矩和转速的脉动性较大，径向力不平衡，在低速及负载变化时运转的稳定性较差。故这种马达适用于高转速、低转矩的场合。

动画：齿轮马达

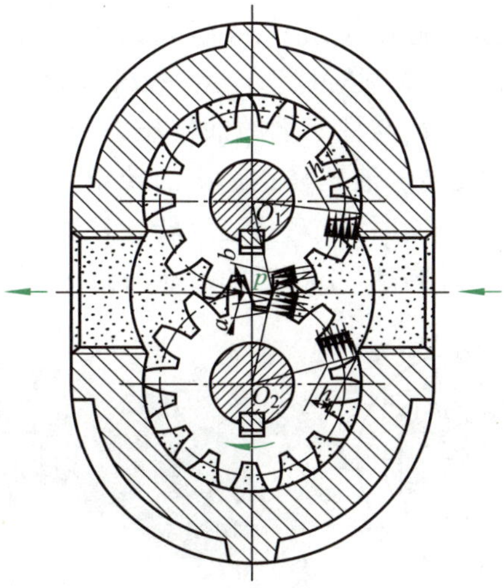

(a) 结构图

(b) 实物图

图 3-3　齿轮马达

2. 叶片马达

图 3-4 所示为叶片马达，其由转子、定子、叶片、配流盘、转子轴和泵体等组成。在结构上与叶片泵有一些重要的区别。叶片马达的叶片径向放置，以便马达可以正反向旋转；在吸、压油腔通入叶片底部的通路上设有单向阀，使叶片底部能与压力油相通，以保证马达的正常起动；在每个柱塞根部均设有弹簧，使叶片始终处于伸出状态，以保证初始密封。

动画：叶片马达

当压力油进入压油腔后，在叶片 3、7 和叶片 1、5 上，一面作用有压力油，另一面无压力油，叶片 3、7 的受压面积大于叶片 1、5，从而由叶片受力差构成的力矩推动转子和叶片顺时针旋转。当改变输油方向时，叶片马达反转。

叶片马达的转子惯性小，动作灵敏，可以频繁换向，但泄漏较大，不宜用于低速场合，因此叶片马达多用于转速高、转矩小、动作要求灵敏的场合。

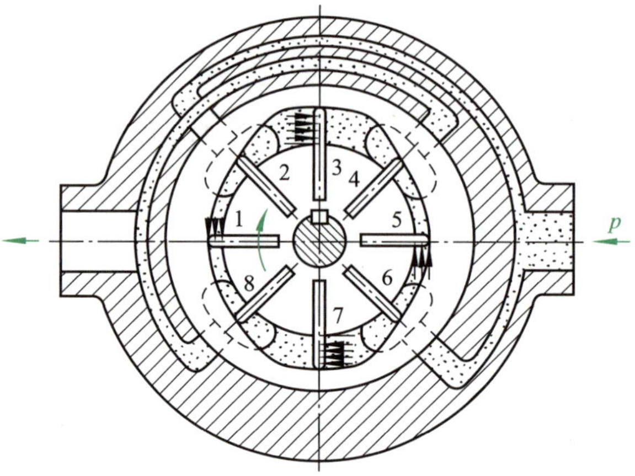

(a) 结构图

(b) 实物图

图 3-4　叶片马达

3. 柱塞马达

图 3-5 所示为柱塞马达，其由转子、柱塞、斜盘、配流盘、定子等组成。当压力油输入马达后，柱塞受油压作用压紧斜盘，斜盘则对柱塞产生一反作用力 $F$，此力可分解为轴向分力 $F_x$ 和径向分力 $F_y$，$F_x$ 与柱塞上的油液压力平衡，$F_y$ 对缸体中心产生转矩，使缸体和马达轴旋转。液压马达输出的转矩为高压腔柱塞产生的转矩的总和。当改变输油方向时，柱塞马达反转。柱塞马达由于排量较小，输出转矩不大，所以是一种高速、小转矩的液压马达。

动画：柱塞马达

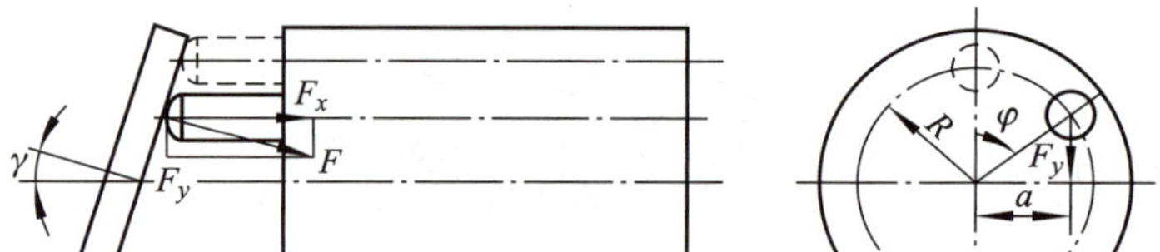

(a) 结构图

(b) 实物图

图 3-5　柱塞马达

## 三、液压马达的选用与维护

1. 液压马达的选用

液压马达的选择原则与液压泵基本相同。在选择液压马达时，首先根据液压系统的工作特点选择液压马达的类型，然后按输出转矩和转速要求选择合适的规格型号。

液压马达的类型很多，可针对不同的工况进行选择。低速运转工况下，可选择低速液压马达，也可以采用高速液压马达加装减速装置使用。针对这两种方案，应根据结构及空间情况、设备成本、驱动转矩是否合理等因素再进行选择。确定所采用液压马达的类型后，可根据液压马达产品的技术参数选出几种规格，然后进行综合分析，再加以确定。

表 3-1 所示为常用液压马达的主要性能和应用范围，选择液压马达时可供参考。

表 3-1　常用液压马达的主要性能和应用范围

| 性能 | 类型 | | |
|---|---|---|---|
| | 齿轮马达 | 叶片马达 | 轴向柱塞马达 |
| 压力/MPa | 10~14 | 6 | 10~32 |
| 转矩/(N·m) | 17~350 | 10~70 | 17~5 655 |
| 转速范围/(r/min) | 150~3 000 | 120~3 000 | 30~3 000 |
| 机械效率/% | 0.80~0.85 | 0.85~0.95 | 0.90~0.95 |
| 制动性能 | 差 | 较差 | 好 |
| 噪声 | 大 | 小 | 较小 |
| 功率质量比 | 中 | 中 | 小 |
| 单位功率造价 | 最低 | 中等 | 高 |
| 应用范围 | 钻床、通风设备及工程机械、农业机械和农业机械的回转机构 | 磨床回转工作台和机床操作机构 | 起重机、绞车、铲车、内燃机车、数控机床、行走机械等设备 |

2. 液压马达的使用与维护

(1) 正确使用与维护

液压马达的日常使用与维护方法与液压泵的基本相近，可参考项目二相关内容。

(2) 液压马达的使用注意事项

1) 液压马达的泄油腔不允许有压力。液压系统的回油一般具有一定压力，所以不允许将液压马达的泄油口与其他回油路连接在一起，防止引起马达轴封损坏，导致漏油。

2) 液压马达在驱动大惯性负载时，不能简单地采用关闭换向阀的方法使其停车。若通过关闭换向阀使其停车，当液压马达突然停止时，由于惯性的作用，其回油路上的压力会大幅升高，严重时会将管路上的薄弱环节冲击损坏或使液压马达的部件断裂失效。因此应在液压马达的回油路上设置合适的安全阀，以保证系统能正常工作。

3) 在起动液压马达时，若液压油黏度过低，则会使整个液压马达的润滑性能下降。若液压油黏度过高，则会使液压马达某些部位得不到有效润滑。

4) 由于液压马达总存在一定的泄漏，因此采用关闭液压马达的进、出油口来保持制动状态是不可靠的。关闭进、出油口的液压马达，其转轴仍会有轻微转动，所以需要长时间保持制动状态时，应另行设置防止转动的制动器。

3. 液压马达的常见故障及排除方法

液压马达的常见故障及排除方法见表 3-2。

表 3-2　液压马达的常见故障及排除方法

| 故障现象 | | 故障原因 | 排除方法 |
|---|---|---|---|
| 转速低、转矩小 | 液压泵供油量不足 | 1. 电动机转速不够；<br>2. 吸油过滤器滤网堵塞；<br>3. 油箱中油量不足或吸油管的管径过小造成吸油困难；<br>4. 密封不严，泄漏，空气侵入内部；<br>5. 油液黏度过大；<br>6. 液压泵轴向及径向间隙过大、内泄漏增大 | 1. 找出原因，进行调整；<br>2. 清洗或更换滤芯；<br>3. 加足油量，适当加大管径，使吸油通畅；<br>4. 拧紧有关管接头，防止泄漏或空气侵入；<br>5. 更换黏度小的油液；<br>6. 适当修复液压泵 |
| | 液压泵输出油压不足 | 1. 液压泵效率太低；<br>2. 溢流阀调定压力不足或发生故障；<br>3. 油管阻力过大（管道过长或过细）；<br>4. 油液黏度较小，内泄漏较大 | 1. 检查液压泵故障，并加以排除；<br>2. 检查溢流阀故障，排除后重新调高压力；<br>3. 更换孔径较大的油管或尽量减少长度；<br>4. 检查内泄漏部位的密封情况，更换油液或密封件 |
| | 液压马达泄漏 | 1. 液压马达结合面没有拧紧或密封不好，有泄漏；<br>2. 液压马达内部零件磨损，泄漏严重 | 1. 拧紧接合面，检查密封情况或更换密封圈；<br>2. 检查液压马达损伤部位，并修磨或更换零件 |
| | 失效 | 配流盘的支承弹簧疲劳，失去作用 | 检查、更换支承弹簧 |
| 泄漏 | 内泄漏 | 1. 配流盘磨损严重；<br>2. 轴向间隙过大；<br>3. 配流盘与缸体端面磨损，轴向间隙过大；<br>4. 弹簧疲劳；<br>5. 柱塞与缸体磨损严重 | 1. 检查配流盘接触面，并加以修复；<br>2. 检查并将轴向间隙调至规定范围；<br>3. 修磨配流盘及缸体端面；<br>4. 更换弹簧；<br>5. 研磨缸体孔、重配柱塞 |
| | 外泄漏 | 1. 轴端密封圈磨损；<br>2. 盖板处的密封圈损坏；<br>3. 结合面有污物或螺栓未拧紧；<br>4. 管接头密封不严 | 1. 更换密封圈并查明磨损原因；<br>2. 更换密封圈；<br>3. 检查、清除污物并拧紧螺栓；<br>4. 拧紧管接头 |

续表

| 故障现象 | 故障原因 | 排除方法 |
| --- | --- | --- |
| 噪声 | 1. 密封不严,有空气侵入内部;<br>2. 液压油被污染,有气泡混入;<br>3. 联轴器不同心;<br>4. 油液黏度过大;<br>5. 液压马达的径向尺寸严重磨损;<br>6. 叶片磨损;<br>7. 叶片与定子接触不良,有冲撞现象;<br>8. 定子磨损 | 1. 检查有关部位的密封,紧固各连接处;<br>2. 更换清洁的液压油;<br>3. 校正同心;<br>4. 更换黏度较小的油液;<br>5. 修磨缸孔,重配柱塞;<br>6. 进行修复或更换;<br>7. 进行修整;<br>8. 进行修复或更换,如因弹簧过硬造成磨损加剧,则应更换刚度较小的弹簧 |

## 任务 3.2 液压缸的认识与选用

拓展阅读:风机吊装机上的世界一流液压缸

### 任务清单

| | |
| --- | --- |
| 任务引入 | 为满足各种主机的不同用途,液压缸的类型有很多。不同类型的液压缸所具有的性能和使用场合也不同。正确选用和维护液压缸对提高系统的效率、改善工作性能和保证系统工作的可靠性都十分重要。 |
| 任务目标 | 能正确认识、选用和维护液压缸。 |
| 任务要求 | 按结构特点的不同,液压缸可分为活塞缸、柱塞缸和摆动缸三类,其中应用最普遍的液压缸是活塞缸。请分析活塞缸的工作原理和特点;根据不同的使用要求和工况选择液压缸;分析液压缸故障产生原因,并找出故障排除方法。 |
| 任务思考 | 1. 单作用式液压缸与双作用式液压缸有何区别?<br><br>2. 活塞缸分为哪几种?它们的主要区别是什么?画出双作用式活塞缸的图形符号。<br><br>3. 液压缸的主要尺寸包括哪几种?<br><br>4. 活塞缸的结构主要有哪几部分?<br><br>5. 使用中的液压缸若发生故障需要拆卸时,应如何处理? |

续表

| | | | |
|---|---|---|---|
| 任务实施 | 1. 分析双杆活塞缸的工作原理和特点。<br>2. 分析单杆活塞缸的工作原理和特点。<br>3. 一差动液压缸，若要求：(1) $v_{快进}=v_{快退}$；(2) $v_{快进}=2v_{快退}$。请确定液压缸活塞面积 $A_1$ 和活塞杆面积 $A_2$ 的关系。<br>4. 活塞缸所受负载为 $F$，无杆腔进油压力为 $p_1$，有杆腔回油压力为 $p_2$，往返速比为 $\lambda_v$，请确定活塞缸直径 $D$ 和活塞杆直径 $d$。<br>5. 分析图 3-13 所示双作用单杆活塞缸的主要结构形式。<br>6. 分析液压缸工作时出现爬行的原因，并找出排除方法。 | | |
| 任务总结 | 通过完成上述任务，学到了哪些知识或技能？ | | |
| 实施人员 | | | |
| 任务评价 | 参考附录 C。 | 得分 | |

## 知识库

### 一、液压缸的类型和特点

液压缸按结构特点不同可分为活塞缸、柱塞缸、摆动缸三类；按运动形式不同可分为直线运动和摆动，活塞缸和柱塞缸用以实现直线运动，输出推力和速度；摆动缸用以实现小于 360°的转动，输出转矩和角速度；按作用方式不同可分为单作用式和双作用式两种，单作用式液压缸的单向运动由液压驱动，反方向运动需要靠外力（如重力或弹簧力等）实现；双作用式液压缸的双向运动都由液压驱动。

微课：液压缸的类型和特点

1. 活塞缸

活塞缸可分为双杆活塞缸和单杆活塞缸两种结构，其固定方式有缸体固定和活塞杆固定两种形式。

(1) 双杆活塞缸

图 3-6 所示为双杆活塞缸，其活塞的两侧都有活塞杆伸出。图 3-6a 所示为缸体固定式双杆活塞缸，图 3-6b 所示为活塞杆固定式双杆活塞缸。当液压缸的两腔交替通入压力油时，压力油作用于活塞端面，驱动活塞（或缸体）移动，并带动工作台实现往复移动。

当两活塞杆直径相同，缸两腔的供油压力和流量都相等时，活塞（或缸体）两个方向的运动速度和推力也都相等。因此，这种液压缸常用于要求往复运动速度和负载相同的场合，如各种磨床。缸体固定式双杆活塞缸的工作台的移动范围约为活塞有效行程 $L$ 的 3 倍，设备占地面积大，一般用于小型设备的液压系统上。活塞杆固定式双杆活塞缸的工作台的运动范围约为缸体有效行程 $L$ 的 2 倍，常用于行程长的大、中型设备的液压系统上。

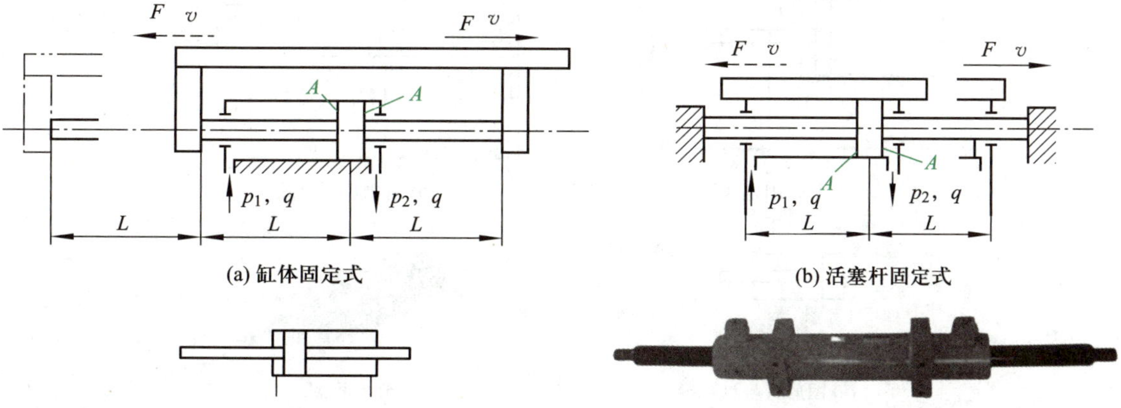


(a) 缸体固定式　(b) 活塞杆固定式　(c) 图形符号　(d) 实物图

图 3-6　双杆活塞缸

双杆活塞缸的推力 $F$ 为

$$F=Ap=\frac{\pi}{4}(D^2-d^2)(p_1-p_2) \tag{3-6}$$

双杆活塞缸的运动速度 $v$ 为

$$v=\frac{q}{A}=\frac{4q}{\pi(D^2-d^2)} \tag{3-7}$$

式中，$p_1$、$p_2$——液压缸的进、回油压力；

$q$——输入液压缸的流量；

$D$、$d$——液压缸活塞直径和活塞杆直径；

$A$——液压缸活塞的有效工作面积。

（2）单杆活塞缸

图 3-7 所示为单杆活塞缸，其活塞的一端有活塞杆伸出。图 3-7a 所示为缸体固定式单杆活塞缸，图 3-7b 所示为活塞杆固定式单杆活塞缸，它们的工作台移动范围都是液压缸有效行程 $L$ 的 2 倍，结构紧凑，应用广泛。

单杆活塞缸两腔活塞的有效工作面积不同，当分别向两腔供油，且供油压力和流量相同时，活塞（或缸体）在两个方向产生的推力和运动速度不相等。

1）当无杆腔进油，有杆腔回油时（图 3-8a），活塞推力 $F_1$ 和运动速度 $v_1$ 分别为

$$F_1=A_1p_1-A_2p_2=\frac{\pi}{4}D^2p_1-\frac{\pi}{4}(D^2-d^2)p_2=\frac{\pi}{4}D^2(p_1-p_2)+\frac{\pi}{4}d^2p_2 \tag{3-8}$$

$$v_1=\frac{q}{A_1}=\frac{4q}{\pi D^2} \tag{3-9}$$

动画：双杆活塞缸（1）

动画：双杆活塞缸（2）

动画：单杆活塞缸（1）

动画：单杆活塞缸（2）

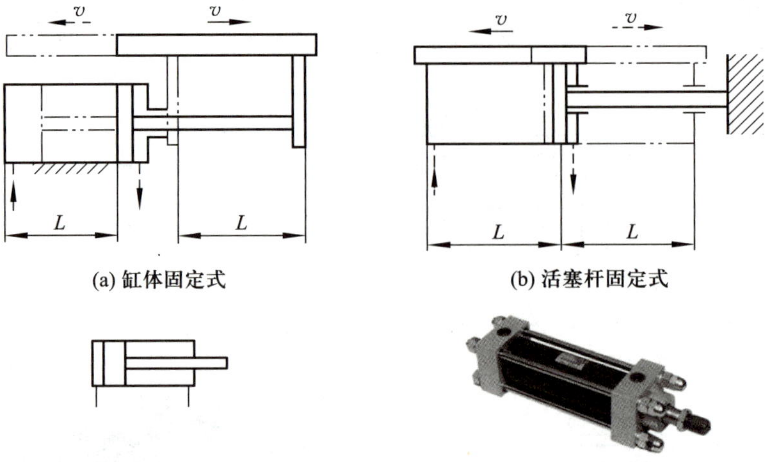


(a) 缸体固定式　(b) 活塞杆固定式

(c) 图形符号　(d) 实物图

图 3-7　单杆活塞缸

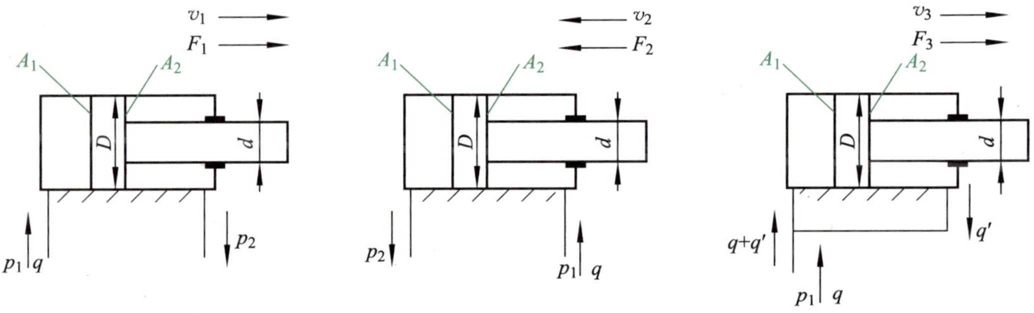


(a) 无杆腔进油，有杆腔回油　(b) 有杆腔进油，无杆腔回油　(c) 两腔同时进油

图 3-8　单杆活塞缸的工作原理图

2）当有杆腔进油，无杆腔回油时（图 3-8b），活塞推力 $F_2$ 和运动速度 $v_2$ 分别为

$$F_2=A_2p_1-A_1p_2=\frac{\pi}{4}(D^2-d^2)p_1-\frac{\pi}{4}D^2p_2=\frac{\pi}{4}D^2(p_1-p_2)-\frac{\pi}{4}d^2p_1 \tag{3-10}$$

$$v_2=\frac{q}{A_2}=\frac{4q}{\pi(D^2-d^2)} \tag{3-11}$$

由比较可知：$F_1>F_2$，$v_1<v_2$。即无杆腔进油工作时，推力大，速度低；有杆腔进油工作时，推力小，速度高。因此单杆活塞缸常用于一个方向有较大负载但运行速度低，另一个方向为空载快速退回运动的设备，如各种金属切削机床、起重机、压力机、注塑机等。

3）当两腔同时进油时（图 3-8c），由于无杆腔活塞的有效工作面积大于有杆腔活塞的有效工作面积，活塞向右的推力大于向左的推力，故其向右移动。液压缸的这种连接方式称为差动连接。

差动连接时，活塞推力 $F_3$ 和运动速度 $v_3$ 分别为

$$F_3=A_1p_1-A_2p_1=(A_2-A_1)p_1=\frac{\pi}{4}d^2p_1 \tag{3-12}$$

$$v_3=\frac{q}{A_1-A_2}=\frac{4q}{\pi d^2} \tag{3-13}$$

由比较可知，$F_1>F_3$，$v_1<v_3$。这说明单杆活塞缸差动连接时，能使运动部件获得较高的速度和较小的推力。因此，在工程实际中，单杆活塞缸常用在需要实现“快进（差动连接）→工进（无杆腔进油）→快退（有杆腔进油）”工作循环的组合机床等设备的液压系统中。如果要求“快进”和“快退”速度相等，即 $v_3=v_2$，可通过选择 $D$ 与 $d$ 的尺寸来实现，$D$ 与 $d$ 的关系为 $D=\sqrt{2}d$（或 $d=0.707D$）。

动画：单杆活塞缸的工程应用

2. 柱塞缸

图 3-9 所示为柱塞缸，其由缸筒 1、柱塞 2、导向套 3、密封圈 4 和压盖 5 等组成。压力油进入缸筒内，推动柱塞移动。柱塞缸只能实现单向运动，回程需靠自重（立式缸）或其他外力（如弹簧力）来实现。为了实现双向运动，柱塞缸常成对使用，如图 3-9b 所示。

动画：柱塞缸

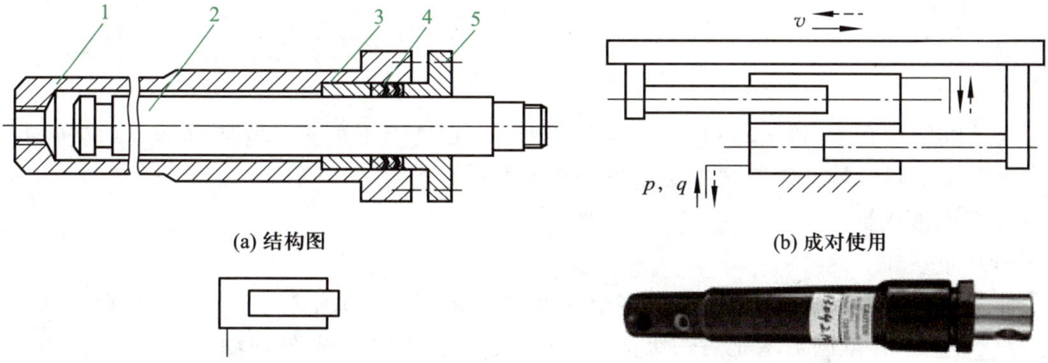


(a) 结构图　(b) 成对使用

(c) 图形符号　(d) 实物图

1—缸筒；2—柱塞；3—导向套；4—密封圈；5—压盖

图 3-9　柱塞缸

活塞缸缸体内孔的加工精度要求很高，当缸体较长时加工困难。柱塞缸的柱塞 2 由导向套 3 导向，与缸体内壁不接触，缸体内孔不需要精加工，工艺性好，成本低，因此，行程较长时，宜采用柱塞缸。柱塞是端面受压，为了能输出较大的推力，柱塞一般较粗、较重，水平安装时易产生单边磨损，故柱塞缸适宜垂直安装使用。当其水平安装时，为防止柱塞因自重而下垂，常制成空心柱塞并设置支承套和托架。柱塞缸结构简单，制造容易，适用于行程较长的龙门刨床、导轨磨床、大型拉床等设备的液压系统中。

3. 摆动缸

摆动缸也称为摆动液压马达，它的作用是将油液的压力能转换为叶片和输出轴往复摆动的机械能。它有单叶片和双叶片两种结构形式。

图 3-10 所示为摆动缸，它由缸体 1、叶片 2、定子块 3 和摆动轴 4 等组成。定子块固定在缸体上，叶片与摆动轴连为一体，当两油口交替通入压力油时，叶片带动摆动轴做往复摆动。单叶片式摆动缸的摆角可达 300°；双叶片式摆动缸的摆角一般小于 150°，但其输出的转矩是单叶片式摆动缸的两倍。

动画：摆动缸

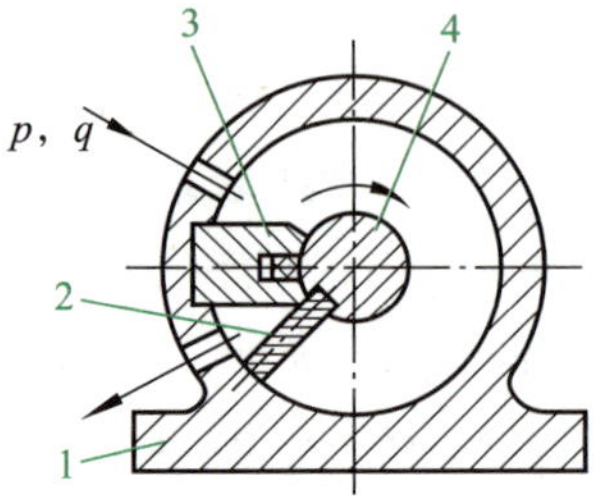


(a) 单叶片式

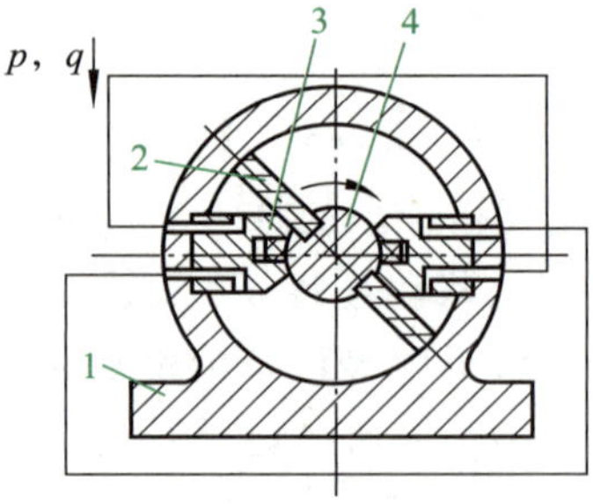


(b) 双叶片式

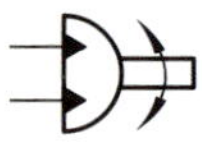

(c) 图形符号

(d) 实物图

1—缸体；2—叶片；3—定子块；4—摆动轴

图 3-10　摆动缸

摆动缸结构紧凑，输出转矩大，但密封困难，一般只用于机床的送料装置、回转夹具、机器人手臂及工程机械回转装置等设备的液压系统中。

4. 其他液压缸

（1）伸缩缸

伸缩缸又称多级缸，它由两个或多个活塞缸套装而成，如图 3-11 所示。其前一级活塞缸的活塞是后一级活塞缸的缸体。工作时活塞外伸动作逐级进行，首先是最大直径的活塞外伸，当其达到行程终点时，稍小直径的活塞开始外伸，如此实现各级活塞依次外伸。这种液压缸伸出时可获得很长的行程，而当缩回时又可保持很小的轴向尺寸，故其适用于安装空间受到限制而行程要求很长的场合，如起重机伸缩臂液压缸、自卸汽车举升液压缸等。

动画：伸缩缸

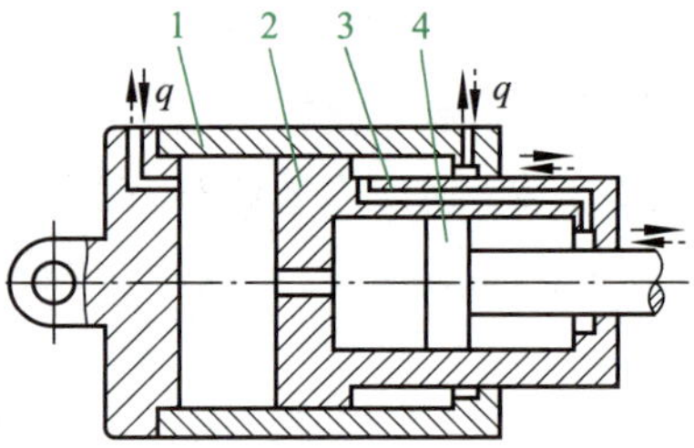


(a) 结构图

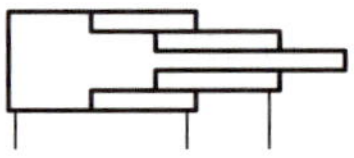

(b) 图形符号

(c) 实物图

1—一级缸筒；2—一级活塞；3—二级缸筒；4—二级活塞

图 3-11　伸缩缸

伸缩缸也有单作用式与双作用式之分，它们的不同点主要是单作用伸缩缸的回程靠外力（如重力）实现，而双作用伸缩缸的回程靠液压油作用实现。

（2）增压缸

增压缸可将输入的低压油转换为高压油，供液压系统中的高压支路使用。它由直径不同的两个液压缸串联而成，大缸为原动缸，小缸为输出缸，如图 3-12 所示。

动画：增压缸

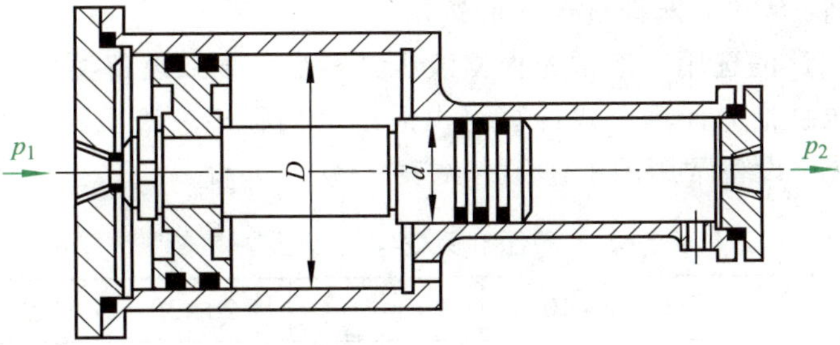


图 3-12 增压缸

若输入增压缸大缸的油液压力为 $p_1$，由小缸输出的油液压力为 $p_2$，则

$$p_2=(D^2/d^2)p_1 \tag{3-14}$$

式中，$D^2/d^2$——增压比，即增压倍数。

增压缸只是将高压油提供给其他液压缸以获取大的推力，其本身不能直接作为执行元件，所以安装时应尽量使其靠近执行元件。增压缸常用于压铸机、造型机等设备的液压系统中。

## 二、液压缸结构尺寸的选用

微课：液压缸的结构

1. 液压缸的典型结构

图 3-13 所示为双作用单杆活塞缸，它主要由缸底 1、缸筒 6、缸盖 10、活塞 4、活塞杆 7 和导向套 8 等组成。缸筒一端与缸体焊接在一起，另一端与缸盖采用螺纹连接。活塞与活塞杆采用卡环连接。为了保证液压缸的可靠密封，在相应部位设置了密封圈和防尘圈。

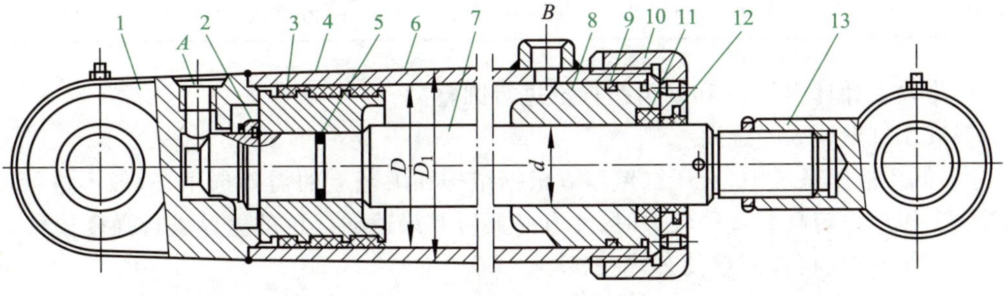


(a) 结构图

(b) 实物图

1—缸底；2—卡环；3、5、9、11—密封圈；4—活塞；6—缸筒；7—活塞杆；8—导向套；10—缸盖；12—防尘圈；13—耳轴

图 3-13 双作用单杆活塞缸

2. 液压缸主要尺寸的选用

液压缸一般来说是标准件，但有时也需要自行设计。液压缸的主要尺寸包括液压缸内径 $D$、长度 $L$，活塞杆直径 $d$ 等。

（1）液压缸内径 $D$ 和活塞杆直径 $d$ 的选用

1）液压缸内径 $D$ 的选用　通常先根据液压缸所受负载或设备类型，确定出液压缸的工作压力，然后由液压缸推力计算公式计算得出液压缸内径 $D$。液压缸负载与工作压力的关系见表 3-3，各类液压设备常用的工作压力见表 3-4。

表 3-3　液压缸负载与工作压力的关系

| 负载 $F$/kN | <5 | 5~10 | 10~20 | 20~30 | 30~35 | >50 |
|---|---|---|---|---|---|---|
| 工作压力 $p$/MPa | <0.8~1 | 1.5~2 | 2.5~3 | 3~4 | 4~5 | >5~7 |

表 3-4　各类液压设备常用的工作压力

| 设备类型 | 磨床 | 车床、铣床、镗床 | 组合机床 | 龙门刨床 | 拉床 | 农业机械、小型工程机械 | 液压机、重型机械、起重运输机械 |
|---|---|---|---|---|---|---|---|
| 工作压力 $p$/MPa | 0.8~2 | 2~4 | 3~5 | 2~8 | 8~10 | 10~16 | 20~32 |

2）活塞杆直径 $d$ 的选用　活塞杆直径 $d$ 可按工作时的受力情况来确定，见表 3-5。对于单杆活塞缸，$d$ 也可由液压缸活塞的往返速比 $\lambda_v = v_2/v_1 = D^2/(D^2-d^2)$ 来确定。

表 3-5　活塞杆直径推荐值

| 活塞杆受力情况 | 受拉伸 | 受压缩，工作压力 $p$/Mpa | | |
|---|---|---|---|---|
| | | $p \leqslant 5$ | $5<p\leqslant 7$ | $p>7$ |
| 活塞杆直径 $d$ | $(0.3\sim0.5)D$ | $(0.5\sim0.55)D$ | $(0.6\sim0.7)D$ | $0.7D$ |

最后将以上计算出的 $D$ 和 $d$ 值按标准进行圆整。

（2）液压缸壁厚 $\delta$ 的选用

在中、低压液压系统中，液压缸壁厚 $\delta$ 根据结构和工艺上的需要选用，一般不进行计算。当液压缸工作压力较高或直径较大时，才有必要对其最薄弱部位的壁厚进行强度校核。

当 $D/\delta \geqslant 10$ 时，可按薄壁筒公式校核

$$\delta \geqslant \frac{p_y D}{2[\sigma]} \tag{3-15}$$

当 $D/\delta<10$ 时，可按厚壁筒公式校核

$$\delta \geqslant \frac{D}{2}\left[\sqrt{\frac{[\sigma]+0.4p_y}{[\sigma]-1.3p_y}}-1\right] \tag{3-16}$$

式中，$p_y$——试验压力，当缸的额定工作压力 $p_n \leqslant 16$ MPa 时，取 $p_y = 1.5p_n$，当 $p_n \geqslant 16$ MPa 时，取 $p_y = 1.25p_n$；

[$\sigma$]——缸筒材料的许用应力。

(3) 液压缸其他尺寸的选用

1) 液压缸的长度 $L\leqslant(20\sim30)D$。

2) 活塞的宽度 $B=(0.6\sim1)D$。

3) 导向套滑动面的长度:当 $D<80$ mm 时,取$(0.6\sim1)D$;当 $D\geqslant80$ mm 时,取$(0.6\sim1)d$。

4) 活塞杆的长度 $l$ 按液压缸的长度、活塞的宽度、导向套滑动面的长度、端盖的有关尺寸及它与工作台的连接方式来选用。

3. 液压缸结构的选用

液压缸的尺寸选定后,还需对液压缸的结构进行选定。

(1) 缸筒与端盖的连接方式

选用何种缸筒与端盖的连接方式主要取决于液压缸的压力、缸筒的材料和具体的工作条件。缸筒与缸盖的常见连接方式很多,如图 3-14 所示。

图 3-14a 所示为法兰式连接,其结构简单,易于加工,也容易拆装,但外形尺寸和重量都较大,常用于铸铁制的缸筒上。

图 3-14b 所示为半环式连接,它的缸筒壁部因开了环形槽而削弱了强度,为此有时要加厚缸壁,它易于加工和拆装,重量较轻,常用于无缝钢管或锻钢制的缸筒上。

图 3-14c 所示为螺纹式连接。它的缸筒端部结构复杂,外径加工时要求保证内、外径同心,拆装要使用专用工具,它的外形尺寸和重量都较小,常用于无缝钢管或铸钢制的缸筒上。

图 3-14d 所示为拉杆式连接,其结构的通用性大,易于加工和拆装,但外形尺寸较大,且较重。

图 3-14e 所示为焊接式连接。其结构简单,尺寸小,但缸底处内径不易加工,且可能引起变形。

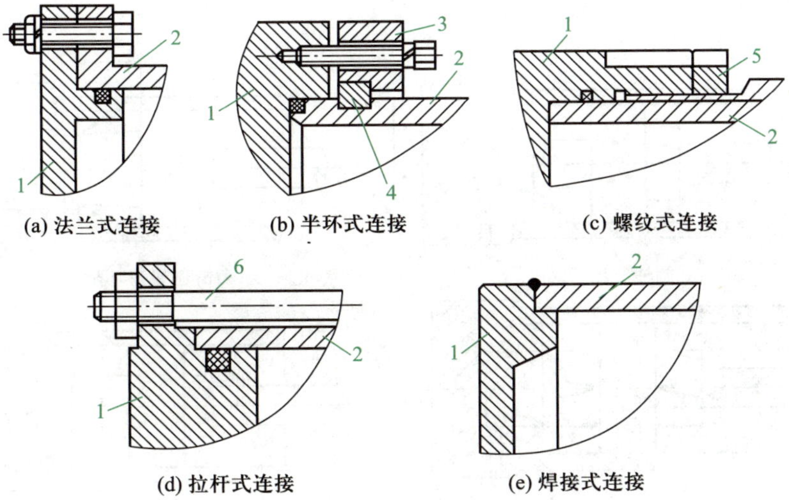


1—缸盖;2—缸筒;3—压板;4—半环;5—防松螺帽;6—拉杆

图 3-14 缸筒与端盖的连接方式

(2) 活塞与活塞杆的连接方式

活塞与活塞杆的连接方式有多种,如图 3-15 所示。

图 3-15a 所示为整体式连接、图 3-15b 所示为焊接式连接，它们结构简单、轴向尺寸紧凑，损坏后需整体更换，适用于活塞与活塞杆直径比较小、行程较短或尺寸不大的液压缸。

图 3-15c 所示为锥销式连接，其加工容易，装配简单，承载能力小，需要防脱落措施，适用于轻载液压缸。

图 3-15d 所示为螺纹式连接，其结构简单，拆装方便，一般需要有螺纹放松措施，适用于中载液压缸。

图 3-15e 所示为卡环式连接，其强度高，结构复杂，拆装不便，适用于高压和振动较大的液压缸。

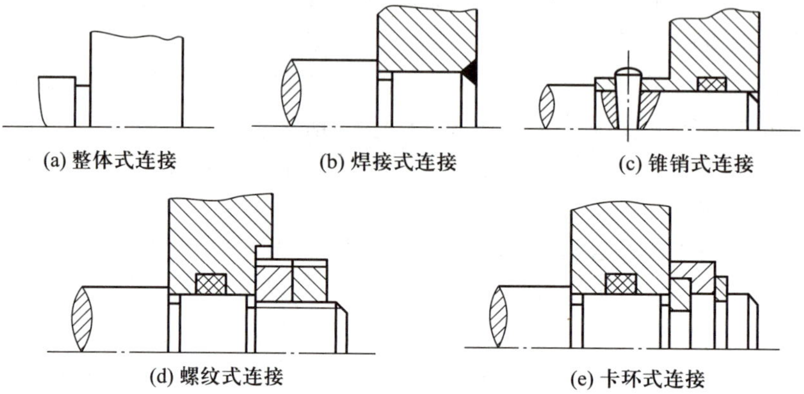


图 3-15　活塞与活塞杆的连接方式

（3）液压缸缓冲装置

液压缸缓冲装置的作用是防止活塞在行程终止时和缸盖发生撞击。常见的缓冲装置如图 3-16 所示。

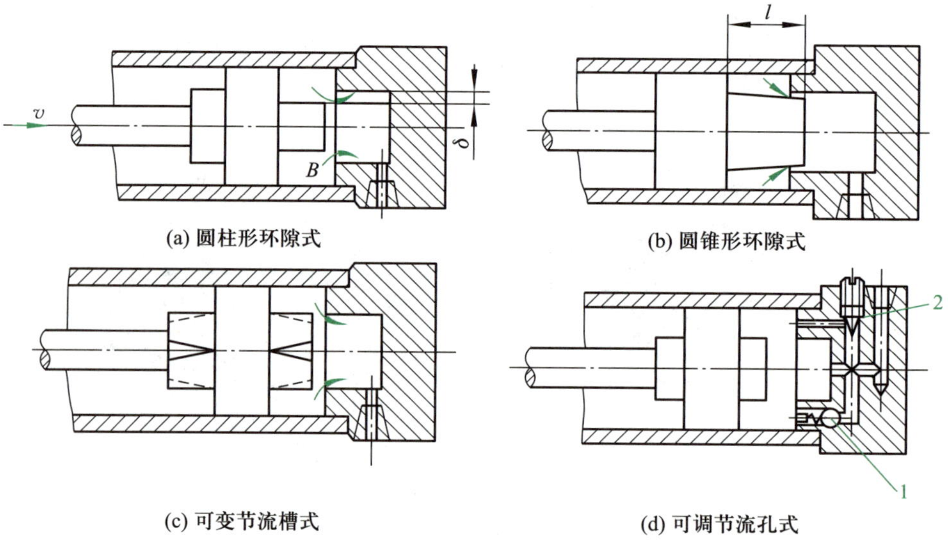


1—单向阀；2—节流阀

图 3-16　液压缸的缓冲装置

图 3-16a 所示为圆柱形环隙式缓冲装置。其活塞端部有缓冲柱塞，当柱塞运行至液压缸端盖孔中时，缸筒内的油液只能从环形间隙 $\delta$ 处挤出，这使活塞减速制动，从而减缓了冲击。图 3-16b 所示为圆锥形环隙式缓冲装置。其环形间隙 $\delta$ 随伸入端盖孔中距离的增长而减小，从而获得更好的缓冲效果。

图 3-16c 所示为可变节流槽式缓冲装置。其缓冲柱塞上开有几个均布的三角形节流槽。随着柱塞伸入端盖孔中距离的增长，其节流面积减小，从而控制缓冲压力变化平缓，冲击压力小，缓冲效果好，制动位置精度高。

图 3-16d 所示为可调节流孔式缓冲装置。当缓冲柱塞伸入端盖孔中后，活塞与端盖间的油液须经节流阀 2 回油。调节节流阀的开口大小，可以调节回油流量，从而控制活塞的缓冲速度。当活塞反向运动时，压力油经单向阀 1 很快进入液压缸内，并作用在活塞的整个有效工作面积上，使其快速起动。这种缓冲装置可根据负载的情况对节流阀的开口大小进行调整，来获得理想的缓冲效果，适用范围比较广。

（4）液压缸排气装置

液压系统中混入空气后会使其工作不稳定，产生振动、噪声、低速爬行及起动时突然前冲现象。要保证液压缸的正常工作，需排除积留在液压缸内的空气。对于要求不高的液压缸可将油口布置在缸筒两端的最高处，由流出的油液将液压缸中的空气带往油箱，再从油箱逸出。而对于要求较高的液压缸需在最高处设专门的排气装置，将液压系统中的空气排出，如排气塞、排气阀等。图 3-17 所示为排气塞，排气时先松开排气塞螺钉，让液压缸全行程空载往返多次，直到空气排出，然后再拧紧排气塞螺钉进行正常工作。

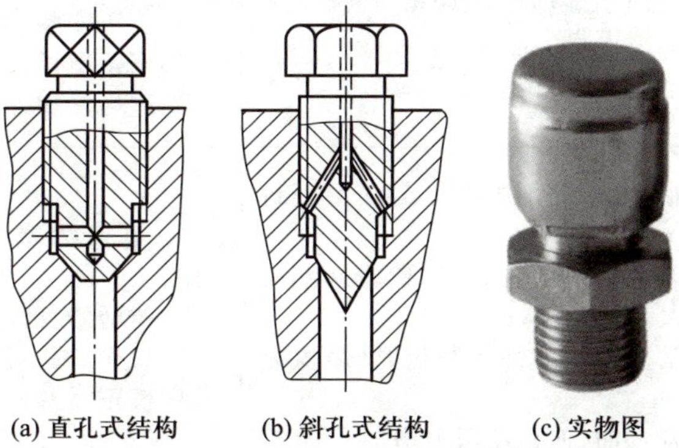


图 3-17　排气塞

## 三、液压缸的使用与维护

1. 液压缸的使用

1）液压缸所使用液压油的黏度为 29～74 $mm^2/s$，工作油温在 -20～80 ℃ 范围内。在环境温度和使用温度较低时，可选择黏度较低的油液。如有特殊要求，需单独说明。

2）液压缸要求系统的过滤精度不低于 80 μm，需严格控制油液污染，保持油液的清洁，定期检查油液的性能，并进行必要的精细过滤和更换新的工作油液。

3）液压缸只能一端固定，另一端自由，以使热胀、冷缩不受限制。

4）安装时要保证活塞杆顶端连接头的方向与缸头、耳环（或中间绞轴）的方向一致，并保证整个活塞杆在进退过程中的直线度，防止出现刚性干扰现象，造成不必要的损坏。

5）液压缸若发生漏油等故障需要拆卸时，应用油液压力使活塞的位置移动到缸筒的任何一个末端位置，拆卸中应尽量避免不合适的敲打及零件的突然掉落。

6）在拆卸之前，应松开溢流阀，使液压回路的压力降低为零，然后切断电源使液压装置停止运转，松开油口配管后，应用油塞塞住油口。

7）液压缸不能作为电极接地使用，以免电击损伤活塞杆。

2. 液压缸的常见故障及排除方法

液压缸的常见故障及排除方法见表3-6。

表3-6 液压缸的常见故障及排除方法

| 故障现象 | 故障原因 | 排除方法 |
| --- | --- | --- |
| 爬行 | 1. 外界空气进入缸内；<br>2. 密封件压得太紧；<br>3. 活塞与活塞杆不同轴；<br>4. 活塞杆弯曲变形；<br>5. 缸筒内壁拉毛，局部磨损严重或腐蚀；<br>6. 安装位置有误差；<br>7. 活塞杆两端螺母拧得太紧；<br>8. 导轨润滑不良 | 1. 起动系统，打开排气塞（阀）强迫排气；<br>2. 调整密封件，保证活塞杆能用手拉动且试车时无泄漏即可；<br>3. 校正或更换，使同轴度误差小于 $\phi$0.04 mm；<br>4. 校正活塞杆，保证直线度误差小于 0.1/1 000；<br>5. 适当修理，严重者重磨缸筒内壁，按要求重配活塞；<br>6. 校正安装；<br>7. 调整螺母；<br>8. 适当增加导轨润滑油量 |
| 推力不足、速度不够或逐渐下降 | 1. 缸与活塞配合间隙过大或O形密封圈破坏；<br>2. 工作时经常使用某一段，造成局部几何误差增大，产生泄漏；<br>3. 缸端活塞杆密封件压得过紧，摩擦力太大；<br>4. 活塞杆弯曲，使运动阻力增加 | 1. 更换活塞或密封圈，调整到合适间隙；<br>2. 镗磨修复缸筒内壁，重配活塞；<br>3. 放松、调整密封件；<br>4. 校正活塞杆 |
| 冲击 | 1. 活塞与缸筒间用间隙密封时，间隙过大，节流阀失去作用；<br>2. 端部缓冲装置中的单向阀失灵，不起作用 | 1. 更换活塞，使间隙达到规定要求，检查节流阀；<br>2. 修正、研配或更换单向阀与阀座 |
| 外泄漏 | 1. 密封圈损坏或装配不良使活塞杆处密封不严；<br>2. 活塞杆表面损伤；<br>3. 管接头密封不严；<br>4. 缸盖处密封不良 | 1. 检查并更换或重装密封圈；<br>2. 检查并修复活塞杆；<br>3. 检查并修整管接头；<br>4. 检修密封圈及接触面 |

# 技能实训三 液压执行元件的拆装

## 技能实训任务单

<table>
<tr><td>实训目的</td><td colspan="3">1. 进一步理解执行元件的工作原理及组成结构。<br>2. 掌握执行元件的拆卸、装配方法。<br>3. 掌握执行元件维修的基本方法。<br>4. 培养实践技能和分析、解决问题的能力。</td></tr>
<tr><td>实训要求</td><td colspan="3">1. 拆装时要按照拆装顺序进行操作，不能拆卸的禁止强拆。<br>2. 拆装时要边拆装边分析执行元件的结构原理及特点，并做好拆卸记录。<br>3. 拆装时注意不要散失小的零件，实训完要把执行元件装配好。<br>4. 拆装过程中实行“谁拆卸，谁装配”的原则。<br>5. 拆装完毕后，整理好现场，将执行元件的外表面擦拭干净，工具清洁后放回原处。<br>6. 对拆装的执行元件进行结构分析，按要求完成技能实训工作页。</td></tr>
<tr><td>实训器材</td><td colspan="3">液压马达、液压缸、内六角扳手、固定扳手、油盆、螺丝刀、卡簧钳、铜棒、煤油等。</td></tr>
<tr><td rowspan="5">实训内容与参考步骤</td><td colspan="3">在实训教师的指导下，拆卸执行元件，观察、了解各零件在执行元件中的作用，了解执行元件的工作原理，按照规定的步骤装配执行元件。</td></tr>
<tr><td rowspan="4">齿轮马达（图 3-3）</td><td>拆卸顺序</td><td>1. 拆下紧固螺栓，取下壳体。<br>2. 取下卡簧、轴封、密封圈、键、定位销。<br>3. 卸下主动齿轮及轴、从动齿轮及轴。<br>4. 分解端盖与轴承、齿轮与轴。</td></tr>
<tr><td>主要零件的结构及作用分析</td><td>观察壳体上的泄油口位置并分析其作用。观察进、出油口的位置和尺寸。</td></tr>
<tr><td>装配要领</td><td>装配前清洗各零件，将轴与端盖之间、齿轮与壳体之间的配合表面涂润滑油，并注意各处密封的装配。然后按拆卸时的反向顺序装配齿轮马达。安装完成后马达应能转动灵活，没有阻滞、卡死现象。</td></tr>
<tr><td>拆装注意事项</td><td>1. 拆装中应用铜棒敲打零部件，以免损坏零部件和轴承。<br>2. 拆卸过程中，遇到元件卡住的情况时，不要乱敲、硬砸，请实训教师来解决。<br>3. 拧紧螺栓时，注意用力要均匀。</td></tr>
</table>

续表

| | | | |
|---|---|---|---|
| 实训内容与参考步骤 | 双作用单杆活塞缸（图 3-13） | 拆卸顺序 | 1. 将液压缸两端端盖与缸筒的连接螺栓取下，再依次取下端盖、活塞组件、端盖与缸筒端面之间的密封圈、缸筒。<br>2. 分解端盖。<br>3. 拆除活塞组件上的连接件，然后依次取下活塞、活塞杆及密封圈。 |
| | | 主要零件的结构及作用分析 | 观察所拆卸液压缸的类型和安装形式；观察活塞与活塞杆的连接形式；观察缸盖与缸体的连接形式；观察液压缸中所用密封圈的位置和形式；观察端盖内的缓冲装置。 |
| | | 装配要领 | 按拆卸时的反向顺序进行装配。装配前清理各零部件，并在活塞杆与导向套、活塞与活塞杆、活塞与缸筒等配合表面涂上润滑脂，并注意各处密封的装配。 |
| | | 拆装注意事项 | 1. 装配前，先检查零件的合格性，特别是运动副的配合精度和表面状态。注意去除零件上的毛刺、飞边、污垢。<br>2. 安装时，将活塞组件按结构组装好后装入缸筒内，检查活塞在缸筒内的移动情况，应运动灵活，无阻滞和轻重不均匀现象。<br>3. 将左、右端盖和缸筒组装好，拧紧端盖连接螺钉时，要依次对角施力，且用力要均匀，要使活塞杆在全长运动范围内可灵活、无轻重不均地运动。 |
| 实训思考 | 齿轮马达 | | 1. 齿轮马达由哪几部分组成？各密封腔是怎样形成的？<br>2. 齿轮马达的进、出油口为什么一样大？<br>3. 齿轮马达设置外泄油口的作用是什么？ |
| | 双作用单杆活塞缸 | | 1. 双作用单杆活塞缸由哪几部分组成？<br>2. 试分析双作用单杆活塞缸缓冲装置的工作原理？<br>3. 试说明双作用单杆活塞缸哪些部位装有密封装置？并说明其作用、类型和装配方法。 |

## 技能实训工作页

| | | | |
|---|---|---|---|
| 实训内容 | | | |
| 实训过程记录 | | | |
| 实训出现的问题及解决方法 | | | |
| 实训思考解答 | | | |
| 实训效果 | | | |
| 实训人员 | | | |
| 技能实训评价 | 参考附录 D。 | 得分 | |

## 思考和练习

1. 选择题

(1) 液压马达是将(　　)的液压元件。

A. 液压能转换为机械能　　B. 电能转换为液压能

C. 机械能转换为液压能　　D. 液压能转换为电能

(2) 液压缸是液压系统的(　　)。

A. 动力元件　　B. 执行元件

C. 调节元件　　D. 辅助元件

(3) 活塞的有效工作面积一定时,活塞的运动速度取决于(　　)。

A. 液压缸中的油液压力　　B. 液压泵的输出流量

C. 进入液缸的流量　　D. 负载

(4) 能形成差动连接的液压缸是(　　)。

A. 双杆活塞缸　　B. 单杆活塞缸

C. 柱塞活塞缸　　D. 齿轮缸

(5) 已知单杆活塞缸两腔的有效工作面积 $A_1=2A_2$,液压泵供油流量为 $q$,如果将液压缸差动连接,活塞实现差动快进,那么进入无杆腔的流量是(　　)。

A. $0.5q$　　B. $1.5q$　　C. $1.75q$　　D. $2q$

(6) 已知单杆活塞缸两腔的有效工作面积 $A_1=2A_2$,液压泵供油流量为 $q$,如果不差动连接，则有杆腔的排油流量是(　　)。

A. $0.5q$　　B. $1.5q$　　C. $1.75q$　　D. $2q$

(7) 已知一双杆活塞缸，当其活塞杆固定时，工作台移动范围约为活塞有效行程的(　　)。

A. 1 倍　　B. 2 倍　　C. 3 倍　　D. 4 倍

(8) 伸缩缸外伸时推力和速度的逐级变化为(　　)。

A. 推力和速度都增大　　B. 推力和速度都减小

C. 推力增大，速度减小　　D. 推力减小，速度增大

(9) 某一液压设备中需要一个长工作行程的液压缸，宜采用下述液压缸中的(　　)。

A. 单杆活塞缸　　B. 双杆活塞缸　　C. 柱塞缸　　D. 增压缸

(10) 可输出回转运动的液压缸是(　　)。

A. 摆动缸　　B. 柱塞缸　　C. 增压缸　　D. 伸缩缸

2. 判断题

(1) 采用双杆活塞缸实现往复运动，如进入缸两腔的流量相同，往复运动的速度相等。(　　)

(2) 双杆活塞缸又称为双作用液压缸，单杆活塞缸又称为单作用液压缸。(　　)

(3) 单杆活塞缸两腔的压力相等时，活塞两个方向所获得的推力相等。(　　)

(4) 同是单杆活塞缸无杆腔进油，采用活塞固定式或缸体固定式时，两者的方向是相同的。(　　)

(5) 柱塞缸是双作用液压缸。(　　)

(6) 液压缸的缓冲装置是防止活塞在行程终止时和缸盖发生撞击。(　　)

(7) 液压系统中进入液压缸的液压油压力越大，运动速度越高。(　　)

(8) 液压缸的差动连接可提高执行元件的运动速度。(　　)

(9) 液压缸差动连接时，能比其他连接方式产生更大的推力。(　　)

(10) 增压缸是一种执行元件，功用是将液压能转换为机械能。(　　)

3. 双杆活塞缸在缸体固定和活塞杆固定时，工作台运动范围有何不同？运动方向和进油方向之间是什么关系？

4. 什么是液压缸的差动连接？其适用于什么场合？怎样计算液压缸差动连接时的运动速度和活塞推力？

5. 如图 3-18 所示，三个液压缸的缸筒和活塞杆直径都是 $D$ 和 $d$，当输入压力油的压力和流量都是 $p$ 和 $q$ 时，试说明各缸筒的运动速度、运动方向和活塞杆的受力情况。

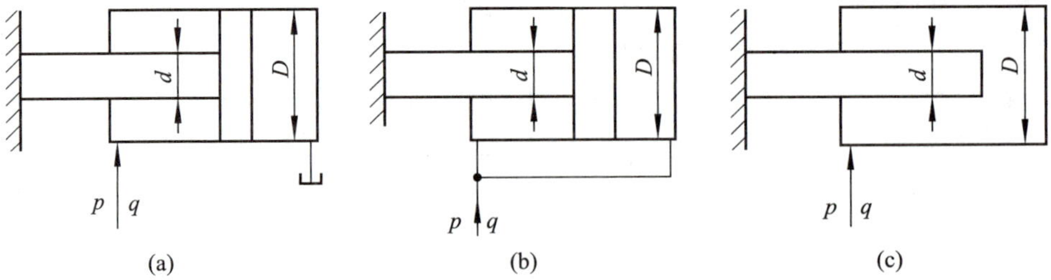


图 3-18　题 5 图

6. 液压缸中为什么要设有缓冲装置？常见的缓冲装置有哪几种？

7. 单杆活塞缸的活塞直径 $D=8$ cm，活塞杆直径 $d=5$ cm，输入液压缸的流量 $q=3.5$ L/min。求液压缸往复运动的速度各为多少？如果采用差动连接，运动速度为多少？

8. 已知某液压马达的排量 $V=250$ mL/r，液压马达进油口压力 $p_1=10.5$ MPa，出油口压力为 $p_2=1.0$ MPa，其总效率 $\eta_m=0.9$，容积效率 $\eta_v=0.92$，当输入流量 $q=22$ L/min 时，试求液压马达的实际转速 $n$ 和液压马达的输出转矩 $T$。

9. 如图 3-19 所示，两个结构和尺寸均相同的液压缸相互串联，无杆腔有效工作面积 $A_1=100$ $cm^2$，有杆腔有效工作面积 $A_2=80$ $cm^2$，缸 1 输入压力 $p_1=0.9$ MPa，输入流量 $q_1=12$ L/min。不计损失和泄漏，试求：

(1) 两缸承受相同负载时($F_1=F_2$)，负载和速度各为多少？

(2) 缸 1 不承受负载时($F_1=0$)，缸 2 能承受多少负载？

(3) 缸 2 不承受负载时($F_2=0$)，缸 1 能承受多少负载？

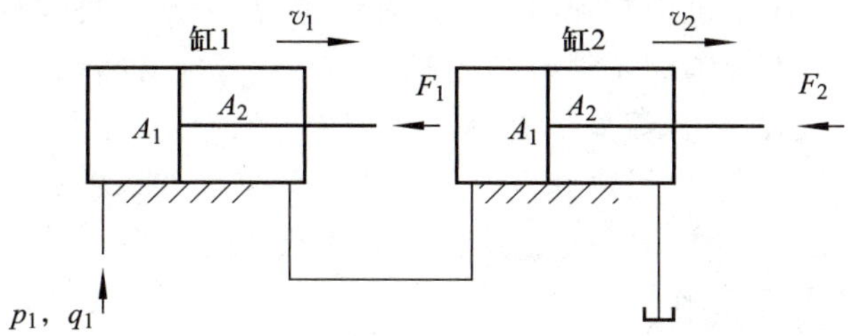


图 3-19 题 9 图

# 项目四　液压辅助元件的认识与选用

## 项目引入

辅助元件是液压系统不可或缺的组成部分，它们对保证液压系统可靠且稳定地工作有着重大作用，因此，在液压系统中必须给予其足够的重视，否则主要元件再好，系统性能也未必理想。液压系统中常用的辅助元件有过滤器、蓄能器、管件、油箱、热交换器及测量仪表等多种，应用如图 4-1 所示的液压泵站。在液压系统中，辅助元件数量很大，分布面广，对系统的动态特性、工作稳定性、寿命、噪声和温升等有直接影响。如果辅助元件选择和使用不当，会导致液压系统无法正常工作。本项目通过对辅助元件的认识，掌握正确选用辅助元件的方法，以保障液压系统可靠工作。

1—蓄能器；2—过滤器；3—压力表；4—油箱；5—油管；6—热交换器；7—管接头

图 4-1　液压泵站

## 学习目标

1. 知识目标

掌握过滤器、蓄能器的类型和特点、选用与安装。

掌握辅助元件的图形符号。

了解油管和管接头的类型和特点。

了解油箱的类型、结构、布局、选用与安装。

了解热交换器的工作原理及应用。

了解密封装置的使用要求及类型和特点。

了解压力表的工作原理、精度等级及选用；了解压力表开关的应用。

2. 技能目标

能正确认识辅助元件。

能正确识读辅助元件图形符号。

能正确选用辅助元件。

3. 素质目标

增强自主学习意识。

增强团队合作意识。

培养分析、解决问题的能力。

培养良好的职业素养。

## 任务 4.1 过滤器的认识与选用

### 任务清单

| | | | |
|---|---|---|---|
| 任务引入 | 液压系统中油液的污染将导致液压系统不能正常工作，因此，需使用过滤器对油液进行过滤。过滤器的作用就是过滤混在油液中的杂质，降低进入液压系统中油液的污染度，保证系统正常地工作。 | | |
| 任务目标 | 能正确认识和选用过滤器。 | | |
| 任务要求 | 按滤芯材料和结构形式的不同，过滤器可分为网式、线隙式、纸芯式、烧结式和磁性过滤器等，请分析过滤器的工作原理和特点，根据液压系统的技术要求选用过滤器。 | | |
| 任务思考 | 1. 什么是过滤器的过滤精度？过滤器按过滤精度分为哪几种？<br>2. 请画出过滤器的图形符号。<br>3. 过滤器的选用原则是什么？<br>4. 过滤器能否安装在双向油路上？ | | |
| 任务实施 | 1. 分析过滤器的工作原理和特点。<br>2. 分析过滤器安装在液压系统中不同位置时的选用原则。 | | |
| 任务总结 | 通过完成上述任务，学到了哪些知识或技能？ | | |
| 实施人员 | | | |
| 任务评价 | 参考附录 C。 | 得分 | |

## 知识库

### 一、过滤器的类型和特点

微课：过滤器

不同的液压系统对油液的过滤精度要求不同，过滤器的过滤精度是滤去最小杂质的颗粒度大小，颗粒度越小，则过滤精度越高。按所能过滤杂质颗粒直径 $d$ 的大小不同，过滤器可分粗过滤器（$d \geqslant 0.1$ mm）、普通过滤器（$d \geqslant 0.01$ mm）、精密过滤器（$d \geqslant 0.005$ mm）和特精过滤器（$d \geqslant 0.001$ mm）4 种。

表 4-1 列出了液压系统中常用的过滤器。

表 4-1　液压系统中常用的过滤器

| 类型 | 结构 | 特点和使用范围 |
|---|---|---|
| 网式过滤器 | 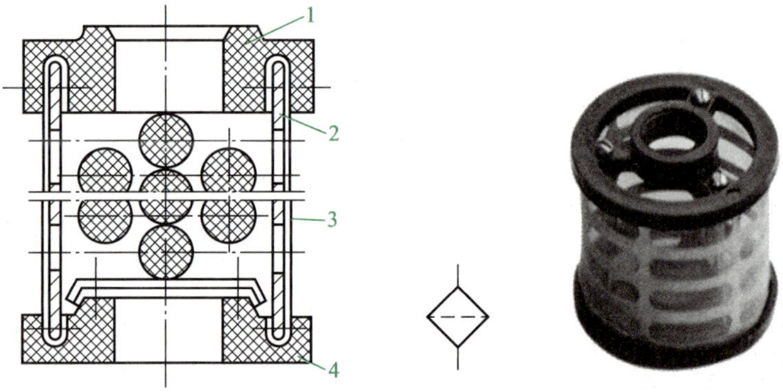<br>(a) 结构图　(b) 图形符号　(c) 滤芯实物图<br>1—上盖；2—筒形骨架；3—滤网；<br>4—下盖 | 其滤芯以铜网为过滤材料，在周围开有很多孔的塑料或金属筒形骨架 2 上，包着一层或两层铜丝滤网 3，其过滤精度取决于滤网层数和网孔的大小，有 80 μm，100 μm，180 μm 三个规格。这种过滤器结构简单，通流能力强，压力损失不超过 0.004 MPa，清洗方便，但过滤精度低；一般用于液压泵的吸油路中对油液粗过滤 |
| 线隙式过滤器 | 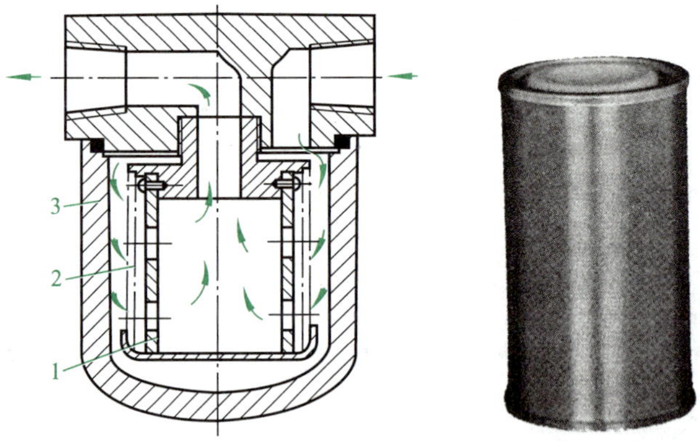<br>(a) 结构图　(b) 滤芯实物图<br>1—筒形芯架；2—滤芯；3—壳体 | 其滤芯 2 是用钢线或铝线密绕在筒形芯架 1 的外部制成的，依靠铜丝间的微小间隙滤除混入液体中的杂质。这种过滤器结构简单，通流能力强，过滤精度（30~100 μm）比网式过滤器高，压力损失为 0.03~0.06 MPa，但滤芯材料强度低，不易清洗；通常用于低压油路或辅助油路中 |

续表

| 类型 | 结构 | 特点和使用范围 |
| --- | --- | --- |
| 纸芯式过滤器 | 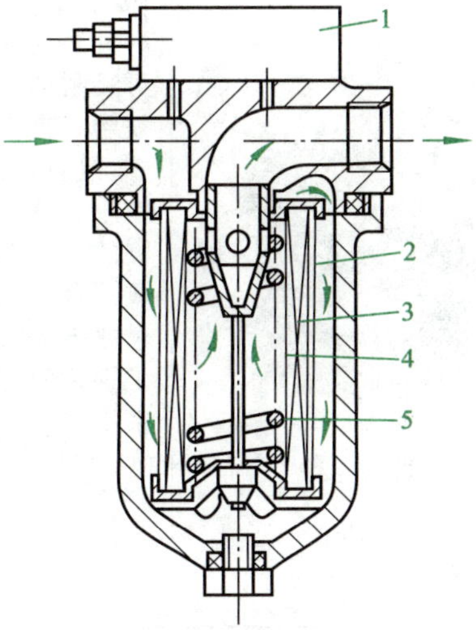(a) 结构图<br>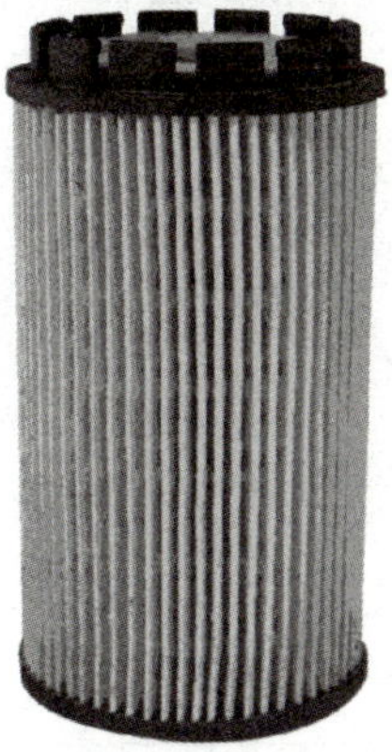(b) 滤芯实物图<br>1—堵塞状态发信装置；2—滤芯外层；3—滤芯中层；4—滤芯内层；5—支承弹簧 | 其结构与线隙式相似，只是滤芯为用平纹或波纹的酚醛树脂或木浆微孔滤纸制成。滤芯绕在带孔的镀锡铁皮芯架上。为了增大过滤面积，纸芯常制成折叠形。滤芯由三层组成，滤芯外层 2 为粗眼钢板网，滤芯中层 3 为折叠成 W 形的滤纸，滤芯内层 4 由金属丝网与滤纸一并折叠而成。这种过滤器过滤精度较高（5 ~ 30 μm），压力损失为 0.01 ~ 0.04 MPa，但堵塞后无法清洗，须经常更换滤芯；一般用于油液的精过滤 |
| 烧结式过滤器 | 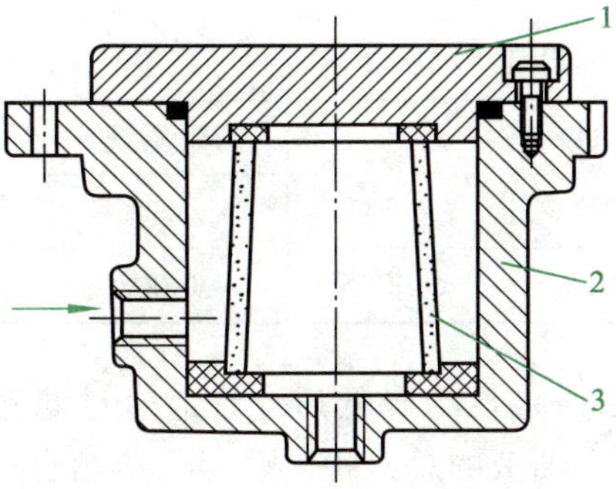(a) 结构图<br>(b) 滤芯实物图<br>1—端盖；2—壳体；3—滤芯 | 其滤芯 3 为金属粉末（青铜、碳钢、镍铬铜等）经压制后烧结而成，可利用颗粒间的微孔阻挡油液中的杂质通过。这种过滤器能承受高压，抗腐蚀性好，过滤精度高（10 ~ 100 μm），但压力损失为 0.03 ~ 0.2 MPa，金属颗粒易脱落，滤芯堵塞后不易清洗；适用于要求精密过滤的高压、高温液压系统 |

续表

| 类型 | 结构 | 特点和使用范围 |
| --- | --- | --- |
| 磁性过滤器 | 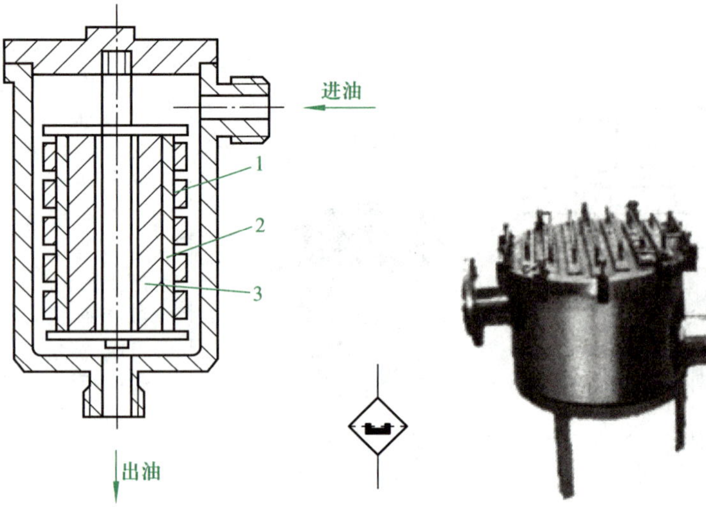<br>(a) 结构图　(b) 图形符号　(c) 实物图<br>1—铁环;2—非磁性罩;3—永久磁铁 | 其利用永久磁铁 3 可吸附油液中的铁屑、铁粉、带磁性的磨料等,但对其他杂质不起作用。它常与其他类型的滤芯组合起来制成复合式过滤器,这种过滤器特别适用于加工钢铁件的机床液压系统 |

## 二、过滤器的选用

过滤器应根据液压系统的技术要求,按过滤精度、通流能力、工作压力、工作温度等条件选定其类型、尺寸大小及其他工作参数。选用的原则如下:

1) 过滤精度应满足液压系统的要求。过滤器的精度越高,对系统越有利,但不必要的高精度,会导致滤芯寿命下降、成本升高,所以选用过滤器时,应根据其使用目的,确定过滤精度及价格合理的过滤器。不同液压系统有不同的过滤精度要求,见表 4-2。

表 4-2　各种液压系统的过滤精度要求

| 系统类型 | 润滑系统 | 传动系统 | | | 伺服系统 | 特殊系统 |
| --- | --- | --- | --- | --- | --- | --- |
| 压力/MPa | 0~2.5 | ≤7 | >7 | ≤35 | ≤21 | ≤35 |
| 颗粒度/mm | ≤0.1 | <0.05 | ≤0.025 | ≤0.005 | ≤0.005 | ≤0.001 |

2) 要有足够的通流能力。通流能力是指在一定压力降低后允许通过过滤器的最大流量,一般用过滤器的有效过滤面积(滤芯上能通过油液的总面积)来表示,应结合过滤器在液压系统中的安装位置来选取。

3) 滤芯应具有足够的强度,过滤器的工作压力应小于许用压力,避免因液压的作用而造成损坏。

4) 滤芯抗腐蚀性好,能在规定的温度下持久地工作。

5) 滤芯的清洗、更换及维护要方便。对于不能停机的液压系统,应选用有切换式结构的过滤器，可以实现不停机更换滤芯；对于需要滤芯堵塞报警的场合，则可选用带报警装置的过滤器。

## 三、过滤器的安装

过滤器在液压系统中的安装位置通常有以下几种，如图 4-2 所示。

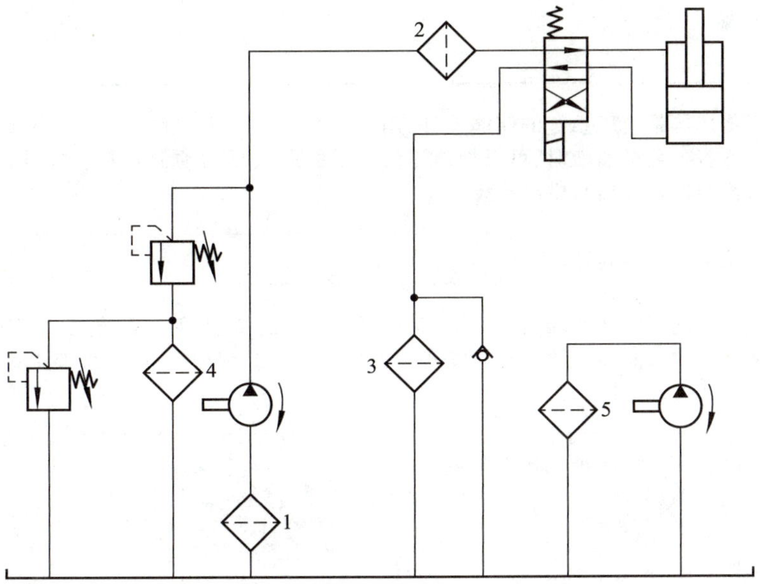


图 4-2 过滤器在液压系统中的安装位置

（1）安装在泵的吸油路上

如图 4-2 所示过滤器 1。泵的吸油路上一般都安装有粗过滤器，目的是滤去较大的杂质微粒以保护泵，此外过滤器的通流能力应为泵流量的两倍以上。

（2）安装在泵的压油路上

如图 4-2 所示过滤器 2。此处安装过滤器的目的是用来滤除可能侵入阀类等元件的污染物，应选择过滤精度高、能承受油路上工作压力和冲击压力的过滤器，压力损失一般小于 0.35 MPa。同时应安装安全阀以防过滤器堵塞。

（3）安装在系统的回油路上

如图 4-2 所示过滤器 3。这种安装起间接过滤作用，可滤去油液回油箱前侵入系统或系统生成的污物。由于回油压力低，故可采用滤芯强度低的过滤器，其压力降对系统影响不大。为了防止过滤器堵塞，一般与过滤器并联安装一安全阀或安装堵塞状态发信装置。

（4）安装在系统分支油路上

如图 4-2 所示过滤器 4。主要是装在溢流阀分支的回油路上，可使管路中的油液不断净化，使油液的污染程度得到控制。

（5）安装在独立过滤系统上

如图 4-2 所示过滤器 5。大型液压系统可专设一套由液压泵和过滤器组成的独立过滤系统，专门滤去液压系统油箱中的污染，通过不断循环过滤，提高油液洁净度。

使用过滤器时还应注意过滤器只能单向使用，需按规定液流方向安装，以利于滤芯清洗和安全。清洗或更换滤芯时，要防止外界污物侵入液压系统。

拓展阅读：液压混合动力挖掘机

## 任务 4.2　蓄能器的认识与选用

### 任务清单

| | | | |
|---|---|---|---|
| 任务引入 | 蓄能器是液压系统的储能元件，用来储存和释放液体的压力能。其基本作用是在系统不需要大量油液时，可以把液压泵输出的多余压力油储存在蓄能器内，到需要时再由蓄能器释放出来供给系统。 | | |
| 任务目标 | 能正确认识和选用蓄能器。 | | |
| 任务要求 | 按蓄能器内油液加载方式不同，其可分为重力式、弹簧式和充气式三种，目前常用的是充气式蓄能器。请分析充气式蓄能器的工作原理和特点，根据液压系统的使用要求合理选用蓄能器。 | | |
| 任务思考 | 1. 蓄能器的主要功用有哪些？<br>2. 充气式蓄能器常用的有哪几种？请画出它们的图形符号。<br>3. 蓄能器能否自行设计、制造？ | | |
| 任务实施 | 1. 分析充气式蓄能器的工作原理和特点。<br>2. 分析蓄能器选用和安装的注意事项。 | | |
| 任务总结 | 通过完成上述任务，学到了哪些知识或技能？ | | |
| 实施人员 | | | |
| 任务评价 | 参考附录 C。 | 得分 | |

## 知识库

微课：蓄能器

### 一、蓄能器的功用

1. 应急动力源

当电源突然中断或液压泵发生故障时，蓄能器释放出所储存的压力油使执行元件可继续完成必要的动作，从而避免可能因缺油而引起的事故。

2. 辅助动力源

当执行元件做间歇运动或只做短时间高速运动时，可利用蓄能器在执行元件慢进或不工作时将系统中多余的压力油储存起来；当执行元件需快速运动时，蓄能器和液压泵可同时向执行元件供压力油，这样就可以用流量较小的液压泵获得较快的运动速度，不但可减少功率损失，也可降低系统的温升。

3. 补漏保压

当执行元件停止运动的时间较长，并需要保压时，可利用蓄能器储存的液压油补偿油路的泄漏损失，以保证其压力不变。这时，为降低能耗，可使液压泵卸荷。

4. 缓和冲击，吸收脉动

在控制阀快速换向、突然关闭或执行元件的运动突然停止时都会产生液压冲击，液压泵等元件工作时也会使系统产生压力和流量的脉动，因此，当液压系统的工作平稳性要求较高时，可在冲击源和脉动源附近设置蓄能器，以起缓和冲击和吸收脉动的作用。

### 二、蓄能器的类型和特点

按蓄能器内油液加载方式不同，其可分为重力式、弹簧式和充气式三种。目前常用的是利用气体压缩和膨胀来储存、释放压力能的充气式蓄能器，它有气瓶式、活塞式、气囊式等几种类型，见表 4-3。

表 4-3　充气式蓄能器

| 类型 | 结构 | 特点和使用范围 |
|---|---|---|
| 气瓶式蓄能器 | 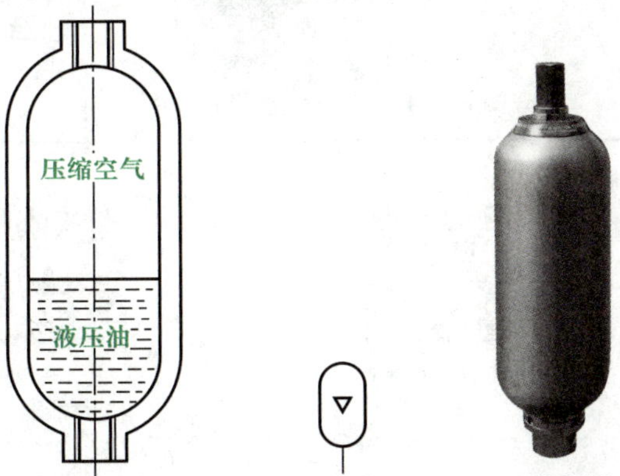<br>(a) 结构图　(b) 图形符号　(c) 实物图 | 气体和油液在蓄能器中直接接触。该蓄能器容量较大，惯性小，反应灵敏，轮廓尺寸小，没有摩擦损失，但气体容易混入油内，影响系统工作平稳性，且耗气量大，需经常补气。只适用于要求不高的大流量中、低压液压系统 |

续表

| 类型 | 结构 | 特点和使用范围 |
| --- | --- | --- |
| 活塞式蓄能器 | 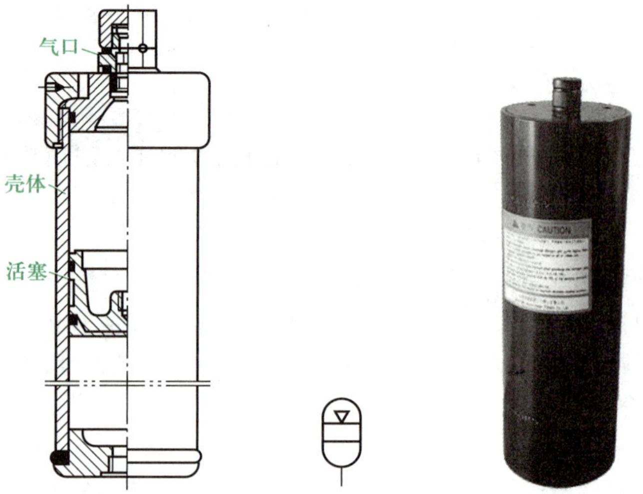<br>(a) 结构图　(b) 图形符号　(c) 实物图 | 气体和油液在蓄能器中由活塞隔开。该蓄能器结构简单，工作可靠，易于安装，维修方便，但是活塞惯性大，活塞和缸壁间有摩擦，反应不够灵敏，密封要求高。适用于储存能量，不适用于缓和冲击和吸收脉动 |
| 气囊式蓄能器 | 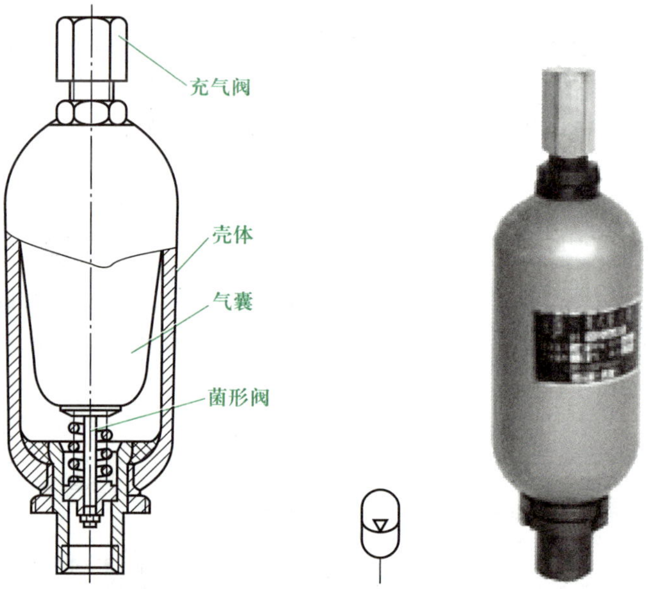<br>(a) 结构图　(b) 图形符号　(c) 实物图 | 气体和油液在蓄能器中由气囊隔开。当油液进入蓄能器时，带弹簧的菌形阀可防止气囊自油口被挤出。充气阀只在蓄能器工作前气囊充气时打开，蓄能器工作时则关闭。该蓄能器结构尺寸小，质量轻，易于安装、维护，气囊惯性小，反应灵敏，但气囊和壳体制造较困难。适用于储存能量、缓和冲击和吸收脉动 |

动画：气瓶式蓄能器

动画：活塞式蓄能器

动画：气囊式蓄能器

## 三、蓄能器的选用与安装

1. 蓄能器的选择

选择蓄能器时首先应考虑工作压力及耐压、公称容积及允许的吸(排)油流量或气体容积、允许使用的工作介质及介质温度,其次还应考虑蓄能器的重量及占用空间,价格及使用寿命,安装、维修的方便性及厂家的货源情况等。

蓄能器属于压力容器,应有生产许可证才能生产,所以一般不要自行设计、制造蓄能器,而应根据系统的需要选择专业厂家的定型产品。

2. 蓄能器的使用与安装

1) 充气式蓄能器应使用惰性气体,一般为氮气,允许工作压力可视蓄能器结构形式而定,如气囊式蓄能器为 3.5~32 MPa。

2) 不同的蓄能器有其适用的工作范围,如气囊式蓄能器的气囊强度不高,不能承受很大的压力波动,且只能在-20~70 ℃的温度范围内工作。

3) 蓄能器一般应将油口向下垂直安装,装在管路上的蓄能器应用支架固定,安装位置应远离热源。

4) 应在蓄能器与液压泵之间设置单向阀,以防止液压泵停车或卸荷时,蓄能器内的压力油向液压泵倒流。应在蓄能器与系统之间设置截止阀,供充气、调整和检修时使用,检修前应放掉压力。

5) 用于缓和冲击和吸收脉动的蓄能器,应尽量安装在接近发生压力脉动或液压冲击的部位。用于补油保压的蓄能器宜安装在尽可能接近有关执行元件的位置。

6) 蓄能器是压力容器,使用时应注意安全,搬运和拆装时应先排出压缩气体。

# 任务 4.3 油管和管接头的认识与选用

### 任务清单

| | |
|---|---|
| 任务引入 | 油管和管接头是用来连接液压元件、输送液压油的连接管件。油管和管接头的选用应适当,否则会产生振动、噪声、泄漏和发热等不良现象,使液压装置不能正常工作。因此,正确选用油管和管接头亦十分重要。 |
| 任务目标 | 能正确认识、选用油管和管接头。 |
| 任务要求 | 油管和管接头的类型很多,请分析常用油管和管接头的特点和应用。 |
| 任务思考 | 1. 常用油管的类型有哪些?<br>2. 油管选用的原则是什么?<br>3. 对管接头有哪些要求?<br>4. 按与油管连接方式的不同,管接头可分为哪几种? |

续表

| | | | |
|---|---|---|---|
| 任务实施 | 1. 分析常用油管的特点和应用。<br><br>2. 分析常用管接头的特点和应用。 | | |
| 任务总结 | 通过完成上述任务，学到了哪些知识或技能？ | | |
| 实施人员 | | | |
| 任务评价 | 参考附录 C。 | 得分 | |

## 知识库

### 一、油管

1. 油管的类型和特点

液压系统中常用的油管种类有很多，例如钢管、铜管、尼龙管、塑料管、橡胶管等，见表 4-4。

表 4-4　液压系统中常用的油管

| 类型 | 特点 | 使用范围 |
|---|---|---|
| 钢管 | 能承受高压、耐油、抗腐蚀性好、刚性好、价廉，但装配时不易弯曲成形 | 中、高压系统（$p>2.5$ MPa）优先选用冷拔无缝钢管；低压系统（$p<2.5$ MPa）优先选用焊接钢管 |
| 铜管 | 能承受 6.5～10 MPa 的压力，易弯曲成形，但价格高，抗振能力差，易使油液氧化 | 可在中、低压系统中使用，常用在仪表和装配不便处 |
| 尼龙管 | 能承受 2.5～8 MPa 的压力，价廉，为半透明材料，可观察液体流动情况，加热后可任意弯曲成形和扩口，冷却后即定形，但使用寿命较短 | 只在低压系统中使用 |
| 塑料管 | 耐油、价廉、装配方便，但承压能力低，长期使用会老化 | 只用于压力低于 0.5 MPa 的回油或泄油路 |
| 橡胶管 | 分高压和低压两种，高压橡胶管（压力达 20～30 MPa）由耐油橡胶和钢丝编织层制成，价格高；低压橡胶管由耐油橡胶和帆布制成 | 高压橡胶管多用于高压油路；低压橡胶管多用于回油路 |

2. 油管的选用

油管的类型应根据系统的工作压力、使用环境及其安装位置选用。选用时应尽可能使输油过程中的能量损失减小，即应有足够的通流面积、较短的路程、光滑的管壁，尽可能避免急转弯和截面突变等情况。在高压系统中常用无缝钢管，钢管安装时不易弯曲，常用在拆卸方便处。纯铜管在安装时可根据需要弯曲成任意形状，适用于小型设备及内部安装不方便处，一般用在中、低压系统中。橡胶管安装方便，抗振能力强，还能吸收一定的压力冲击，常用在两相对运动件之间。尼龙管和塑料管价格便宜，但是承压能力差，可用于回油路、泄油路等处。现代液压系统一般使用钢管和橡胶管，很少使用铜管、尼龙管和塑料管。

## 二、管接头

管接头的作用是将油管与油管、油管与液压元件间进行可拆卸连接，它应满足装拆方便、连接牢固、密封可靠、外形尺寸小、通流能力强、压力损失小，工艺性能好等要求。管接头的类型有很多，按管接头的通路数量和流向可分为直通、直角、三通、四通、铰接等形式；按管接头与其他液压元件间的连接形式可分为普通细牙螺纹连接和锥螺纹连接；按管接头与油管的连接方式可分为扩口式、卡套式、焊接式、扣压式等，见表 4-5。管接头的类型可根据工作压力选用。

表 4-5 液压系统中常用的管接头

| 类型 | 结构 | 特点和使用范围 |
|---|---|---|
| 扩口式管接头 | 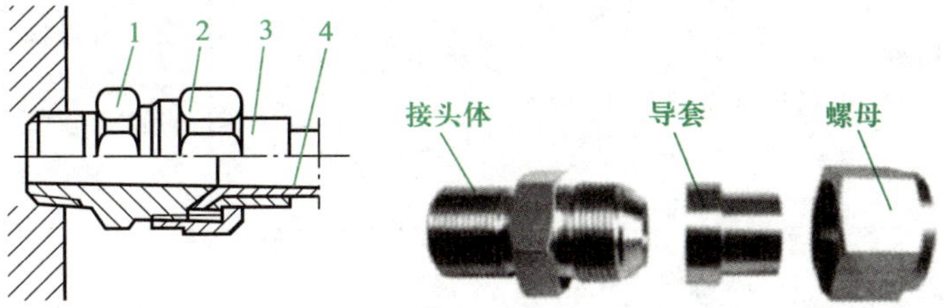<br>(a) 结构图 (b) 实物图<br>1—接头体；2—螺母；3—导套；4—接管 | 拧紧螺母 2，将导套 3 连同端部扩口的接管 4 一起压紧在接头体 1 的锥面上形成连接与密封。这种管接头结构简单，重复使用性好，适用于薄壁管件和压力不超过 8 MPa 的中、低压场合 |
| 卡套式管接头 | 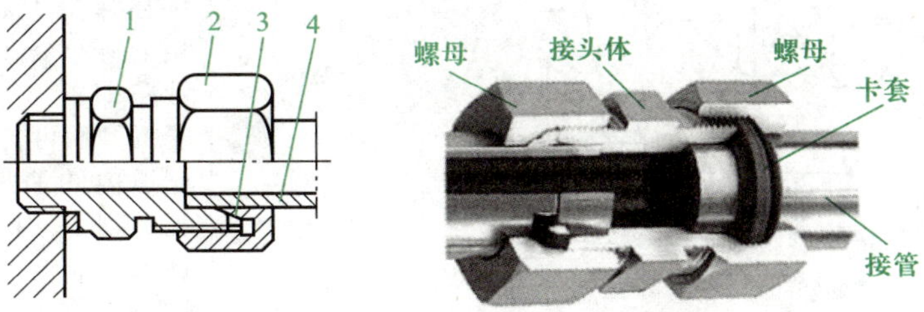<br>(a) 结构图 (b) 实物图<br>1—接头体；2—螺母；3—卡套；4—接管 | 拧紧螺母 2，使卡套 3 与接头体 1 的内锥面接触形成密封，同时利用卡套 3 的变形卡住接管 4 形成连接和密封。这种管接头密封和工作可靠，拆装方便，用在高压系统中，工作压力可达32 MPa，但对管子外径要求高 |

续表

| 类型 | 结构 | 特点和使用范围 |
|---|---|---|
| 焊接式管接头 | 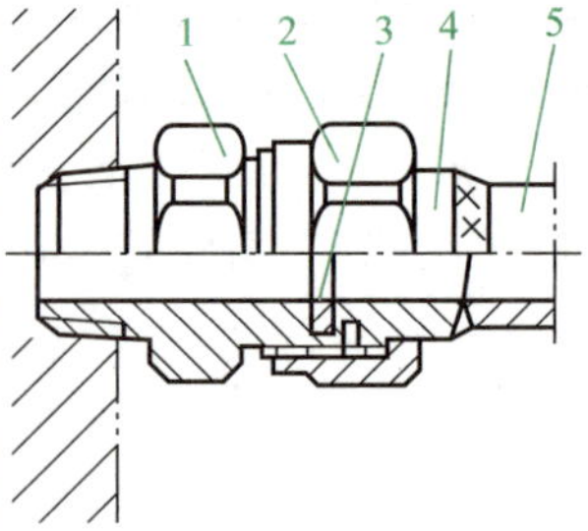  (a) 结构图 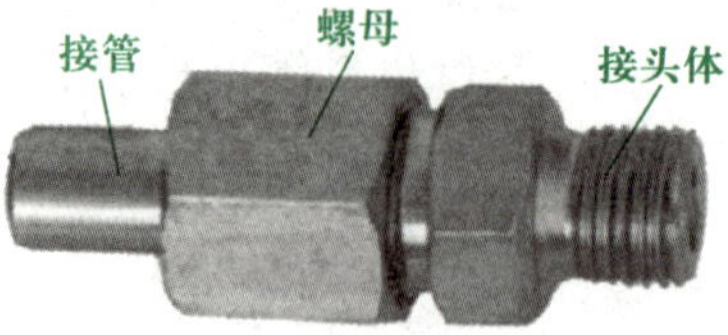  (b) 实物图<br>1—接头体；2—螺母；3—O 形密封圈；4—接管；5—钢管 | 拧紧螺母 2，将接管 4 与接头体 1 连接起来。接管 4 与钢管 5 焊接在一起，端部用 O 形密封圈 3 密封。这种管接头制作简单，工作可靠，装拆方便，但对焊接质量要求高，工作压力可达 32 MPa 或更高，可用来连接管壁较厚的钢管 |
| 扣压式管接头 | 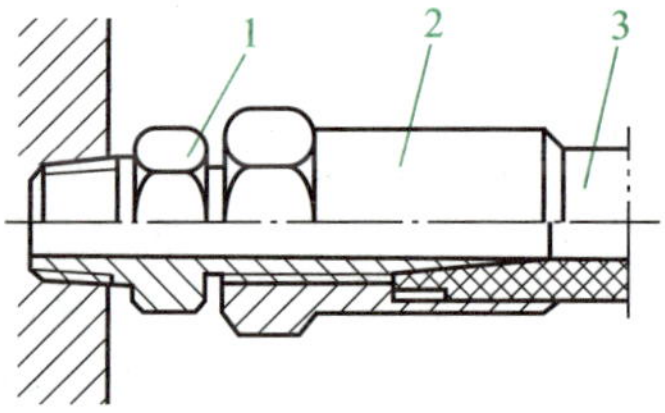  (a) 结构图 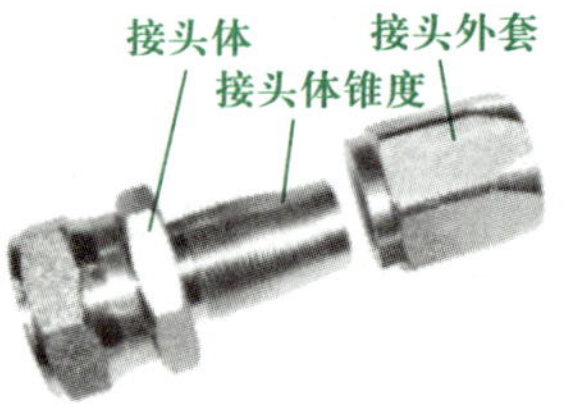  (b) 实物图<br>1—接头体；2—接头外套；3—软管 | 管接头由接头体 1 和接头外套 2 组成。软管 3 装好后需再用模具扣压，使软管有一定的压缩量。这种结构具有较好的抗拔脱性和密封性，可用来连接工作压力达 40 MPa 的高压软管 |
| 快换管接头 | 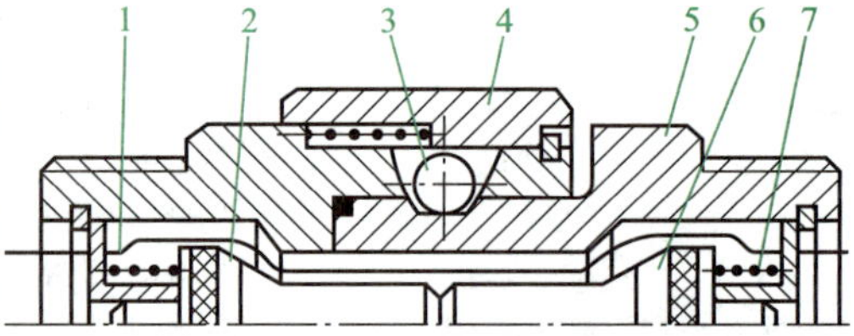  (a) 结构图  (b) 实物图<br>1、7—弹簧；2、6—锥形阀芯；3—钢球；4—外套；5—接头体 | 当把外套 4 向左推，在拉出接头体 5 后，钢球 3 即从接头体中退出。与此同时，单向阀的锥形阀芯 2 和 6 分别在弹簧 1 和 7 的作用下将两个阀口关闭，油路即断开。这样管子拆开后可自行密封，管道内的油液不会流失，因此适用于经常拆卸、最高压力不超过 32 MPa 的场合。这种管接头结构比较复杂，局部阻力损失较大 |

# 任务 4.4 油箱和热交换器的认识与选用

## 任务清单

| | |
|---|---|
| 任务引入 | 油箱用以储存油液，以保证供给液压系统充分的工作油液，同时还具有散热、沉淀污物和分离油中气泡等作用。油箱的容量须满足系统需要和散热要求。油箱中的油液一般希望保持在 30~50 ℃的范围之内，最高不超过 65 ℃，最低不低于 15 ℃，如果液压系统靠自然冷却不能使油温控制在上述范围内时，就须安装冷却器。反之，如环境温度太低，无法使液压泵起动或正常运转时，就须安装加热器。冷却器和加热器统称为热交换器。 |
| 任务目标 | 能正确认识、选用油箱和热交换器。 |
| 任务要求 | 请分析油箱和热交换器的特点，根据使用条件选用油箱和热交换器。 |
| 任务思考 | 1. 油箱的常用类型有哪两种？各有什么特点？<br>2. 常用的冷却器和加热器是哪几种？请分别画出它们的图形符号。 |
| 任务实施 | 1. 分析油箱的结构特点。<br>2. 分析油箱选用和安装的注意事项。<br>3. 分析热交换器安装的注意事项。 |
| 任务总结 | 通过完成上述任务，学到了哪些知识或技能？ |
| 实施人员 | |
| 任务评价 | 参考附录 C。 得分 |

## 知识库

### 一、油箱

1. 油箱的类型

在液压系统中，油箱有整体式和分离式两种类型。整体式油箱利用主机的底座作为油箱，其结构紧凑，回收漏油比较方便，但维修不便，散热条件不好。分离式油箱设有一个单独油箱，与主机分开，减少了油箱发热及液压源振动对工作精度的影响，因此得到了普遍的应用。

2. 油箱的结构

油箱不是标准件，一般要根据具体情况自行设计。图 4-3 所示为一分离式油箱。它由吸油管 1，回油管 3，空气过滤器 2，上盖 4，隔板 6、8，放油塞 7，过滤器 9 和油位指示器 5 等组成。隔板 6、8 将吸油管 1 与回油管 3 隔开。顶部、侧壁及底部分别装有空气过滤器 2、油位指示器 5 和放油塞 7 等。液压泵及其驱动电动机的安装板可固定在油箱上盖 4 的顶面上。

微课：油箱

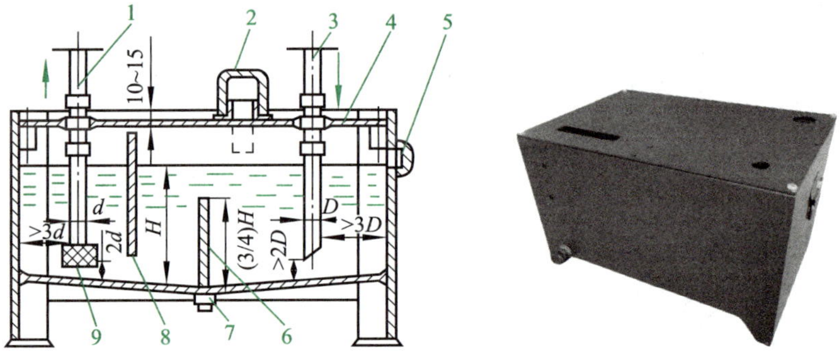


(a) 结构图　　(b) 实物图

1—吸油管；2—空气过滤器；3—回油管；4—上盖；5—油位指示器；6、8—隔板；7—放油塞；9—过滤器

图 4-3　分离式油箱

3. 油箱的结构特点

1）吸油管与回油管之间应尽量远，并设置隔板。隔板高度一般为油面高度的 3/4，以减小油液流速，防止同一油液连续循环使用。延长油液循环距离，有更多时间使气泡逸出、污物沉淀和冷却，并使杂质沉淀在回油管侧。

2）吸油管距箱底的距离应大于管径的 2 倍，距箱壁的距离应大于管径的 3 倍。吸油口处应装有精度为 0.08~0.1 mm、过滤能力为液压泵流量 2 倍的粗过滤器。回油管口切成 45° 角，斜切面面向箱壁浸入油面以下，距箱底的距离应大于管径的 2 倍，距箱壁的距离应大于管径的 3 倍。

3）油箱应有密封的顶盖，盖上设有带滤网的注油器和带空气过滤器的通气口，从而保证油箱中的压力始终为 1 个大气压，以免液压泵出现气穴现象。

4）油箱底部应做成倾斜的，最低处装有放油塞，油箱侧壁装有油位指示器。此外，油箱内还应装有测温计。根据实际需要，还应考虑加热器与冷却器的安装位置。

5）油箱的内、外壁应涂耐油涂料，以防生锈。

4. 油箱的选用

油箱的选用主要考虑其容量，以保证液压系统工作时能保持一定的油位高度，即油箱油位高度最高不超过油箱高度的 80%，最低保证吸油口过滤器不吸入空气，且当液压系统中的油液全部流回油箱时，油液不能溢出油箱外。油箱的容量可用油箱的有效容积表示。油箱的有效容积是指油位高度为油箱高度 80%时的容积。一般情况下，油箱的有效容积可按液压泵的额定流量估算。在低压系统中，油箱的有效容积为液压泵每分钟排油量的 2~4 倍；在中压系统中为 5~7 倍；在高压系统中为 6~12 倍；在行走机械的液压系统中为 1.5~2 倍；对工作负载大且需长期连续工作的液压系统，油箱的有效容积需按液压系统的发热、散热平衡原则来计算。

5. 油箱的安装

分离式油箱的液压泵和电动机的安装有卧式和立式两种方式。图 4-4 所示为卧式安装，液压泵及管接头露在油箱外侧，安装和维修较方便。图 4-5 所示为立式安装，液压泵和管接头均在油箱内部，便于收集漏油，油箱外形整齐，但维修不方便。

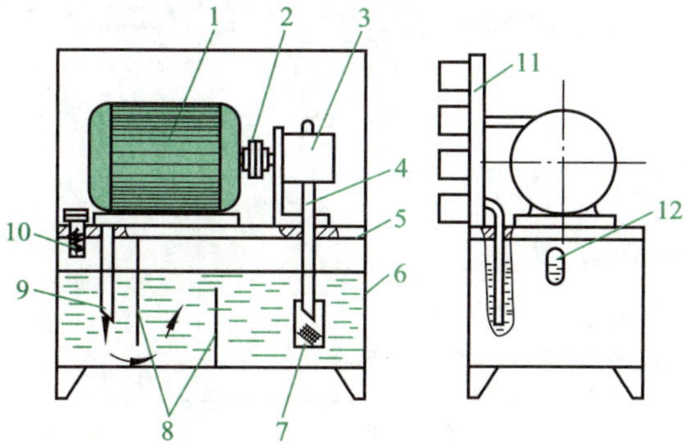


(a) 结构图

(b) 实物图

1—电动机；2—联轴器；3—液压泵；4—吸油管；5—盖板；6—油箱体；
7—过滤器；8—隔板；9—回油管；10—注油口；11—控制阀连接板；12—油位指示器

图 4-4 液压泵卧式安装的油箱

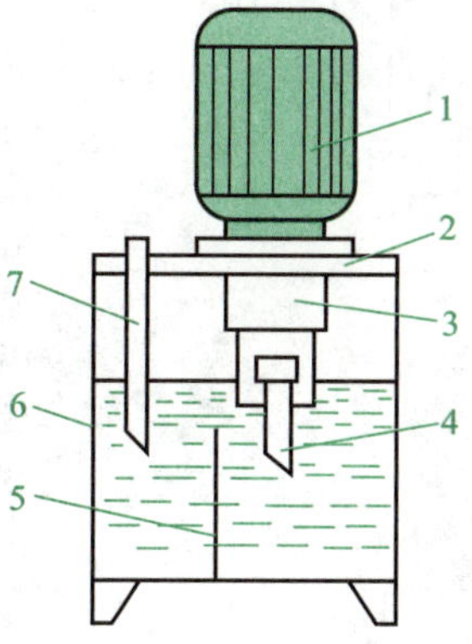


(a) 结构图

(b) 实物图

1—电动机；2—盖板；3—液压泵；4—吸油管；5—隔板；6—油箱体；7—回油管

图 4-5 液压泵立式安装的油箱

## 二、热交换器

1. 冷却器

对冷却器的基本要求是：在保证散热面积足够大、散热效率高和压力损失小等前提下，要求其结构紧凑、坚固、体积小、重量轻；最好有自动控温装置，以保证油温控制的正确性。根据冷却介质的不同，冷却器可分为水冷式、风冷式等，见表4-6。

表4-6 液压系统中常用的冷却器

| 类型 | 结构 | 特点 |
|---|---|---|
| 水冷式冷却器 | 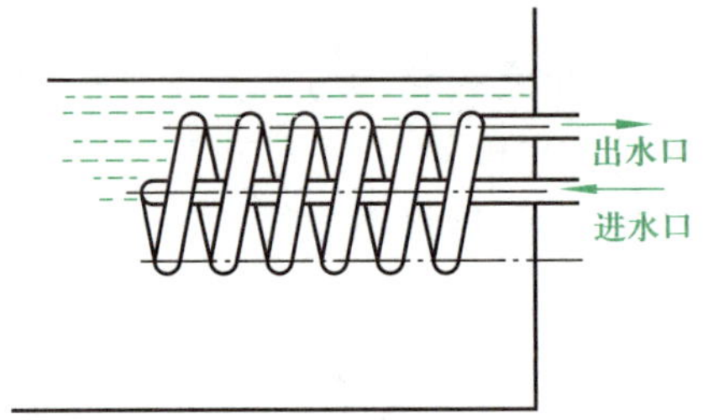<br><br>(a) 结构图<br>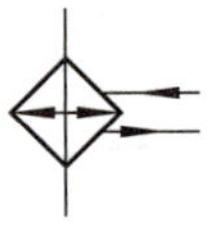<br>(b) 图形符号<br>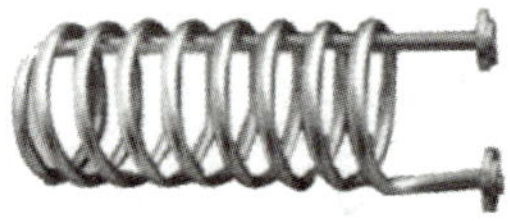<br>(c) 实物图<br>蛇形管水冷式冷却器 | 这种冷却器直接装在油箱内，冷却水从蛇形管内部通过，带走油液中的热量。其结构简单，但冷却效率低，耗水量大 |
| | 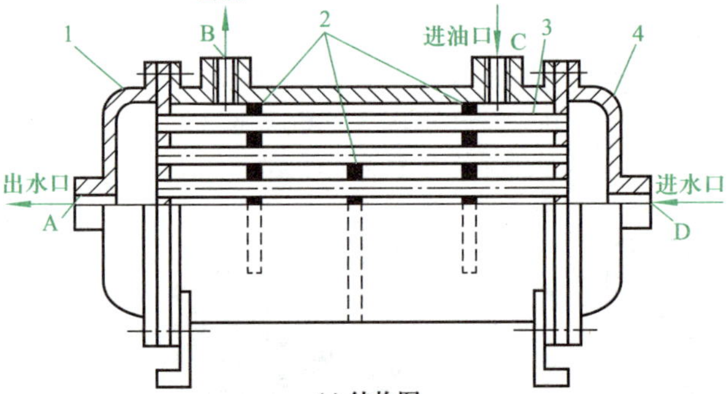<br><br>(a) 结构图<br>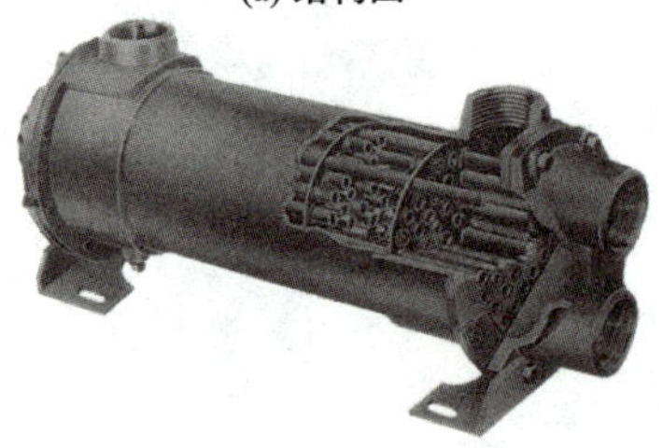<br>(b) 实物图<br>多管水冷式冷却器<br>1—左端盖；2—隔板；3—水管；4—右端盖 | 油液从进油口C流入，从出油口B流出，冷却水从右端盖4上的进水口D流入，通过多根水管3后，从左端盖1上的出水口A流出，油液在水管外部流动时，它的行进路线因冷却器内设置了隔板2而加长。这种冷却器的冷却效果好，应用广泛 |

续表

| 类型 | 结构 | 特点 |
| --- | --- | --- |
| 水冷式冷却器 | 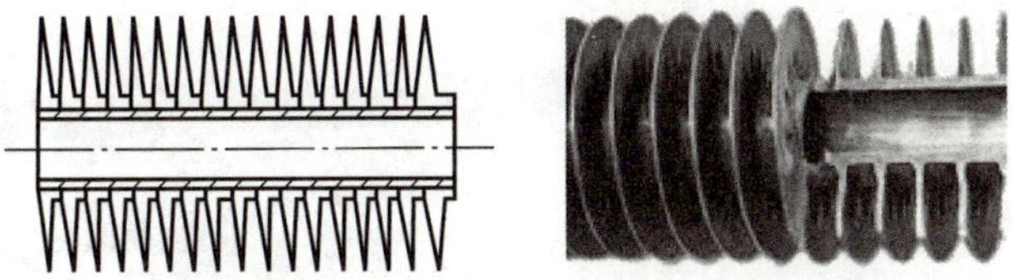 (a) 结构图　(b) 实物图<br>翅片管水冷式冷却器 | 这种冷却器是在圆管或椭圆管外嵌套上许多径向翅片,其散热面积为光滑管的 8~10 倍,大大提高了热交换效果。一般来讲,椭圆管的散热效果比圆管的更好 |
| 风冷式冷却器 | 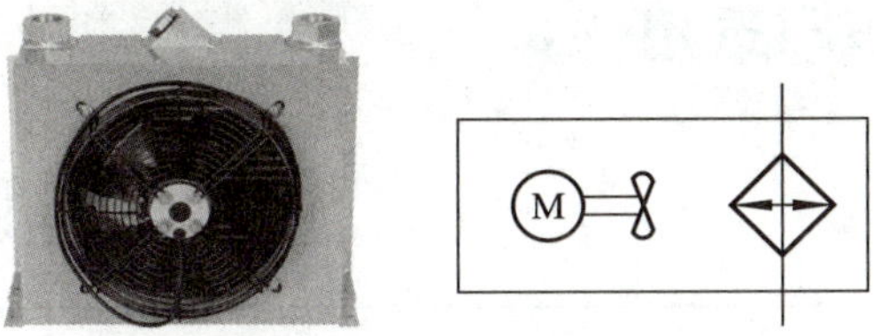  (a) 实物图　(b) 图形符号<br>风扇风冷式冷却器 | 利用风扇强制通风来冷却管内流动的油液,与水冷式相比,不需要冷却水,其结构简单、成本低,但冷却效率低。这种冷却器常用于行走机械设备上液压系统油温的冷却 |

冷却器一般应安装在回油路或低压油路上,如系统的主回油路上或单独的冷却系统,冷却器常用的连接方式如图 4-6 所示。安全阀 6 对冷却器起保护作用,当系统不需要冷却时,可将截止阀 4 打开,使油液直接流回油箱。

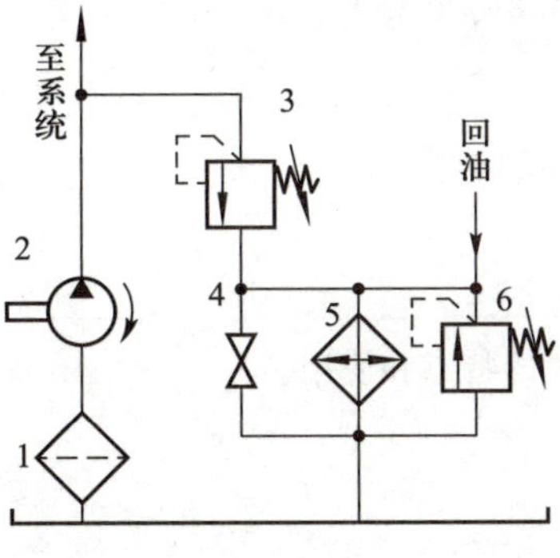


1—过滤器;2—液压泵;3—顺序阀;4—截止阀;5—冷却器;6—安全阀

图 4-6　冷却器常用的连接方式

2. 加热器

加热器是在液压系统中,将油液温度提高到 15 ℃以上的预加热设备。常用的加热方式有电加热、蒸汽加热、热水加热等。液压系统的加热一般采用结构简单能按需要自动调节最高和最低温度的电加热器。图 4-7a 所示,用法兰盘将电加热器水平安装在油箱侧壁上,其发热部分应全部浸在油液内,并安装在油液流动处,以利于热量的交换。由于油液是热的不良导体,因此单个电加热器的功率容量不能太大,以免其周围油液的温度过高而发生变质现象。

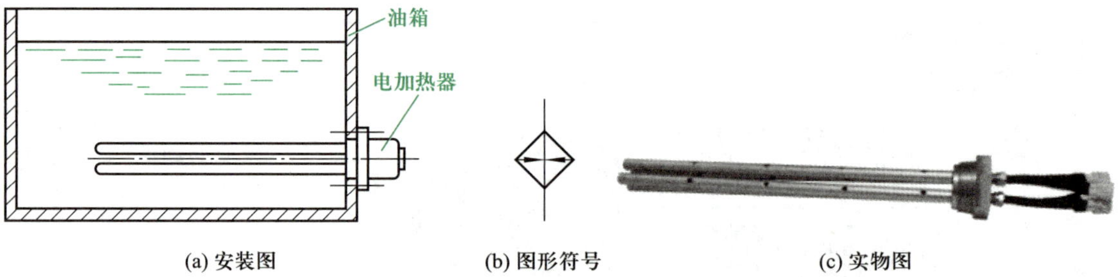


图 4-7　电加热器

## 任务 4.5　密封装置的认识与选用

### 任务清单

| | |
|---|---|
| 任务引入 | 密封装置的作用是防止液压元件和液压系统中的液压油内泄漏和外泄漏，保证液压系统能建立必要的工作压力，还可以防止外泄漏油液污染工作环境，同时密封也可以防止外部杂质侵入液压系统。因此，密封的好坏直接影响液压系统的工作性能和效率。 |
| 任务目标 | 能正确认识、选用密封装置。 |
| 任务要求 | 请分析密封装置的特点，根据工作压力、工作温度或运动速度选用密封装置。 |
| 任务思考 | 1. 密封装置的使用要求有哪些？<br>2. 密封装置有哪些类型？ |
| 任务实施 | 分析常用密封装置的特点和应用。 |
| 任务总结 | 通过完成上述任务，学到了哪些知识或技能？ |
| 实施人员 | |
| 任务评价 | 参考附录 C。　得分 |

## 知识库 ▶▶

### 一、密封装置的使用要求

1）在一定的工作压力和温度范围内，应具有良好的密封性能，并随着压力的增加能自动提高密封性能。

2）密封装置和运动件之间的摩擦阻力要小，摩擦系数要稳定。

3）抗腐蚀能力强，不易老化，工作寿命长，耐磨性好，磨损后在一定程度上能自动补偿。

4）结构简单，使用、维护方便，价格低廉。

### 二、密封装置的类型和特点

按密封部位的运动特性分，密封可分为用于固定连接件之间的静密封和用于相对运动件之间的动密封两类。按工作原理分，密封又可分为非接触式密封（间隙密封）和接触式密封（密封件密封）两类。常用的密封装置见表 4-7。可根据工作压力、工作温度或运动速度选择密封装置的类型。

表 4-7　常用的密封装置

| 类型 | 结构 | 特点和使用范围 |
| --- | --- | --- |
| 间隙密封 | 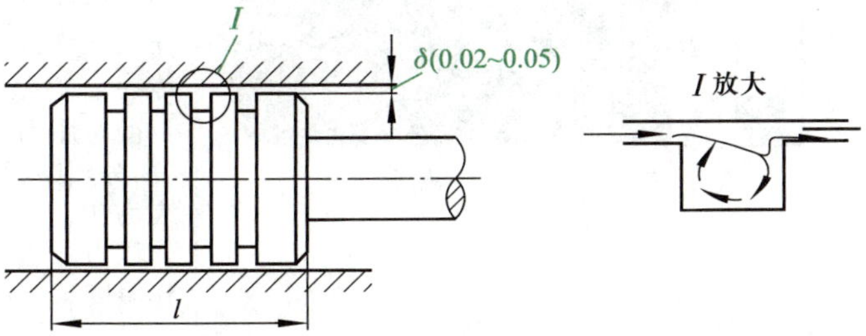 | 间隙密封是靠相对运动件配合面之间的微小间隙实现密封的，为减少泄漏，一般在圆柱表面上开有几条等距离的平衡槽。这种密封的优点是结构简单，摩擦阻力小，缺点是磨损后不能自动补偿，主要用于直径较小的圆柱面之间，如液压泵内的柱塞与缸体之间，滑阀的阀芯与阀体孔之间 |
| O 形密封圈密封 | 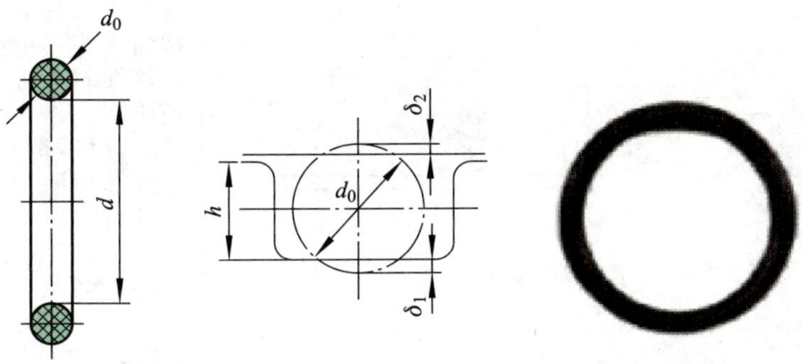(a) 结构图　(b) 实物图 | O 形密封圈一般用耐油橡胶制成，其横截面呈圆形，它具有良好的密封性能，内、外侧和端面都能起密封作用，其结构紧凑，运动件的摩擦阻力小，拆装方便，制造容易，成本低，且高、低压场合均可以使用，工作压力可达 0~30 MPa，工作温度为 -40~120 ℃，在液压系统中得到广泛的应用 |

续表

| 类型 | 结构 | 特点和使用范围 |
|---|---|---|
| Y形密封圈密封 | 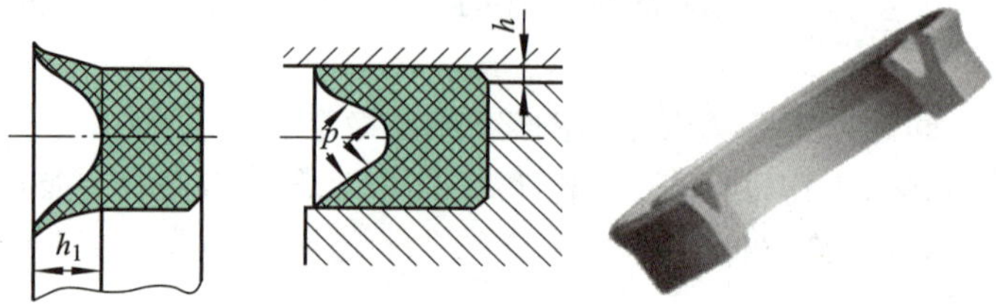<br><br>(a) 结构图　(b) 实物图 | 能随着工作压力的变化自动调整密封性能，压力越高，唇边被压得越紧，密封性越好；当压力降低时，唇边压紧程度也随之降低，从而减少了摩擦阻力和功率消耗。它还能自动补偿唇边的磨损，保持密封性能不降低，工作压力可达 20 MPa，工作温度为 −30～100 ℃。装配时应注意唇边应对着有压力油的油腔安装 |
| V形密封圈密封 | 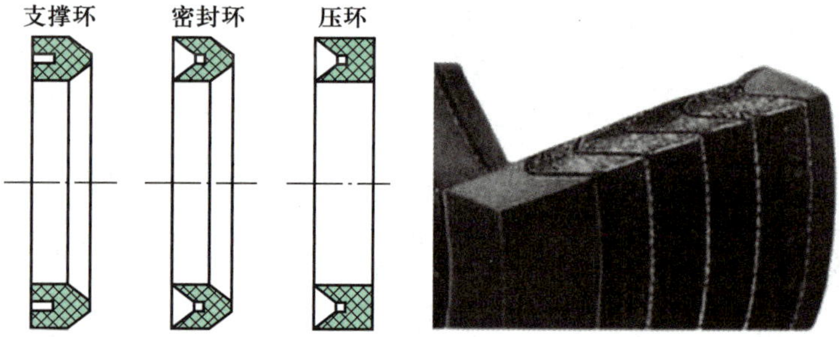<br><br>(a) 结构图　(b) 实物图 | V 形密封圈通常由多层涂胶织物压制而成的压环、密封环和支撑环组合而成，能保证良好的密封性。当压力更高时，可增加中间密封环的数量，以确保密封效果。这种密封圈在安装时要预压紧，所以摩擦阻力较大。安装时应使其唇边开口面对压力油，两唇张开，分别贴紧在机件的表面上。它的最高工作压力可达 50 MPa，工作温度为 −40～80 ℃ |
| 滑环式组合密封装置密封 | 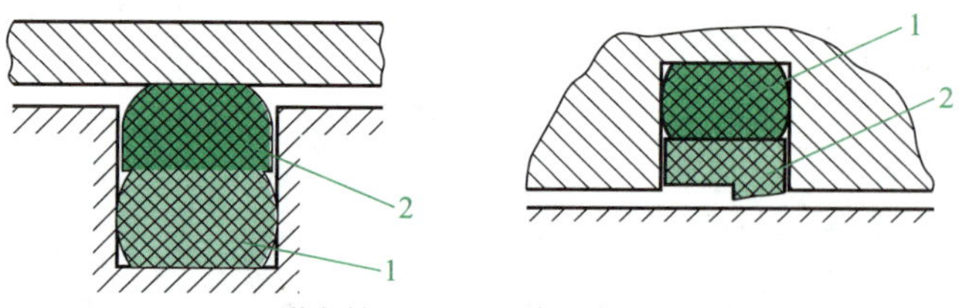<br><br>1—O 形密封圈；2—聚四氟乙烯塑料滑环 | 滑环式组合密封装置由 O 形密封圈 1 与截面为矩形的聚四氟乙烯塑料滑环 2 组合而成，由于密封间隙靠滑环，而不是 O 形圈，因此摩擦阻力小而且稳定，工作压力可达 80 MPa。往复运动密封时，速度可达 15 m/s；往复摆动与螺旋运动密封时，速度可达 5 m/s |

# 任务 4.6 压力表及压力表开关的认识与选用

## 任务清单

| | |
|---|---|
| 任务引入 | 液压系统应设置必要的压力检测装置,对液压系统进行调试时,用来调定各有关部位的压力;系统工作时,用来检查各有关部位的压力是否正常。压力表是常用的压力检测装置,通常安装在液压泵的压油口、主要执行元件的进油口、蓄能器等处。压力表与压力油路之间须安装压力表开关,用以接通和切断压力表与压力油路的通道,它相当于一个小型截止阀。 |
| 任务目标 | 能正确认识、选用压力表和压力表开关。 |
| 任务要求 | 分析弹簧管式压力表和六点压力表开关的工作原理,根据液压系统的需求合理选用压力表和压力表开关。 |
| 任务思考 | 1. 什么是压力表的精度等级?如何识读压力表的精度等级?<br>2. 压力表开关按其测压点数一般分为哪几种? |
| 任务实施 | 1. 分析弹簧管式压力表的工作原理与选用。<br>2. 分析六点压力表开关的工作原理。 |
| 任务总结 | 通过完成上述任务,学到了哪些知识或技能? |
| 实施人员 | |
| 任务评价 | 参考附录 C。 / 得分 |

## 知识库

### 一、压力表

1. 压力表的工作原理

压力表的种类有很多,最常用的是弹簧管式压力表,如图 4-8 所示。压力油进入扁截面弹簧弯管 1,弯管变形使其曲率半径加大,端部的位移通过杠杆 4 使齿扇 5 摆动;于是与齿扇 5 啮合的小齿轮 6 带动指针 2 转动;这时即可从刻度盘 3 上读出压力值。

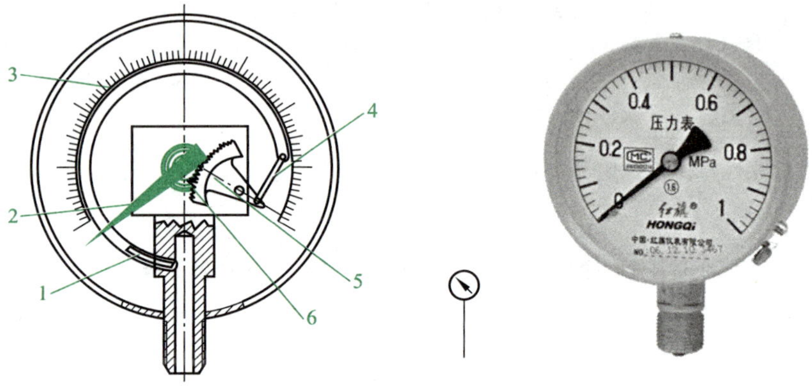


(a) 结构图　　(b) 图形符号　　(c) 实物图

1—弹簧弯管(C 型);2—指针;3—刻度盘;4—杠杆;5—齿扇;6—小齿轮

图 4-8　弹簧管式压力表

2. 压力表的精度等级

压力表有多种精度等级。普通精度的有 1,1.5,2.5,…级;精密型的有 0.1,0.16,0.25,…级。精度等级指的是压力表最大误差占整个量程(表的测量范围)的百分数。如 2.5 级精度等级的量程为 10 MPa 的压力表,其最大量程时的误差为 10 MPa×2.5% = 0.25 MPa。一般机械设备液压系统的压力表用 1.5~4 级精度即可。

3. 压力表的选用

用压力表测量时,选用压力表的量程一般取系统压力的 1.3~1.5 倍,在被测压力较稳定的情况下,最大压力值不应超过压力表满量程的 3/4,在被测压力波动较大的场合,最大压力值不应超过压力表满量程的 2/3。所选用压力表的精度等级应能达到系统所要求的测量精度。压力表应直立安装,接入压力管道时,应通过阻尼孔,以防被测压力突然升高将表损坏。

### 二、压力表开关

压力表开关按其测压点数分为一点、三点、六点等几种。多点压力表开关可使压力表油路分别与几个测压点油路相通,因而用一个压力表即可测出多点处的油液压力。

图 4-9 所示为六点压力表开关。图示的位置为非测量位置,此时压力表油路经沟槽 a、小孔 b 与油箱连通。若将手柄向右推进去,沟槽 a 将把压力表油路与测量点处油路接通,并把压力表通往油箱的油路切断,这时便可测出该测量点的压力。转动手柄到不同的测量点位置,可测得各点相应压力。

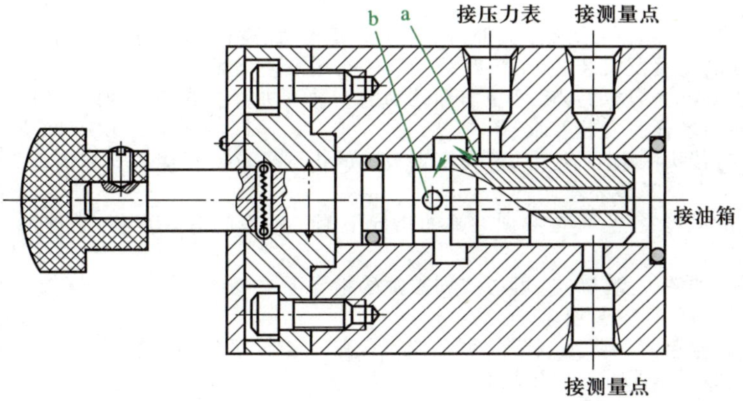

(a) 结构图

(b) 实物图

图 4-9 六点压力表开关

当系统进入正常工作状态后,应将压力表开关手柄拉出,使压力表与系统油路断开,以保护压力表并延长其使用寿命。

## 技能实训四 液压辅助元件的识别

### 技能实训任务单

| | |
|---|---|
| 实训目的 | 1. 进一步理解辅助元件的类型、结构及功能。<br>2. 掌握各种辅助元件的选用及安装方法。<br>3. 培养实践技能和分析、解决问题的能力。 |
| 实训要求 | 1. 认真识别辅助元件,分清辅助元件的功能和应用。<br>2. 安装辅助元件时,要连接牢固可靠。<br>3. 要轻拿轻放辅助元件,以避免损坏。<br>4. 实训完毕后,整理好现场,将辅助元件的外表擦拭干净后放回原处。<br>5. 对辅助元件进行选用分析,按要求完成技能实训工作页。 |
| 实训器材 | 过滤器、蓄能器、油管、管接头、油箱、热交换器、密封装置、压力表、压力表开关等。 |

续表

| | |
|---|---|
| 实训内容与参考步骤 | 在实训教师的指导下,识别辅助元件,观察辅助元件的外形,了解各种辅助元件在液压系统中的作用,了解辅助元件的选用和安装。<br>1. 现场识别过滤器的类型、特点,可在实训教师的指导下进行过滤器安装训练,掌握过滤器的安装位置和使用注意事项,了解过滤器的过滤精度、通流能力、工作压力、工作温度等使用条件。<br>2. 现场识别蓄能器的类型、特点及工作原理,可在实训教师的指导下进行蓄能器安装训练,掌握蓄能器的使用及安装要求,了解蓄能器的作用及使用场合等。<br>3. 现场识别各类油管的类型、特点,可在实训教师的指导下进行油管安装训练,掌握油管的工作压力、使用场合及安装要求。<br>4. 现场识别各类管接头的类型、特点,可在实训教师的指导下进行管接头安装训练,掌握管接头的使用场合及安装要求。<br>5. 现场识别油箱的结构特点,可在实训教师的指导下测定油箱的有效容积,掌握油箱的选用及安装要求。<br>6. 现场识别热交换器的类型、特点,可在实训教师的指导下进行热交换器安装训练,掌握热交换器的使用条件及安装要求。<br>7. 现场识别各类密封装置的类型、特点,可在实训教师的指导下进行密封装置安装训练,掌握密封装置的工作原理及应用场合。<br>8. 现场识别压力表和压力表开关,可在实训教师的指导下进行压力测试训练,了解压力表的精度等级及选用,掌握压力表和压力表开关的使用要求。 |
| 实训思考 | 1. 过滤器在不同安装位置的作用是什么?<br>2. 安装蓄能器需要注意什么?<br>3. 常用的油管有哪几种类型?选用油管主要考虑哪几方面因素?<br>4. 对管接头的要求有哪些?管接头有哪些类型?<br>5. 油箱有哪几种类型?分析油箱的结构特点?<br>6. 为什么要用热交换器?热交换器有何安装要求?<br>7. 选用密封装置时主要考虑哪方面因素?<br>8. 压力表和压力表开关有哪些使用要求? |

## 技能实训工作页

| | | | |
|---|---|---|---|
| 实训内容 | | | |
| 实训过程记录 | | | |
| 实训出现的问题及解决方法 | | | |
| 实训思考解答 | | | |
| 实训效果 | | | |
| 实训人员 | | | |
| 技能实训评价 | 参考附录 D。 | 得分 | |

## 思考和练习

1. 选择题

(1) 下列标准错误的是(　　)。

A. 粗过滤器, $d \geqslant 100\ \mu m$　　B. 普通过滤器, $d \geqslant 10 \sim 50\ \mu m$

C. 精密过滤器, $d \geqslant 5 \sim 10\ \mu m$　　D. 特精过滤器, $d \geqslant 1 \sim 5\ \mu m$

(2) 液压泵的吸油口常用(　　)过滤器。

A. 粗　　B. 普通　　C. 精密　　D. 特精

(3) 用来储存和释放液体压力能的装置是(　　)。

A. 加热器　　B. 油箱　　C. 蓄能器　　D. 过滤器

(4) 下列关于蓄能器的使用和安装不正确的是(　　)。

A. 蓄能器一般应垂直安装,油口向上

B. 搬运和拆装时应排出压缩气体

C. 用作降低噪声、吸收脉动和缓和冲击的蓄能器应尽可能靠近振源安装

D. 充气式蓄能器中应使用惰性气体

(5) 设计合理的液压泵的吸油管应该比压油管(　　)。

A. 长些　　B. 粗些　　C. 细些　　D. 短些

(6) 油箱的有效容积是指(　　)。

A. 油位高度大于油箱高度 80%时的容积

B. 油位高度为油箱高度 80%时的容积

C. 油位高度小于油箱高度 80%时的容积

D. 整个油箱的容积

2. 判断题

(1) 在安装线隙式过滤器、纸芯式过滤器和烧结式过滤器时,油液由滤芯内向外流出时得到过滤。(　　)

(2) 过滤器堵塞状态发信装置是根据过滤器进、出油口的压差发出信号的。(　　)

(3) 过滤器只能安装在进油路上,即安装在液压泵的吸油口处。(　　)

(4) 蓄能器是压力容器,搬运和拆装时应先将其充气阀打开,排出气体,以免因振动或碰撞发生事故。(　　)

(5) 中、高压液压系统中,油箱的有效容积应取液压泵流量的 2~4 倍。(　　)

(6) 风冷式冷却器是液压系统中常用的冷却效果较好的冷却方式。(　　)

(7) 装配 Y 形密封圈时,其唇边应对着无压力油的油腔安装。(　　)

(8) 压力表与压力油路之间须安装压力表开关,它相当于一个小型截止阀,用以接通和切断压力表与压力油路的通道。(　　)

3. 简述油箱及油箱内隔板的功能。

4. 油箱的正常温度是多少?是否所有的油箱都要设置冷却器或加热器?

5. 密封装置的作用是什么?怎样分类?

6. 安装 O 形密封圈时,为防止压力油将密封圈挤入间隙而损坏装置,需采取什么措施?

# 项目五　液压控制元件的认识及基本回路的组建

## 项目引入

控制元件是控制和调节液压系统中油液的流动方向、系统的压力和流量的各类液压控制阀（简称液压阀），从而可控制执行元件运动的方向、承受的负载和运动速度的大小，以满足不同设备工作性能的要求。图 5-1 所示为平面磨床，其工作台的运动是由液压控制阀控制和调节的。液压控制阀的种类繁多，根据用途不同可分为方向控制阀、压力控制阀、流量控制阀。液压控制阀性能的优劣、工作是否可靠，将直接影响整个液压系统的正常工作。任何设备的液压系统都是由一些基本回路组成的。液压基本回路是由某些液压元件所组成的，并能完成特定功能的典型控制回路，按其功能不同可分为方向控制回路、压力控制回路、速度控制回路和多执行元件动作控制回路等。本项目通过对控制元件的认识，掌握正确组建液压基本回路的方法，为分析液压系统打下必要的基础。

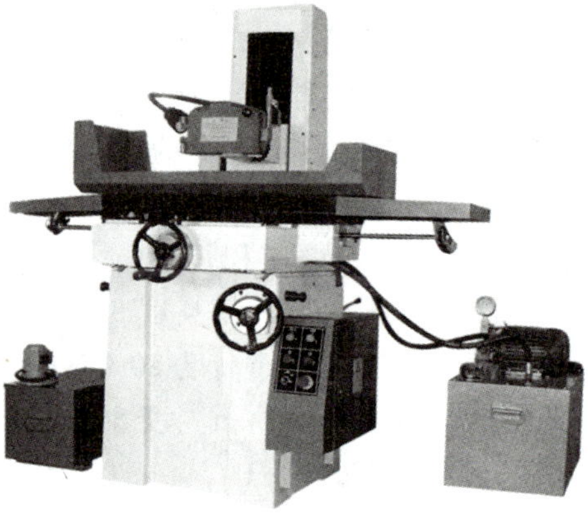

图 5-1　平面磨床

## 学习目标

1. 知识目标

了解液压控制阀的作用、分类。

掌握液压控制阀的结构、工作原理及应用。

熟悉液压基本回路的种类及作用。

掌握液压基本回路的组成、原理及应用。

了解新型液压控制阀的特点、工作原理及应用。

掌握液压控制阀的选用与维护。

2. 技能目标

能正确认识液压控制阀。

能正确识读液压基本回路图。

能正确选用和维护液压控制阀。

能正确拆装液压控制阀。

能正确组建液压基本回路。

3. 素质目标

增强自主学习意识。

增强团队合作意识。

培养分析、解决问题的能力。

培养良好的职业素养。

拓展阅读：造岛神器——中国“天鲲号”

## 任务 5.1 方向控制阀的认识及方向控制回路的组建

### 任务清单

| | |
|---|---|
| 任务引入 | 方向控制阀简称方向阀，它用于控制液压系统中油液的流动方向。利用方向控制阀控制液压系统中油液的接通、断开或流动方向来实现执行元件的起动、停止或改变运动方向的基本回路称为方向控制回路。 |
| 任务目标 | 能正确认识、选用和维护方向控制阀，并能正确识读方向控制回路图。 |
| 任务要求 | 方向控制阀包括单向阀和换向阀两类，请分析单向阀和常用换向阀的工作原理，根据不同的使用要求选用方向控制阀，分析方向控制阀故障产生原因，找出故障排除方法。常用的方向控制回路有换向回路和锁紧回路，各种类型的换向阀都可以组成换向回路，锁紧回路有采用换向阀中位机能和采用液控单向阀的锁紧回路，请识读采用液控单向阀的锁紧回路图，分析其组成和工作原理。 |
| 任务思考 | 1. 单向阀分为哪几种？它们的作用是什么？请画出它们的图形符号。<br>2. 换向阀有何作用？换向阀按操纵方式的不同可分为哪几种？<br>3. 换向阀的工作原理是什么？<br>4. 换向阀图形符号的表示含义是什么？<br>5. 常用换向阀的中位机能有哪几种？各有何特点？<br>6. 换向回路和锁紧回路的作用是什么？<br>7. 二位换向阀和三位换向阀控制的换向回路有何不同？<br>8. 采用换向阀中位机能和采用液控单向阀的锁紧回路有何不同？ |

续表

| | | | |
|---|---|---|---|
| 任务实施 | 1. 分析普通单向阀和液控单向阀的工作原理及应用。<br>2. 分析手动换向阀、机动换向阀、电磁换向阀、液动换向阀、电液换向阀等常用换向阀的工作原理和特点，并画出它们的图形符号。<br>3. 分析不同操纵方式换向阀的选择。<br>4. 分析换向阀换向时有冲击与噪声的原因，并找出排除方法。<br>5. 分析采用液控单向阀的锁紧回路的组成和工作原理。 | | |
| 任务总结 | 通过完成上述任务，学到了哪些知识或技能？ | | |
| 实施人员 | | | |
| 任务评价 | 参考附录 C。 | 得分 | |

## 知识库

微课：单向阀

### 一、方向控制阀

1. 单向阀

单向阀分为普通单向阀和液控单向阀。

(1) 普通单向阀

普通单向阀（简称单向阀），其控制油液只能按某一方向流动，而反向截止。

图 5-2 所示为单向阀，它由阀体 1、阀芯 2、弹簧 3 等组成。当油液从 P 口流入时，油液压力克服弹簧力，推动阀芯右移，打开阀口，油液经阀芯上的径向孔 a、轴向孔 b，从 A 口流出。当油液反向流入时，油液压力和弹簧力将阀芯压紧在阀座上，阀口关闭，油液不流通。单向阀中的弹簧只起使阀芯复位的作用，弹簧刚度较小，以免油液通过时产生过大的压力损失。一般单向阀的开启压力为 0.03～0.05 MPa。

单向阀常安装在液压泵的压油口，一方面防止系统的压力冲击影响液压泵的正常工作，另一方面在液压泵不工作时防止系统的油液倒流经液压泵回油箱。单向阀还被用来分隔油路以防止高、低压干扰，或与其他阀并联组成复合阀，如单向顺序阀、单向节流阀等。当安装在系统的回油路上使回油具有一定背压或安装在液压泵的卸荷回路上使液压泵维持一定的控制压力时，应更换刚度较大的弹簧，使其开启压力达到 0.2～0.6MPa。

(2) 液控单向阀

图 5-3 所示为液控单向阀，它比普通单向阀多一个控制油口 X。当 X 口不通压力油时，油液只可以从 P 口流入、A 口流出，此时阀的作用与单向阀相同。当 X 口通压力油时，控制活塞 1 推动顶杆 2 使阀芯 3 右移，则 P 口和 A 口相通，油液可双向流动。一般控制油的压力

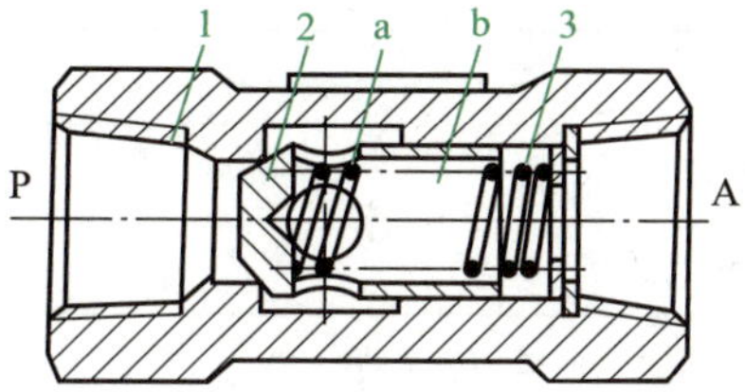


(a) 管式连接结构图

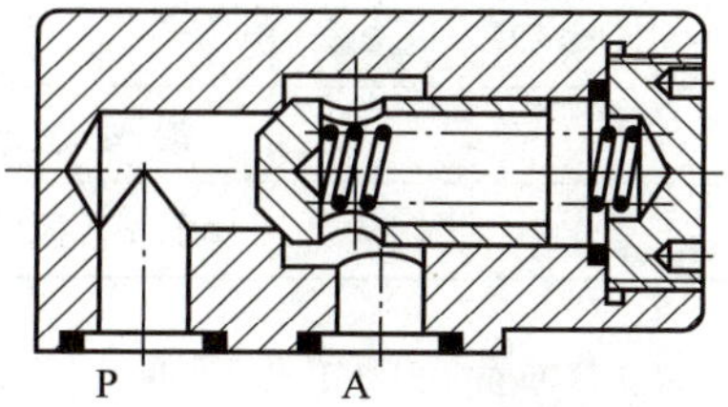


(b) 板式连接结构图

(c) 图形符号

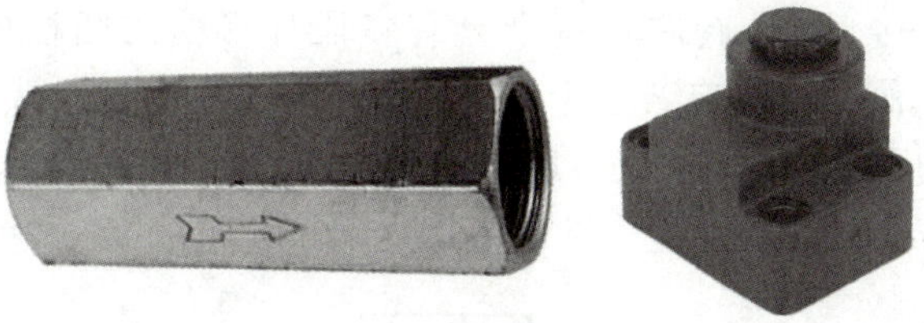

(d) 实物图

1—阀体；2—阀芯；3—弹簧

图 5-2 单向阀

动画：单向阀

不应低于油路压力的 30%～50%。液控单向阀具有良好的单向密封性，常用于执行元件需要长时间保压、锁紧等情况。这种阀也称为液压锁。

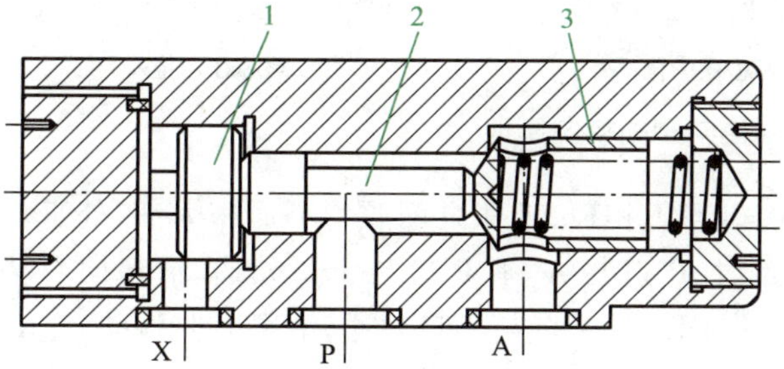


(a) 结构图

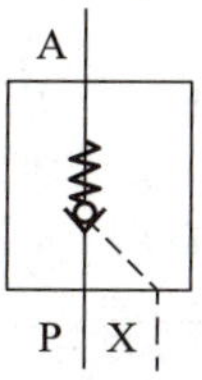


(b) 图形符号

(c) 实物图

1—控制活塞；2—顶杆；3—阀芯

图 5-3 液控单向阀

动画：液控单向阀

2. 换向阀

换向阀是利用阀芯位置的变动，改变阀体上各油口的通、断状态，从而控制油路连通、断开或改变液流方向的。

(1) 换向阀的分类

换向阀的种类有很多，其分类见表 5-1。

微课：换向阀

表 5-1 换向阀的分类

| 分类方式 | 类型 |
|---|---|
| 按阀的操纵方式 | 手动、机动、电磁动、液动、电液动 |
| 按阀的工作位置数和通路数 | 二位二通、二位三通、三位四通、三位五通等 |

续表

| 分类方式 | 类型 |
|---|---|
| 按阀的结构形式 | 滑阀式、转阀式、锥阀式 |
| 按阀的安装方式 | 管式、板式、法兰式等 |

动画：换向阀的换向原理

（2）换向阀的工作原理及图形符号

滑阀式换向阀是靠阀芯在阀体内做轴向移动来实现换向作用的。如图 5-4 所示，阀芯是一个具有多段环形槽的圆柱体（图示阀芯有 3 个台肩），阀体孔内有若干个沟槽（图示阀体为 5 个沟槽）。每条沟槽都通过相应的孔道与外部相通，其中 P 为进油口，T 为回油口，A 和 B 两油口分别接液压缸的两腔。

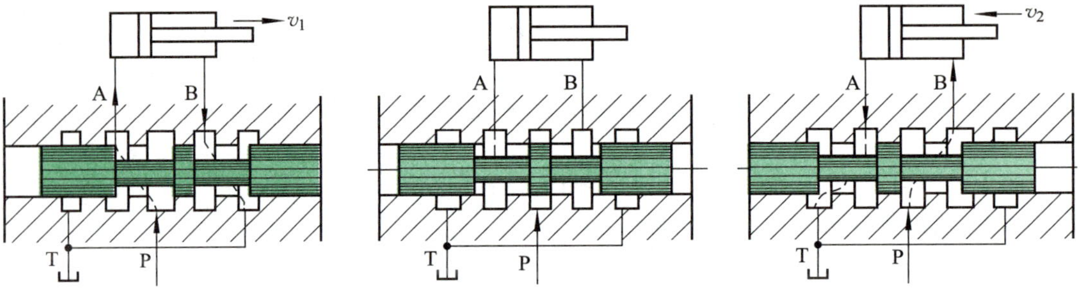


(a) 阀芯在右位　(b) 阀芯在中位　(c) 阀芯在左位

图 5-4　滑阀式换向阀的换向原理

当阀芯处于图 5-4b 所示位置时，4 个油口互不相通，液压缸两腔均不通压力油，处于截止状态；当阀芯向右移动至图 5-4a 所示位置时，P 口与 A 口、B 口与 T 口相通，活塞向右移动；当阀芯向左移至图 5-4c 所示位置时，P 口与 B 口、A 口与 T 口相通，活塞向左移动。

表 5-2 列出了几种常见滑阀式换向阀的结构原理图及其图形符号。

表 5-2　常见滑阀式换向阀的结构原理图及其图形符号

| 类型 | 结构原理图 | 图形符号 |
|---|---|---|
| 二位二通 | 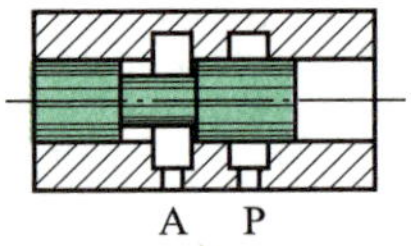 | 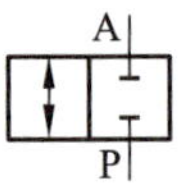 |
| 二位三通 | 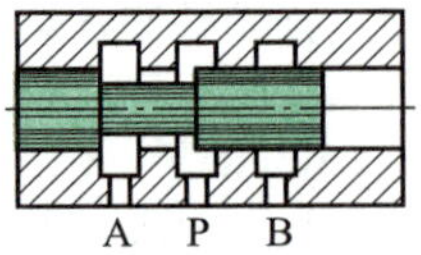 |  |

续表

| 类型 | 结构原理图 | 图形符号 |
| --- | --- | --- |
| 二位四通 | 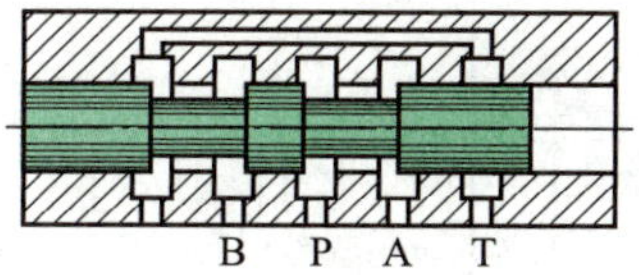 | 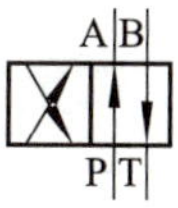 |
| 三位四通 | 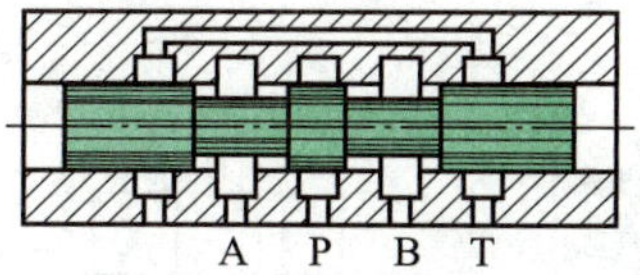 | 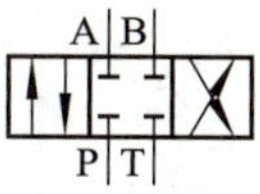 |

一个换向阀完整的图形符号应表示出其操纵方式、复位方式和定位方式等内容。图形符号表示的含义为：

1）用方格表示阀的工作位置，方格数即“位”数。

2）在一个方格内，箭头或堵塞符号“⊥”与方格的交点数为油口的通路数，即“通”数。箭头表示两油口相通，并不表示流向，堵塞符号表示油口不通。

3）P 表示进油口，T 表示回油口，A 和 B 表示连接其他工作油路的油口。

4）操纵方式和复位方式的符号画在方格的两侧。

5）三位阀的中位及二位阀侧面画有弹簧的那一方格为常态位，常态指当换向阀没有操作力作用时所处的状态。在液压系统图中，换向阀的油路连接一般应画在常态位上。

（3）三位换向阀的中位机能

滑阀式换向阀处于中间位置或原始位置时，各油口的连通方式称为滑阀机能。三位换向阀的常态位为中位，因此三位换向阀的滑阀机能又称为中位机能。

表 5-3 列出了几种常见三位四通换向阀的中位机能。

表 5-3　三位四通换向阀的中位机能

| 机能类型 | 结构简图 | 图形符号 | 特点及应用 |
| --- | --- | --- | --- |
| O 型 | 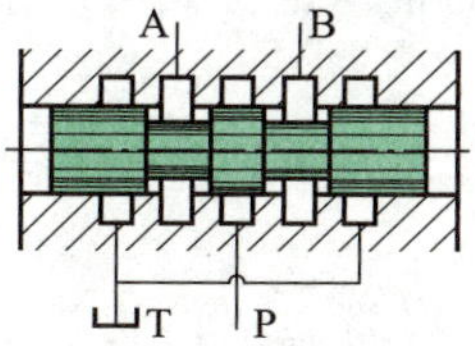 | 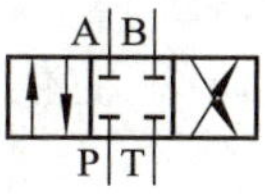 | 各油口全部封闭，液压缸被锁紧，液压泵不卸荷，并联液压缸可运转 |
| H 型 | 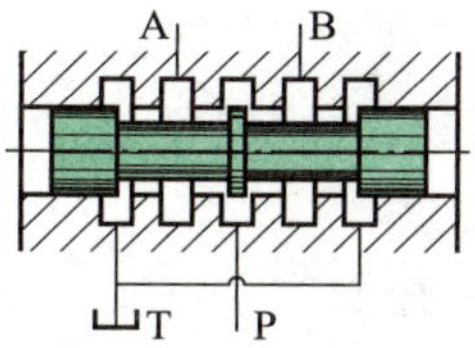 | 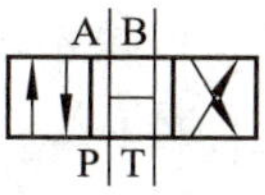 | 各油口全部连通，液压缸浮动，液压泵卸荷，其他液压缸不能并联使用 |

续表

| 机能类型 | 结构简图 | 图形符号 | 特点及应用 |
| --- | --- | --- | --- |
| Y 型 | 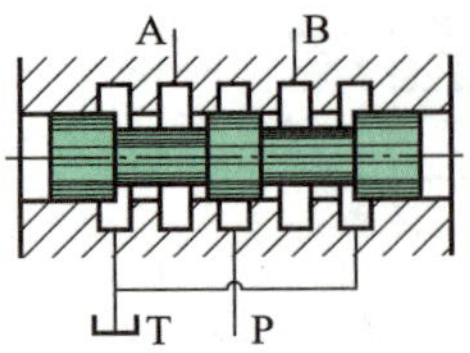 | 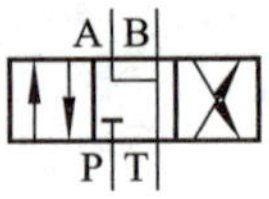 | 液压缸两腔通油箱，液压缸浮动，液压泵不卸荷，并联液压缸可运动 |
| P 型 | 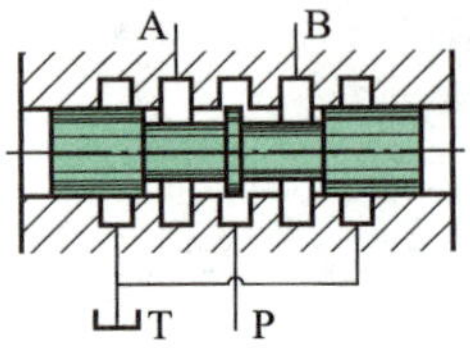 | 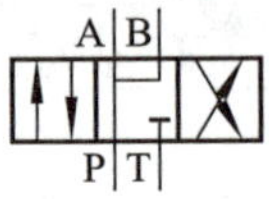 | 压力油口与液压缸两腔连通，回油口封闭，液压泵不卸荷，并联液压缸可运动，单杆活塞缸实现差动连接 |
| M 型 | 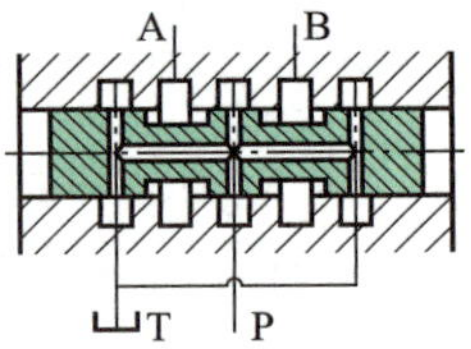 | 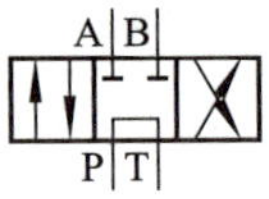 | 液压缸两腔封闭，液压缸被锁紧，液压泵卸荷，其他液压缸不能并联使用 |

（4）常用换向阀

常用换向阀根据操纵方式有手动换向阀、机动换向阀、电磁换向阀、液动换向阀、电液换向阀等。

1）手动换向阀　用手动杠杆操纵阀芯换位的换向阀，它有自动复位式和钢球定位式两种。

图 5-5 所示为三位四通手动换向阀。图 5-5a 所示为自动复位式结构图，可手动操纵使换向阀在左位或右位工作，但当操纵力取消后，阀芯便会在弹簧力作用下自动恢复至中位，停止工作。因而自动复位式适用于换向动作频繁，工作持续时间短的场合。图 5-5b 所示为钢球定位式结构图，其阀芯端部的钢球定位装置可使阀芯分别停止在左、中、右三个位置上，当松开手柄后，阀芯仍保持在所需的工作位置上，因而钢球定位式可用于工作持续时间较长的场合。

2）机动换向阀　又称行程换向阀，它依靠安装在运动部件上的挡块或凸轮推动阀芯移动，实现换向。

图 5-6 所示为二位二通机动换向阀。在图示位置（常态位），阀芯 2 在弹簧 3 的作用下处于左位，P 口与 A 口不相通。当运动部件上的行程挡块压住滚轮 1 使阀芯移至右位时，P 口与 A 口相通。

机动换向阀结构简单，换向时阀口逐渐关闭或打开，故换向平稳、可靠、位置精度高。但它须安装在运动部件附近，一般油管较长。

3）电磁换向阀　简称电磁阀，它利用电磁铁吸力控制阀芯移动。电磁换向阀包括换向滑阀和电磁铁两部分。

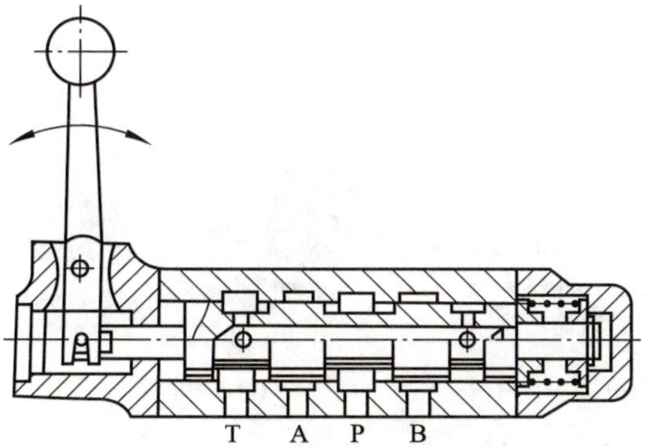


(a) 自动复位式结构图

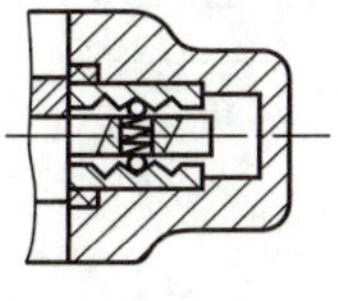

(b) 钢球定位式结构图

(c) 实物图

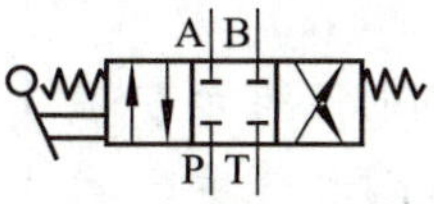


(d) 自动复位式图形符号

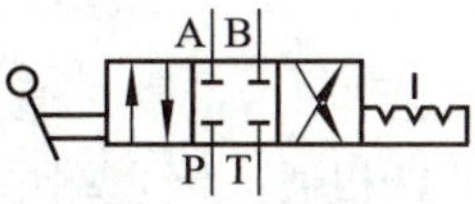


(e) 钢球定位式图形符号

图 5-5 三位四通手动换向阀

动画：三位四通手动换向阀

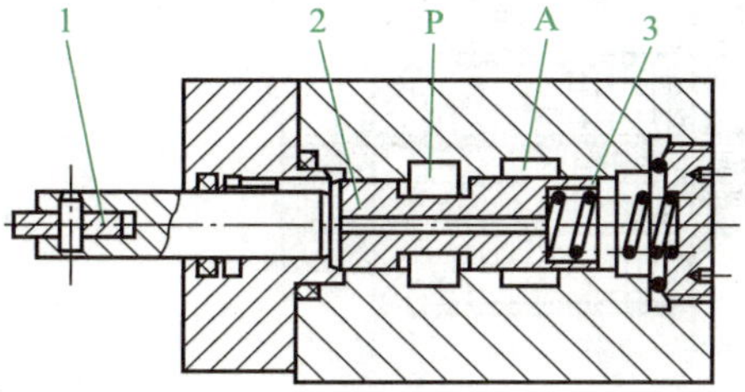


(a) 结构图

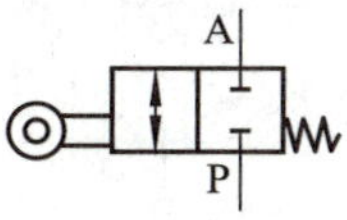


(b) 图形符号

(c) 实物图

1—滚轮；2—阀芯；3—弹簧

图 5-6 二位二通机动换向阀

动画：二位二通机动换向阀

电磁铁按使用电源不同可分为交流电磁铁和直流电磁铁两种。交流电磁铁使用电压为 220 V 或 380 V，直流电磁铁使用电压为 24 V。交流电磁铁的优点是电源简单方便，电磁吸力大，换向迅速；缺点是噪声大，起动电流大，在阀芯被卡住时易烧毁电磁铁线圈。直流电磁铁工作可靠，换向冲击小，噪声小，但需有直流电源。电磁铁按衔铁是否浸在油里，又分为干式和湿式两种。干式电磁铁不允许油液进入电磁铁内部，因此推动阀芯的推杆处要有可靠的密封。湿式电磁铁可以浸在油液中工作，所以电磁换向阀的相对运动件之间就不需要密封装置，这就减小了阀芯运动的阻力，提高了滑阀换向的可靠性。湿式电磁铁性能好，但价格较高。

图 5-7 所示为二位三通电磁换向阀，采用干式交流电磁铁。图示位置为电磁铁不通电状态，即常态位，此时 P 口与 A 口相通，B 口封闭。当电磁铁通电时，衔铁 1 右移，通过推杆 2 使阀芯 3 推压弹簧 4，并移至右端，此时 P 口与 B 口相通，A 口封闭。

图 5-8 所示为三位四通电磁换向阀，采用湿式直流电磁铁。阀芯两端有两根对中弹簧 4，使阀芯在常态位时（两端电磁铁均断电时）处于中位，P、A、B、T 口互不相通。当右端电磁

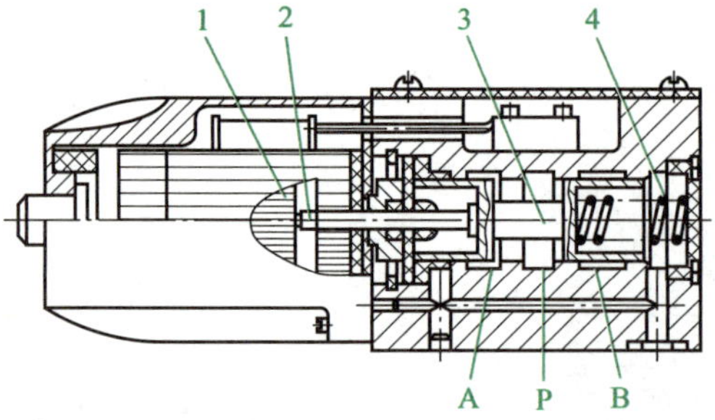


(a) 结构图

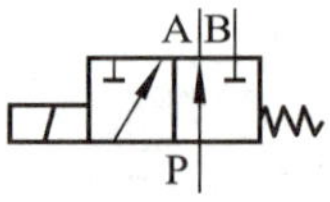


(b) 图形符号

(c) 实物图

1—衔铁;2—推杆;3—阀芯;4—弹簧

图 5-7　二位三通电磁换向阀

动画：二位三通电磁换向阀

铁通电时,衔铁 1 通过推杆 2 将阀芯 3 推至左端,P 口与 B 口相通,A 口与 T 口相通。当左端电磁铁通电时,阀芯移至右端,P 口与 A 口相通、B 口与 T 口相通。

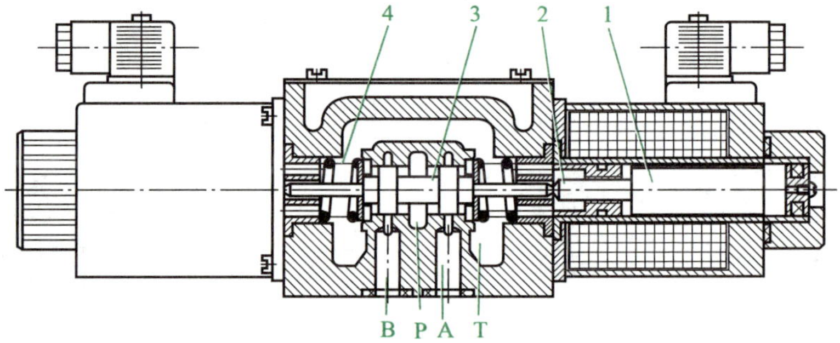


(a) 结构图

动画：三位四通电磁换向阀

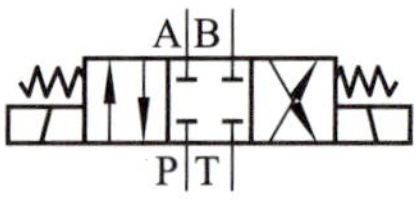


(b) 图形符号

(c) 实物图

1—衔铁;2—推杆;3—阀芯;4—弹簧

图 5-8　三位四通电磁换向阀

电磁换向阀操纵方便,布置灵活,易于实现动作转换的自动化,但电磁铁吸力有限。

4）液动换向阀　控制油路的压力油推动阀芯移动实现换向,它可以制造成流量较大的换向阀。

图 5-9 所示为三位四通液动换向阀。当其两端控制油口 $X_1$ 和 $X_2$ 均不通入压力油时,阀芯在两端弹簧力的作用下处于中位。当 $X_1$ 口通入压力油,$X_2$ 口接油箱时,阀芯移至右位,P 口与 A 口相通,B 口与 T 口相通。反之,$X_2$ 口通入压力油,$X_1$ 口接油箱时,阀芯移至左位,P 口与 B 口相通,A 口与 T 口相通。

液动换向阀结构简单,动作可靠、平稳,液压驱动力大,但它不如电磁换向阀控制方便。

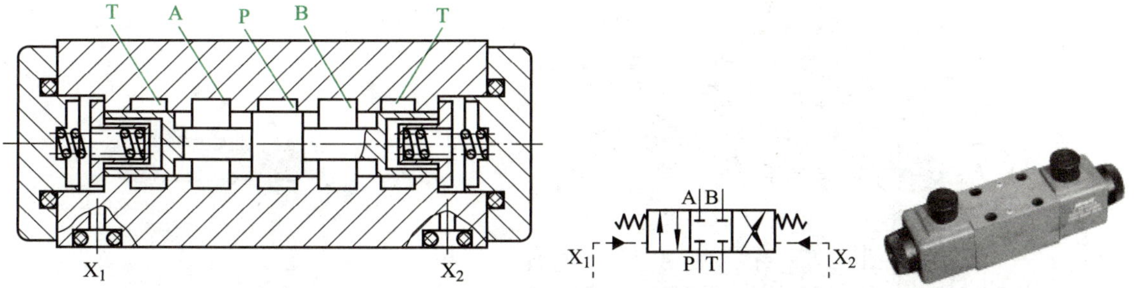

(a) 结构图　　(b) 图形符号　　(c) 实物图

图 5-9　三位四通液动换向阀

动画：三位四通液动换向阀

5）电液换向阀　由电磁换向阀和液动换向阀组合而成的复合阀。电磁换向阀为先导阀，它用以改变液动换向阀控制油路的方向。液动换向阀为主阀，它用以改变主油路的方向。这种阀综合了电磁换向阀和液动换向阀的优点，具有控制方便、流量大的特点。

图 5-10 所示为三位四通电液换向阀。当先导阀的电磁铁 4 和 6 都断电时，先导阀阀芯 5 在两端弹簧力作用下处于中位，控制油口 X 关闭。这时主阀阀芯 1 两侧的油液经两个节流阀 3、7 及先导阀的通路经泄油口 Y 与油箱相通，因而主阀阀芯 1 也在两端弹簧力作用下处于中位。在主油路中 P、A、B、T 口互不相通。当电磁铁 4 通电、6 断电时，先导阀阀芯 5 移至右位，来自主油路 P 口或外部油路的控制压力油经 X 口→A′口→单向阀 2→主阀阀芯 1 左端油腔，回油经主阀阀芯 1 右端油腔→节流阀 7→B′口→Y 口→油箱。于是，主阀阀芯 1 在左端油液压力的作用下移至右位，主油路 P 口与 A 口相通，B 口与 T 口相通。同理，当电磁铁 6 通电、4 断电时，先导阀阀芯 5 移至左位，控制主阀阀芯 1 也移至左位，主油路 P 口与 B 口相通，A 口与 T 口相通。主阀的换向速度可由两端节流阀调节，可使换向平稳，无冲击。

使用电液换向阀时应注意如下事项：

① 当主阀为弹簧对中型，先导阀的中位机能应保证先导阀处于中位时，主阀两端的控制油路卸荷（如 Y 型中位机能），否则主阀无法回到中位。

② 控制压力油可来自主油路的 P 口（内控式），也可以另设独立油源（外控式）。当采用内控式，主油路又有卸荷要求时，应在 P 口安装一预控压力阀，以保证最低的控制压力。当采用外控式时，独立油源的流量不得小于主阀最大流量的 15%，以保证换向时间的要求。

3. 方向控制阀的选用

（1）单向阀的选用

在选择单向阀时，除了要根据需要合理地选择开启压力，还应特别注意工作时的流量应与阀的额定流量相匹配，因为当通过单向阀的流量小于额定流量时，单向阀有时会产生振动，流量越小，开启压力越高，油中含气越多，越容易产生振动。

在选择液控单向阀时，要注意控制油液压力是否能够满足反向开启的要求，并根据需要合理选择内泄式、外泄式和带卸荷阀芯这三种液控阀。同时，在应用外泄式液控单向阀时，应使外泄式油液单独回油箱。

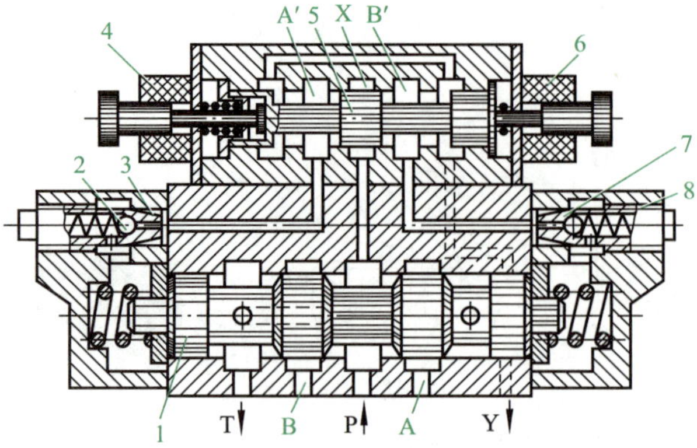

(a) 结构图

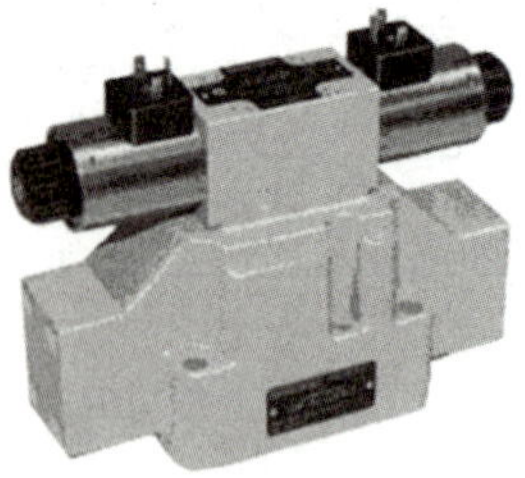
(b) 实物图

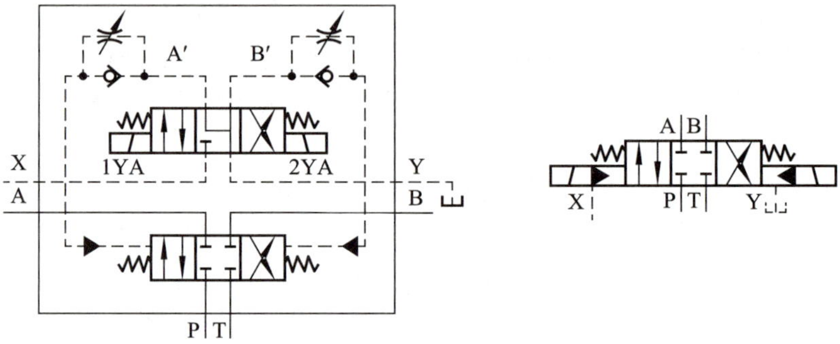

(c) 图形符号

动画：三位四通电液换向阀

1—主阀阀芯；2、8—单向阀；3、7—节流阀；4、6—电磁铁；5—先导阀阀芯

图 5-10　三位四通电液换向阀

（2）换向阀的选用

1）换向阀“位”和“通”的选择：

① 依靠弹簧力或重力返回的单作用液压缸用二位三通换向阀可使其换向。

② 双作用液压缸的换向，一般可采用二位四通（或五通）及三位四通（或五通）换向阀来进行换向。二位换向阀只能使执行元件正、反向运动，三位换向阀有中位，不同中位机能可使系统获得不同的性能。

2）换向阀操纵方式的选择：

① 手动换向阀　换向精度和平稳性不高，常用于换向不频繁且无须自动化的场合，如一般机床夹具、工程机械等。

② 机动换向阀　换向过程平稳、准确、可靠，但机动换向阀须安装在工作机构附近，不如电磁换向阀安装灵活，换向性能不够完善，一般用在速度和惯性较大的场合。

③ 电磁换向阀　换向最为方便，易于实现自动控制，应用最广。电磁换向阀动作快，换向时间短，换向时有冲击，换向定位精度低，换向操纵力较小，可靠性相对较低，且交流电磁铁不宜作频繁切换，以免线圈烧坏。其常用于小流量、平稳性要求不高的场合。

④ 液动或电液换向阀　常用于流量比较大（超过 63 L/min）、换向精度和平稳性要求较高的场合。

4. 方向控制阀的使用

1）工作油液黏度为 17～38 cSt，推荐使用抗磨液压油，正常工作油温在 10～60 ℃ 范围内，在油温较低时，应选择黏度较低的油液。

2）要求系统过滤精度不得低于 30 μm。要经常注意油液的清洁度，定期检查油液的性能，并进行更换。

3）连接方式有板式、螺纹式与法兰式三种，安装时要用螺钉将阀固定在已加工过的基面上。不允许用管道支承，滑阀轴线应安装成水平方向。

4）电源电压应与电磁铁规定的电压相符，电源电压应在-15%~5%范围内变化。

5）电液换向阀使用阻尼调节器（单向节流阀），调节阻尼器可改变主阀换向速度。

6）电液换向阀的先导油路可采用外控式或内控式，采用外控式时，先导阀压力不得低于 0.35 MPa。

7）手动换向阀有钢球定位式和自动复位式两种，使用钢球定位式时，扳动换向阀阀芯后可定位，再扳动阀芯时才能复位；使用自动复位式时，松开手柄即可自动复位。

8）用户购回元件后如不及时使用，须将元件内部灌入防锈油，并将外露加工表面涂防锈脂，妥善保存。

5. 方向控制阀的常见故障及排除方法

（1）单向阀的常见故障及排除方法（表 5-4）

表 5-4 单向阀的常见故障及排除方法

| 故障现象 | 故障原因 | 排除方法 |
|---|---|---|
| 单向阀失灵 | 1. 阀体或阀芯变形、阀芯有毛刺、油液污染引起的单向阀卡死；<br>2. 弹簧折断、漏装或弹簧刚度太大；<br>3. 锥阀与阀座同轴度超差或密封表面有生锈斑点，从而形成接触不良和严重磨损等；<br>4. 锥阀（或钢球）与阀座完全失去作用 | 1. 清洗、检修或更换阀体或阀芯，更换液压油；<br>2. 更换或补装弹簧；<br>3. 清洗、研磨阀芯和阀座；<br>4. 研磨阀芯和阀座 |
| 液控单向阀反向时无法打开 | 1. 控制压力过低；<br>2. 泄油口堵塞或有背压；<br>3. 控制活塞因毛刺或污物卡住；<br>4. 液控单向阀选得不合适 | 1. 按规定调整压力；<br>2. 检查外泄油路和控制油路；<br>3. 清除毛刺；<br>4. 更换合适的液控单向阀 |
| 泄漏 | 1. 油中有杂质，阀芯不能关严；<br>2. 螺纹连接的结合部分没有拧紧或密封不严而引起外泄漏；<br>3. 阀座锥面密封不严；<br>4. 锥阀的锥面（或钢球）不圆或磨损；<br>5. 加工、装配不良，阀芯或阀座拉毛甚至损坏 | 1. 清洗阀，更换液压油；<br>2. 拧紧螺纹紧固件，加强密封；<br>3. 检查、研磨锥面；<br>4. 检查、研磨或更换阀芯；<br>5. 检修或更换 |
| 噪声 | 1. 单向阀与其他元件产生共振；<br>2. 单向阀的流量超过额定流量 | 1. 适当调节阀的工作压力或改变弹簧刚度；<br>2. 更换大规格的单向阀或减小通过阀的流量 |

（2）换向阀的常见故障及排除方法（表 5-5）

表 5-5　换向阀的常见故障及排除方法

| 故障现象 | 故障原因 | | 排除方法 |
|---|---|---|---|
| 阀芯不运动或不到位 | 电磁铁故障 | 1. 电磁铁线圈烧坏；<br>2. 电磁铁推动力不足或漏磁；<br>3. 电气线路故障；<br>4. 电磁铁未加控制信号；<br>5. 电磁铁铁心卡死 | 1. 检查原因，进行修理或更换电磁铁；<br>2. 检查原因，进行修理或更换电磁铁；<br>3. 消除故障；<br>4. 检查后添加控制信号；<br>5. 检查或更换电磁铁 |
| | 滑阀卡住 | 1. 阀体因安装螺钉的拧紧力过大或不均匀使阀芯卡住；<br>2. 阀芯被碰伤，油液被污染；<br>3. 滑阀与阀体配合间隙过小，阀芯在阀体孔中卡住不动作或动作不灵活；<br>4. 阀芯几何形状超差。阀芯与阀体装配不同心，产生轴向液压卡紧现象 | 1. 检查，使拧紧力适当、均匀；<br>2. 检查、修磨或重配阀芯，更换液压油；<br>3. 检查间隙情况，研磨或更换阀芯；<br>4. 检查、修正几何偏差和同心度，检查液压卡紧情况，修复 |
| | 液控油路故障 | 1. 油液控制压力不够，滑阀不动，不能换向或换向不到位；<br>2. 节流阀关闭或堵塞；<br>3. 滑阀两端泄油口没有接回油箱或泄油管堵塞 | 1. 提高油液控制压力，检查弹簧是否过硬，以便更换；<br>2. 检查、清洗节流口；<br>3. 检查，并连接油箱。清洗回油管，使之通畅 |
| | 电磁换向阀的推杆磨损后长度不够，使阀芯移动过小，引起换向不灵或不到位 | | 检修，必要时更换推杆 |
| | 弹簧折断、漏装、太软，不能使滑阀恢复中位 | | 检查、更换或补装弹簧 |
| 换向冲击与噪声 | 1. 控制流量过大，滑阀移动速度太快，产生冲击、噪声；<br>2. 固定电磁铁的螺钉松动而产生振动；<br>3. 电磁铁的铁心接触面不平或接触不良；<br>4. 滑阀时卡时动或局部摩擦阻力过大；<br>5. 单向节流阀阀芯与阀体孔配合间隙过大，单向阀弹簧漏装，阻尼失效，产生冲击、噪声 | | 1. 调小单向节流阀节流口，减慢滑阀移动速度；<br>2. 紧固螺钉，并加防松垫圈；<br>3. 清除异物，并修整电磁铁的铁心；<br>4. 研磨、修整或更换滑阀；<br>5. 检查、修整至合理间隙，补装弹簧 |

微课：换向回路

## 二、方向控制回路

1. 换向回路

液压系统中执行元件运动方向的变换一般由换向阀实现，各种类型的换向阀都可以组成换向回路。

图 5-11a 所示为采用二位三通电磁换向阀控制单作用液压缸的换向回路。当电磁铁通

电时，压力油进入液压缸左腔，推动活塞杆向右移动。当电磁铁断电时，在弹簧力作用下，换向阀阀芯复位，液压缸左腔油液通油箱，弹簧力推动活塞向左移动。此回路只能停留在缸的两端，不能停留在其他任意位置上。

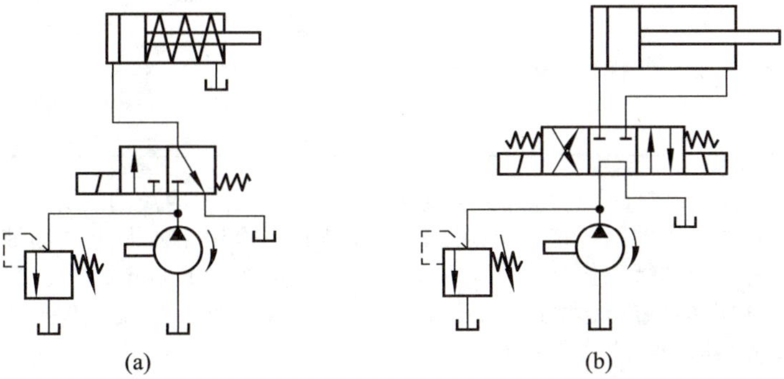


图 5-11 换向回路

动画：换向回路

微课：锁紧回路

动画：锁紧回路(1)

动画：锁紧回路(2)

图 5-11b 所示为采用三位四通电磁换向阀控制双作用液压缸的换向回路。当换向阀处于中位时，M 型中位机能使液压泵卸荷，液压缸两腔油路封闭，活塞制动。当换向阀左位工作时，液压缸右腔进油，活塞杆向左移动。当换向阀右位工作时，液压缸左腔进油，活塞杆向右移动。此回路可以使执行元件在任意位置停止运动。

2. 锁紧回路

锁紧回路用以实现使执行元件在任意位置上停留，并防止蹿动。常用的锁紧回路有以下两种。

1）采用三位换向阀 O 型或 M 型的中位机能构成的锁紧回路。当换向阀处于中位时，执行元件的进、出油口均被封闭，可使执行元件在行程的任意位置停止运动。但由于滑阀的泄漏，锁紧功能较差，只适用于锁紧时间短且要求不高的回路中。

2）采用液控单向阀的锁紧回路，如图 5-12所示。当电磁铁 1YA 通电时，换向阀右位工作，压力油经液控单向阀 A 进入液压缸左腔，同时进入液控单向阀 B 的控制油口，打开液控单向阀 B，液压缸右腔的油液可经液控单向阀 B 及换向阀回油箱，活塞向右运动。当电磁铁 2YA 通电时，换向阀左位工作，压力油经液控单向阀 B 进入液压缸右腔，同时打开液控单向阀 A，使液压缸左腔油液经液控单向阀 A 和换向阀回油箱，活塞向左运动。当电磁铁 1YA、2YA 都不通电时，换向阀处于中位，液控单向阀 A 和 B 关闭，液压缸左、右两腔的油路均被封住，活塞停止运动。为了保证锁紧效果，三位换向阀应采用 H 型或 Y 型中位机能。液控单向阀具有良好的密封性，可使执行元件长时间锁紧。这种锁紧回路主要用于汽车起重机的支腿油路或矿山机械的液压支架的油路中。

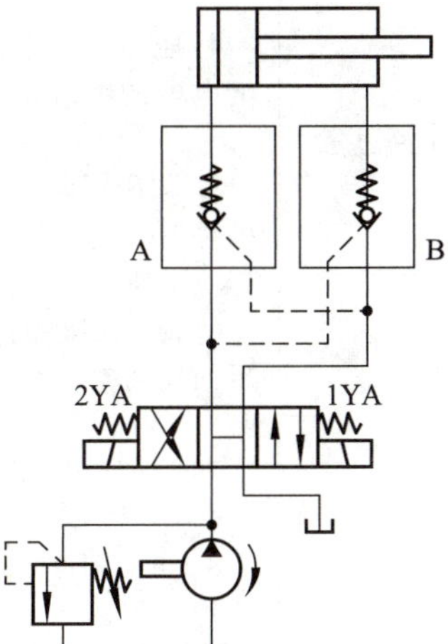


图 5-12 采用液控单向阀的锁紧回路

拓展阅读：大国重器——8万吨模锻压力机万钧之力来源

## 任务 5.2 压力控制阀的认识及压力控制回路的组建

### 任务清单

| | |
|---|---|
| 任务引入 | 压力控制阀简称压力阀，它是用来控制液压系统中油液的压力或利用油液压力控制其他元件动作的阀。这类阀的工作原理是利用作用于阀芯上的油液压力和弹簧力相平衡的原理进行工作的。利用压力控制元件来控制和调节整个液压系统或局部油路的压力，以满足执行元件对力或力矩的要求，或达到合理利用功率、保证系统安全等目的的基本回路称为压力控制回路。 |
| 任务目标 | 能正确认识、选用和维护压力控制阀，并能正确识读压力控制回路图。 |
| 任务要求 | 按对压力控制要求的不同，压力控制阀可分为溢流阀、减压阀、顺序阀和压力继电器等。请分析压力控制阀的工作原理和应用，分析压力控制阀故障产生原因，并找出故障排除方法。利用压力控制回路可实现对液压系统进行调压、减压、增压、卸荷、保压与平衡等各种控制，请识读常用的压力控制回路图，并分析其组成和工作原理。 |
| 任务思考 | 1. 溢流阀的作用是什么？按结构和工作原理的不同，溢流阀可分为哪几种？画出溢流阀的图形符号。<br><br>2. 减压阀的减压原理是什么？按减压阀所控制的压力的不同，减压阀可分为哪几种？画出减压阀的图形符号。<br><br>3. 顺序阀的作用是什么？按控制压力的不同，顺序阀可分为哪几种？画出顺序阀的图形符号。<br><br>4. 压力继电器的作用是什么？按结构的不同，压力继电器可分为哪几种？画出压力继电器的图形符号。<br><br>5. 调压回路的作用是什么？其调压的核心元件是什么阀？实现远程调压需要什么条件？<br><br>6. 减压回路的作用是什么？其减压的核心元件是什么阀？如何调整其压力以使减压回路可靠工作？<br><br>7. 为何要采用增压回路？其增压元件是什么？<br><br>8. 卸荷回路、保压回路和平衡回路的作用分别是什么？它们常用的回路分别有哪几种？ |

续表

| | | | |
|---|---|---|---|
| 任务实施 | 1. 分析先导式溢流阀的工作原理及溢流阀的应用。<br>2. 分析先导式减压阀的工作原理及减压阀的应用。<br>3. 分析直动式顺序阀的工作原理及顺序阀的应用。<br>4. 分析柱塞式压力继电器的工作原理及压力继电器的应用。<br>5. 分析溢流阀、减压阀调压失灵的原因，并找出排除方法。<br>6. 分析顺序阀动作压力与调定压力不符的原因，并找出排除方法。<br>7. 分析压力继电器动作不灵敏的原因，并找出排除方法。<br>8. 分析三级调压、单级减压、双作用增压、液控顺序阀卸荷、液压泵卸荷保压与单向顺序阀平衡回路的组成和工作原理。 | | |
| 任务总结 | 通过完成上述任务，学到了哪些知识或技能？ | | |
| 实施人员 | | | |
| 任务评价 | 参考附录 C。 | 得分 | |

## 知识库

### 一、压力控制阀

1. 溢流阀

溢流阀在液压系统中的功用主要有两个方面：一是起溢流稳压作用，保持液压系统的压力稳定；二是起限压保护作用，防止液压系统过载。溢流阀通常接在液压泵压油口处的油路上。

微课：溢流阀

根据结构和工作原理不同，溢流阀可分为直动式溢流阀和先导式溢流阀两类。

（1）溢流阀的结构与工作原理

1）直动式溢流阀　依靠系统中的油液压力直接作用在阀芯上与弹簧力相平衡，以控制阀芯起闭的溢流阀。

图 5-13 所示为直动式溢流阀，它由调节手轮 1、调压弹簧 2、阀芯 3、阀座 4、阀体 5 等组成。阀芯 3 在调压弹簧 2 的作用下压紧在阀座 4 上，阀体 5 上开有进油口 P 和回油口 T，压力油从进油口 P 进入，并作用在阀芯 3 上。当溢流阀进油口处油液压力较低，不足以克服弹簧力时，阀口关闭，P 口与 T 口不相通。当油液压力升高，作用在阀芯上的油液压力超过弹

簧力时，阀口打开，P 口与 T 口相通，压力油从 T 口流回油箱，即溢流。此时溢流阀进油口的压力不再升高，阀芯达到新的平衡位置，溢流阀进油口处压力的大小受调压弹簧控制而基本稳定。调节调压弹簧 2 的预紧力，即可调定溢流压力。

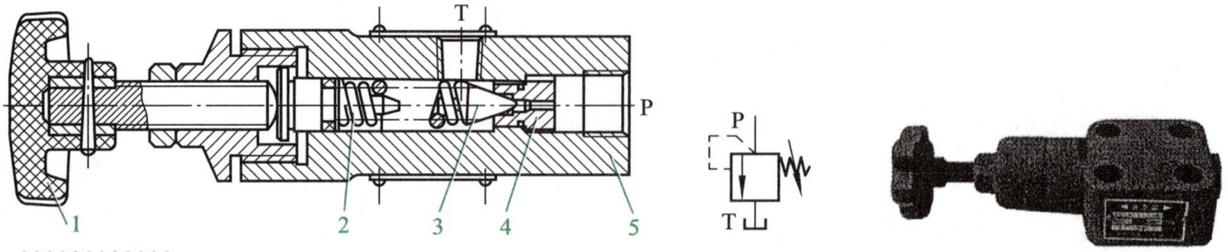


(a) 结构图　　(b) 图形符号　　(c) 实物图

1—调节手轮；2—调压弹簧；3—阀芯；4—阀座；5—阀体

图 5-13　直动式溢流阀

动画：直动式溢流阀

直动式溢流阀结构简单，制造容易，成本低。但油液压力直接靠弹簧力平衡，所以压力稳定性较差，动作时有振动和噪声。此外，系统压力较高时，要求弹簧的刚度大，使阀的开启性能变坏。所以直动式溢流阀只适用于低压小流量场合，或作为先导阀使用，其最大调定压力为 2.5 MPa。

2）先导式溢流阀　由先导阀和主阀两部分组成，如图 5-14 所示。先导阀是一个小规格的直动式溢流阀，用来调定压力；主阀是滑阀，用来实现溢流。

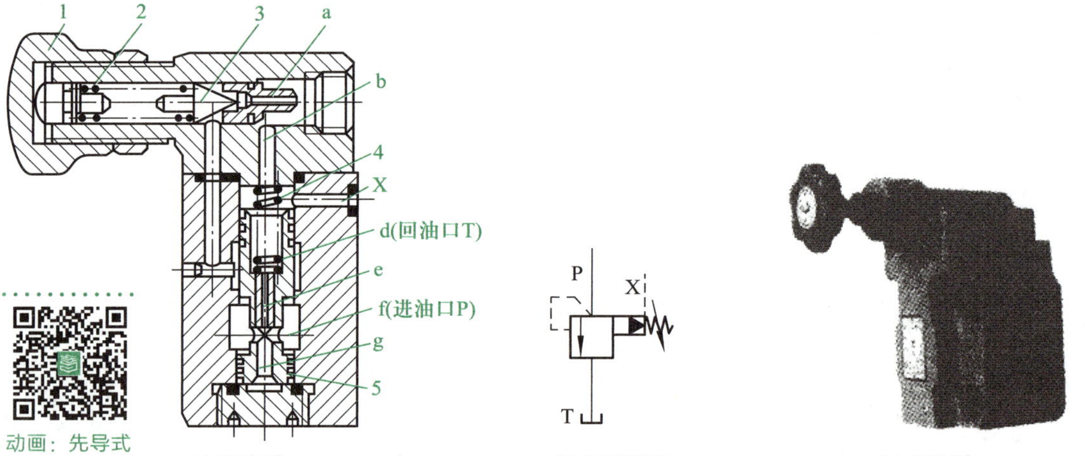


动画：先导式溢流阀

(a) 结构图　　(b) 图形符号　　(c) 实物图

1—调节螺母；2—调压弹簧；3—先导阀阀芯；4—主阀弹簧；5—主阀阀芯

图 5-14　先导式溢流阀

工作时，压力油从进油口 P 进入，经主阀阀芯 5 上的轴向孔 g 进入其下端，同时压力油又经阻尼孔 e 进入主阀阀芯 5 的上端，并经孔 b 和 a 作用于先导阀阀芯 3 上，此时 X 口不通。当进油口 P 的压力较低，作用于先导阀阀芯上的油液压力不足以克服调压弹簧 2 的作用力时，先导阀关闭，此时没有油液经阻尼孔 e 流动，主阀阀芯 5 上、下两端压力相等，其在主阀弹簧 4 的作用下处于最下端，进油口 P 与回油口 T 不相通，主阀关闭，不溢流。当进油口 P 的压力高，主阀阀芯上腔压力也升高，直至先导阀上的油液压力大于调压弹簧 2 的作用力时，先导阀打开，压力油通过回油口 T 流回油箱。这时压力油经主阀阀芯 5 上的阻尼孔 e 流动，在主阀阀芯上、下两端形成一定的压差，当此压差对主阀阀芯所产生的作用力超过主阀弹簧力时，主阀阀芯 5 上移，进油口 P 与回油口 T 相通，实现溢流。调节调压弹簧 2 的预紧力，即可调定系统的压力。

先导式溢流阀是利用主阀阀芯上、下两端的压差所形成的作用力和主阀弹簧力相平衡的原理进行压力控制的。由于主阀上腔的压力由先导阀调定，基本上是定值，而主阀弹簧主要用于克服主阀阀芯的摩擦阻力，弹簧刚度小，所以当溢流量变化引起主阀弹簧压缩量变化时，弹簧力变化较小，因此先导式溢流阀进油口处的油液压力变化较小，可基本认为是稳定的。同时先导阀的承压面积一般较小，先导阀调压弹簧的刚度也不大，因此调压比较轻便，这就克服了直动式溢流阀的缺点。先导式溢流阀工作时振动小，噪声低，压力稳定，但反应不如直动式溢流阀快。先导式溢流阀适用于中、高压系统。

在先导式溢流阀阀体上有一个 X 口为远程控制口，当 X 口通过二位二通换向阀与油箱连接时，主阀阀芯在很小的油液压力作用下便可移动，打开阀口，实现溢流，这时系统称为卸荷。若 X 口接入另一个远程调压阀，便可对系统压力实现远程控制。

（2）溢流阀在液压系统中的应用

1）作溢流阀用　正常工作时溢流阀处于常开状态，使系统的压力保持稳定。

2）作安全阀用　正常工作时溢流阀处于常闭状态，当系统超载，压力上升，超过溢流阀的调定压力时，溢流阀打开，油液流回油箱，可防止系统过载，保障系统安全。这时的溢流阀称为安全阀。

3）作背压阀用　接在系统的回油路上，产生一定的回油阻力，以改善执行元件的运动平稳性。

4）利用先导式溢流阀的远程控制口实现远程调压或使系统卸荷。

2. 减压阀

微课：减压阀

减压阀是利用压力油流经阀口缝隙时产生压力损失，使其出口压力低于进口压力的压力控制阀，其作用是降低液压系统中某一局部的油液压力，使用一同源油液能同时得到多个不同的压力输出，同时它还有稳压作用。根据减压阀所控制的压力的不同，减压阀可分为定值减压阀、定差减压阀和定比减压阀。定值减压阀的出口压力可维持在一个定值，有直动式减压阀、溢流减压阀和先导式减压阀；定差减压阀可使进、出口压差恒定或接近于不变；定比减压阀则是使进、出口压力的比值维持恒定。其中，定值减压阀中的先导式减压阀应用较多。

（1）减压阀的结构与工作原理

图 5-15 所示为先导式减压阀。这种阀由先导阀和主阀组成，先导阀调压，主阀减压，P 和 A 分别为进、出油口。油液从 P 口进入，经减压口 h 并从 A 口流出，出油口的压力油经小孔 a 作用于主阀阀芯 5 的下腔，再经阻尼孔 b 进入主阀阀芯的上腔，并经通道 c 作用在先导阀阀芯 3 上。当出口压力低于调压弹簧 2 的调定值时，先导阀阀口关闭，通过阻尼孔 b 的油液不流通，主阀阀芯上、下两腔压力相等，主阀阀芯在主阀弹簧 4 的作用下处于最下端位置，减压口 h 全部打开不起减压作用，出口压力基本等于进口压力。当出口压力超过调压弹簧

的调定值时，先导阀阀芯打开，油液经孔 e、泄油口 Y 流回油箱，由于油液流经阻尼孔 b 时会产生压力降，使主阀阀芯下腔压力大于上腔压力，当此压差所产生的作用力大于主阀弹簧力时，主阀阀芯上移，减压口减小，压降增大，出口压力减小。经过一个过渡过程，主阀阀芯在新的位置上达到平衡，出口压力便稳定在先导阀所调定的压力值上基本保持不变。

动画：先导式减压阀

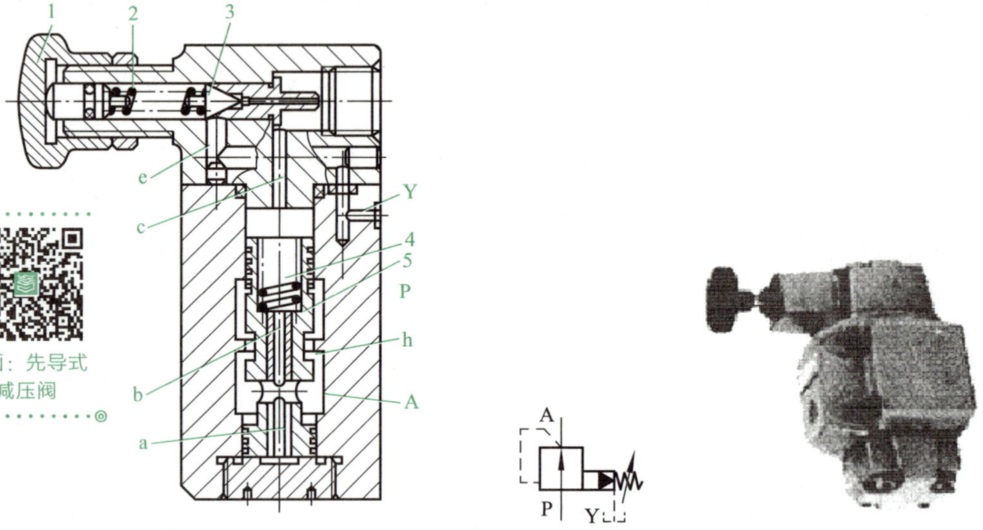


(a) 结构图　　(b) 图形符号　　(c) 实物图

1—调节螺母；2—调压弹簧；3—先导阀阀芯；4—主阀弹簧；5—主阀阀芯

图 5-15　先导式减压阀

如果受外界干扰，使进口压力升高，则出口压力也升高，主阀阀芯受力不平衡向上移动，减压口减小，压力降增大，出口压力又降低至调定值，反之亦然。由此可见，减压阀能利用出口压力的反馈作用，自动调整减压口开度，保证出口压力基本不变。调节调压弹簧 2 的预紧力，即可调定减压阀的出口压力。

（2）减压阀与溢流阀的区别

1）减压阀利用出口压力与弹簧力平衡，保持出口压力基本稳定，而溢流阀则利用进口压力与弹簧力平衡，保持进口压力基本稳定。

2）减压阀的进、出油口均通压力油，所以泄漏油液需要单独接油箱，而溢流阀的泄漏油液可由内部通道经回油口流回油箱。

3）非工作状态时，减压阀阀口常开（阀口开度为最大），而溢流阀阀口常闭。

（3）减压阀在液压系统中的应用

1）降低液压泵输出油液的压力，供给低压回路使用。如控制油路、润滑系统、夹紧、定位和分度等装置的回路。

2）稳定压力。减压阀输出的二次压力比较稳定，供给执行元件工作时可以避免一次压力油波动对它的影响。

3）与单向阀并联可实现单向减压。

4）远程减压。减压阀的远程控制口接远程调压阀可以实现远程减压，但远程控制减压后的压力应在减压阀调定的范围之内。

3. 顺序阀

微课：顺序阀

顺序阀是利用系统油液压力的变化来控制油路的通断，以实现各执行元件按先后顺序动作的压力控制阀。按控制压力的不同，顺序阀可分为内控式和外控式两种，前者用阀的进口油液压力控制阀芯的起闭（简称顺序阀），后者用外部压力油控制阀芯的起闭（称液控式顺序阀）。按结构的不同，顺序阀又分为直动式和先导式两种，前者一般用于低压液压系统，后者一般用于中高压液压系统。

（1）顺序阀的结构与工作原理

顺序阀的工作原理与溢流阀相似，其主要区别在于：溢流阀的出口接油箱，而顺序阀的出口接执行元件。顺序阀的内泄漏油液不能用通道与出油口相通，应通过专用的泄油口接通油箱。

1）直动式顺序阀　如图 5-16 所示，常态位下进油口 P 与出油口 A 不相通。油液经阀体 3 和下盖 1 上的通道到达控制活塞 2 的下腔，当进口压力低于弹簧 5 的调定压力时，阀口关闭。当进口压力高于弹簧 5 的调定压力时，控制活塞 2 将阀芯 4 顶起，阀口打开，P 口与 A 口相通，油液便经出油口 A 流出，弹簧腔内的泄漏油液从泄油口 L 流回油箱。又因顺序阀的控制油液直接从进油口 P 引入，故称为内控外泄式顺序阀。

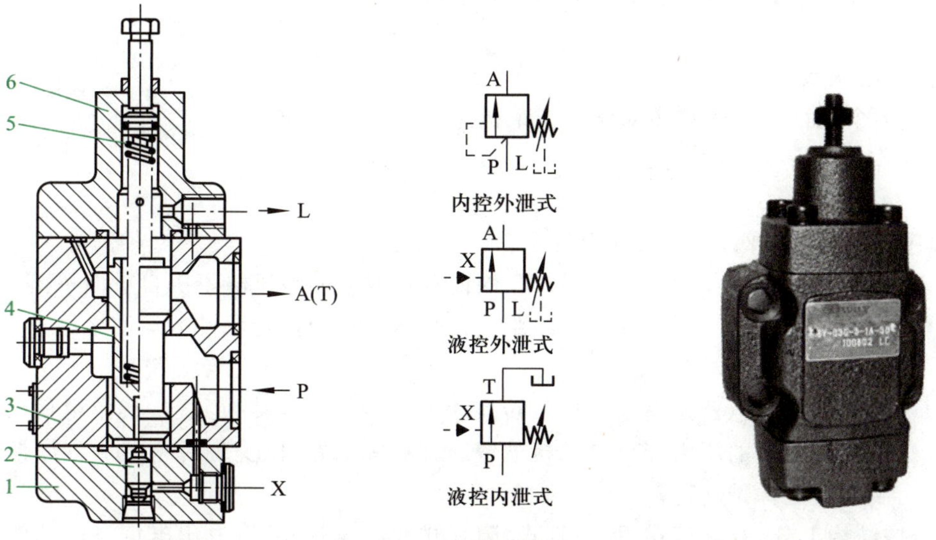


(a) 结构图　(b) 图形符号　(c) 实物图

动画：直动式顺序阀

1—下盖；2—控制活塞；3—阀体；4—阀芯；5—弹簧；6—上盖

图 5-16　直动式顺序阀

若将图 5-16a 中下盖 1 转动 180°或 90°安装，并将外控油口 X 的螺塞取下，接通控制油路，则阀的起闭由外部压力油控制，便构成液控外泄式顺序阀。若将上盖 6 转动 180°安装，使泄油口 L 处的小孔与阀体上的小孔连通，同时将泄油口 L 用螺塞封住，这样弹簧腔与回油口 T 相通，便构成液控内泄式顺序阀，阀的回油口 T 与油箱连通，常用于液压泵的卸荷，故又称为卸荷阀。

2）先导式顺序阀　如图 5-17 所示，其结构和工作原理与先导式溢流阀相似，读者可自行分析。

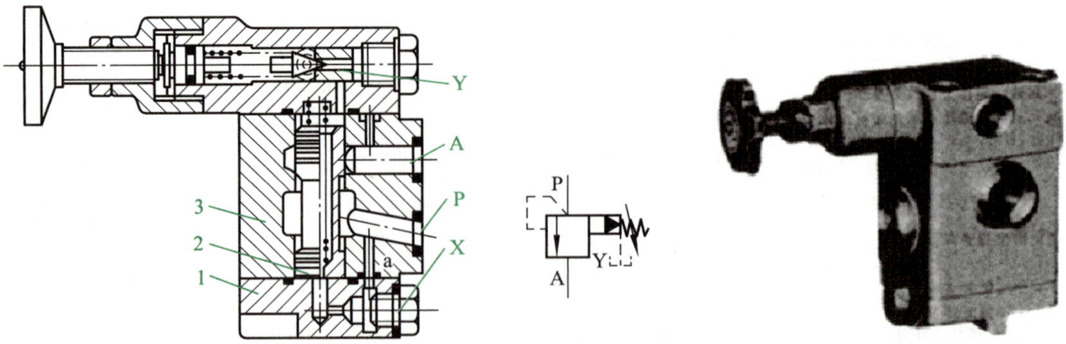


(a) 结构图　　(b) 图形符号　　(c) 实物图

1—下盖；2—阻尼孔；3—阀体

图 5-17　先导式顺序阀

3）单向顺序阀　在实际使用中往往只希望油液在一个方向流动时受顺序阀控制，反方向流动时则可自由通过，因此需要单向顺序阀。单向顺序阀是由单向阀和顺序阀并联组合而成的复合阀，如图 5-18 所示。当油液从 P 口进入时，单向阀关闭，顺序阀起控制作用；当油液从 A 口进入时，油液经单向阀从 P 口流出。

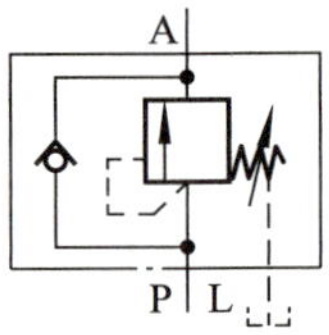


图 5-18　单向顺序阀的图形符号

（2）顺序阀在液压系统中的应用

1）用于实现多个执行元件的顺序动作。如某机床上的一个定位与夹紧回路，其动作顺序是先定位后夹紧，工件加工完后，两缸同时缩回。

2）液控顺序阀可作卸荷阀用，使液压泵卸荷。

3）单向顺序阀作平衡阀用，保证垂直放置的液压缸不因自重而下落。

4）作背压阀用，接在回油路上，增大背压，使执行元件的运动平稳。

微课：压力继电器

4. 压力继电器

压力继电器是将液压信号转换为电信号的液电转换元件，其作用是根据液压系统的压力变化自动接通或断开有关电路，以实现对系统的程序控制和安全保护功能。

压力继电器按结构上分，有柱塞式、弹簧管式、膜片式和波纹管式；按发出电信号的功能分，有单触点式和双触点式。其中柱塞式压力继电器最为常用。

（1）压力继电器的结构与工作原理

图 5-19 所示为单触点柱塞式压力继电器。进油口 P 和液压系统相连，当系统压力达到调定值时，作用于柱塞 1 上的油液压力克服弹簧力，顶杆 2 上行，使微动开关 4 的触点闭合，发出电信号。当系统压力下降，弹簧力将柱塞下推，使微动开关的触点断开，切断电信号。压力继电器发出信号时的压力称为开启压力，切断电信号时的压力称为闭合压力。由于开启时摩擦阻力的方向与油液压力方向相反，闭合时则相同，故开启压力大于闭合压力，其差值称为返回区间。返回区间对压力继电器的正常工作是必要的，但不宜过大。调节弹簧的预压缩量可以改变压力继电器的开启压力。

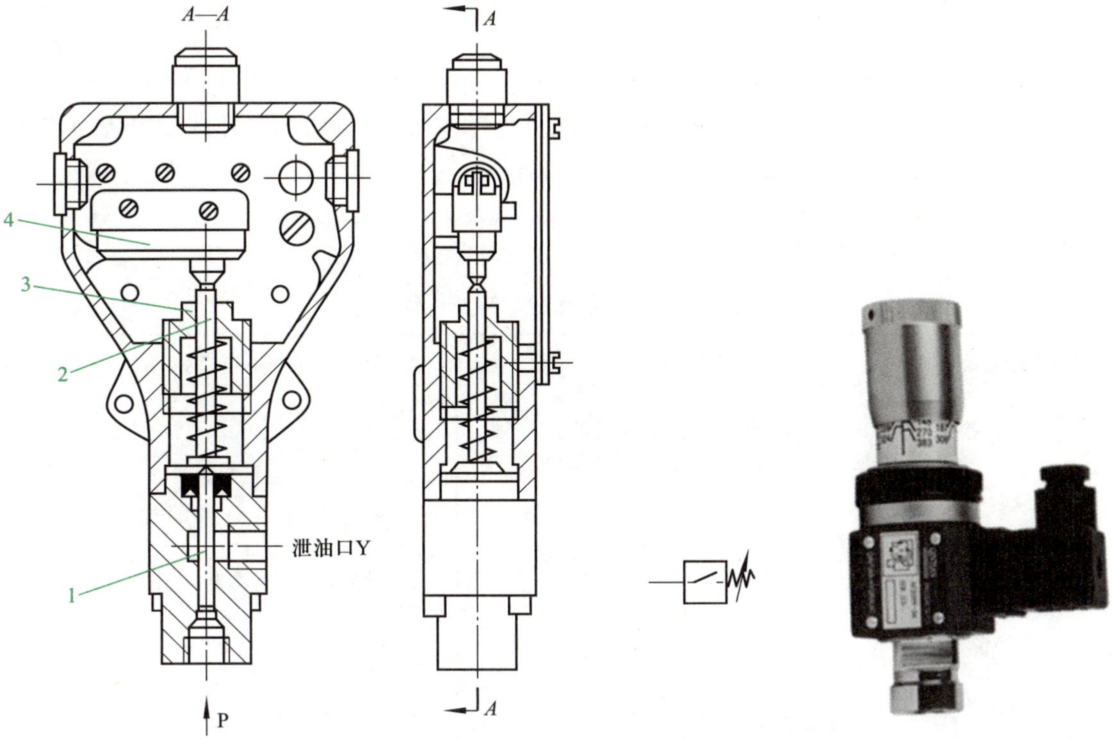


(a) 结构图　　(b) 图形符号　　(c) 实物图

1—柱塞；2—顶杆；3—调节螺套；4—微动开关

图 5-19　单触点柱塞式压力继电器

动画：压力继电器

(2) 压力继电器在液压系统中的应用

1) 用于安全保护。

2) 用于控制执行元件的动作顺序。

3) 用于控制换向阀，使执行元件换向。

4) 用于液压泵的起闭或卸荷。

5. 压力控制阀的使用与维护

(1) 压力控制阀的安装使用

1) 工作油液黏度为 17~38 cSt，推荐使用抗磨液压油，正常工作油温在 10~60 ℃ 范围内，在油温较低时，应选择黏度较低的油液。

2) 要求系统过滤精度不得低于 30 μm。要经常注意油液的清洁度，定期检查油液的性能，并进行更换。

3) 螺纹连接与法兰连接方式有两个进油口，一个回油口（或二次压力口）。供用户选择。

4) 顺时针转动手轮时压力升高，逆时针转动手轮时压力降低。在调节所需的压力值时，应使用锁紧螺母将调节手轮固定。

5) 溢流阀回油阻力不得大于 0.5 MPa，作安全阀使用时，调定压力不得超过液压系统的最高压力。

6）减压阀泄油口须直接通回油箱，并保持泄油口油路畅通。泄油口背压过高时，将影响正常工作。

7）油口安装应保证其密封性，避免空气渗入而影响工作。

8）用户购回元件后如不及时使用，须将元件内部灌入防锈油，并将外露加工表面涂防锈脂，妥善保存。

(2) 压力控制阀的常见故障及排除方法

1）溢流阀的常见故障及排除方法见表5-6。

表5-6 溢流阀的常见故障及排除方法

| 故障现象 | 故障原因 | 排除方法 |
|---|---|---|
| 压力波动 | 1. 弹簧弯曲或弹簧刚度太低；<br>2. 锥阀与阀座接触不良或磨损；<br>3. 压力表不准；<br>4. 滑阀动作不灵；<br>5. 油液不清洁，阻尼孔不畅通 | 1. 更换弹簧；<br>2. 更换锥阀；<br>3. 修理或更换压力表；<br>4. 调整阀盖螺钉紧固程度或更换滑阀；<br>5. 更换油液，清洗阻尼孔 |
| 振动、噪声严重 | 1. 调压弹簧变形，不能复原；<br>2. 回油路有空气进入；<br>3. 流量超值；<br>4. 油温过高，回油阻力过大 | 1. 检修或更换弹簧；<br>2. 紧固管接头；<br>3. 调整流量；<br>4. 控制油温，将回油阻力降至0.5 MPa以下 |
| 泄漏 | 1. 锥阀与阀座接触不良或磨损；<br>2. 滑阀与阀盖配合间隙过大；<br>3. 紧固螺钉松动 | 1. 更换锥阀；<br>2. 重配间隙；<br>3. 拧紧螺钉 |
| 调压失灵 | 1. 调压弹簧折断；<br>2. 滑阀阻尼孔堵塞；<br>3. 滑阀卡住；<br>4. 进、出油口接反；<br>5. 先导阀阀座小孔堵塞 | 1. 更换弹簧；<br>2. 清洗阻尼孔；<br>3. 拆检并修正，调整阀盖螺钉紧固程度；<br>4. 重装油口；<br>5. 清洗小孔 |

2）减压阀的常见故障及排除方法见表5-7。

表5-7 减压阀的常见故障及排除方法

| 故障现象 | 故障原因 | 排除方法 |
|---|---|---|
| 减压阀二次压力不稳定并与调定压力不符 | 1. 油箱液面低于回油管口或过滤器，油液中混入空气；<br>2. 主簧太软、变形或在滑阀中卡住，使阀移动困难；<br>3. 泄漏；<br>4. 锥阀与阀座配合不良 | 1. 补油；<br>2. 更换弹簧；<br>3. 检查密封，拧紧螺钉；<br>4. 更换锥阀 |

续表

| 故障现象 | 故障原因 | 排除方法 |
| --- | --- | --- |
| 减压阀不起作用 | 1. 泄油口的螺塞未拧出；<br>2. 滑阀卡死；<br>3. 阻尼孔堵塞 | 1. 拧出螺塞，接上泄油管；<br>2. 清洗或重配滑阀；<br>3. 清洗阻尼孔，并检查油液的清洁度 |
| 出口压力很低，即使拧紧调压手轮，压力也升不起来 | 1. 减压阀进、出油口接反了；<br>2. 进口压力太低；<br>3. 先导阀阀芯与阀座配合之间因污物滞留，有严重划伤，阀座配合孔失圆、有缺口，造成先导阀阀芯与阀座之间不密合<br>4. 漏装先导阀阀芯；<br>5. 先导阀弹簧装成软弹簧；<br>6. 主阀阀芯阻尼孔被污物颗粒堵塞 | 1. 纠正接管错误；<br>2. 查明原因并排除故障；<br>3. 研磨先导阀阀芯与阀座配合面，使先导阀阀芯与阀座之间密合良好；<br>4. 补装先导阀阀芯；<br>5. 更换合适的弹簧；<br>6. 用 $\phi1$ mm 钢丝或用压缩空气疏通阻尼孔，并清洗阻尼孔 |
| 调压失灵 | 1. 调节杆上 O 形密封圈外径过大；<br>2. 调节杆上装 O 形密封圈的沟槽过浅 | 1. 更换合适的 O 形密封圈；<br>2. 更换合适的调节杆 |
| 外漏 | 1. 调节杆上 O 形密封圈外径过小；<br>2. 调节杆上装 O 形密封圈的沟槽过深 | 1. 更换合适的 O 形密封圈；<br>2. 更换合适的调节杆 |

3）顺序阀的常见故障及排除方法见表 5-8。

表 5-8　顺序阀的常见故障及排除方法

| 故障现象 | 故障原因 | 排除方法 |
| --- | --- | --- |
| 出油口总有油液流出，不能使执行元件实现顺序动作 | 1. 上、下阀盖装错，外控与内控混淆；<br>2. 单向顺序阀的单向阀卡死在打开位置；<br>3. 主阀阀芯与主阀阀体孔的配合过紧，主阀阀芯卡死在打开位置，顺序阀变为直通阀；<br>4. 外控顺序阀的控制油道被污物堵塞，或控制活塞被污物、毛刺卡死；<br>5. 主阀阀芯被污物、毛刺卡死在打开位置，顺序阀变为直通阀 | 1. 纠正上、下阀盖安装方向；<br>2. 清洗单向阀阀芯；<br>3. 研磨主阀阀芯与主阀阀体孔，使阀芯运动灵活；<br>4. 清洗、疏通控制油道，清洗控制活塞；<br>5. 拆开主阀清洗并去除毛刺，使阀芯运动灵活 |
| 出油口无油液流出，不能使执行元件实现顺序动作 | 1. 液压系统压力没有建立起来；<br>2. 上、下阀盖装错，外控与内控混淆；<br>3. 主阀阀芯被污物、毛刺卡死在关闭位置，顺序阀变为直通阀；<br>4. 主阀阀芯与主阀阀体孔的配合过紧，主阀阀芯卡死在关闭位置，顺序阀变为直通阀；<br>5. 液控顺序阀控制压力太小 | 1. 检修液压系统；<br>2. 纠正上、下阀盖安装方向；<br>3. 拆开主阀清洗并去除毛刺，使阀芯运动灵活；<br>4. 研磨主阀阀芯与主阀阀体孔，使阀芯运动灵活；<br>5. 调整控制压力至合理值 |

续表

| 故障现象 | 故障原因 | 排除方法 |
| --- | --- | --- |
| 调定压力值不稳定,不能使执行元件实现顺序动作,或顺序动作错乱 | 1. 污物颗粒部分堵塞主阀阀芯阻尼孔;<br>2. 控制活塞外径与阀盖孔配合过松,导致泄漏油液作用到主阀阀芯上 | 1. 用 $\phi1$ mm 钢丝穿通阻尼孔,并清洗阻尼孔;<br>2. 更换控制活塞 |
| 振动与噪声 | 1. 油管不适合,回油阻力过大;<br>2. 油温过高 | 1. 更换油管,降低回油阻力;<br>2. 降温至规定温度 |
| 动作压力与调定压力不符 | 1. 调压弹簧不当;<br>2. 调压弹簧变形,最高压力调不上去;<br>3. 滑阀卡死 | 1. 反复几次转动调整手柄,调到所需的压力;<br>2. 更换弹簧;<br>3. 检查滑阀配合部分,清除毛刺 |

4）压力继电器的常见故障及排除方法见表 5-9。

表 5-9　压力继电器的常见故障及排除方法

| 故障现象 | 故障原因 | 排除方法 |
| --- | --- | --- |
| 动作不灵敏 | 1. 弹簧永久变形;<br>2. 滑阀在阀体孔中移动不灵活;<br>3. 薄膜片在阀体孔中移动不灵活;<br>4. 钢球不正圆 | 1. 更换弹簧;<br>2. 清洗或研磨滑阀;<br>3. 更换薄膜片;<br>4. 更换钢球 |
| 不发信号或误发信号 | 1. 压力继电器安装位置错误,如回油路节流调速回路中压力继电器装在回油路上;<br>2. 返回区间过小;<br>3. 系统压力未上升或下降到压力继电器的设定压力;<br>4. 压力继电器的泄油路不畅通;<br>5. 微动开关不灵敏,复位性能差;<br>6. 微动开关定位不装牢或未压紧<br>7. 微动开关的触头与杠杆之间的空行程过大或过小;<br>8. 薄膜式压力继电器的橡胶隔膜破裂;<br>9. 柱塞卡死 | 1. 回油路节流调速回路中压力继电器只能装在进油路上;<br>2. 正确调节返回区间;<br>3. 检查系统压力不上升或下降的原因,予以排除;<br>4. 疏通压力继电器的泄油路;<br>5. 更换橡胶隔膜;<br>6. 装牢微动开关定位;<br>7. 正确调整微动开关的触头与杠杆之间的空行程;<br>8. 更换橡胶隔膜;<br>9. 使柱塞运动灵活 |

微课：调压回路

## 二、压力控制回路

### 1. 调压回路

调压回路是根据系统负载的大小来调节系统工作压力的回路,以调定或限制液压系统的最高工作压力，或者使执行元件在工作过程的不同阶段能够实现多种不同的压力变换。调压回路的核心元件是溢流阀。

（1）单级调压回路

图 5-20a 所示为采用溢流阀的单级调压回路。溢流阀并联在液压泵的压油口处，调节其调压弹簧便可调节液压泵的供油压力，并通过溢出多余的油液保持液压泵的压油口压力稳定。溢流阀的调定压力应大于执行元件的最大工作压力和管路上各种压力损失的总和。图 5-20b 所示为采用远程调压阀的单级调压回路。将远程调压阀 2 接在先导式溢流阀 1 的远程控制口上，即可实现远距离调压。远程调压阀的调定压力应低于先导阀的调定压力，否则远程调压阀不起调压作用。

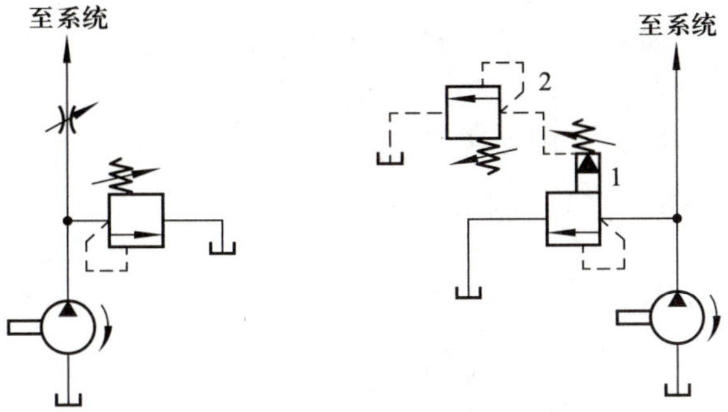


(a) 采用溢流阀　　(b) 采用远程调压阀

1—先导式溢流阀；2—远程调压阀

图 5-20　单级调压回路

动画：单级调压回路(1)

动画：单级调压回路(2)

（2）多级调压回路

图 5-21a 所示为二级调压回路，当换向阀 2 的电磁铁断电时，系统压力由溢流阀 1 调定；当换向阀 2 的电磁铁通电时，系统压力由远程调压阀 3 调定，且阀 3 的调定压力应小于阀 1

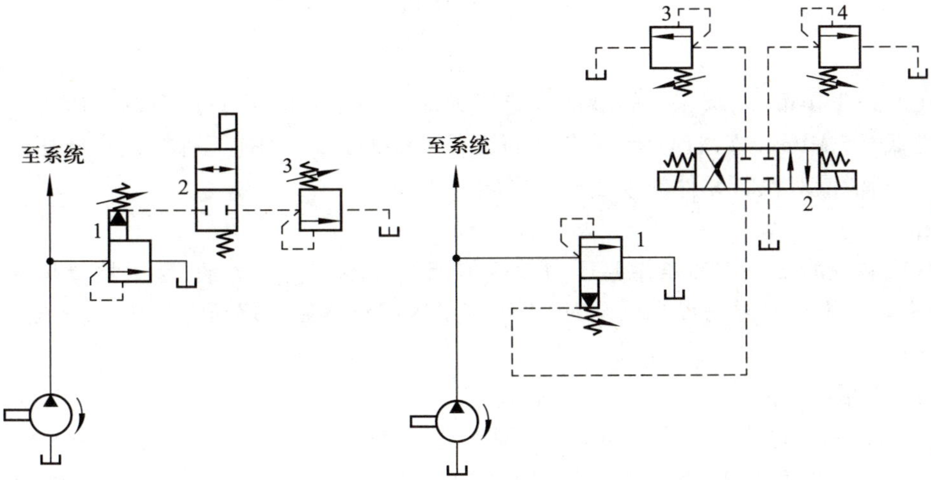


(a) 二级调压回路　　(b) 三级调压回路

1—溢流阀；2—换向阀；3、4—远程调压阀

图 5-21　多级调压回路

动画：多级调压回路(1)

动画：多级调压回路(2)

的调定压力。图 5-21b 所示为三级调压回路，溢流阀 1 的远程控制口通过三位四通换向阀 2 分别接远程调压阀 3 和 4。改变三位四通换向阀 2 的阀芯位置，则可使系统有三种调定压力值。换向阀左位工作时，系统压力由阀 4 调定；换向阀右位工作时，系统压力由阀 3 调定；换向阀中位工作时，系统压力由阀 1 调定。在此回路中，阀 1 的调定压力应高于阀 3 和阀 4 的调定压力，且阀 3 和阀 4 的调定压力不相等。

微课：变压回路

2. 减压回路

若液压系统中某个执行元件或某个支油路所需要的工作压力低于溢流阀所调定的主系统压力时，就要采用减压回路。减压回路主要由减压阀组成。

图 5-22a 所示为单级减压回路，其主系统压力由溢流阀 1 调节，支油路压力由减压阀 2 调节。回路中的单向阀 5 用于防止油液倒流，起短时保压作用。减压回路也可以采用类似多级调压的方式获得二级或多级减压，图 5-22b 所示为二级减压回路。在先导式减压阀 4 的远程控制口接溢流阀 3，可由减压阀 4、溢流阀 3 各调得一种低压。但要注意，溢流阀 3 的调定压力应低于减压阀 4 的调定压力。

动画：减压回路(1)

动画：减压回路(2)

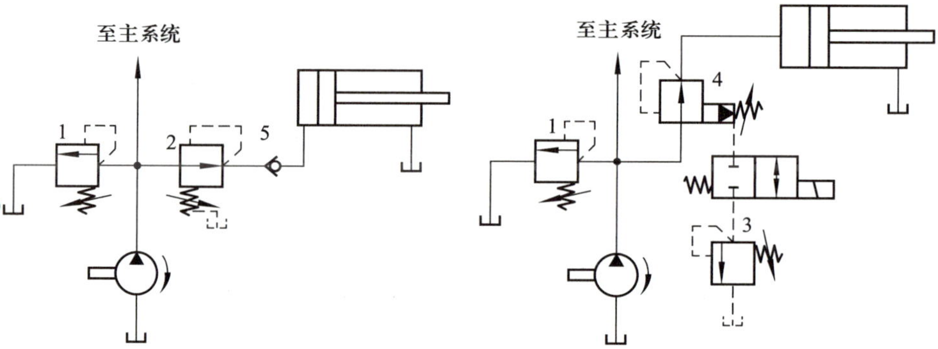


(a) 单级减压回路　　(b) 二级减压回路

1、3—溢流阀；2、4—减压阀；5—单向阀

图 5-22　减压回路

为了使减压回路工作可靠，减压阀的最低调定压力应不小于 0.5 MPa，最高调定压力至少应比系统压力低 0.5 MPa。当减压回路中的执行元件需要调速时，调速元件应放在减压阀的后面，以免减压阀泄漏对执行元件的速度产生影响。

3. 增压回路

若液压系统或系统的某一支油路需要压力较高但流量又不大的压力油，且采用高压泵又不经济，或者根本就没有必要增设高压泵时，常采用增压回路增压。增压回路中提高压力的主要元件是增压缸或增压器。

(1) 单作用增压回路

图 5-23a 所示为采用单作用增压缸的增压回路。当系统在图示位置工作时，系统的供油压力 $p_1$ 进入增压缸的大活塞腔，此时在小活塞腔即可得到所需的较高压力 $p_2$。当二位四通电磁换向阀右位工作时，增压缸返回，高位辅助油箱经单向阀向小活塞腔补油。该回路只能实现间歇增压。

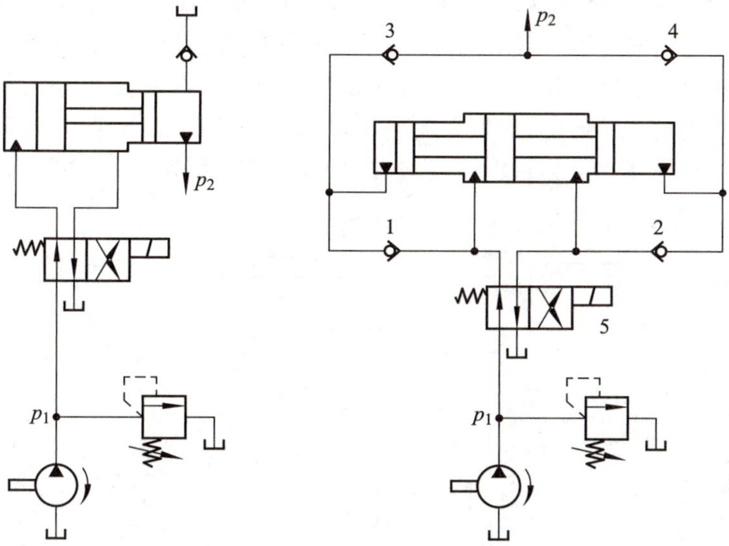


(a) 采用单作用增压缸　　(b) 采用双作用增压缸

1、2、3、4—单向阀；5—换向阀

图 5-23　增压回路

（2）双作用增压回路

图 5-23b 所示为采用双作用增压缸的增压回路，能连续输出高压油。在图示位置，液压泵输出的压力油经换向阀 5 和单向阀 1 进入增压缸左端大、小活塞腔，右端大活塞腔的回油通油箱，右端小活塞腔增压后的高压油经单向阀 4 输出，此时单向阀 2、3 被关闭。当增压缸活塞移到右端时，换向阀得电换向，增压缸活塞向左移动。同理，左端小活塞腔输出的高压油经单向阀 3 输出，这样，增压缸的活塞不断地做往复运动，两端便交替输出高压油，从而实现连续增压。

增压回路利用压力较小的液压泵，获得压力较高的液压油，节省了能源损耗，而且系统工作较可靠，噪声小。

4. 卸荷回路

微课：卸荷回路

卸荷回路的功用是在液压泵的驱动电动机不频繁起停的情况下，使液压泵在输出功率接近于零的情况下运转，以减少功率损耗，降低系统发热，延长泵和电动机的寿命。因为液压泵的输出功率等于其流量和压力的乘积，因此使液压泵卸荷有流量卸荷和压力卸荷两种方法。流量卸荷主要是使用变量泵，使变量泵在输出流量接近零的状态下工作，此方法比较简单，但变量泵的工作压力仍很高，磨损比较严重。压力卸荷的方法是将液压泵的压油口直接接回油箱，使液压泵在零压或接近零压的状态下运转。常见的压力卸荷方式有以下几种。

（1）采用换向阀的卸荷回路

图 5-24 所示为采用换向阀的卸荷回路。图 5-24a 是采用三位四通换向阀 M 型（或 H、K 型）中位机能实现卸荷的回路，液压泵输出的油液直接流回油箱，实现液压泵卸荷，此回路适用于单执行元件系统和低压小流量的场合。当系统流量较大时，可采用电液换向阀的卸荷回路，如图 5-24b 所示，应在电液换向阀的回油路上安装一个背压阀（如溢流阀、单向阀

等)，使液压泵在卸荷状况下，能够保持有 0.3~0.5 MPa 控制压力，实现卸荷状态下对电液换向阀的操纵，但这样会增加一些系统的功率损失。图 5-24c 所示为采用二位二通电磁换向阀的卸荷回路，当执行元件停止运动时，使二位二通换向阀电磁铁通电，液压泵输出的油液通过该阀流回油箱，使液压泵卸荷。但要注意二位二通电磁换向阀的流量规格要与对应的液压泵相匹配。

动画：采用换向阀中位机能的卸荷回路

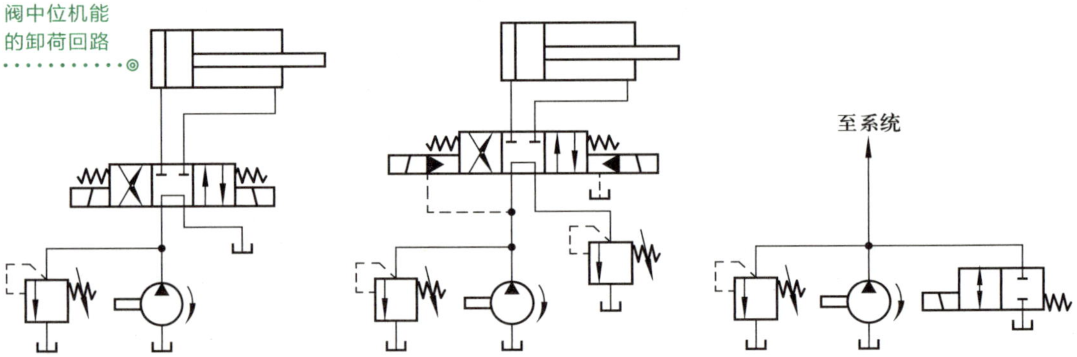


(a) 采用三位四通换向阀M型中位机能　(b) 采用电液换向阀　(c) 采用二位二通电磁换向阀

图 5-24　采用换向阀的卸荷回路

(2) 采用溢流阀的卸荷回路

图 5-25 所示为采用溢流阀的卸荷回路。采用小型的二位二通电磁换向阀 2，将溢流阀 1 的远程控制口接油箱，即可使液压泵卸荷。为防止系统卸荷或升压时产生液压冲击，一般在溢流阀远程控制口与电磁换向阀之间可设置阻尼孔 a。此回路中二位二通电磁换向阀可选用较小的流量规格，其卸荷时的液压冲击较采用二位二通电磁换向阀卸荷时的冲击小一些，可用于大流量场合。

动画：采用溢流阀的卸荷回路

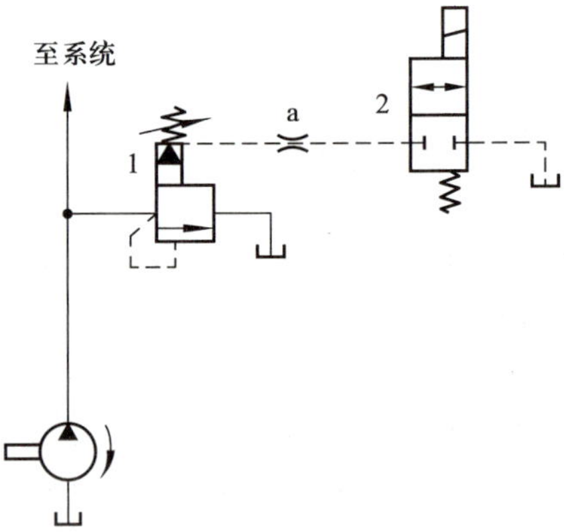


1—溢流阀；2—二位二通电磁换向阀

图 5-25　采用溢流阀的卸荷回路

(3) 采用液控顺序阀的卸荷回路

图 5-26 所示为采用液控顺序阀的卸荷回路，该回路是在双泵供油的液压系统中，常采用的卸荷回路。在系统压力较低时，液压泵 1 和 2 同时向系统供油，当系统压力升高，液控顺序阀 3 打开，使低压大流量液压泵 1 卸荷。溢流阀 5 调定系统的工作压力，单向阀 4 的作

用是对高压小流量液压泵 2 的高压油液起止回作用。

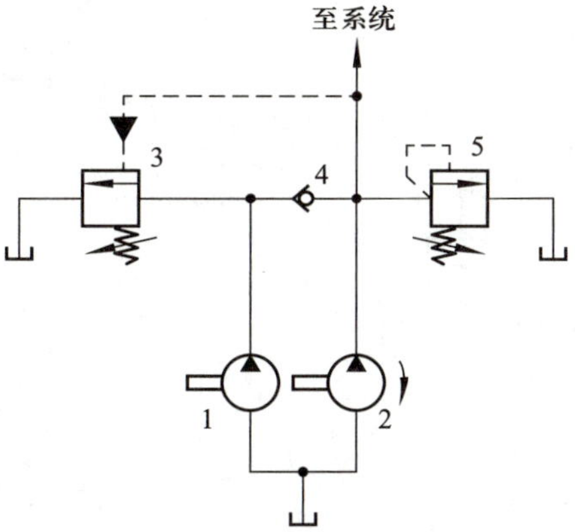


1、2—液压泵；3—液控顺序阀；4—单向阀；5—溢流阀

图 5-26 采用液控顺序阀的卸荷回路

动画：采用液控顺序阀的卸荷回路

5. 保压回路

微课：保压回路

保压回路可使系统在执行元件加载不动或有微小的位移下能保持稳定不变的压力，并使液压泵处于卸荷状态。最简单的保压回路是采用密封性能较好的液控单向阀的回路，但是阀类元件的泄漏仍会使得保压时间不能维持太久。常用的保压回路有以下几种。

(1) 采用液压泵的保压回路

采用液压泵的保压回路也就是在保压过程中，液压泵仍以较高的压力(保压所需压力)工作。此时，若采用定量泵，则压力油几乎全经溢流阀流回油箱，系统功率损失大，易发热，故只在小功率的系统且保压时间较短的场合下才使用这种回路。若采用变量泵，在保压时泵的压力较高，但输出流量几乎等于零，故液压系统的功率损失小，这种保压方法能随泄漏流量的变化而自动调整输出流量，因而其效率也较高。

(2) 采用蓄能器的保压回路

图 5-27 所示为采用蓄能器的保压回路。图 5-27a 为液压泵卸荷的保压回路，当换向阀左位工作时，液压缸向右运动而夹紧工件，进油路压力升高至压力继电器调定值时，压力继电器发出电信号使二位二通换向阀的电磁铁通电，液压泵卸荷，单向阀自动关闭，液压缸则由蓄能器补油保压。当液压缸压力不足时，压力继电器复位，使液压泵重新工作向系统及蓄能器供油。保压时间的长短取决于蓄能器的容量，调节压力继电器的返回区间即可调节液压缸中压力的最大值和最小值。此回路适用于保压时间长，要求功率损失小的场合。图 5-27b 所示为多缸系统中的保压回路，这种回路中负载的变化不影响保压缸内压力的稳定性。当主油路压力降低时，单向阀关闭，支油路由蓄能器补油保压，压力继电器的作用是当支油路压力达到预定值时发出电信号，使主油路开始动作。

6. 平衡回路

为了防止立式液压缸及运动部件在停止时因自重而下滑，或在下行时超速，可在活塞下行的回油路上设置一定的背压来平衡运动部件的自重，这种回路称为平衡回路。

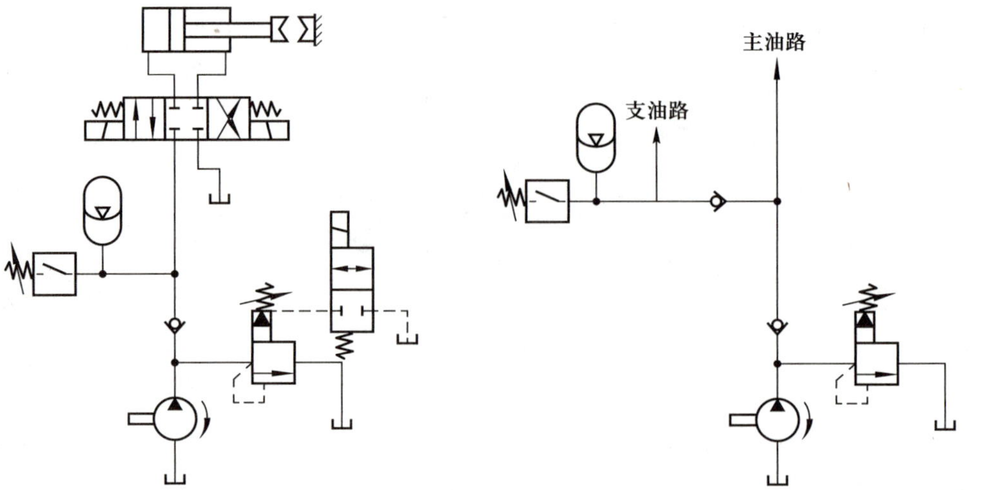


(a) 液压泵卸荷　　(b) 多缸系统

图 5-27　利用蓄能器的保压回路

（1）采用单向顺序阀的平衡回路

动画：采用单向顺序阀的平衡回路

图 5-28a 所示为采用单向顺序阀的平衡回路。在液压缸的下腔油路上加设单向顺序阀，使液压缸下腔形成一个与液压缸运动部分重量相平衡的压力，可防止其因自重而下滑。当电磁换向阀处于左位时，活塞下行，回路上将产生一定的背压，使运动平稳。当电磁换向阀处于中位时，活塞停止运动。在这种平衡回路中，顺序阀的调定压力确定后，若工作负载变小，则泵的压力需要增加，将使系统的功率损失增大；滑阀结构的顺序阀和换向阀存在内泄漏，使活塞很难长时间稳定停留在任意位置。故该回路适用于工作负载固定且液压缸活塞锁定定位要求不高的场合。

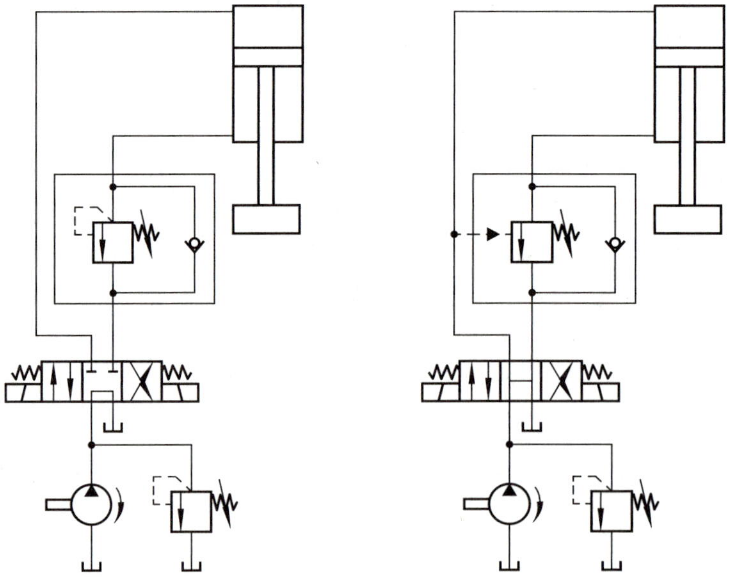

(a) 采用单向顺序阀　　(b) 采用液控顺序阀

图 5-28　平衡回路

(2) 采用液控顺序阀的平衡回路

图 5-28b 所示为采用液控顺序阀的平衡回路。当电磁换向阀处于左位时,压力油进入液压缸的上腔,并进入液控顺序阀的控制油口,打开液控顺序阀使背压消失。当电磁换向阀处于中位时,液压缸上腔卸压,使液控顺序阀迅速关闭,以防止活塞和运动部件因自重下滑,并被锁紧。液控顺序阀的起闭取决于其控制油口的油液压力,回路的效率较高;当只有液压缸上腔进油时,活塞才下行;当运动部件因重力作用而下降过快时,系统压力下降,使液控顺序阀关闭,活塞停止下行,使液压缸上腔油液压力升高,又打开液控顺序阀,液控顺序阀始终工作在起闭的过渡状态,因而影响工作的平稳性。这种回路适用于工作负载变化较大、运动平稳性要求不高,且停留时间较短的液压系统中。

## 任务 5.3 流量控制阀的认识及速度控制回路的组建

### 任务清单

| | |
|---|---|
| 任务引入 | 流量控制阀简称流量阀,它是靠改变节流口通流截面面积的大小来调节通过阀口的流量,从而控制执行元件运动速度的阀。速度控制回路是调节或变换执行元件的运动速度的基本回路。 |
| 任务目标 | 能正确认识、选用和维护流量控制阀,并能正确识读速度控制回路图。 |
| 任务要求 | 常用的流量控制阀有节流阀、调速阀,请分析流量控制阀的工作原理和应用,分析流量控制阀故障产生原因,并找出故障排除方法。速度控制回路包括调速回路、快速回路和速度换接回路,请识读常用的速度控制回路图,并分析其组成和工作原理。 |
| 任务思考 | 1. 哪种节流口的流量特性较好？该节流口常见的形式有哪些？<br>2. 常用的节流阀有哪几种？画出它们的图形符号。<br>3. 调速阀由哪几部分组成？各部分的作用是什么？画出调速阀的图形符号。<br>4. 调速回路的作用是什么？常用的调速方法有哪几种？<br>5. 快速回路的作用是什么？常用的快速回路有哪几种？<br>6. 速度换接回路的作用是什么？常用的速度换接回路有哪几种？ |

| | |
|---|---|
| 任务实施 | 1. 分析单向节流阀的工作原理及应用。<br>2. 分析调速阀的工作原理及应用。<br>3. 分析流量控制阀的选用原则。<br>4. 分析节流阀、调速阀流量调节作用失灵的原因,并找出故障排除方法。<br>5. 分析节流调速回路的组成和工作原理。<br>6. 分析容积节流调速回路的组成和工作原理。<br>7. 分析液压缸差动连接快速回路的组成和工作原理。<br>8. 分析快慢速换接回路与两种慢速换接回路的组成和工作原理。 |
| 任务总结 | 通过完成上述任务,学到了哪些知识或技能? |
| 实施人员 | |
| 任务评价 | 参考附录 C。　　　　得分　　 |

## 知识库

### 一、流量控制阀

1. 节流口的流量特性

流量控制阀的节流口通常有薄壁孔、短孔和细长孔三种形式。无论采用何种形式,通过节流口的流量特性均可用式(1-18)$q=KA_T\Delta p^m$来表示。三种节流口的流量特性曲线如图 5-29 所示。由曲线可知,流量 $q$ 的影响因素包括节流口前后压差 $\Delta p$ 和孔口形状。为保证流量稳定,节流口的形式以薄壁孔较为理想。

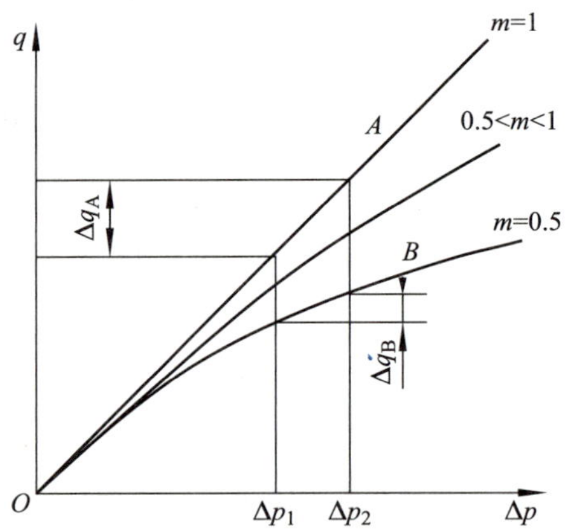

图 5-29　节流口流量特性曲线

2. 节流口的形式

图 5-30 所示为常用节流口的形式。图 5-30a所示为针阀式节流口,阀芯为锥形,当其做轴向移动时,将改变环形通流截面面积的大小,从而调节流量;其结构简单,易堵塞,流量受

油温影响较大。图 5-30b 所示为偏心槽式节流口，在阀芯上开有一个截面为三角形（或矩形）的偏心槽，当转动阀芯时，就可以调节通流截面面积的大小，从而调节流量；其流量稳定性较好，缺点是阀芯上的径向力不平衡使阀芯转动费力，适用于压力较低的场合。图 5-30c 所示为轴向三角槽式节流口，在阀芯端部开有一个或两个斜的三角槽，轴向移动阀芯时，就可以改变三角槽通流截面面积的大小，从而调节流量；其结构简单，可得到较小的稳定流量，油温变化对流量有一定的影响，目前应用较广泛。图 5-30d 所示为周向缝隙式节流口，阀芯上开有狭缝，油液可以通过狭缝流入阀芯内孔，然后由左侧孔流出，旋转阀芯就可以改变缝隙的通流截面面积；其水力半径大，不易堵塞，油温变化对流量影响小，适用于低压小流量的场合。图 5-30e 所示为轴向缝隙式节流口，其套筒上开有轴向缝隙，轴向移动阀芯即可改变缝隙的通流截面面积，从而调节流量；该节流口接近于薄壁孔，通流性能较好，油温变化对流量稳定性影响很小，常用于要求较高的流量阀上。

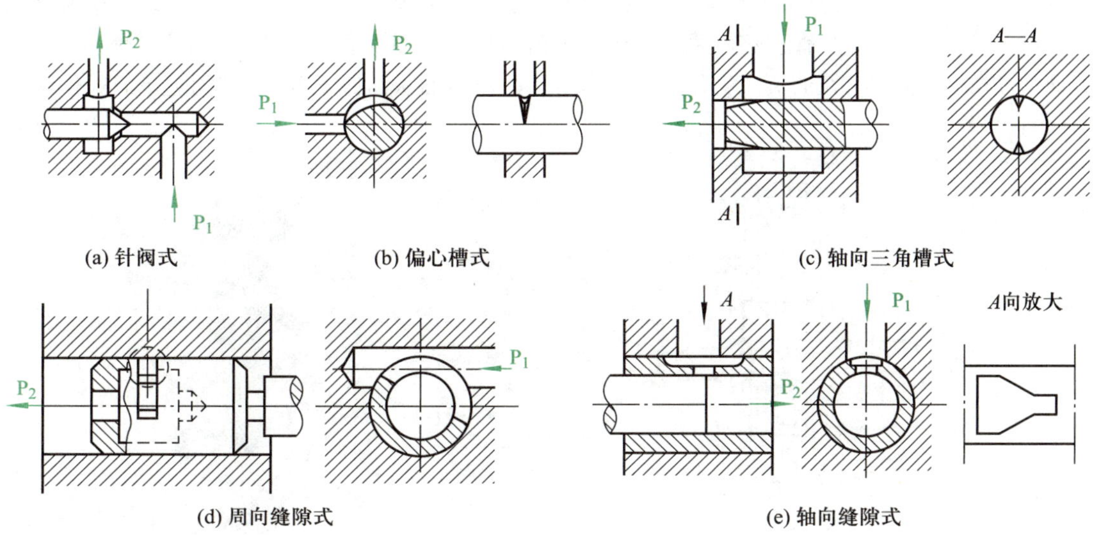


图 5-30 常用节流口的形式

3. 节流阀

（1）节流阀的结构与工作原理

常用的节流阀有普通节流阀、单向节流阀等。

微课：节流阀

1）普通节流阀 图 5-31 所示为普通节流阀，简称节流阀。它是结构最简单的流量控制阀，其采用轴向三角槽式节流口。压力油从进油口 P 流入，经阀芯 3 左端的节流槽，从出油口 A 流出。转动手柄 1，通过推杆 2 使阀芯 3 做轴向移动，可改变节流口通流截面面积，实现流量的调节。弹簧 4 的作用是使阀芯贴紧在推杆上。

这种节流阀结构简单，制造容易，体积小，使用方便，造价低，但负载和温度的变化对流量的稳定性影响较大，因此只适用于负载和温度变化不大或对执行机构速度稳定性要求较低的液压系统。

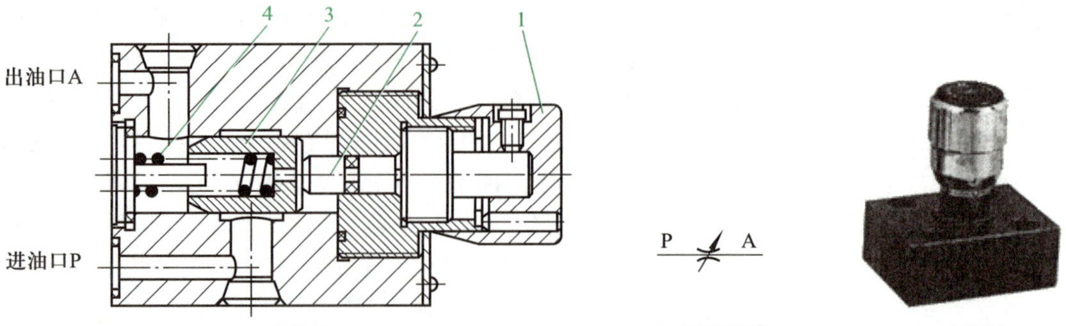


(a) 结构图　　(b) 图形符号　　(c) 实物图

1—手柄；2—推杆；3—阀芯；4—弹簧

图 5-31　节流阀

动画：节流阀

2）单向节流阀　图 5-32 所示为单向节流阀，它是节流阀和单向阀的组合阀。当压力油从油口 P 流入时，油液经阀芯上的轴向三角槽式节流口从油口 A 流出，旋转手柄可改变节流口通流截面面积的大小，从而调节流量。当压力油从油口 A 流入时，在油液压力作用下，阀芯下移，压力油从油口 P 流出，该阀起单向阀作用。

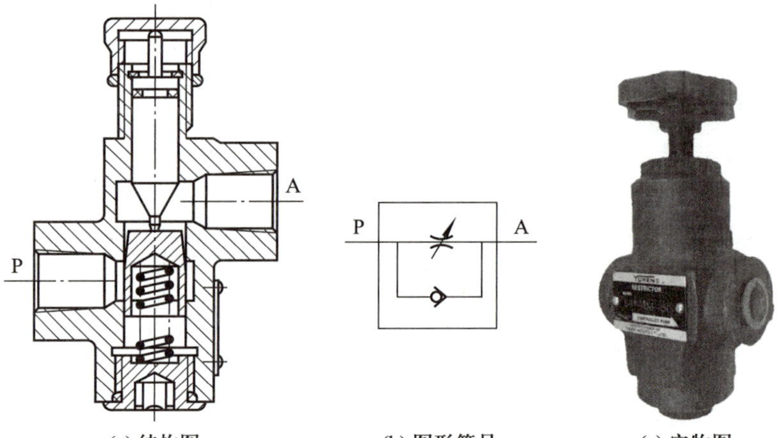


(a) 结构图　　(b) 图形符号　　(c) 实物图

图 5-32　单向节流阀

（2）节流阀在液压系统中的应用

1）起节流调速作用　在定量泵系统中，节流阀与溢流阀组合进行调速，改变节流阀的节流口通流截面面积可调节通过节流阀的流量，从而调节执行元件的运动速度。

2）起负载阻尼作用　在流量一定的某些液压系统中，改变节流阀节流口的通流截面面积将使阀的前后压差随之改变，从而改变液体流动的阻力（简称为液阻）。节流口通流截面面积越小，阀的液阻越大。

3）起压力缓冲作用　在液流压力容易发生突变的地方安装节流阀，可延缓压力突变的影响，起保护作用。例如，在连接压力表的通道上设置阻尼器，可防止液压冲击损坏压力表。

微课：调速阀

4. 调速阀

由于节流阀节流会受负载变化的影响，使执行元件的运动速度不稳定，因此，在速度稳定要求较高时，常采用调速阀。

调速阀是由定差减压阀和节流阀串联组合而成的。节流阀用来调节流量，定差减压阀用来保持节流阀前后的压差不受负载变化的影响，从而使通过节流阀的流量保持稳定。

图 5-33 所示为调速阀。调速阀的进口压力 $p_1$ 由溢流阀调节，工作时基本保持稳定。压力油进入调速阀后，先经过定差减压阀 1 的阀口后压力降为 $p_2$，然后经节流阀 2 流出，其压力为 $p_3$。节流阀前后的压力油经通道分别进入定差减压阀的 a、b、c 腔，在 a、b、c 腔中作用于阀芯的有效工作面积分别为 $A_1$、$A_2$ 和 $A$，且 $A_1+A_2=A$。若忽略摩擦阻力和液动力，当减压阀阀芯在弹簧力 $F_s$ 和油液压力 $p_2$、$p_3$ 的作用下处于某一平衡位置时，则有 $p_2A_1+p_2A_2=p_3A+F_s$，即 $p_2-p_3=\Delta p=F_s/A$。由于弹簧刚度较低，且工作过程中减压阀阀芯位移较小，可认为弹簧力 $F_s$ 基本保持不变，故节流阀两端压差 $\Delta p$ 也基本保持不变。因此当节流阀的通流截面面积一定时，其流量是稳定的。

动画：调速阀

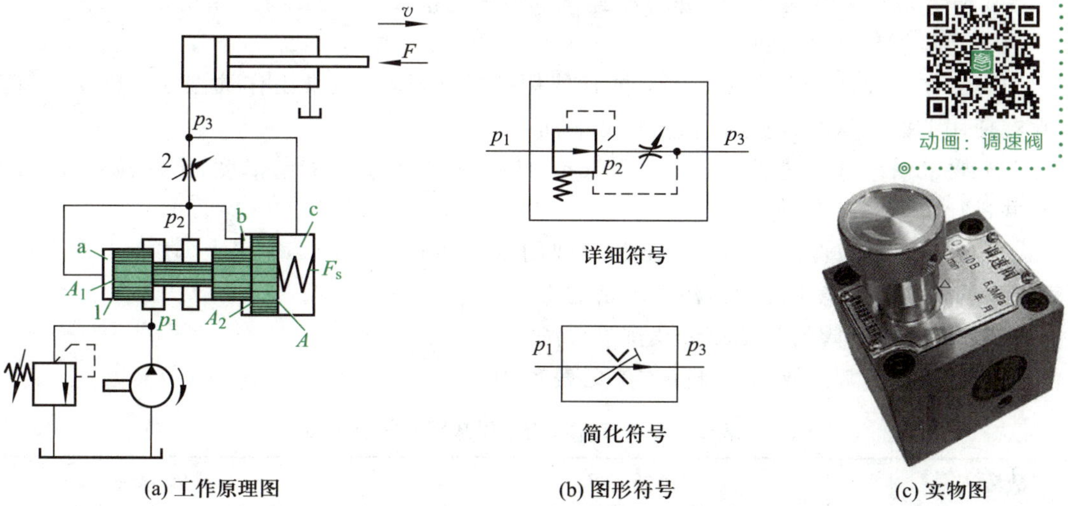


(a) 工作原理图　(b) 图形符号　(c) 实物图

1—定差减压阀；2—节流阀

图 5-33　调速阀

当调速阀出口压力 $p_3$ 随负载增大而增大时，作用在减压阀 c 腔的压力亦随之增大，阀芯失去平衡而左移，于是阀口增大，减压阀的减压作用减小，使 $p_2$ 也随之增大，直到阀芯在新的位置上达到平衡为止。因此，$p_2$ 和 $p_3$ 的压差 $\Delta p$ 基本保持不变。反之亦然。若调速阀进口压力 $p_1$ 变化，也仍能使 $p_2$ 和 $p_3$ 的压差 $\Delta p$ 保持不变。总之，无论调速阀的进、出口压力如何变化，由于定差减压阀的自动调节作用，节流阀前后的压差总能保持不变，从而保证了流量的稳定。因此，调速阀适用于负载变化较大，速度平稳性要求较高的小功率液压系统。

图 5-34 所示为调速阀和节流阀的特性曲线。从图中可以看出，节流阀的流量随压差的变化较大，而调速阀在进、出口压力之差大于一定数值后，流量基本保持稳定，其最小稳定流量为 0.05 L/min。当调速阀在压差小于 $\Delta p_{min}$ 时，减压阀不起减压作用，此时其流量特性与节流阀相同。因此，要使调速阀正常工作，应保证有一个最小压差（中、低压调速阀为 0.5 MPa，高压调速阀为 1 MPa）。

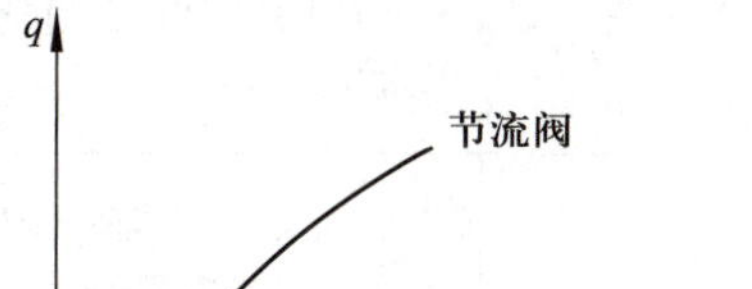


图 5-34　调速阀和节流阀的特性曲线

5. 流量控制阀的选用与维护

(1) 流量控制阀的选用

1) 首先根据液压控制节流调速系统的工作要求,选取合适类型的流量控制阀。

2) 在此基础上又可参考如下选用原则:

① 流量控制阀的压力等级要与系统要求相符。

② 根据系统执行机构所需的最大流量来选择流量控制阀的公称流量,要比负载所需的最大流量稍大一些,以使阀在大流量区间有一定的调节裕量,同时也要考虑阀的最小稳定流量范围能否满足系统执行机构低速控制要求。

③ 流量阀的流量控制精度、重复精度及动态性能等应满足液压系统工作精度要求。

④ 如果系统要求对温度不敏感,可采用具有温度补偿功能的流量控制阀。

⑤ 应考虑安装空间、尺寸、重量及连接油口的连接尺寸,均要符合系统设计要求。

(2) 流量控制阀的使用

1) 工作油液黏度为 17~38 cSt,推荐使用抗磨液压油,正常工作油温在 10~60 ℃ 范围内,在使用油温较低时,应选择黏度较低的油。

2) 要求系统过滤精度不得低于 30 μm。要经常注意油液的清洁度,定期检查油液的性能,并进行更换。

3) 流量控制应保证进油口与出油口间的压差在 0.5~1.0 MPa 以上,才能正常工作,一般情况下阀的最小稳定流量为额定流量的 10%。

(3) 流量控制阀的常见故障及排除方法

1) 节流阀的常见故障及排除方法见表 5-10。

表 5-10　节流阀的常见故障及排除方法

| 故障现象 | 故障原因 | 排除方法 |
| --- | --- | --- |
| 流量调节作用失灵 | 1. 节流口或阻尼孔被严重堵塞,滑阀被卡住;<br>2. 节流阀阀芯因污物、毛刺等卡住;<br>3. 阀芯复位弹簧断裂或漏装;<br>4. 在带单向阀装置的节流阀中,单向阀密封不良;<br>5. 节流阀阀芯与阀体孔配合间隙过小而造成阀芯卡死;<br>6. 节流阀阀芯与阀体孔配合间隙过大而造成泄漏 | 1. 疏通节流口或阻尼孔,更换液压油,使滑阀运动灵活;<br>2. 拆洗滑阀,更换液压油,使滑阀运动灵活;<br>3. 更换或补装弹簧;<br>4. 检查并更换密封圈;<br>5. 研磨阀体孔;<br>6. 检查磨损、密封情况,更换阀芯 |
| 输出的流量不稳定,从而使执行元件的速度不稳定 | 1. 油液中杂质黏附在节流口边上,通流截面面积减小,流量减小;<br>2. 油温升高,油液的黏度降低;<br>3. 调节手柄的锁紧螺钉松动;<br>4. 节流阀因系统负荷有变化而使流量变化;<br>5. 阻尼孔堵塞,系统中有空气;<br>6. 密封损坏;<br>7. 阀芯与阀体孔配合间隙过大而造成泄漏 | 1. 拆洗有关零件,更换液压油;<br>2. 加强散热;<br>3. 锁紧调节手柄的锁紧螺钉;<br>4. 改用调速阀;<br>5. 排空气,疏通阻尼孔;<br>6. 更换密封圈;<br>7. 检查磨损、密封情况,更换阀芯 |

续表

| 故障现象 | 故障原因 | 排除方法 |
| --- | --- | --- |
| 外泄漏、内泄漏大 | 1. 外泄漏主要发生在调节手柄部位、工艺螺塞、阀安装面等处，主要原因是 O 形密封圈永久变形、破损及漏装等；<br>2. 产生内泄漏的主要原因是节流阀阀芯与阀体孔配合间隙过大或使用过程中有严重磨损或阀芯与阀体孔拉有沟槽，还有油温过高等 | 1. 更换 O 形密封圈；<br>2. 保证阀芯与阀体孔的公差，保证节流阀阀芯与阀体孔配合间隙，如果有严重磨损或阀芯与阀体孔拉有沟槽，则可用电镀修复或重新加工阀芯进行研磨 |

2）调速阀的常见故障及排除方法见表 5-11。

表 5-11 调速阀的常见故障及排除方法

| 故障现象 | 故障原因 | 排除方法 |
| --- | --- | --- |
| 流量调节作用失灵 | 1. 节流口或阻尼孔被严重堵塞，滑阀被卡住；<br>2. 节流阀阀芯因污物、毛刺等卡住；<br>3. 阀芯复位弹簧断裂或漏装；<br>4. 节流滑阀与阀体孔配合间隙过大而造成泄漏；<br>5. 调速阀进、出油口接反了；<br>6. 定差减压阀阀芯卡死在全闭或小开度位置；<br>7. 调速阀进、出口压力之差过小 | 1. 疏通节流口或阻尼孔，更换液压油，使滑阀运动灵活；<br>2. 拆洗滑阀，更换液压油，使滑阀运动灵活；<br>3. 更换或补装弹簧；<br>4. 检查磨损、密封情况，更换阀芯；<br>5. 纠正进、出油口接法；<br>6. 拆洗和去毛刺，使定差减压阀阀芯能灵活移动；<br>7. 按说明书调节压力 |
| 输出的流量不稳定，从而使执行元件的速度不稳定 | 1. 定差减压阀阀芯被污物卡住，动作不灵敏，失去压力补偿作用；<br>2. 定差减压阀阀芯与阀套配合间隙过小、过小或不同心；<br>3. 定差减压阀阀芯上的阻尼孔堵塞；<br>4. 节流阀阀芯与阀体孔配合间隙过大而造成泄漏；<br>5. 漏装减压阀的弹簧或弹簧折断、装错；<br>6. 在带单向阀装置的调速阀中，单向阀阀芯与阀座接触处有污物卡住或拉有沟槽不密合，存在泄漏 | 1. 拆洗定差减压阀阀芯；<br>2. 研磨定差减压阀阀芯；<br>3. 疏通定差减压阀阀芯上的阻尼孔；<br>4. 检查磨损、密封情况，更换阀芯；<br>5. 补装或更换减压阀的弹簧；<br>6. 研磨单向阀阀芯与阀座，使之密合，必要时予以更换 |
| 最小稳定流量不稳定，执行元件低速运动时速度不稳定，出现爬行、抖动现象 | 1. 油温高且温度变化大；<br>2. 温度补偿杆弯曲或补偿作用失效；<br>3. 节流阀阀芯因污物，造成时堵时通；<br>4. 节流阀阀芯与阀体孔配合间隙过大而造成泄漏；<br>5. 在带单向阀装置的调速阀中，单向阀阀芯与阀座接触处有污物卡住或拉有沟槽不密合，存在泄漏 | 1. 加强散热，控制油温；<br>2. 更换温度补偿杆；<br>3. 拆洗阀芯，更换液压油，使阀芯运动灵活；<br>4. 检查磨损、密封情况，更换阀芯；<br>5. 研磨单向阀阀芯与阀座，使之密合，必要时予以更换 |

## 二、速度控制回路

1. 调速回路

调速回路用于调节执行元件的运动速度。根据执行元件运动速度的决定因素，目前，液压系统的调速方法有以下三种：

1）节流调速　用定量泵供油，由流量控制阀改变进入或流出执行元件的流量来调节速度。

2）容积调速　通过改变变量泵或变量马达的排量来调节速度。

3）容积节流调速　用自动改变流量的变量泵和流量控制阀联合来调节速度。

微课：节流调速回路

（1）节流调速回路

节流调速回路由定量泵、流量控制阀（如节流阀、调速阀等）、溢流阀（或安全阀）及执行元件（液压缸或液压马达）等组成。节流调速回路结构简单、工作可靠、成本低、使用维修方便，但它的能量损失大、效率低、发热大，仅适用于小功率场合。根据流量控制阀在回路中安装位置的不同，可分为进油节流调速、回油节流调速、旁路节流调速三种节流调速回路，如图 5-35 所示。

动画：进油节流调速回路

动画：回油节流调速回路

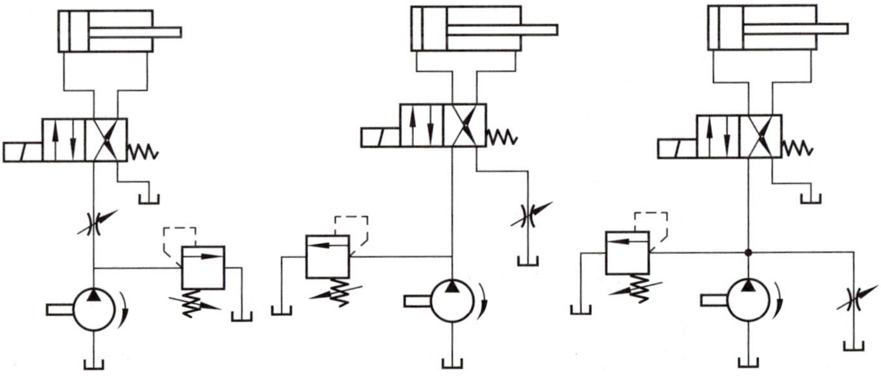

(a) 进油节流调速　(b) 回油节流调速　(c) 旁路节流调速

图 5-35　节流调速回路

动画：旁路节流调速回路

1）进油节流调速回路　如图 5-35a 所示，该回路是把节流阀串联在执行元件的进油路上。调节节流阀阀口大小，便能控制进入液压缸的流量，多余的油液经溢流阀溢流回油箱，从而达到调速目的。进油节流调速回路结构简单，使用方便，但由于回油路中油液压力较低（接近为零），运动平稳性差，同时油路中有溢流损失和节流损失，系统功率损失大，效率低。故这种回路一般应用于低速、轻载、负载变化不大和对速度稳定性要求不高的小功率液压系统中。

2）回油节流调速回路　如图 5-35b 所示，该回路是把节流阀串联在执行元件通往油箱的回油路上。用节流阀调节液压缸输出的流量，便间接地调节了进入液压缸的流量，多余的油液仍经溢流阀溢流回油箱。回油节流调速回路和进油节流调速回路具有相似的调速特点。但这两种调速回路也有不同之处：一是节流阀装在回油路上时，回油路上有较大的背压，因而能承受一定的负值负载，运动的平稳性比进油节流调速回路要好。二是回油节流调速回路中，油液流经节流阀后产生压力损耗而发热，温度升高的油液可直接流回油箱，容易散热，对液压缸的泄漏影响较小。三是回油节流调速回路在停车后，液压缸回油腔中的油液会由于泄漏而形成空隙，重新起动时由于进油路上没有节流阀控制流量，会使活塞产生前冲现象，起动冲击大。回油节流调速回路广泛应用于功率不大、有负值负载和负载变化较大或运动平稳性要求较高的液压系统中。

3）旁路节流调速回路　如图 5-35c 所示，该回路是将节流阀设置在与执行元件并联的支路上。用节流阀调节液压泵溢回油箱的流量，从而控制了进入液压缸的流量，这时溢流阀起安全作用，常态时关闭。液压泵的工作压力不是恒定的，它随负载发生变化，且等于节流阀两端的压差。回路中只有节流损失，无溢流损失，功率损失较小，系统效率较高，但由于运动不平稳、低速时承载能力差、调速范围小等缺点，旁路节流调速回路的应用比进、回油节流调速回路少，一般用于负载变化小，对运动平稳性要求不高的高速大功率液压系统中。

采用节流阀的节流调速回路，在负载变化时液压缸运行速度随节流阀进、出口压力之差而变化，故速度平稳性差。如果用调速阀来代替节流阀，调速阀中的定差减压阀可使节流阀前、后压差保持基本恒定，速度平稳性将大大改善，但功率损失将会增大，效率变低。

（2）容积调速回路

容积调速回路是通过改变变量泵或变量马达排量来实现调速的。在容积调速回路中，因液压泵输出的全部液压油都直接进入执行元件，无节流损失和溢流损失，而且液压泵的工作压力随负载的变化而变化，所以这种调速回路效率高，发热小，一般用于高压大流量的液压系统中。但这种回路需要采用结构复杂的变量泵和变量马达，成本较高，维修较困难。

容积调速回路按油液循环方式不同，可分为开式和闭式两种。开式容积调速回路的液压泵从油箱吸油供给执行元件，执行元件排出的油液直接返回油箱；其优点是油液在油箱中便于沉淀杂质、析出气体，并得到良好的冷却，但油箱体积大，污物易侵入。闭式容积调速回路是将液压泵吸油口与执行元件的回油口直接连接，油液在封闭回路内循环；其优点是结构紧凑、油气隔绝、运动平稳、噪声小，但油液的冷却条件差，并需设置补油装置。

根据液压泵与执行元件的组合不同，容积调速回路有变量泵和定量马达（或液压缸）容积调速回路、定量泵和变量马达容积调速回路、变量泵和变量马达容积调速回路三种形式。

1）变量泵和定量马达（或液压缸）容积调速回路　图 5-36a 所示为变量泵和液压缸容积调速回路，图 5-36b 所示为变量泵和定量马达组成的容积调速回路。这两种回路均采用改变变量泵 1 的输出流量的方法来调速。工作时溢流阀 2 作安全阀用，它可以限定液压泵的最高工作压力，起过载保护作用。溢流阀 3 作背压阀用，溢流阀 5 用于调定辅助泵 6 的供油压力，补充系统泄漏油液。

在这种回路中，液压泵的转速和液压马达（或液压缸）的排量（或有效工作面积）为定值，故改变液压泵的排量可使液压马达（或液压缸）输出转速（或运动速度）和输出的最大功率随之成正比变化。液压马达（或液压缸）的输出转矩（或推力）和系统的工作压力取决于负载，不会因调速而发生变化，这种调速回路也称为恒转矩（或推力）调速回路。

2）定量泵和变量马达容积调速回路　如图 5-37 所示，定量液压泵 1 输出的流量不变，改变变量马达 3 的排量就可以改变其转速。在这种调速回路中液压泵的转速和排量均为定

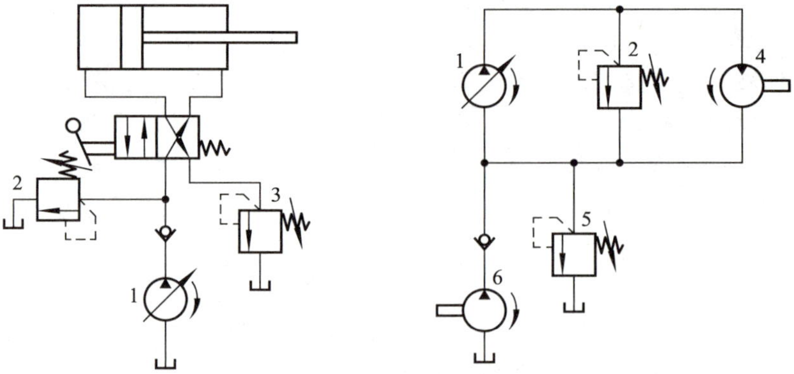


(a) 变量泵和液压缸　　　　(b) 变量泵和定量马达

1—变量泵；2、3、5—溢流阀；4—定量马达；6—辅助泵

图 5-36　变量泵和定量马达（或液压缸）容积调速回路

动画：变量泵和定量马达容积调速回路

值，液压泵的压力由溢流阀 2 调定。液压马达输出的最大转矩与其排量成正比，输出的转速与其排量成反比，而输出的最大功率恒定不变，故这种回路又称为恒功率调速回路。液压马达排量因受到拖动负载能力和机械强度的限制而不能调得太小，其调速范围较小，且调节不方便，因此这种调速回路目前很少单独使用。

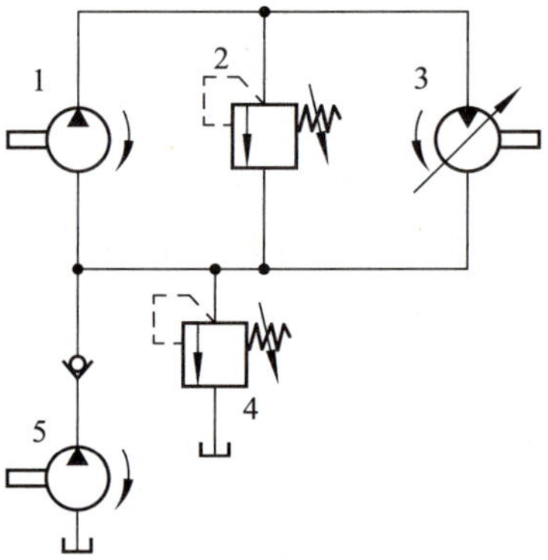


1—定量泵；2、4—溢流阀；3—变量马达；5—辅助泵

图 5-37　定量泵和变量马达容积调速回路

动画：定量泵和变量马达容积调速回路

3）变量泵和变量马达容积调速回路　如图 5-38 所示，双向变量泵 1 既可以改变流量大小，又可以改变供油方向，用以实现液压马达的调速和换向。单向阀 6 和 9 用于辅助泵 4 双向补油，单向阀 7 和 8 使安全阀 3 能在两个方向上起安全保护作用。这种调速回路实际上是上述两种回路的组合，由于液压泵和液压马达的排量都可改变，所以调速时可将液压泵和液压马达的排量分阶段调节，即在低速阶段由液压泵调节排量，在高速阶段由液压马达调节排量，这样就扩大了调速范围，也扩大了对液压马达转矩和功率输出特性的选择。

这种回路在低速阶段将液压马达的排量固定在最大值上（相当于定量马达），从小到大调节液压泵的排量来调速，使液压马达转速升高，直到变量泵的排量达到最大值，在此调节过程中，液压马达的最大输出转矩不变，而输出功率逐渐增加，为恒转矩调速。在高速阶段将液压泵的排量固定在最大值上（相当于定量泵），从大到小调节液压马达的排量来调速，使

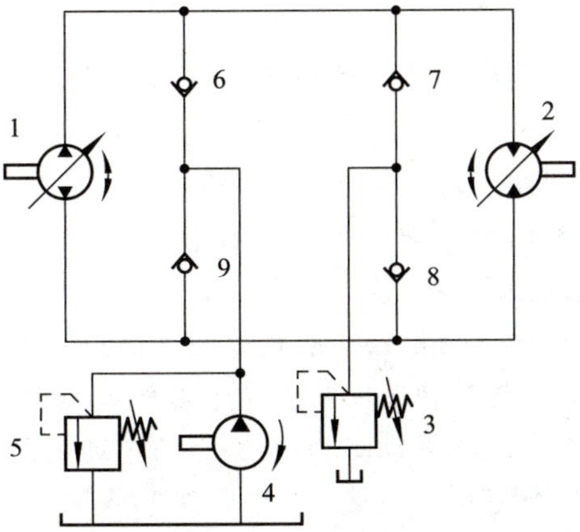


动画：变量泵和变量马达容积调速回路

1—双向变量泵；2—变量马达；3—安全阀；4—辅助泵；5—溢流阀；6、7、8、9—单向阀

图 5-38 变量泵和变量马达容积调速回路

液压马达转速进一步升高，直到达到其最高转速为止，在此调节过程中，液压马达的最大转矩由大变小，而输出功率不变，为恒功率调速。这种调速顺序可满足大多数机械中低速运转时保持较大转矩、高速运转时输出较大功率的要求，具有较大的调速范围，效率高，适用于大功率和调速范围要求较大的场合。

（3）容积节流调速回路

容积调速回路虽然具有效率高、发热小的优点，但低速稳定性比采用调速阀组成的节流调速回路差。如果既要求效率高，又要求有良好的低速稳定性，可采用容积节流调速回路。

图 5-39 所示为容积节流调速回路。该回路由限压式变量叶片泵和调速阀组成。调节调速阀节流口的开度大小，就能改变进入液压缸的流量，从而改变液压缸活塞的运动速度。如果变量泵的流量大于调速阀调定的流量，由于系统中没有设置溢流阀，多余的油液没有排油通路，势必使变量泵和调速阀之间油路的油液压力升高，但当限压式变量叶片泵的供油压力增大到预先调定的数值后，液压泵输出的流量会随供油压力的升高而自动减小到与调速阀调定的流量相等为止。反之，如果变量泵的流量小于调速阀调定的流量，液压泵的供油压力下降，液压泵输出的流量会自动增加到与调速阀调定的流量相等为止。

在这种回路中，变量泵输出的流量会自动与调速阀调节的流量相适应，因此效率高，发热量小。同时，采用调速阀，液压缸的运动速度基本不受负载变化的影响，即使在较低的运动速度下工作，运动也较稳定。这种回路目前已广泛应用于负载变化不大的中、小功率液压系统中。

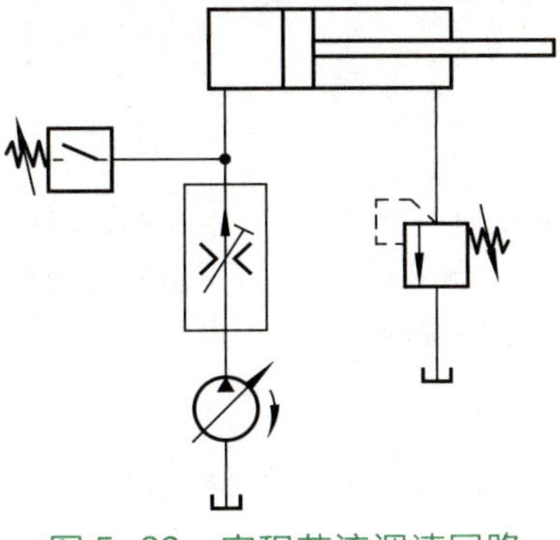

动画：容积节流调速回路

图 5-39 容积节流调速回路

2. 快速回路

微课：快速回路

快速回路的功用是使执行元件获得所需要的高速，以提高系统的工作效率或充分利用功率。常用的快速回路有液压缸差动连接快速回路、双泵供油快速回路和蓄能器快速回路等。

（1）液压缸差动连接快速回路

液压缸差动连接快速回路是在不增加液压泵输出流量的情况下，来提高工作部件运动速度的一种快速回路，其实质是改变了液压缸的有效工作面积。

图 5-40 所示为液压缸差动连接快速回路。当电磁铁 2YA 通电时，阀 3 和阀 4 左位工作，液压缸形成差动连接，实现快速向右运动。当电磁铁 3YA 通电时，差动连接解除，液压缸右腔的回油经过单向调速阀 5，实现慢速向右运动。当电磁铁 1YA 通电时，阀 3 和阀 4 右位工作，液压缸右腔进油，左腔回油，实现快速返回。这种回路结构比较简单、经济，但液压缸的速度加快有限。

（2）双泵供油快速回路

图 5-41 所示为双泵供油快速回路。该回路采用低压大流量泵 1 和高压小流量泵 2 并联为系统供油。液控顺序阀 3 和溢流阀 5 分别调定双泵供油和高压小流量泵 2 供油时系统的最高工作压力。当电磁换向阀 6 左位工作时，系统压力低于液控顺序阀 3 的调定压力，泵 1 和泵 2 同时向系统供油，液压缸快速向右运动。当快进完成后，电磁换向阀 6 电磁铁通电，液压缸的进油经过节流阀 7，因流动阻力增大而引起系统压力升高。当压力达到或超过液控顺序阀 3 的调定压力时，液控顺序阀 3 打开，使泵 1 卸荷，单向阀 4 关闭，系统由泵 2 单独供油，液压缸将慢速运动。液控顺序阀 3 的调定压力至少应比溢流阀 5 的调定压力低 10%～20%。这种快速回路功率利用合理，效率高，但要采用双联泵，回路也较复杂，成本高，常用于要求执行元件快进和工进速度相差很大的机床进给系统。

动画：液压缸差动连接快速回路

动画：双泵供油快速回路

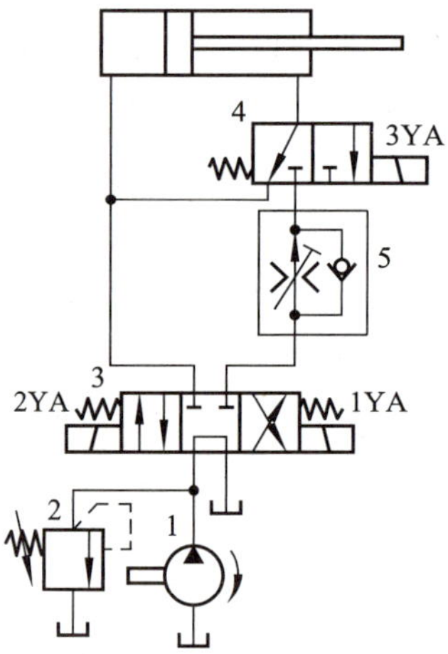


1—定量泵；2—溢流阀；
3、4—电磁换向阀；5—单向调速阀

图 5-40　液压缸差动连接快速回路

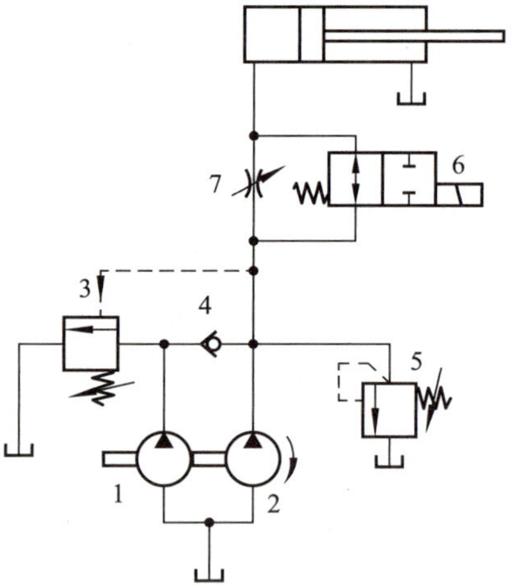


1—低压大流量泵；2—高压小流量泵；3—液控顺序阀；
4—单向阀；5—溢流阀；6—电磁换向阀；7—节流阀

图 5-41　双泵供油快速回路

（3）蓄能器快速回路

图 5-42 所示为蓄能器快速回路。当系统短期需要大流量，电磁换向阀 5 处于左位或右位时，液压泵 1 和蓄能器 4 同时向液压缸 6 供油，使液压缸实现快速运动。当电磁换向阀处

于中位时，液压缸停止工作，液压泵经单向阀 3 向蓄能器 4 充油，蓄能器内压力升高，达到液控顺序阀 2 的调定压力后，液压泵卸荷。这种快速回路可采用较小流量的泵获得较高的运动速度，但蓄能器充油时，液压缸需停止工作，浪费时间。

3. 速度换接回路

速度换接回路的功用是使执行元件在工作循环的过程中实现不同速度的转换，且具有较高的速度转换平稳性。速度换接回路按换接前、后速度相对快慢的不同，常有快速与慢速换接、两种慢速换接两种形式。

（1）快慢速换接回路

图 5-43 所示为采用行程阀的快慢速换接回路。当活塞杆上的挡块未压下行程阀 4 时，液压缸右腔的油液经行程阀 4 回油箱，活塞快速运动。当挡块压下行程阀 4 时，液压缸回油经节流阀 3 回油箱，活塞转为慢速工进。在这种速度换接回路中，由于行程阀的通油管路是随液压缸活塞的行程控制阀芯移动而逐渐关闭的，因此换接过程比较平稳，冲击量小，换接点的位置精度高，但行程阀的安装位置不能任意布置，管路连接较为复杂。

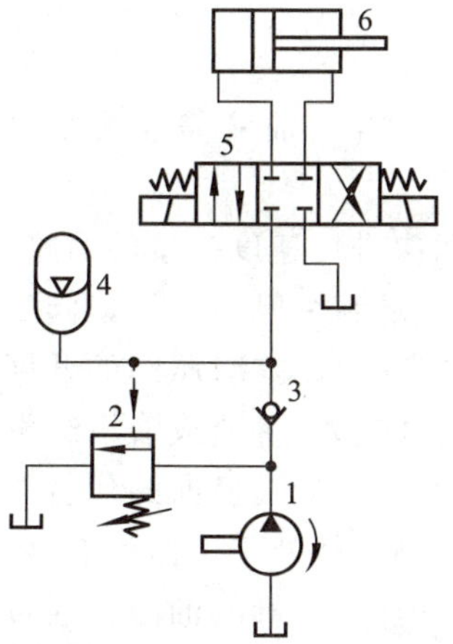


1—液压泵；2—液控顺序阀；3—单向阀；
4—蓄能器；5—电磁换向阀；6—液压缸

图 5-42 蓄能器快速回路

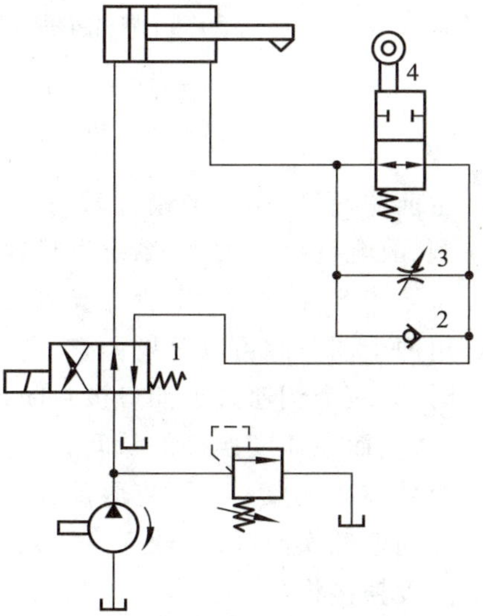


1—电磁换向阀；2—单向阀；
3—节流阀；4—行程阀

图 5-43 采用行程阀的快慢速换接回路

微课：速度换接回路

动画：采用行程阀的速度换接回路

若将行程阀 4 改为电磁换向阀，则为用电磁换向阀的快慢速换接回路，这时电磁换向阀的安装位置不受限（挡块只需压下行程开关），安装连接方便，便于实现自动控制，应用较广泛。但这种回路速度换接的平稳性、可靠性和换接精度都较差。

（2）两种慢速换接回路

图 5-44 所示为两种慢速换接回路，该回路常采用两个调速阀串联或并联在回路中，用换向阀进行切换，以实现两次进给速度的换接。

图 5-44a 所示为两个调速阀串联来实现两次进给速度换接的回路，它只能用于第二进给速度小于第一进给速度的场合，故调速阀 3 的开度小于调速阀 2 的开度。在工作时，调速阀 2 一直工作，它限制着进入液压缸或调速阀 3 的流量，因此在速度换接时不会使液压缸产

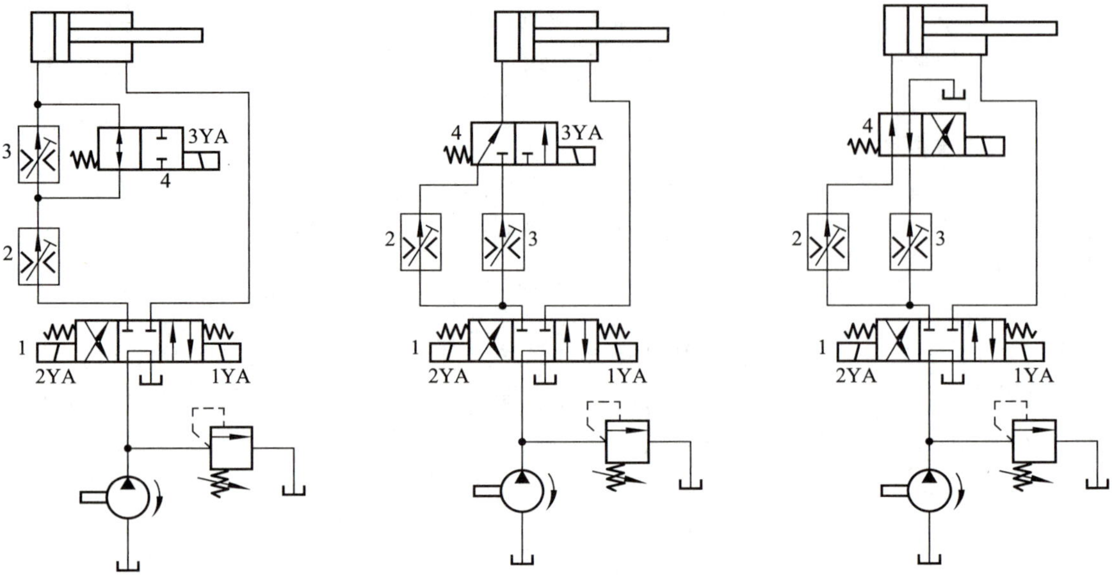


(a) 两个调速阀串联　　(b) 两个调速阀并联(有前冲)　　(c) 两个调速阀并联(无前冲)

1、4—电磁换向阀；2、3—调速阀

图 5-44　两种慢速换接回路

动画：两个调速阀串联

动画：两个调速阀并联

生前冲现象，换接平稳性较好；但在调速阀 3 工作时，油液需经两个调速阀，故能量损失较大，系统发热较大。

图 5-44b 所示为两个调速阀并联来实现两次进给速度换接的回路，这里两个调速阀可以分别调整，两次进给速度互不限制。但一个调速阀工作时，另一个调速阀出油口被封闭，即无油液通过，其内定差减压阀的开度最大，因而在速度换接的瞬间，通过该调速阀的流量过大，将造成液压缸发生突然前冲现象。为了克服前冲现象，可采用二位四通电磁换向阀代替二位三通电磁换向阀，如图 5-44c 所示，使两个调速阀始终处于工作状态，这样速度换接将平稳可靠。但在液压系统工作时，总有一定量的油液会通过不起调速作用的那个调速阀流回油箱，造成一定的能量损失。

## 任务 5.4　新型液压控制阀的认识和多缸动作回路的组建

### 任务清单

| | |
|---|---|
| 任务引入 | 在液压控制元件中，除了方向控制阀、压力控制阀和流量控制阀等传统的普通液压控制阀，还有近年来获得迅速发展的新型液压控制阀，这些阀与普通液压控制阀相比具有诸多显著的优点，在液压技术中广泛应用。<br>在一个液压系统中，由一个油源向多个执行元件供油时，各执行元件间会因回路中的压力、流量的相互影响在动作上受到牵制。可以通过控制压力、流量和行程来实现多个执行元件顺序动作，或同步动作，或防止互不干扰等预定的动作要求。将能够实现一个油源驱动或控制多个执行元件且按要求动作的基本回路称为多执行元件动作控制回路（多缸动作回路）。 |

续表

| | | | |
|---|---|---|---|
| 任务目标 | 能正确认识新型液压控制阀,能正确识读多缸动作回路图。 | | |
| 任务要求 | 新型液压控制阀的类型很多,如插装阀、叠加阀和电液比例阀等,请分析它们的工作原理和应用。常见的多缸动作回路有顺序动作、同步、多缸快慢速互不干扰回路等,请识读多缸动作回路图,分析其组成和工作原理。 | | |
| 任务思考 | 1. 插装阀有哪些特点?<br>2. 叠加阀与普通液压阀相比有何特点? 叠加阀根据工作性能不同分为哪几种?<br>3. 什么是电液比例阀? 电液比例阀由哪几部分组成? 根据用途和工作特点的不同,电液比例阀分为哪几种?<br>4. 顺序动作回路的作用是什么? 按控制方式的不同,常用的顺序动作回路有哪几种?<br>5. 如何实现用行程控制的顺序动作回路?<br>6. 如何实现用压力控制的顺序动作回路?<br>7. 为何要采用同步回路? 如何实现同步回路?<br>8. 采用多缸快慢速互不干扰回路的目的是什么? | | |
| 任务实施 | 1. 分析插装阀的工作原理及应用。<br>2. 分析叠加阀组成液压系统的方法。<br>3. 分析电液比例压力阀、电液比例流量阀和电液比例方向阀的工作原理。<br>4. 分析用行程控制的顺序动作回路的组成和工作原理。<br>5. 分析用压力控制的顺序动作回路的组成和工作原理。<br>6. 分析带补偿装置的串联液压缸的同步回路的组成和工作原理。<br>7. 分析多缸快慢速互不干扰回路的组成和工作原理。 | | |
| 任务总结 | 通过完成上述任务,学到了哪些知识或技能? | | |
| 实施人员 | | | |
| 任务评价 | 参考附录 C。 | 得分 | |

## 知识库

### 一、新型液压控制阀

1. 插装阀

插装阀又称为逻辑阀或二通插装阀，是一种较为新型的液压控制阀，它的特点是通流能力强，密封性能好，动作灵敏，结构简单，主要用于流量较大的液压系统或对密封性能要求较高的液压系统。

（1）插装阀的工作原理

图 5-45 所示为插装阀，它主要由插装组件、插装块体、控制盖板及先导控制元件组成。插装组件由阀套 2、阀芯 3、弹簧 4 及密封件组成，插装在插装块体 1 的孔内。控制盖板 5 上设有控制油路与先导控制元件 6 连通。在插装组件上配置不同的控制盖板，就能实现各种不同的功能。同一插装块体内可装入若干不同机能的插装组件，加相应的控制盖板和控制元件组成所需要的液压回路或系统，使组件集成化。

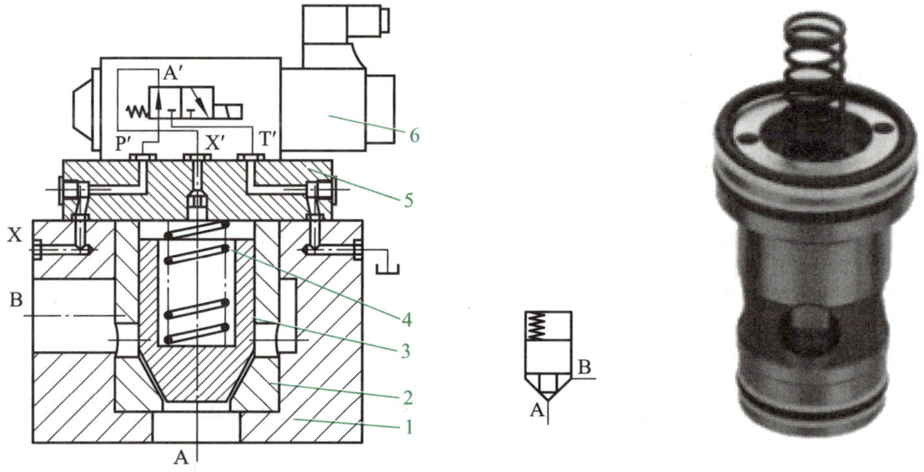


(a) 结构图　(b) 图形符号　(c) 实物图

1—插装块体；2—阀套；3—阀芯；4—弹簧；5—控制盖板；6—先导控制元件

图 5-45　插装阀

插装阀的工作原理相当于一个液控单向阀。A、B 为主油路的油口，X 为控制油口。当 X 口无压力油作用时，如果阀芯受到的向上的油液压力大于弹簧力，阀芯 3 则开起，A 口与 B 口相通，油液从高压油口流向低压油口。当 X 口有压力油作用，且 X 口的油液压力大于 A 口和 B 口的油液压力时，A 口与 B 口不相通。

（2）插装阀的应用

插装阀与各种先导控制元件组合，可以构成方向控制插装阀、压力控制插装阀和流量控制插装阀。

1）方向控制插装阀如图 5-46 所示。

图 5-46a 所示为用作单向阀。将插装阀的控制油口 X 与 A 口或 B 口连接，即成单向

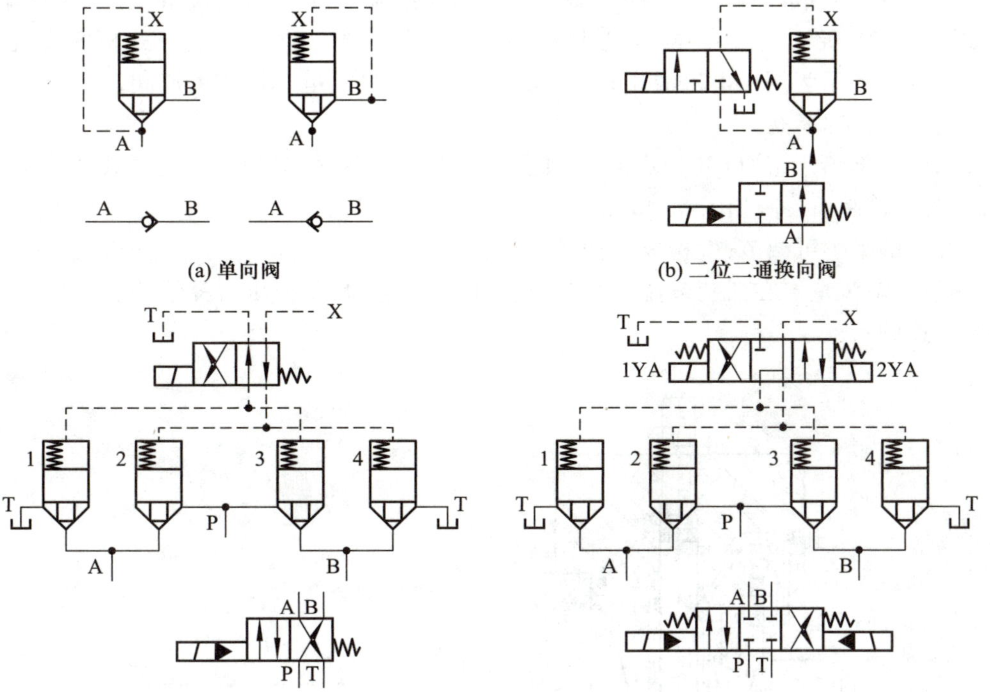


(a) 单向阀　(b) 二位二通换向阀

(c) 二位四通换向阀　(d) 三位四通换向阀

图 5-46　方向控制插装阀

阀。若 X 口与 A 口连接，则 B 口到 A 口通，A 口到 B 口不通；若 X 口与 B 口连接，则 A 口到 B 口通，B 口到 A 口不通。

图 5-46b 所示为用作二位二通换向阀。当电磁阀不通电时，阀芯开起，A 口与 B 口相通；当电磁阀通电时，阀芯关闭，A 口与 B 口不相通。

图 5-46c 所示为用作二位四通换向阀。当电磁阀不通电时，P 口与 B 口相通，A 口与 T 口相通；当电磁阀通电时，P 口与 A 口相通，B 口与 T 口相通。

图 5-46d 所示为用作三位四通换向阀。当电磁阀均不通电时，液压油使 4 个插装阀关闭，油口 P、T、A、B 互不相通；当 1YA 通电时，P 口与 A 口相通，B 口与 T 口相通；当 2YA 通电时，P 口与 B 口相通，A 口与 T 口相通。

2）压力控制插装阀如图 5-47 所示。

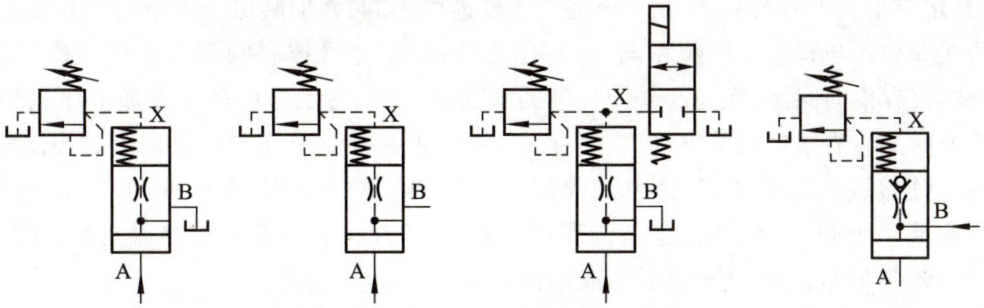


(a) 先导式溢流阀　(b) 先导式顺序阀　(c) 电磁溢流阀　(d) 先导式减压阀

图 5-47　压力控制插装阀

如图 5-47a 所示，油口 B 接油箱，则插装阀用作溢流阀，其原理与先导式溢流阀相同。

如图 5-47b 所示，油口 B 接负载，则插装阀用作顺序阀，其原理与先导式顺序阀相同。

图 5-47c 所示为用作电磁溢流阀，当二位二通换向阀断电时用作溢流阀，当二位二通换向阀通电时用作卸荷阀。

如图 5-47d 所示，油口 B 为进油口，则插装阀用作减压阀，其原理与先导式减压阀相同。

3）流量控制插装阀如图 5-48 所示。在插装阀的控制盖板上，增加阀芯行程限位装置，使阀芯开口的大小可调节，就构成了插装节流阀。在这种插装阀的阀芯上开有三角槽式节流口，用以调节流量。在插装节流阀的基础上再增加一个减压型压力补偿插装组件，则可构成插装调速阀。

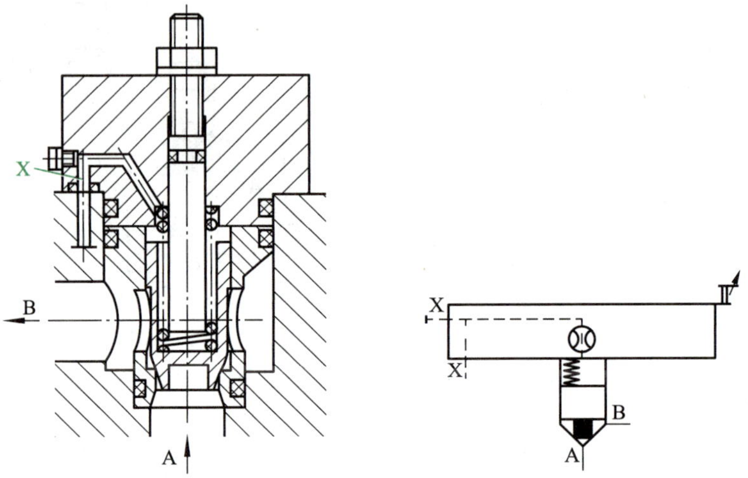


(a) 结构图　　(b) 图形符号

图 5-48　流量控制插装阀

2. 叠加阀

叠加阀是在板式连接阀集成化的基础上发展起来的新型液压控制阀。叠加阀的阀体本身既是元件又是具有油路通道的连接体，阀体的上、下两面做成连接面。选择同一通径的叠加阀，叠合在一起用螺栓紧固，即可组成所需的液压系统。由叠加阀组成的液压系统简单紧凑，配置方便、灵活，工作可靠，占地面积小。

叠加阀现有 $\phi$6 mm、$\phi$10 mm、$\phi$16 mm、$\phi$20 mm 和 $\phi$32 mm5 个通径系列，额定工作压力为 20 MPa，额定流量为 10～200 L/min。根据工作性能的不同，叠加阀可分为单功能和复合功能两种。单功能叠加阀与普通液压阀相同，也有压力控制阀、流量控制阀和方向控制阀三类，其中方向控制阀仅有单向阀类，换向阀采用标准的板式阀，它们的工作原理与普通液压阀相似。复合功能叠加阀又称为多机能叠加阀，它可在一个控制阀芯单元中实现两种以上的控制机能。

为便于连接成液压系统，每个叠加阀都有位置相同的 4 个油口 P、A、B、T，且上下贯通，它们不仅起到单个阀中的功能，还是沟通阀与阀之间的通道。某一规格叠加阀的连接安装尺寸与同一规格的电磁换向阀或电液换向阀一致。

图 5-49 所示为叠加式液压装置示意图。最下面的是底板，底板上有进油孔、回油孔和通向执行元件的油孔，底板上面的第一个元件一般是压力表开关，然后依次向上叠加各压力

控制阀和流量控制阀，最上层为换向阀，用螺栓将它们紧固成一个叠加阀组。一般一个叠加阀组控制一个执行元件，多个执行元件需要多个叠加阀组，再通过一个公共底板把各部分油路连接起来，构成一个完整的液压系统。

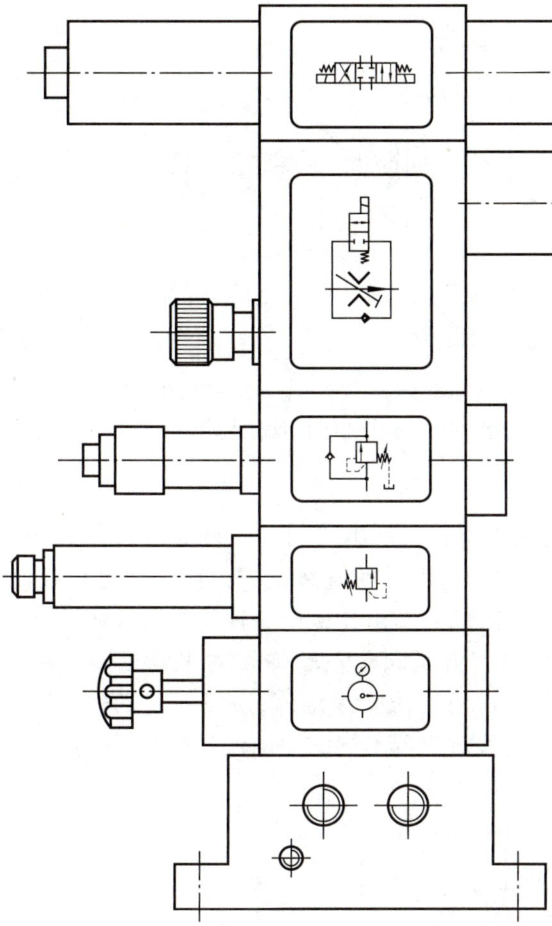

图 5-49 叠加式液压装置示意图

3. 电液比例阀

电液比例阀简称比例阀，它是一种把输入的电信号按比例转换为力或位移，从而对压力、流量等参数进行连续控制的液压阀。比例阀由直流比例电磁铁与液压阀两部分组成。其液压阀部分与普通液压阀差别不大，而直流比例电磁铁和一般电磁换向阀所用的电磁铁不同，它可得到与给定电流成比例的位移输出和吸力输出。根据用途和工作特点的不同，电液比例阀可分为电液比例压力阀、电液比例流量阀和电液比例方向阀三大类。

（1）电液比例压力阀

图 5-50 所示为直动式电液比例溢流阀。它是用比例电磁铁 1 取代直动式溢流阀的手调装置而构成的。比例电磁铁的推杆通过弹簧座 3 对调压弹簧施加推力。比例电磁铁的电磁力将随着输入电信号强度的变化而变化。若输入电信号连续地、按比例地或按一定程序地变化，则电液比例溢流阀所调节的系统压力也连续地、按比例地或按一定程序地进行变化。因此电液比例溢流阀多用于系统的多级调压或实现连续的压力控制。位移传感器 2（或称差动变压

器)能准确地测定比例电磁铁的行程,以纠正补偿比例电磁铁的行程误差。这种带有位移传感器的比例电磁铁称为行程控制比例电磁铁。把直动式电液比例溢流阀作先导阀并与其他普通的压力阀的主阀相配,便可组成先导式电流比例溢流阀、电流比例顺序阀和电流比例减压阀。

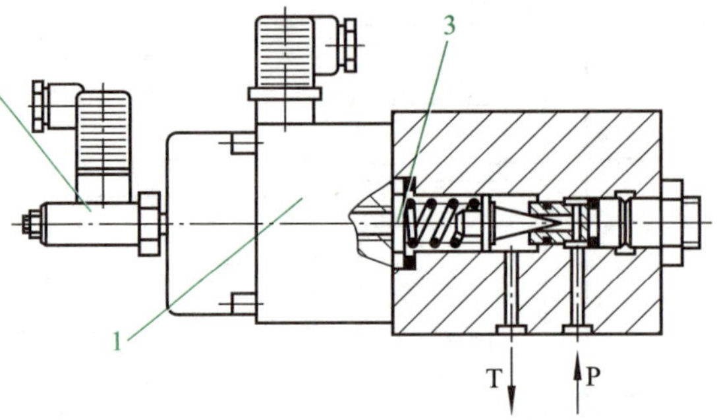


(a) 结构图

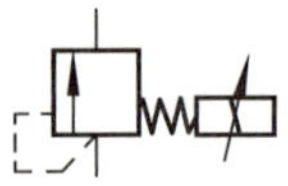

(b) 图形符号

1—比例电磁铁;2—位移传感器;3—弹簧座

图 5-50　直动式电液比例溢流阀

(2) 电液比例流量阀

图 5-51 所示为电液比例调速阀。它是用比例电磁铁 3 取代调速阀的手调装置而构成的。用输入的电信号控制节流口的开度,便可连续地或按比例地远程控制其输出流量,从而实现执行元件的速度调节。节流阀阀芯 2 由比例电磁铁的推杆 4 操纵,输入的电信号不同,则电磁力不同,推杆受力不同,与节流阀阀芯左端弹簧力平衡后,便有不同的节流口开度。由于定差减压阀 1 已保证了节流口前后压差为定值,所以一定的输入电流就对应一定的输出流量,不同的输入电信号变化,就对应着不同的输出流量变化。

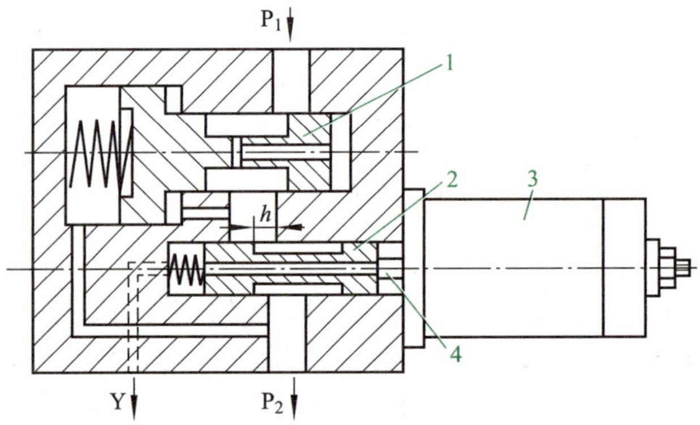


(a) 结构图

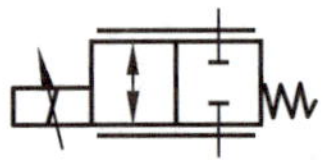

(b) 图形符号

1—定差减压阀;2—节流阀阀芯;3—比例电磁铁;4—推杆

图 5-51　电液比例调速阀

(3) 电液比例方向阀

图 5-52 所示为直动式电液比例换向阀。它是用比例电磁铁 1 取代电磁换向阀中的普通电磁铁而构成的。由于使用了比例电磁铁,阀芯 4 不仅可以换位,换位的行程还可以连续地或按比例地变化,连通油口间的通流截面面积也可以连续地或按比例地变化,所以电液比

例换向阀不仅能控制执行元件的运动方向，还能够控制执行元件的速度。

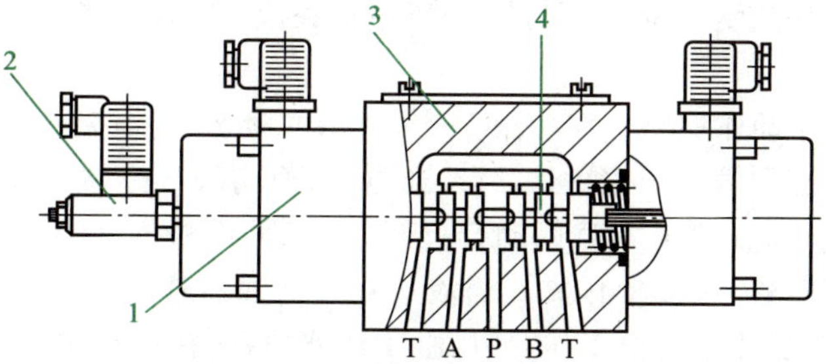


(a) 结构图

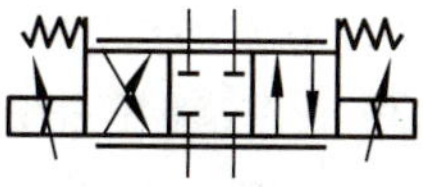

(b) 图形符号

1—比例电磁铁；2—位移传感器；3—阀体；4—阀芯

图 5-52 直动电液比例换向阀

## 二、多缸动作回路

1. 顺序动作回路

顺序动作回路的功用在于使多个执行元件严格按照预定的顺序依次动作。按控制方式的不同，常用的顺序动作回路有行程控制和压力控制两种。

(1) 行程控制的顺序动作回路

行程控制是采用行程阀或行程开关等来实现执行元件顺序动作的，执行元件到达预定位置时发出控制信号，从而控制下一执行元件动作。

1) 采用行程阀控制的顺序动作回路 在如图 5-53 所示的状态下，电磁铁 1YA 未通电，行程阀 4 处于常态位，液压缸 1 和 2 的活塞均在左端。当电磁铁 1YA 通电时，换向阀 3 左位工作，压力油进入液压缸 1 的左腔，活塞右移，完成动作①。当液压缸 1 活塞右移压下行程阀 4 时，行程阀上位工作，压力油进入液压缸 2 的左腔，活塞右移，完成动作②。当电磁铁 1YA 断电时，换向阀 3 复位至右位工作，压力油进入液压缸 1 右腔，活塞左移，完成动作③。当液压缸 1 活塞左移脱离行程阀 4 时，行程阀复位至下位工作，压力油进入液压缸 2 的右腔，活塞左移，完成动作④。

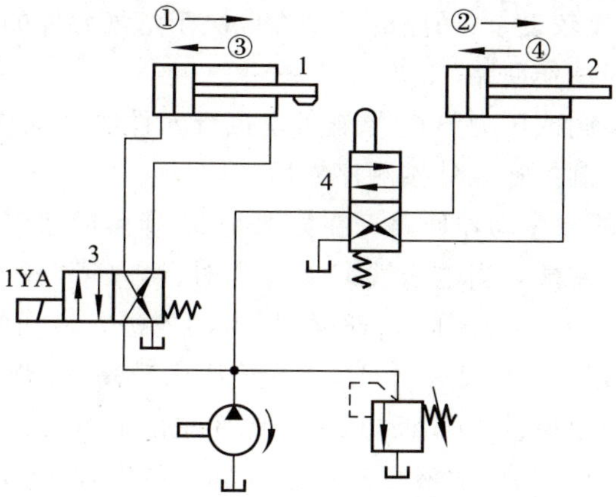


1、2—液压缸；3—换向阀；4—行程阀

图 5-53 采用行程阀控制的顺序动作回路

微课：顺序动作回路

动画：采用行程阀控制的顺序动作回路

这种回路动作灵敏，工作可靠，换接位置准确，顺序换接平稳，但行程阀只能安装在执行元件的附近，调整和改变动作顺序较为困难，且管路长，压力损失大，不易安装，主要用于专用机械的液压系统。

2）采用行程开关控制的顺序动作回路　在如图 5-54 所示的状态下，电磁铁 1YA、2YA 未通电，液压缸 1 和 2 的活塞均在左端。当电磁铁 1YA 通电时，换向阀 3 左位工作，液压缸 1 活塞右移，完成动作①。当液压缸 1 活塞右移触动行程开关 $S_1$，使电磁铁 2YA 通电时，换向阀 4 左位工作，液压缸 2 活塞右移，完成动作②。当液压缸 2 活塞右移触动行程开关 $S_2$，使电磁铁 1YA 断电时，换向阀 3 复位至右位工作，液压缸 1 活塞左移，完成动作③。当液压缸 1 活塞左移触动行程开关 $S_3$，使电磁铁 2YA 断电时，换向阀 4 复位至右位工作，液压缸 2 活塞左移，完成动作④，实现一个工作循环。当液压缸 2 活塞左移触动行程开关 $S_4$，使电磁铁 1YA 再次通电时，即可开始下一个工作循环。

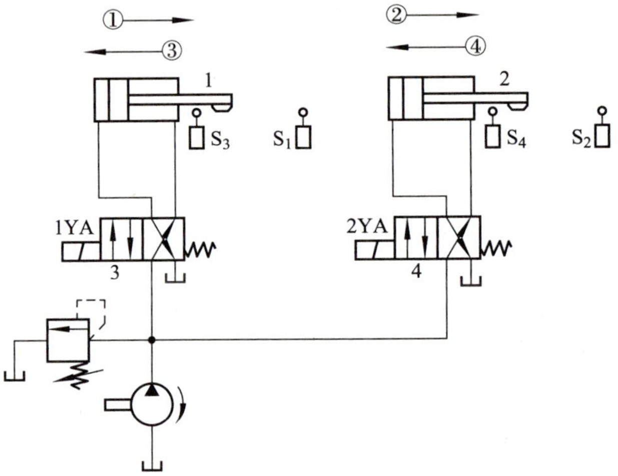


动画：采用行程开关控制的顺序动作回路

1、2—液压缸；3、4—换向阀

图 5-54　采用行程开关控制的顺序动作回路

这种回路使用方便，调节行程和动作顺序也方便，易实现自动控制，应用较广，但顺序换接时有冲击，且电气线路比较复杂，回路的可靠性取决于电气元件的质量。

（2）压力控制的顺序动作回路

压力控制是采用顺序阀或压力继电器来实现执行元件顺序动作的，利用液压系统工作过程中的油液压力变化控制执行元件按顺序先后动作。

1）采用顺序阀控制的顺序动作回路　在如图 5-55 所示的状态下，电磁铁 1YA 未通电，液压缸 1 和 2 的活塞均在左端。当电磁铁 1YA 通电时，换向阀 5 右位工作，顺序阀 4 的调定压力大于液压缸 1 右行的最大工作压力，此时，压力油先进入液压缸 1 的左腔，使液压缸 1 右移，完成动作①。当液压缸 1 完成动作①后，系统压力升高，打开顺序阀 4，使液压缸 2 右移，完成动作②。同理，当电磁铁 1YA 断电，换向阀 5 左位工作，且顺序阀 3 的调定压力大于液压缸 2 的最大返回工作压力时，两液压缸则按③和④的顺序返回。为保证严格的顺序动作，防止顺序阀在油路压力波动等外界干扰下产生错误动作，顺序阀的调定压力应高于先动作液压缸的最大工作压力 0.8～1 MPa。

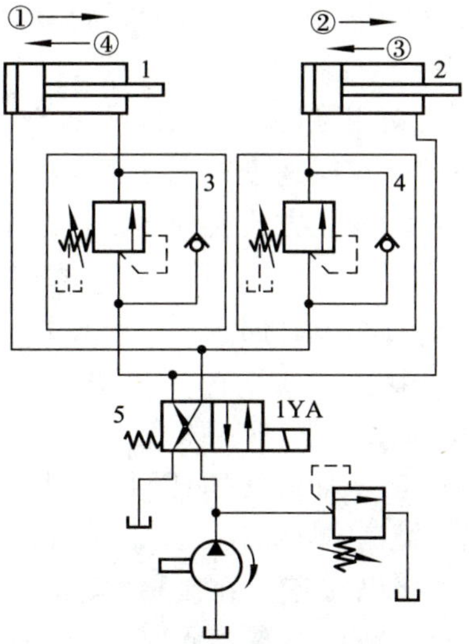


1、2—液压缸；3、4—顺序阀；5—换向阀

图 5-55 采用顺序阀控制的顺序动作回路

动画：采用顺序阀控制的顺序动作回路

这种回路动作较灵敏，安装连接方便，但可靠性差（可靠程度主要取决于顺序阀的质量和调定压力值。当运动部件卡住或压力脉动较大时，误动作不可避免），位置精度低，故适用于液压缸数量不多、负载变化小的液压系统。

2）采用压力继电器控制的顺序动作回路　在如图 5-56 所示的状态下，换向阀 3 和 4 都处于中位，液压缸 1 和 2 的活塞均在左端。按下起动按钮，电磁铁 1YA 通电，液压缸 1 的活塞向右移动，完成动作①。当液压缸 1 行至终点后，回路压力升高，压力继电器 1KP 动作，使电磁铁 3YA 通电，液压缸 2 活塞向右移动，完成动作②。按下返回按钮，使电磁铁 1YA、3YA 断电，电磁铁 4YA 通电，液压缸 2 活塞向左退回，完成动作③。当液压缸 2 退回至原位后，回路压力升高，压力继电器 2KP 动作，使电磁铁 2YA 通电，液压缸 1 活塞向左后退，完成动作④。为防止压力继电器误发信号，使用时压力继电器的调定压力应高于先动作液压缸的最大工作压力 0.3～0.5 MPa，同时又应低于溢流阀调定压力 0.3～0.5 MPa。

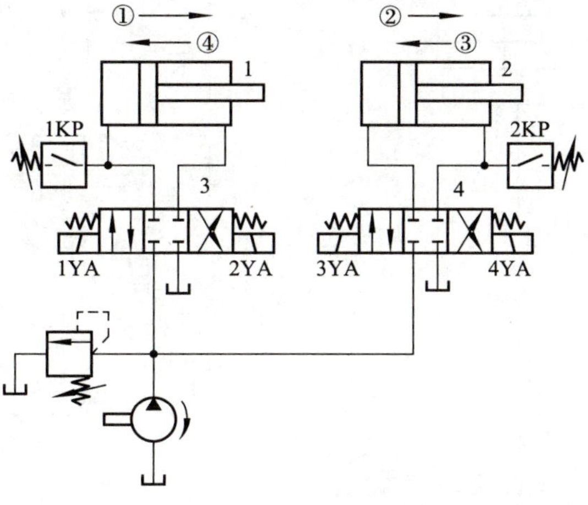


1、2—液压缸；3、4—换向阀

图 5-56 采用压力继电器控制的顺序动作回路

动画：采用压力继电器控制的顺序动作回路

这种采用压力继电器控制的顺序动作回路，简单易行，应用较普遍。

2. 同步回路

微课：同步回路

同步回路的功用是使液压系统中两个或两个以上的执行元件在运动中保持相同位移或相同速度。同步回路分为位置同步回路和速度同步回路，可用机械方式、液压方式实现同步。在多缸液压系统中，影响同步精度的因素有很多，如液压缸的负载、泄漏、摩擦阻力、制造精度等，均会使同步运动难以保证，因此，多缸同步回路应尽量克服或减少这些因素的影响。

（1）液压缸机械联结的同步回路

图 5-57 所示为液压缸机械联结的同步回路。这种同步回路是用刚性梁、齿轮、齿条等机械零件在两个液压缸的活塞杆间进行刚性联结以实现位移同步的。此方法比较简单、经济，能基本上保证位置同步的要求，但由于机械零件在制造、安装上存在误差，故同步精度不高。同时，两个液压缸的负载差异不宜过大，否则会造成卡死现象。

动画：液压缸机械联结的同步回路

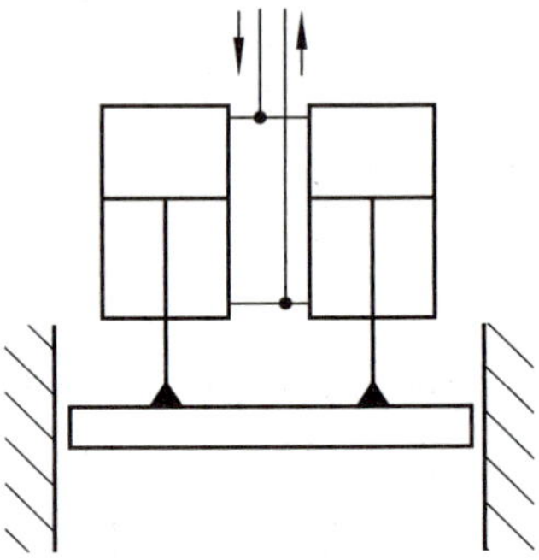

图 5-57　液压缸机械联结的同步回路

（2）串联液压缸的同步回路

图 5-58 所示为串联液压缸的同步回路。在图 5-58a 所示的同步回路中，其中一个液压缸的回油腔排出的油液，被输入到另一个液压缸的进油腔。如果串联油腔活塞的有效工作面积相等，便可实现同步运动。这种回路两液压缸能承受不同的负载，液压泵的供油压力要大于两液压缸工作压力之和。但泄漏和制造误差会影响串联液压缸的同步精度，当活塞往复多次后，将产生严重的失调现象，为此要采取补偿措施。

动画：不带补偿装置的串联液压缸的同步回路

动画：带补偿装置的串联液压缸的同步回路

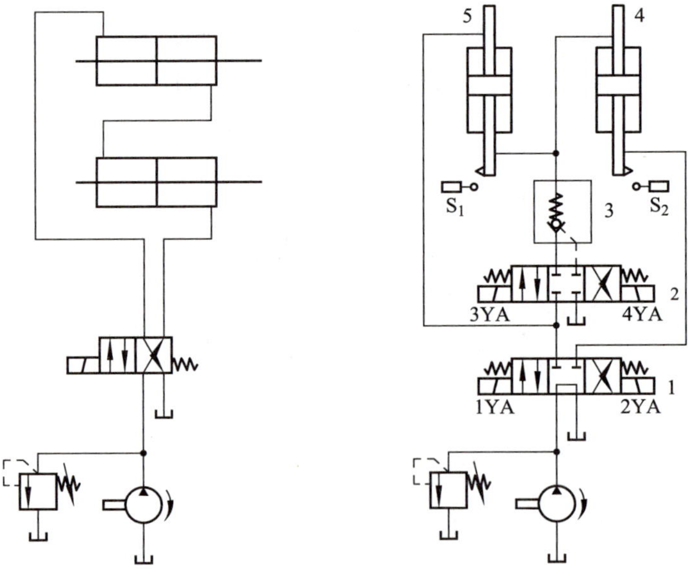


(a) 不带补偿装置　　(b) 带补偿装置

1、2—换向阀；3—液控单向阀；4、5—液压缸

图 5-58　串联液压缸的同步回路

图 5-58b 所示为带补偿装置的串联液压缸的同步回路。当两液压缸同时下行时，若液压缸 5 活塞先到达行程终点，则触动行程开关 $S_1$，使电磁铁 3YA 通电，换向阀 2 左位工作，压力油经换向阀 2 和液控单向阀 3 进入液压缸 4 上腔，进行补油，使其活塞继续下行到达行程终点。若液压缸 4 活塞先到达终点，则触动行程开关 $S_2$，使电磁铁 4YA 通电，换向阀 2 右位工作，压力油进入液控单向阀 3 的控制口，打开液控单向阀 3，液压缸 5 下腔与油箱接通，使其活塞继续下行到达行程终点，从而消除累积误差。

这种回路允许较大偏载，偏载所造成的压差不影响流量的改变，只会导致微小的压缩和泄漏，因此同步精度较高，回路效率也较高，适用于终点位置同步精度要求较高的小负载液压系统。

(3) 采用流量控制阀的同步回路

图 5-59 所示为采用调速阀的同步回路。两个液压缸并联，用两个调速阀分别调节两个液压缸活塞的运动速度。由于调速阀具有当负载变化时能保持流量稳定的特点，所以只要仔细调节两个调速阀的开口大小，就能使两个液压缸实现同步。

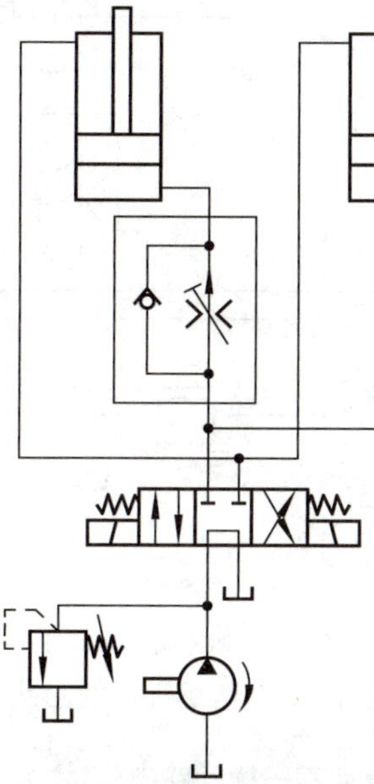

动画：采用调速阀的同步回路

图 5-59 采用调速阀的同步回路

这种回路结构简单，但是两个调速阀的调节比较麻烦，而且还受油温、泄漏等的影响，故同步精度不高，不宜用在偏载或负载变化频繁的场合。

3. 多缸快慢速互不干扰回路

在一泵多缸的液压系统中，往往由于其中一个液压缸快速运动，会造成系统的压力下降，影响其他液压缸工作运动的平稳性。因此，在工作运动平稳性要求较高的多缸液压系统中，常采用多缸快慢速互不干涉回路。

图 5-60 所示为双泵供油的多缸快慢速互不干扰回路。各液压缸分别完成“快进→工进→快退”的工作循环。其电磁铁的动作顺序参见表 5-12。回路中 1 为高压小流量液压泵，供给各液压缸工作进给所需的压力油。2 为低压大流量液压泵，为各液压缸快进或快退时

输送低压油，快进时为差动连接。当电磁铁 3YA、4YA 通电时，液压缸 A、B 均由液压泵 2 供油，并形成差动连接实现快进。这时，若液压缸 A 先完成快进动作，使电磁铁 1YA 通电，电磁铁 3YA 断电，液压缸 A 改为由液压泵 1 供油，经调速阀 3 获得慢速地工进，不受液压缸 B 快进的影响。若两液压缸都转换为工进，都由液压泵 1 供油后，若液压缸 A 先完成了工进，电磁铁 lYA、3YA 都通电，液压缸 A 改由液压泵 2 供油，使活塞快退，这时液压缸 B 仍由液压泵 1 供油继续完成工进，不受液压缸 A 影响。当所有电磁铁都断电时，两液压缸均停止运动。

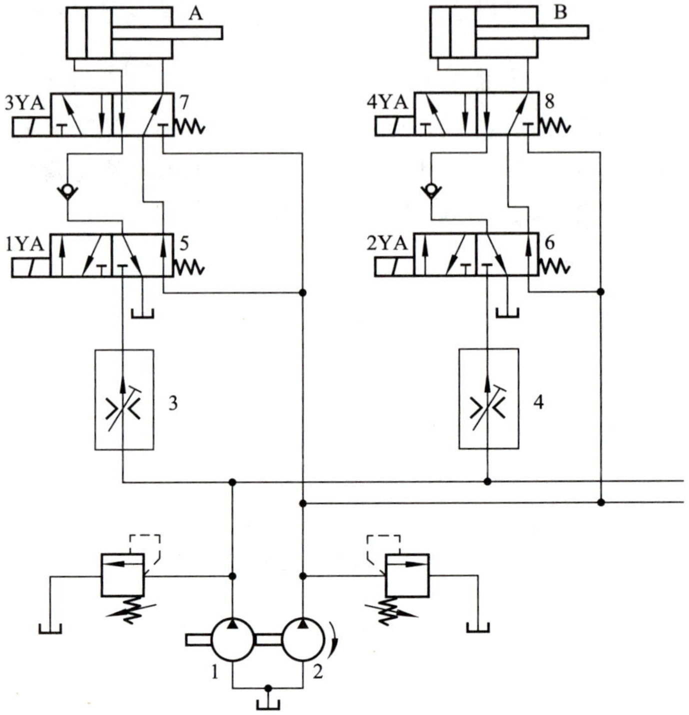


1—高压小流量液压泵；2—低压大流量液压泵；3、4—调速阀；5、6、7、8—电磁换向阀；A、B——液压缸

图 5-60　多缸快慢速互不干扰回路

表 5-12　多缸快慢速互不干扰回路电磁铁的动作顺序表

| 工作循环 | 液压缸 A | | 液压缸 B | |
|---|---|---|---|---|
| | 1YA | 3YA | 2YA | 4YA |
| 快进 | − | + | − | + |
| 工进 | + | − | + | − |
| 快退 | + | + | + | + |
| 停止 | − | − | − | − |

注："+"为通电；"−"为断电。

# 技能实训五　液压控制阀的拆装

## 技能实训任务单

<table>
<tr><td>实训目的</td><td colspan="3">1. 熟悉液压控制阀的用途、结构特点。<br>2. 加深理解液压控制阀的工作原理及特性。<br>3. 掌握液压控制阀的拆卸、装配方法。<br>4. 掌握液压控制阀维修的基本方法。<br>5. 培养实践技能和分析、解决问题的能力。</td></tr>
<tr><td>实训要求</td><td colspan="3">1. 拆装时要按照拆装顺序进行操作，不能拆卸的禁止强拆。<br>2. 拆装时要边拆装边分析液压控制阀的结构原理及特点，并做好拆卸记录。<br>3. 拆装时将拆下的零部件放好，不要散失小的零件，实训完要把液压控制阀装配好。<br>4. 拆装过程中实行“谁拆卸，谁装配”的原则。<br>5. 拆装完毕后，整理好现场，将液压控制阀的外表擦拭干净，工具清洁后放回原处。<br>6. 对拆装的液压控制阀进行结构分析，按要求完成技能实训工作页。</td></tr>
<tr><td>实训器材</td><td colspan="3">液压控制阀：常用的液压控制阀。建议可选择典型的方向控制阀、压力控制阀和流量控制阀。<br>拆装工具：内六角扳手，内、外卡钳，活口扳手，油盆，螺丝刀，铜棒，煤油等。</td></tr>
<tr><td rowspan="5">实训内容与参考步骤</td><td colspan="3">在实训教师的指导下，拆解液压控制阀，观察、了解各零件在液压控制阀中的作用，了解液压控制阀的工作原理，按照规定的步骤装配液压控制阀。</td></tr>
<tr><td rowspan="4">方向控制阀：三位四通手动换向阀（图 5-5）</td><td>拆卸顺序</td><td>1. 拆卸前扳动操纵手柄，体会左、右换向的手感，抽掉操纵手柄连接板上的开口销，取下操纵手柄。<br>2. 拧下右端盖上的螺钉，卸下右端盖取出弹簧、套筒和钢球。<br>3. 拆开左端盖与阀体的连接，然后从阀体内取出阀芯。</td></tr>
<tr><td>主要零件的结构及作用分析</td><td>观察阀芯与阀体的结构和相互配合关系，并分析换向原理。观察阀体结构及阀体上的油口的连通情况，并分析阀体内油槽和油口的作用。观察操纵手柄、钢球及弹簧的安装位置，并分析它们的作用。</td></tr>
<tr><td>装配要领</td><td>装配前清洗各零件，将阀芯、定位件等零件的配合面涂润滑油，然后按拆卸时的反向顺序装配。</td></tr>
<tr><td>拆装注意事项</td><td>1. 装配时严禁遗漏零件。<br>2. 检查密封圈弹性和尺寸精度，如有磨损和老化应及时更换。<br>3. 拧紧左、右端盖的螺钉时，应分两次并按对角线顺序进行。<br>4. 安装完后方向控制阀阀芯应移动灵活，没有卡死现象，定位准确。</td></tr>
</table>

续表

| | | | |
|---|---|---|---|
| 实训内容与参考步骤 | 压力控制阀：先导式溢流阀（图 5-14） | 拆卸顺序 | 1. 拧下螺钉，拆开主阀和先导阀的连接，取出主阀弹簧和主阀阀芯。<br>2. 拧下先导阀上的手柄和远程控制口螺塞。<br>3. 旋下阀盖，从先导阀阀体内取出弹簧座、调压弹簧和先导阀阀芯。 |
| | | 主要零件的结构及作用分析 | 观察主阀阀体上的油口，观察先导阀阀体上的远程控制口和安装先导阀阀芯用的中心圆孔，并分析它们的作用。观察先导阀阀芯与主阀阀芯的结构，分析先导式溢流阀的工作原理。观察主阀阀芯阻尼孔的大小及主阀阀芯与先导阀阀芯的弹簧，并分析它们的作用。 |
| | | 装配要领 | 装配前清洗各零件，将阀芯、定位件等零件的配合面涂润滑油，然后按拆卸时的反向顺序装配。 |
| | | 拆装注意事项 | 1. 检查各零件的油孔、油路是否畅通，有无尘屑。<br>2. 检查密封圈弹性和尺寸精度，如有磨损和老化应及时更换。<br>3. 装配时严禁遗漏零件。<br>4. 将调压弹簧安放在先导阀阀芯的圆柱面上，然后一起推入先导阀阀体。<br>5. 主阀阀芯装入主阀阀体后，应运动自如。<br>6. 先导阀阀体与主阀阀体的止口、平面应完全贴合后，才能用螺钉连接。<br>7. 螺钉要分两次拧紧，并按对角线顺序进行。 |
| | 流量控制阀：调速阀（图 5-33） | 拆卸顺序 | 1. 拆卸操纵手柄和面板，取出节流阀阀芯。<br>2. 拆卸减压阀的螺钉，取出减压阀的弹簧和阀芯。 |
| | | 主要零件的结构及作用分析 | 观察阀体的结构及其上各油孔、油路，并分析其作用；观察节流阀阀芯结构，并分析其作用；观察减压阀阀芯结构，并分析其作用。 |
| | | 装配要领 | 装配前清洗各零件，将阀芯、定位件等零件的配合面涂润滑油，然后按拆卸时的反向顺序装配。 |
| | | 拆装注意事项 | 1. 装配时严禁遗漏零件。<br>2. 检查密封圈弹性和尺寸精度，如有磨损和老化应及时更换。<br>3. 装配时注意减压阀、节流阀阀芯安装方向，切忌装反。 |
| 实训思考 | 方向控制阀 | 1. 拆装的手动换向阀是几位几通换向阀？具有何种滑阀机能？画出它的职能符号。<br>2. 分析操纵手柄在左位时，阀芯的动作过程及油路连通情况。<br>3. 分析手动换向阀采用何种形式的定位方式。 | |

续表

| | | |
|---|---|---|
| 实训思考 | 压力控制阀 | 1. 先导式溢流阀的先导阀和主阀分别是由哪几个重要零件组成？<br>2. 先导式溢流阀远程控制口的作用是什么？远程调压和卸荷是怎样实现的？<br>3. 先导式溢流阀主阀阀芯的阻尼孔有何作用？可否加大或堵塞？如果发生有何后果？<br>4. 先导式溢流阀主阀阀芯的泄油孔如果被堵塞，有何后果？<br>5. 比较调压弹簧与主阀弹簧的刚度，并分析如此设计的原因。 |
| | 流量控制阀 | 1. 根据调速阀的结构，分析节流时液流从进油到出油的路径？<br>2. 根据调速阀的原理，分析调速阀的进、出油口能否反接？若反接会出现怎样的情况？ |

## 技能实训工作页

| | | | |
|---|---|---|---|
| 实训内容 | | | |
| 实训过程记录 | | | |
| 实训出现的问题及解决方法 | | | |
| 实训思考解答 | | | |
| 实训效果 | | | |
| 实训人员 | | | |
| 技能实训评价 | 参考附录 D。 | 得分 | |

# 技能实训六　液压基本回路的组建

## 技能实训任务单

| | |
|---|---|
| 实训目的 | 1. 进一步了解和熟悉各类液压元件的工作原理与应用。<br>2. 加深了解液压基本回路的组成、工作原理及功用。<br>3. 能够识读液压基本回路图。<br>4. 能够安装、调试和运行液压基本回路。<br>5. 培养实践技能和分析、解决问题的能力。 |

续表

<table>
<tr><td>实训要求</td><td colspan="3">1. 实训前要明确液压基本回路的作用、组成及原理。<br>2. 要能够正确组建与调试液压基本回路。<br>3. 要牢固连接管路，检查无误后才能起动液压泵。<br>4. 在实训过程中，不得在有压力的情况下拆卸油管。<br>5. 要严格遵守各种安全操作规程。<br>6. 观察液压基本回路的运行情况，加深对液压基本回路的认知。<br>7. 要对组建的液压基本回路进行运行情况分析，按要求完成技能实训工作页。</td></tr>
<tr><td>实训器材</td><td colspan="3">液压实训台、各类液压基本回路所需的液压元件等。</td></tr>
<tr><td rowspan="5">实训内容与参考步骤</td><td colspan="2">实训内容</td><td>液压基本回路的种类众多，可由实训教师根据液压实训设备情况提供液压基本回路，也可参考本书中所讲述的液压基本回路。</td></tr>
<tr><td rowspan="4">实训参考步骤</td><td>实训准备</td><td>根据所选的液压基本回路图，确定并准备好实训需要的所有液压元件，同时检查其是否密封完好。</td></tr>
<tr><td>回路安装</td><td>1. 元件布局。首先根据液压基本回路图进行布局设计，然后将实训元件按布局位置安装固定在液压实训台面板上，注意液压缸的进、出油口尽量避免朝下（朝上或侧向均可），其他元件的油口接头应方便油管的连接。<br>2. 油路连接。参考液压基本回路图，按油路逻辑顺序完成油管的连接，注意各液压元件的油口标识字母及其含义，不能接错、接反。油管连接过程中可将元件从面板上拆下接好后再原位安装。油管全部连接完毕后应进行仔细检查并确保无误。<br>3. 电路连接。若有元件需要电气控制时，应用电磁换向阀连接线将电磁换向阀和电气控制面板上的相应插孔接好，然后接入输入电源。</td></tr>
<tr><td>实训操作</td><td>1. 放松溢流阀，轻载起动液压泵电动机，调整回路压力。<br>2. 按回路功能进行调试，观察回路的运行情况。<br>3. 认真作好记录，理解、分析实训回路的工作原理。</td></tr>
<tr><td>回路拆除</td><td>1. 将液压泵调至回油模式运转几分钟，使各液压元件和油管中滞留的油液退回油箱。<br>2. 关闭液压泵电动机，断开电源并拆除所有电气连接。<br>3. 从顶部开始依次拆除所有可拆卸元件及油管，注意尽可能地避免油液泄漏。<br>4. 清理现场，元件、工具清洁后放回原处。</td></tr>
</table>

## 技能实训工作页

| 实训内容 | |
|---|---|
| 实训过程记录 | |

续表

| | | | |
|---|---|---|---|
| 实训出现的问题及解决方法 | | | |
| 实训效果 | | | |
| 实训人员 | | | |
| 技能实训评价 | 参考附录 D。 | 得分 | |

## 思考和练习

1. 选择题

(1) 在液压系统图中,与三位阀连接的油路一般应画在换向阀符号的(　　)位置上。

A. 左格　　B. 右格　　C. 中格　　D. 都可以

(2) 在用一个定量泵驱动一个执行元件的液压系统中,采用三位四通换向阀使泵卸荷,其中位机能应选用(　　)。

A. P 型　　B. O 型　　C. Y 型　　D. H 型

(3) 大流量液压系统的主油路换向,应选用(　　)。

A. 手动换向阀　　B. 电磁换向阀　　C. 电液换向阀　　D. 机动换向阀

(4) 电液换向阀中,应确保电磁换向阀在中位时液动换向阀两端的控制油液流回油箱,那么电磁换向阀的中位机能应是(　　)。

A. H 型　　B. Y 型　　C. M 型　　D. P 型

(5) 调速阀是由(　　)而成的。

A. 节流阀和顺序阀串联　　B. 节流阀和定差减压阀串联

C. 节流阀和溢流阀串联　　D. 节流阀和定差减压阀并联

(6) 把先导式溢流阀的远程控制口接至回油箱,将会发生(　　)问题。

A. 没有溢流量　　B. 进口压力为无穷大

C. 进口压力随负载增加而增加　　D. 进口压力调不上去

(7) 减压阀的进口压力为 $40\times10^5$ Pa,调定压力为 $60\times10^5$ Pa,减压阀的出口压力为(　　)。

A. $100\times10^5$ Pa　　B. $20\times10^5$ Pa　　C. $60\times10^5$ Pa　　D. $40\times10^5$ Pa

(8) 为使减压回路可靠地工作,其最高调定压力应(　　)系统压力。

A. 大于　　B. 小于　　C. 等于　　D. 无法确定

(9) 在液压系统中可用于安全保护的控制阀是(　　)。

A. 顺序阀　　B. 溢流阀　　C. 节流阀　　D. 单向阀

(10) 流量控制阀是用来控制液压系统工作流量的，从而控制执行元件的(　　)。

A. 运动方向　　B. 运动速度　　C. 压力大小　　D. 动作顺序

(11) 在液压系统中，(　　)属于压力控制阀。

A. 节流阀　　B. 压力继电器　　C. 单向阀　　D. 调速阀

(12) 下列控制阀中，不属于方向控制阀的是(　　)。

A. 直动式顺序阀　　B. 液控单向阀

C. 电液换向阀　　D. 电磁换向阀

(13) 压力控制阀中，使出口压力低于进口压力，并使出口压力保持恒定的阀是(　　)。

A. 先导式溢流阀　　B. 直动式溢流阀

C. 减压阀　　D. 顺序阀

(14) 节流阀旁路节流调速回路中，液压缸的速度(　　)。

A. 随负载增加而增加　　B. 随负载减小而增加

C. 不受负载的影响　　D. 以上都不对

(15) 与节流阀相比较，调速阀的显著特点是(　　)。

A. 调节范围大　　B. 结构简单，成本低

C. 流量稳定性好　　D. 最小压差的限制较小

(16) 顺序阀在系统中作背压阀时，应选用(　　)型。

A. 内控内泄式　　B. 内控外泄式　　C. 液控内泄式　　D. 液控外泄式

2. 判断题

(1) 换向阀借助于阀芯和阀体之间的相对移动来控制油路的通断，或改变油液的方向，从而控制执行元件的运动方向。(　　)

(2) 背压阀的作用是使液压缸回油腔中具有一定的压力，保证运动部件工作平稳。(　　)

(3) 直动式溢流阀可以作卸荷阀使用。(　　)

(4) 液控顺序阀阀芯的起闭不是利用进口压力来控制的。(　　)

(5) 先导式溢流阀主阀弹簧刚度比先导阀弹簧刚度小。(　　)

(6) 电液比例溢流阀不能对进口压力进行连续控制。(　　)

(7) 采用调速阀的定量泵节流调速回路，无论负载如何变化其始终能保证执行元件运动速度稳定。(　　)

(8) 压力控制的顺序动作回路中，顺序阀和压力继电器的调定压力应为执行元件前一动作的最高工作压力。(　　)

(9) 单向阀、溢流阀都可以当背压阀使用。(　　)

(10) 采用远程调压阀的远程调压回路中，只有当溢流阀的调定压力高于远程调压阀的调定压力时，远程调压阀才能起调压作用。(　　)

(11) 在采用液控单向阀的双向锁紧回路中，为了保证执行元件的可靠锁紧，三位四通换向阀应采用 O 型或 M 型中位机能。(　　)

(12) 在旁路节流回路中，若发现溢流阀在系统工作时不溢流，说明溢流阀有故障。(　　)

3. 能否用两个二位三通换向阀替代一个二位四通换向阀实现液压缸左、右换向，绘图并予以说明。

4. 溢流阀、减压阀和顺序阀各起什么作用？在控制方式上、阀芯常态位上、泄漏方式上有何区别？顺序阀能否用作溢流阀使用？

5. 当液压系统压力低于溢流阀的调定压力时，系统压力取决于什么？

6. 如图 5-61 所示，溢流阀的调定压力分别为 $p_A=4$ MPa，$p_B=2$ MPa，$p_C=6$ MPa，若系统的负载趋于无限大，试问图 a 和图 b 中泵的供油压力各是多少？

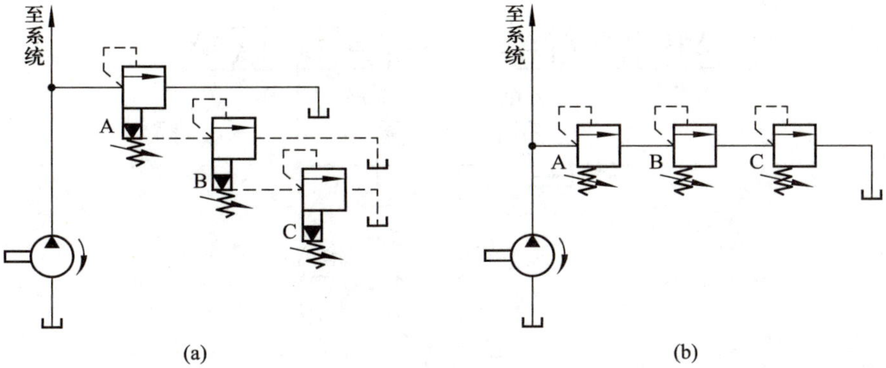


图 5-61 题 6 图

7. 现场生产中有溢流阀和减压阀备件，但阀的标牌看不清楚，问如何鉴别哪个是减压阀，哪个是溢流阀？

8. 在图 5-62 所示回路中，溢流阀的调定压力为 5 MPa，减压阀的调定压力为 2.5 MPa，试分析下列各种情况，并说明减压阀阀口处于何种状态？

(1) 当液压泵出口压力等于溢流阀调定压力时，夹紧缸工作夹紧后，$B$、$C$ 点处的压力各为多少？

(2) 当液压泵压力由于主系统工作缸快进，压力降到 1.5 MPa 时，$B$、$C$ 点处的压力各为多少（工件原先处于夹紧状态）？

(3) 夹紧缸在夹紧工件前做空载运动时，$A$、$B$、$C$ 点处的压力各为多少？

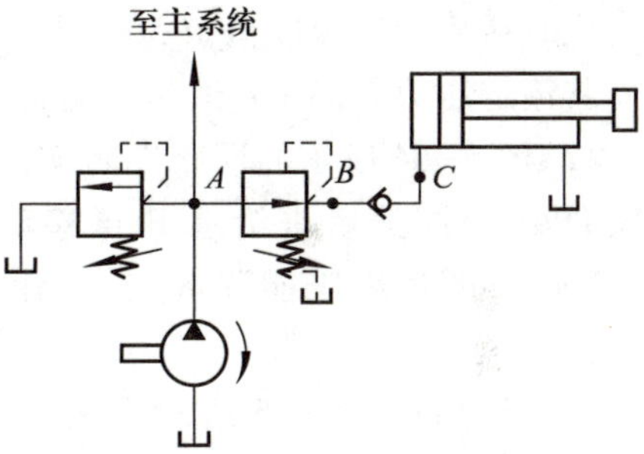


图 5-62 题 8 图

9. 在图 5-63 所示液压系统中，液压缸有效工作面积 $A_1=A_2=100$ cm$^2$，液压缸 Ⅰ 负载 $F=35\ 000$ N，液压缸 Ⅱ 运动时负载为零。不计摩擦阻力、惯性力和管路损失。溢流阀、顺序阀和减压阀的调定压力分别为 4 MPa、3 MPa 和 2 MPa。求在下列三种工况下 $A$、$B$、$C$ 三点处的压力各为多少？

(1) 液压泵起动后，两换向阀处于中位。

(2) 电磁铁 1YA 通电，液压缸 Ⅰ 活塞运动时及活塞运动到行程终点后。

(3) 电磁铁 1YA 断电、2YA 通电，液压缸 Ⅱ 活塞运动时及活塞碰到死挡铁时。

10. 在图 5-28a 所示的平衡回路中，若液压缸无杆腔有效工作面积 $A_1=80$ cm$^2$，有杆腔有效工作面积 $A_2=40$ cm$^2$，活塞与运动部件自重 $G=6\ 000$ N，运动时活塞上的摩擦阻力为 $F_f=2\ 000$ N，向下运动时要克服负载阻力为 $F_L=24\ 000$ N，试问顺序阀和溢流阀的最小调定压力各为多少？

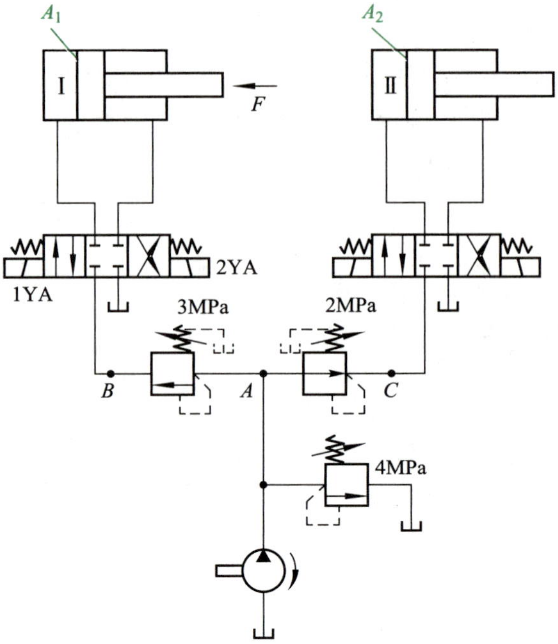


图 5-63　题 9 图

11. 液压缸活塞有效工作面积 $A=100\ \text{cm}^2$，负载在 500～40 000 N 的范围内变化，为使负载变化时活塞运动速度恒定，在液压缸进油口处使用一个调速阀。如将液压泵的工作压力调到其额定压力 6.3MPa，试问这是否合适？

12. 图 5-64 所示的回路能否实现“夹紧缸 A 先夹紧工件，然后进给缸 B 再移动”的要求（夹紧缸 A 的速度应能调节）？为什么？应该怎么办？

13. 试分析图 5-56 所示采用压力继电器控制的顺序动作回路，在不增加元件的前提下，如何把原本的①→②→③→④改为②→①→③→④顺序动作。

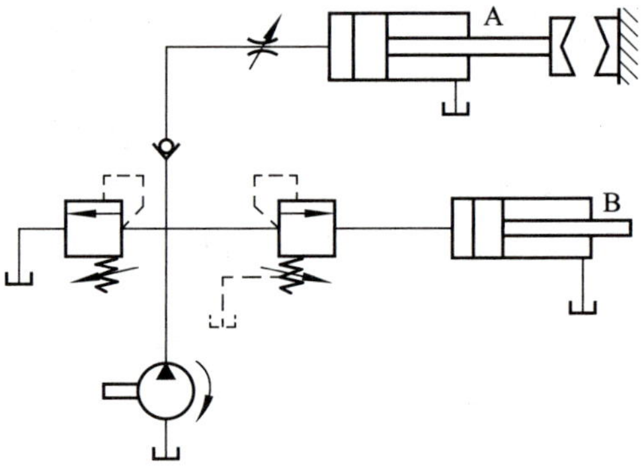


图 5-64　题 12 图

# 项目六　液压系统的分析与维护

## 项目引入

随着液压传动技术的发展，液压传动已被广泛应用于诸多工程技术领域。根据机械设备的工作要求，将实现各种不同运动的执行元件及其液压基本回路经有机组合，用液压泵组集中供油，使液压设备实现特定的运动循环或工作，就构成了设备的液压传动系统，简称液压系统，如图 6-1 所示的液压传动机械设备。液压系统的工作原理用液压系统图来表达，液压系统图是用标准图形符号绘制的液压系统原理图，其仅表示各液压元件及它们之间的连接与控制方式，并不代表它们的实际尺寸大小和空间位置。正确阅读和分析液压系统图是安装、调试、使用和维护液压设备的基础。

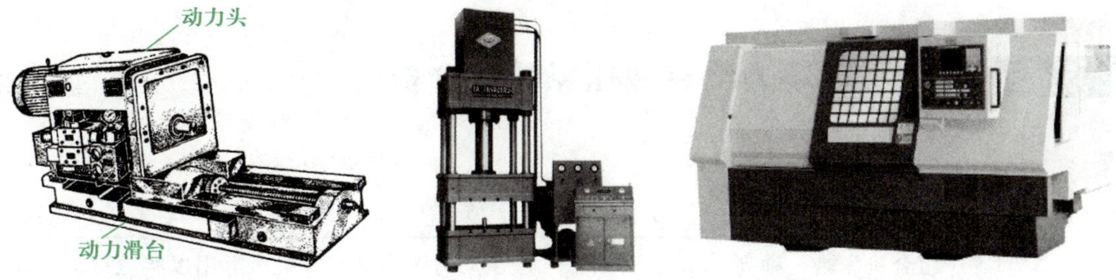


(a) 组合机床动力滑台　　(b) 万能液压机　　(c) 数控机床

图 6-1　液压传动机械设备

可以按以下方法和步骤阅读和分析液压系统图。

1）了解设备的功用及对液压系统动作和性能的要求。

2）初步分析液压系统图，并按执行元件数将其分解为若干个子系统。

3）对每个子系统进行分析，分析组成子系统的基本回路及各液压元件的作用，按执行元件的工作循环和动作要求，参照电磁铁动作表，分析实现每步动作的进油和回油路线。

4）根据设备对液压系统中各子系统之间的顺序、同步、互锁、防干扰或联动等要求，分析各子系统之间的联系，弄懂整个液压系统的工作原理。

5）归纳出设备液压系统的特点和正确使用设备的工作要领，以加深对整个液压系统的理解。

本项目通过对几台机械设备的典型液压系统实例的分析，学会阅读和分析液压系统的方法和步骤，能正确使用和维护液压系统。

## 学习目标

1. 知识目标

掌握阅读和分析液压系统的方法和步骤。

了解典型液压系统的元件组成及其基本回路。

了解液压系统的特点。

了解液压设备的功用、动作要求及动作循环要求。

了解液压系统的安装、调试及使用维护。

2. 技能目标

能正确识读液压系统图。

能正确分析液压系统。

能正确安装、调试及使用、维护液压系统。

3. 素质目标

增强自主学习意识。

增强团队合作意识。

培养分析、解决问题的能力。

培养良好的职业素养。

# 任务 6.1 组合机床动力滑台液压系统的分析

## 任务清单

| | |
|---|---|
| 任务引入 | 组合机床是一种高效率的专用机床，液压动力滑台是组合机床上用以实现进给运动的一种通用部件，其运动由液压缸驱动。根据加工需要，在动力滑台台面上可安装动力箱、多轴箱及各种用途的切削头等工作部件，用以完成钻、扩、铰、镗、铣、车、刮端面、攻螺纹等加工工序，并可实现多种工作循环。动力滑台液压系统是一种以速度变化为主的典型液压系统。该系统应满足进给速度稳定、速度换接平稳、功率利用合理、系统效率高和发热少等要求。 |
| 任务目标 | 能正确分析动力滑台液压系统。 |
| 任务要求 | 动力滑台是系列化产品，不同规格的动力滑台，其液压系统的组成和工作原理基本相同。YT4543 型组合机床动力滑台能完成“快进→一工进→二工进→死挡铁停留→快退→原位停止”的典型工作循环，请识读该动力滑台的液压系统图，分析其工作原理和特点。 |
| 任务思考 | 1. YT4543 型组合机床动力滑台液压系统中，压力继电器 11 的作用是(　　)，液控顺序阀 5 的作用是(　　)，单向阀 6 的作用是(　　)，电液换向阀 3 中节流阀的作用是(　　)。<br>A. 控制换向时间　　B. 形成差动连接回路<br>C. 快进关闭，工进开启　　D. 给时间继电器发信号 |

续表

| | |
|---|---|
| 任务思考 | 2. YT4543 型组合机床动力滑台液压系统的工作循环中，实现每个动作的信号来自何处？<br>3. YT4543 型组合机床动力滑台液压系统有哪些基本控制回路？ |
| 任务实施 | 1. 分析 YT4543 型组合机床动力滑台液压系统的工作原理。<br>2. 分析 YT4543 型组合机床动力滑台液压系统的特点。 |
| 任务总结 | 通过完成上述任务，学到了哪些知识或技能？ |
| 实施人员 | |
| 任务评价 | 参考附录 C。　　　　得分 |

## 知识库

微课：动力滑台液压系统

图 6-2 所示为 YT4543 型组合机床动力滑台液压系统图。该动力滑台在电气和机械装置的配合下实现各种自动工作循环，其最大进给力为 45 kN，快进速度约为 6.5 m/min，进给速度范围为 6.6～600 mm/min。图 6-2 所示的循

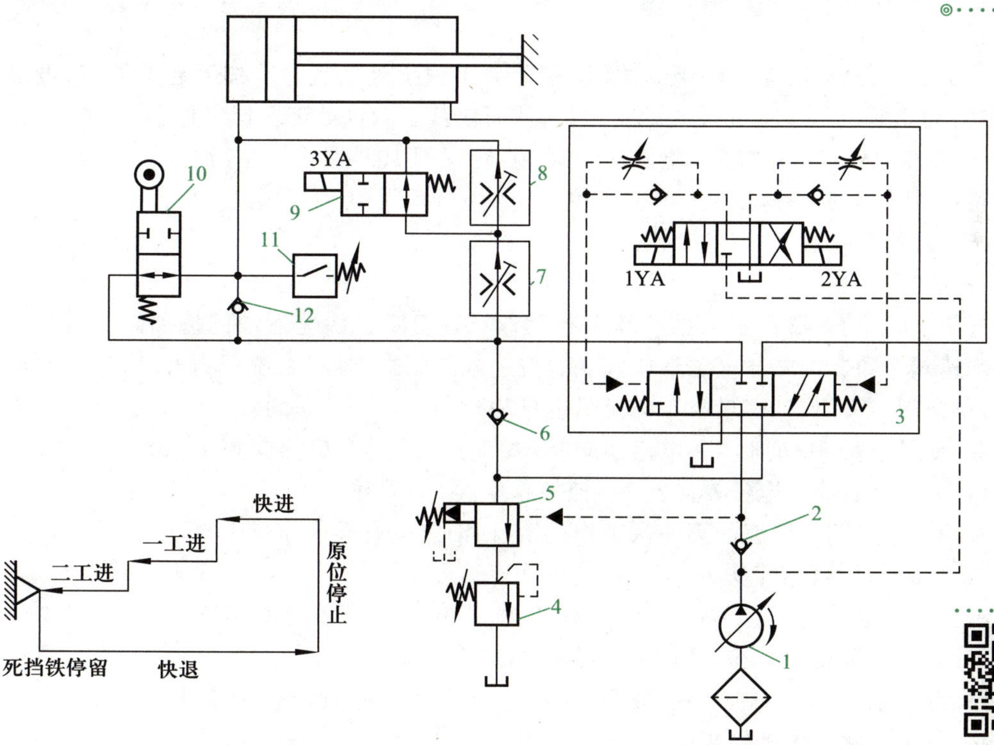


1—变量泵；2、6、12—单向阀；3—电液换向阀；4—背压阀；5—液控顺序阀；7、8—调速阀；9—电磁换向阀；10—行程阀；11—压力继电器

图 6-2 YT4543 型组合机床动力滑台液压系统图

动画：YT4543 型组合机床动力滑台液压系统

环是其中一种典型的形式。该系统采用限压式变量叶片泵供油，用电液换向阀换向，由液压缸差动连接来实现快进，调速阀调节工进速度，用行程阀控制快进与工进的换接，电磁换向阀控制两种工进速度的换接，用死挡铁保证进给的位置。表 6-1 为该液压系统的电磁铁、行程阀和压力继电器的动作顺序表。

表 6-1 电磁铁、行程阀和压力继电器的动作顺序表

| 工作循环 | 信号来源 | 电磁铁 | | | 行程阀 11 | 压力继电器 12 |
|---|---|---|---|---|---|---|
| | | 1YA | 2YA | 3YA | | |
| 快进 | 起动按钮 | + | − | − | − | − |
| 一工进 | 挡块压下行程阀 | + | − | − | + | − |
| 二工进 | 挡块压下行程开关 | + | − | + | + | − |
| 死挡铁停留 | 死挡铁、压力继电器 | + | − | + | + | + |
| 快退 | 时间继电器 | − | + | − | ± | − |
| 原位停止 | 挡块压下原位行程开关 | − | − | − | − | − |

注："+"表示通电或行程阀压下；"−"表示断电或行程阀复位。

## 一、YT4543 型组合机床动力滑台液压系统的工作原理

1. 快进

快进时系统压力低，液控顺序阀 5 关闭，变量泵 1 输出最大流量。按下起动按钮，电磁铁 1YA 通电，电液换向阀 3 的先导阀处于左位，从而使其主阀也处于左位工作，其主油路为：

进油路：变量泵 1→单向阀 2→电液换向阀 3→行程阀 10→液压缸左腔。

回油路：液压缸右腔→电液换向阀 3→单向阀 6→行程阀 10→液压缸左腔。

这时液压缸两腔连通，实现差动快进。

2. 第一次工作进给（一工进）

在快进终了时，动力滑台上的挡块压下行程阀 10，切断了快速运动的进油路。压力油只能通过调速阀 7 和二位二通电磁换向阀 9 右位进入液压缸左腔，系统压力升高，液控顺序阀 5 开起，单向阀 6 关闭，且变量泵 1 的流量也自动减小。其主油路为：

进油路：变量泵 1→单向阀 2→电液换向阀 3→调速阀 7→电磁换向阀 9→液压缸左腔。

回油路：液压缸右腔→电液换向阀 3→液控顺序阀 5→背压阀 4→油箱。

滑台实现由调速阀 7 调速的第一次工作进给，回油路上有阀 4 作背压阀。

3. 第二次工作进给（二工进）

当第一次工作进给终了时，挡块压下行程开关，使电磁铁 3YA 通电，电磁换向阀 10 左位工作，压力油须通过调速阀 7 和 9 进入液压缸左腔。其主油路为：

进油路：变量泵 1→单向阀 2→电液换向阀 3→调速阀 7→调速阀 8→液压缸左腔。

回油路：与第一次工作进给相同。

由于调速阀 8 的通流截面面积比调速阀 7 的通流截面面积小，因而动力滑台实现由阀 8 调速的第二次工作进给。

4. 死挡铁停留

当第二次工作进给完毕后滑台碰到死挡铁后停止运动。这时液压缸左腔压力升高，当压力升高到压力继电器 11 的开起压力时，压力继电器发出信号给时间继电器，由时间继电器延时控制动力滑台停留时间。这时的油路与第二次工作进给时的油路相同，但系统内油液已停止流动，液压泵的流量已减至很小，仅用于补充泄漏油量。

5. 快退

时间继电器经延时后发出信号，使电磁铁 2YA 通电，1YA、3YA 断电。这时电液换向阀 3 的主阀右位工作，其主油路为：

进油路：变量泵 1→单向阀 2→电液换向阀 3→液压缸右腔。

回油路：液压缸左腔→单向阀 12→电液换向阀 3→油箱 。

因动力滑台返回时为空载，系统压力低，变量泵 1 的流量又自动恢复到最大值。当动力滑台快速退回到第一次工进起点时，行程阀 10 复位。

6. 原位停止

当动力滑台快速退回到原位时，挡块压下原位行程开关，使电磁铁 2YA 断电，电液换向阀 3 的主阀恢复至中位，液压缸两腔油路被封闭，动力滑台被锁紧在起始位置上。变量泵 1 输出的油液经电液换向阀 3 直接回油箱，变量泵 1 卸荷。

## 二、YT4543 型组合机床动力滑台液压系统的特点

1）采用限压式变量泵和调速阀组成容积节流调速系统，把调速阀装在进油路上，而在回油路上加背压阀。这样就获得了较好的低速稳定性、较大的调速范围和较高的效率。

2）采用电液换向阀的换向回路，换向平稳且无冲击。

3）采用液压缸差动连接的快速回路，简单可靠，能源利用合理。

4）采用行程阀和液控顺序阀，实现快进与工进速度的转换，使速度转换平稳、可靠且位置准确。采用两个串联的调速阀及用行程开关控制的电磁换向阀实现两种工进速度的转换。由于进给速度较低，也能保证换接精度和平稳性的要求。

5）采用压力继电器发出信号，控制动力滑台反向退回，方便可靠。

6）采用死挡铁能提高动力滑台工进结束时的位置精度。

拓展阅读：创新驱动发展，“重庆造”液压机进军欧洲市场

# 任务 6.2 万能液压机液压系统的分析

## 任务清单

| | |
|---|---|
| 任务引入 | 液压机是对金属、粉末冶金、塑料等制品进行锻压、冲压、冷挤、校直、弯曲等工艺压制成形的压力加工机械设备，其应用广泛，是最早应用液压传动的机械之一。液压机液压系统以压力控制为主，工作压力为 20~30 MPa，系统具有高压、大流量、大功率的特点。按其工作介质是油还是水（乳化液），液压机可分为油压机和水压机两种，按液压机的导柱数量有单柱式、三柱式、四柱式等形式。 |

续表

| | | | |
|---|---|---|---|
| 任务目标 | 能正确分析液压机液压系统。 | | |
| 任务要求 | 四柱式液压机应用最广,也最典型。YA32-200 型四柱式万能液压机有上、下两个液压缸,安装在 4 个立柱之间。上液压缸为主缸,驱动滑块完成“快速下行→慢速加压→保压延时→卸压回程→原位停止”的工作循环。下液压缸为顶出缸,其实现“顶出→退回→原位停止”的工作循环。在薄板拉伸时,为防止周边起皱,则利用顶出缸来压紧坯料,则顶出缸实现“下行→停止→顶出”的工作循环(浮动压边)。请识读该液压机的液压系统图,分析其工作原理和特点。 | | |
| 任务思考 | 1. YA32-200 型四柱式万能液压机液压系统中(图 6-3),压力继电器 7 的作用是(　　),液压泵 2 的作用是(　　),充液箱 15 的作用是(　　),背压阀 20 的作用是(　　)。<br>A.建立压边压力　　B. 主缸补油<br>C. 提供控制油液　　D. 给时间继电器发信号<br>2. YA32-200 型四柱式万能液压机液压系统中主要的压力控制回路有哪些?其实现的核心元件分别是什么?(写元件的名称和序号) | | |
| 任务实施 | 1. 分析 YA32-200 型四柱式万能液压机液压系统的工作原理。<br>2. 分析 YA32-200 型四柱式万能液压机液压系统的特点。 | | |
| 任务总结 | 通过完成上述任务,学到了哪些知识或技能? | | |
| 实施人员 | | | |
| 任务评价 | 参考附录 C。 | 得分 | |

## 知识库

图 6-3 所示为以油为介质的 YA32-200 型四柱式万能液压机液压系统图。该液压机主缸的最大压制力为 2 000 kN,工作速度不超过 50 m/s,快进速度不超过 300 m/s。图 6-4 所示为液压机液压系统的动作循环图。表 6-2 为该液压系统电磁铁的动作顺序表。

### 一、YA32-200 型四柱式万能液压机液压系统的工作原理

1. 主缸动作

(1) 快速下行(快进)

按下起动按钮,电磁铁 1YA、5YA 通电,液压泵 2 供给的控制油液使电液换向阀 6 切换至右位,并通过换向阀 8 使液控单向阀 9 打开。

进油路:液压泵 1→电液换向阀 6→单向阀 12→主缸 16 上腔。

回油路:主缸 16 下腔→液控单向阀 9→电液换向阀 6→电液换向阀 21 中位→油箱。

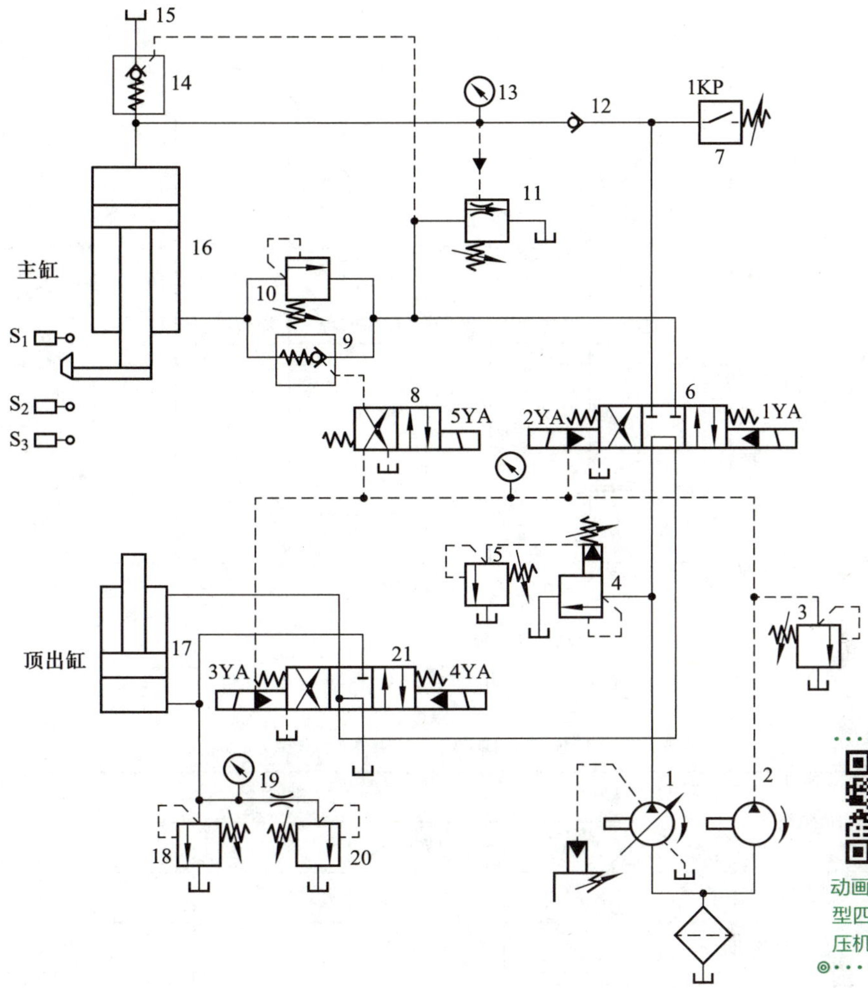


1、2—液压泵；3、4、5—溢流阀；6、21—电液换向阀；7—压力继电器；8—换向阀；9、14—液控单向阀；10—平衡阀；11—卸荷阀；12—单向阀；13—压力表；15—充液箱；16—主缸；17—顶出缸；18—安全阀；19—节流器；20—背压阀

图 6-3　YA32-200 型四柱式万能液压机液压系统图

动画：YA32-200型四柱式万能液压机的液压系统

由于在主缸快速下行时，滑块与活塞在自重作用下快速下降，这时液压泵 1 的全部流量尚不能满足主缸上腔空出容积的补充需要，因而上腔形成局部真空，位于液压机顶部的充液箱 15 内的油液经液控单向阀 14 进入主缸上腔补油。

（2）慢速加压（工进）

当主缸滑块降至一定位置触动行程开关 $S_2$ 后，电磁铁 5YA 断电，换向阀 8 处于常态位，液控单向阀 9 由于失去控制油压而关闭。主缸回油路：主缸 16 下腔→平衡阀 10→电液换向阀 6→电液换向阀 21 中位→油箱。由于平衡阀 10 的存在，主缸的下腔产生背压，这一背压平衡了活塞与滑块的重量，因而活塞的下行只能依靠液压泵 1 的供油来驱动。即液压泵 1 开始承载，此时主缸上腔的压力增高，这使液控单向阀 14 关闭，主缸速度减慢。当主缸下行到滑块压到工件后，由于负载增加而使液压泵 1 的供油压力进一步提高，液压泵 1 的供油量自动减少，主缸以慢速对工件加压。

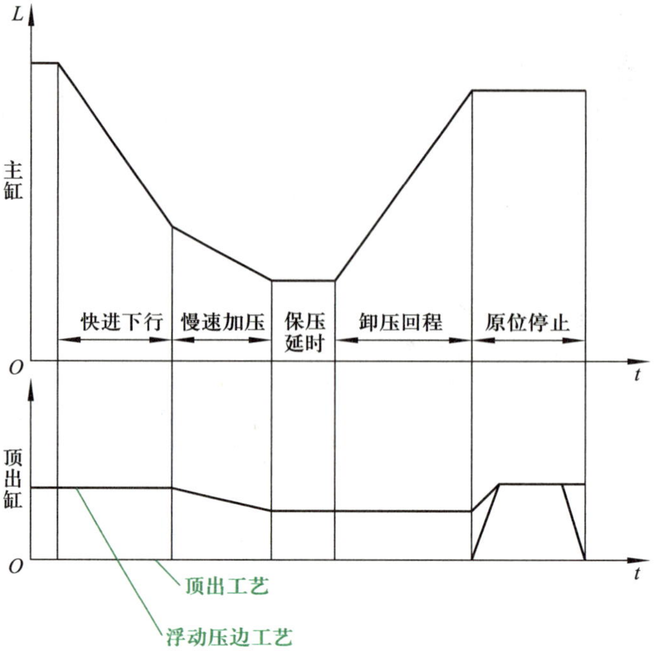


图 6-4　液压机液压系统的动作循环图

表 6-2　电磁铁的动作顺序表

| 工作循环 | | 电磁铁 | | | | |
|---|---|---|---|---|---|---|
| | | 1YA | 2YA | 3YA | 4YA | 5YA |
| 主缸 | 快速下行 | + | − | − | − | + |
| | 慢速加压 | + | − | − | − | − |
| | 保压延时 | − | − | − | − | − |
| | 卸压回程 | − | + | − | − | − |
| | 原位停止 | − | − | − | − | − |
| 顶出缸 | 顶出 | − | − | + | − | − |
| | 退回 | − | − | − | + | − |
| | 浮动压边 | + | − | ± | − | − |

注："+"表示通电；"−"表示断电。

（3）保压延时

当主缸上腔压力达到预定值时，压力继电器 7 发出信号，使电磁铁 1YA 断电，电液换向阀 6 恢复中位，主缸上、下腔封闭。同时，液压泵 1 经电液换向阀 6 中位和电液换向阀 21 中位卸荷。单向阀 12 用于实现主缸保压，保压时间由压力继电器控制的时间继电器调定。

（4）卸压回程

保压过程结束时，时间继电器发出信号使电磁铁 2YA 通电，主缸处于回程状态。当电液换向阀 6 切换至左位后，主缸上腔还未卸压，压力很高，压力油使卸荷阀 11（带阻尼孔）呈开起状态，液压泵 1 输出油液经阀 11 中的阻尼孔回油箱。这时液压泵 1 在低压下工作，此压力不足以使主缸活塞回程，但能打开液控单向阀 14 中锥阀上的卸荷阀芯，使主缸上腔油液经此卸荷阀芯的开口泄回充液箱 15，即开始卸压。当卸压持续到主缸上腔的压力降低，由主缸上腔压力油控制的卸荷阀 11 的阀芯开口量将逐渐减小，使液压泵 1 的供油压力升高并打开液控单向阀 14 的主阀阀芯，主缸开始快速回程。这时的主油路为：

进油路：液压泵 1→电液换向阀 6→液控单向阀 9→主缸 16 下腔。

回油路：主缸 16 上腔→液控单向阀 14→充液箱 15。

（5）原位停止

当主缸滑块上升至触动行程开关 $S_1$ 后，电磁铁 2YA 断电，电液换向阀 6 处于中位使主缸两腔通路封闭而停止不动。由于在主缸的下腔有平衡阀 10 和液控单向阀 9，因此主缸不会因活塞和滑块的自重而下滑。压力继电器 7 还能防止主缸发生超高压，起安全作用。在停止时，液压泵 1 的供油经过电液换向阀 6 中位和电液换向阀 21 中位卸荷。

2. 顶出缸动作

由于供油需经过电液换向阀 6 的中位才能到达控制顶出缸运动的电液换向阀 21，因此顶出缸只有在主缸处于停止位置时才能动作。主缸 16 与顶出缸 17 互锁，从而有效地防止误操作的可能。顶出缸有以下三种工况。

（1）顶出

按下顶出缸的顶出按钮，电磁铁 3YA 通电，电液换向阀 21 切换至左位，顶出缸 17 活塞上升。其油路为：

进油路：液压泵 1→电液换向阀 6→电液换向阀 21→顶出缸 17 下腔。

回油路：顶出缸 17 上腔→电液换向阀 21→油箱。

（2）退回

按下顶出缸的退回按钮，电磁铁 4YA 通电、3YA 断电，电液换向阀 21 切换至右位。其油路为：

进油路：液压泵 1→电液换向阀 6→电液换向阀 21→顶出缸 17 上腔。

回油路：顶出缸 17 下腔→电液换向阀 21→油箱。

（3）浮动压边

做薄板拉伸压边时，要求顶出缸既要保持一定的压力，又能随着主缸滑块的下压而下降。这时，在主缸动作前电磁铁 3YA 通电，顶出缸顶出后电磁铁 3YA 立即又断电，使电液换向阀 21 处于中位，顶出缸下腔的油液被封死。当主缸滑块下压时，顶出缸活塞被迫随之下行，因此顶出缸下腔的压力升高，当压力升高到能经过节流器 19 打开背压阀 20 时，下腔的油液便通过这条通路缓慢地流回油箱，从而建立起所需的压边力。安全阀 18 是当节流器 19 阻塞时起安全作用的。

## 二、YA32-200 型四柱式万能液压机液压系统的特点

1）采用高压大流量恒功率变量泵供油，既符合工艺要求，又节省能量。

2）利用活塞、滑块的自重作用实现快速下行，并用充液箱对主缸充液。这种快速运动回路结构简单，使用元件少。

3）采用单向阀 12 保压。为了减少由保压延时转换为快速回程时的液压冲击，采用了卸荷阀 11 和带卸荷阀芯的液控单向阀 14 组成的卸压回路。

4）为了保证不发生误动作，主缸与顶出缸的运动互锁。只有电液换向阀 6 处于中位，主缸不运动时，压力油才能进入电液换向阀 21，使顶出缸运动。

5）由于液压机主油路压力较高，为避免换向冲击，液压机系统的控制油液由专门的低压泵供油，而不应直接用系统的高压油作控制油源。

## 任务 6.3　数控车床液压系统的分析

### 任务清单

| | | | |
|---|---|---|---|
| 任务引入 | 数控车床主要用于轴类和盘类回转体零件的加工，能自动完成外圆柱面、锥面、螺纹等工序的切削加工，并能进行切槽、钻、扩、铰孔等工艺，特别适宜于复杂形状零件的加工。目前，在数控车床上，液压传动技术得到了广泛的应用。 | | |
| 任务目标 | 能正确分析数控车床液压系统。 | | |
| 任务要求 | 在 MJ-50 型数控车床中，卡盘、刀架、尾座套筒都是由液压系统驱动的，请识读该数控车床液压系统图，分析其工作原理和特点。 | | |
| 任务思考 | 1. MJ-50 型数控车床液压系统能实现哪些动作？<br>2. MJ-50 型数控车床刀架转位、尾座套筒伸缩的速度调节采用的是哪种调速方式？ | | |
| 任务实施 | 1. 分析 MJ-50 型数控车床液压系统的工作原理。<br>2. 分析 MJ-50 型数控车床液压系统的特点。 | | |
| 任务总结 | 通过完成上述任务，学到了哪些知识或技能？ | | |
| 实施人员 | | | |
| 任务评价 | 参考附录 C。 | 得分 | |

### 知识库

图 6-5 所示为 MJ-50 型数控车床液压系统图。该液压系统采用变量泵供油，工作压力调到 4MPa，能实现的动作有：卡盘的夹紧与松开、卡盘夹紧力的高低压转换、刀架刀盘的松开与夹紧、刀架的正转与反转、尾座套筒的伸出与退回等。液压系统中各电磁铁的动作由数控系统的 PLC 控制实现，电磁铁的动作顺序见表 6-3。

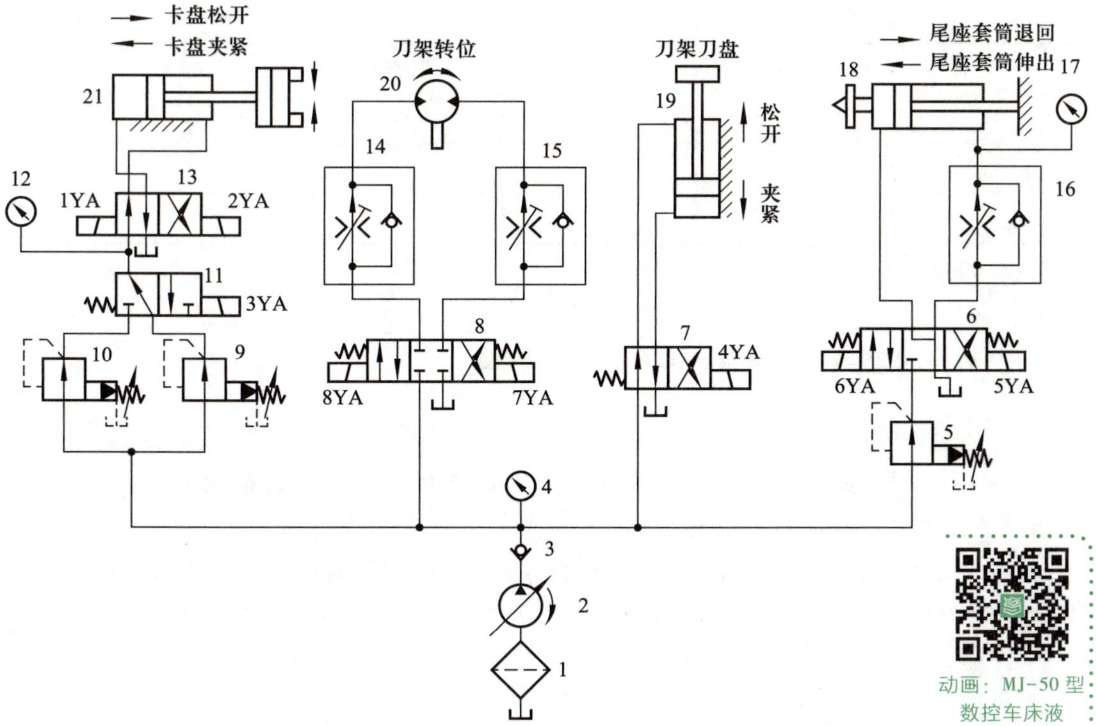


动画：MJ-50 型数控车床液压系统

1—过滤器；2—液压泵；3—单向阀；4、12、17—压力表；5、9、10—减压阀；
6、7、8、11、13—电磁换向阀；14、15、16—单向调速阀；18、19、21—液压缸；20—液压马达

图 6-5 MJ-50 型数控车床液压系统图

表 6-3 电磁铁的动作顺序表

| 动作 | | | 电磁铁 | | | | | | | |
|---|---|---|---|---|---|---|---|---|---|---|
| | | | 1YA | 2YA | 3YA | 4YA | 5YA | 6YA | 7YA | 8YA |
| 卡盘正卡 | 高压 | 夹紧 | + | − | + | | | | | |
| | | 松开 | − | + | + | | | | | |
| | 低压 | 夹紧 | + | − | − | | | | | |
| | | 松开 | − | + | − | | | | | |
| 卡盘反卡 | 高压 | 夹紧 | − | + | + | | | | | |
| | | 松开 | + | − | + | | | | | |
| | 低压 | 夹紧 | − | + | − | | | | | |
| | | 松开 | + | − | − | | | | | |
| 刀架 | 松开 | | | | | + | | | | |
| | 夹紧 | | | | | − | | | | |
| | 正转 | | | | | | | | − | + |
| | 反转 | | | | | | | | + | − |

续表

| 动作 | | 电磁铁 | | | | | | | |
|---|---|---|---|---|---|---|---|---|---|
| | | 1YA | 2YA | 3YA | 4YA | 5YA | 6YA | 7YA | 8YA |
| 尾座套筒 | 伸出 | | | | | - | + | | |
| | 退回 | | | | | + | - | | |

注："+"表示通电；"-"表示断电。

## 一、MJ-50 型数控车床液压系统的工作原理

1. 卡盘动作

主轴卡盘的夹紧与松开，由二位四通电磁换向阀 13 控制。卡盘的高压与低压夹紧转换，由二位四通电磁换向阀 11 控制。

当卡盘处于正卡（卡爪向内夹紧工件外圆，也称为外卡）且在高压夹紧状态下时，夹紧力的大小由减压阀 10 来调节。卡盘夹紧时，电磁铁 1YA、3YA 通电，活塞杆左移。油路为：

进油路：液压泵 2→减压阀 10→电磁换向阀 11→电磁换向阀 13→液压缸 21 右腔。

回油路：液压缸 21 左腔→电磁换向阀 13→油箱。

卡盘松开时，电磁铁 2YA 通电、1YA 断电，活塞杆右移。油路为：

进油路：液压泵 2→减压阀 10→电磁换向阀 11→电磁换向阀 13→液压缸 21 左腔。

回油路：液压缸 21 右腔→电磁换向阀 13→油箱。

当卡盘处于正卡且在低压夹紧状态下时，夹紧力的大小由减压阀 9 来调整。卡盘夹紧时，电磁铁 1YA 通电、3YA 断电，活塞杆左移。油路为：

进油路：液压泵 2→减压阀 9→电磁换向阀 11→电磁换向阀 13→液压缸 21 右腔。

回油路：液压缸 21 左腔→电磁换向阀 13→油箱。

卡盘松开时，电磁铁 2YA 通电、1YA 断电，活塞杆右移。油路为：

进油路：液压泵 2→减压阀 9→电磁换向阀 11→电磁换向阀 13→液压缸 21 左腔。

回油路：液压缸 21 右腔→电磁换向阀 13→油箱。

卡盘处于反卡（卡爪向外夹紧工件内孔）时，动作与正卡相反。即反卡的夹紧是正卡的松开；反卡的松开是正卡的夹紧。

2. 刀架动作

刀架换刀时，刀盘松开，刀盘转到指定的刀位后，刀盘夹紧。刀盘的夹紧与松开，由二位四通电磁换向阀 7 控制。刀架可正、反转，由三位四通电磁换向阀 8 控制，其转速分别由单向调速阀 14 和 15 调节控制。

转刀时，电磁铁 4YA 先通电，刀盘松开。

当电磁铁 8YA 通电、7YA 不通电时，刀架正转，油路为：

进油路：液压泵 2→电磁换向阀 8→单向调速阀 14→液压马达 20。

当电磁铁 4YA 断电时，刀盘夹紧。

当电磁铁 7YA 通电、8YA 断电时，刀架反转，油路为：

进油路：液压泵 2→电磁换向阀 8→单向调速阀 15→液压马达 20。

3. 尾座套筒动作

尾座套筒的伸出与退回动作由三位四通电磁换向阀 6 控制。当电磁铁 6YA 通电时，尾座套筒向外伸出，油路为：

进油路：液压泵 2→减压阀 5→电磁换向阀 6→液压缸 18 左腔。

回油路：液压缸 18 右腔→单向调速阀 16→电磁换向阀 6→油箱。

当电磁铁 5YA 通电、6YA 断电时，尾座套筒退回，油路为：

进油路：液压泵 2→减压阀 5→电磁换向阀 6→单向调速阀 16→液压缸 18 右腔。

回油路：液压缸 18 左腔→电磁换向阀 6→油箱。

## 二、MJ-50 型数控车床液压系统的特点

1）采用变量叶片泵向系统供油，可自动调整输出流量，能量损失小。

2）用电磁换向阀控制卡盘，实现高压和低压夹紧的转换，并且分别调节高压夹紧力或低压夹紧力的大小，这样可根据工件情况调节夹紧力，操作方便简单。

3）用液压马达实现刀架转位，可实现无级调速，并能控制刀架的正、反转。

4）用电磁换向阀控制尾座套筒液压缸的换向，实现尾座套筒的伸出和缩回，并能调节尾座套筒伸出时的预紧力大小，以适应不同工件的需要。

5）压力表 4、12、17 可分别显示该液压系统相应位置的压力，便于调试和故障诊断。

6）采用断电时刀盘夹紧，消除了加工过程中突然停电所带来的事故隐患。

# 任务 6.4　液压系统的使用与维护

## 任务清单

| | |
|---|---|
| 任务引入 | 对于任何一个设计合理的液压系统，如果安装、调试不正确或使用、维护不当，亦会出现各种故障，不能长期发挥和保持其良好的工作性能。因此，要想使液压设备经常处于良好的工作状态，就需要正确的使用与维护液压系统，并及时发现并排除故障。 |
| 任务目标 | 能正确安装、调试及使用、维护液压系统。 |
| 任务要求 | 液压系统的安装、调试及使用、维护是一个实践性很强的问题，液压系统的故障判断和排除取决于对液压元件和系统的理解和实践经验的积累。请分析液压系统安装、调试及使用、维护的方法、步骤和要求。 |
| 任务思考 | 1. 液压系统安装前需要做好哪些准备工作？<br>2. 液压系统调试前要做好哪些检查？<br>3. 液压系统的维护包括哪几个阶段？ |

续表

| | | | |
|---|---|---|---|
| 任务实施 | 1. 分析液压系统管道安装的要求。<br>2. 分析液压系统空载调试的步骤。<br>3. 分析液压系统使用、维护的要求和内容。 | | |
| 任务总结 | 通过完成上述任务，学到了哪些知识或技能？ | | |
| 实施人员 | | | |
| 任务评价 | 参考附录 C。 | 得分 | |

## 知识库

### 一、液压系统的安装与调试

拓展阅读：劳模肖绍军——普通“小工人”，重装大工匠

1. 液压系统的安装

在安装前，先要弄清液压设备主机对液压系统的要求及液压系统与机、电、气的动作关系，以充分理解设计意图；然后验收所有零部件（型号、规格、数量和质量），并做好清洗等准备工作。

（1）液压泵和电动机的安装

在安装时，应保证液压泵与电动机的轴线同轴，一般要求采用弹性联轴器连接，不允许使用 V 带传动，以免液压泵轴受径向力的作用，破坏轴的密封。安装基础要有足够的刚性。液压泵的吸、压油口不能接反。带有外泄油路的液压泵应将泄漏油液单独引出。需要在泵体内灌油的液压泵，要灌液压油。安装时可用手调转液压泵，单向液压泵不能反转。

（2）液压缸的安装

应先校正液压缸外圆的上母线、侧母线与机座导轨导向面平行。垂直安装的液压缸要防止因其自重而坠落。长行程液压缸的一端应固定，允许另一端浮动及伸长。液压缸的负载中心与推力中心最好重合，免受倾覆力矩，保护密封件不受偏载。液压缸缓冲机构不得失灵。密封圈的预压缩量不要太大。活塞在液压缸内移动灵活、无阻滞现象。

（3）液压阀的安装

对于阀体孔或阀板的安装，要防止紧固螺钉因拧得过紧而产生变形。纸垫不得破损，以免串腔短路。方向控制阀各油口的通断情况应与系统图上的图形符号一致。要特别注意外形相似的溢流阀、减压阀和顺序阀，不要安装错位。调压弹簧要先放松，调试时再逐步旋紧调压。在油液污染度符合要求后才能正式安装。

（4）液压管道的安装

管道的布置要求整齐，油路走向应平直、短距，直角转弯应尽量少，同时应便于拆装、检

修。各平行与交叉的油管间距离应大于 10 mm,长管道应用支架固定。各管接头要固紧可靠,密封良好,不得出现泄漏。吸油管与液压泵吸油口处应涂密封胶,保证其良好的密封。液压泵的吸油高度一般不大于 500 mm。吸油路上应设置过滤器,过滤精度为 0.1~0.2 mm,要有足够的通油能力。回油管应插入油面以下并有足够的深度,以防油液飞溅形成气泡,伸入油液中的一端管口应切成 45°,且斜口向箱壁一侧放置,使回油平稳,便于散热。凡外部有泄油口的阀(如减压阀、顺序阀等),其泄油路不应有背压,应单独设置泄油管通油箱。溢流阀的回油管口与液压泵的吸油管不能靠得太近,以免液压泵吸入温度较高的油液。

2. 液压系统的调试

(1) 调试前的准备

1) 要熟悉说明书等有关技术资料,力求全面了解系统的原理、结构、性能和操作方法。

2) 了解液压元件在设备上的实际位置,元件的调整方法及调节旋钮的旋向。

3) 准备好调试工具、仪器、仪表等。

(2) 调试前的检查

1) 检查各手柄位置,确认"停止""后退"及"卸荷"等位置,将各行程挡块紧固在合适位置。溢流阀的调压手柄基本上全松,流量控制阀的手柄接近全开,比例阀的控制压力流量的电流设定值应小于规定的电流值等。

2) 试机前对裸露在外表的液压元件和管路等应再用海绵擦洗一次。

3) 检查液压泵旋向,液压缸、液压马达及液压泵的油管是否接正确。

4) 按要求给导轨、各加油口及其他运动副加润滑油。

5) 检查各液压元件、管路等连接是否正确可靠。

6) 旋松溢流阀手柄,适当拧紧安全阀手柄,使溢流阀调至最低工作压力,流量控制阀调至最小。

7) 检查电动机电源是否与标牌规定一致,电磁换向阀上的电磁铁电流形式和电压是否正确,电气元件有无特殊的起动规定等,全部弄清楚后才能合上电源。

(3) 空载调试

空载调试的目的是全面检查液压系统各回路、各液压元件工作是否正常,工作循环或各种动作的自动转换是否符合要求。其步骤为:

1) 起动液压泵,检查泵在卸荷状态下的运转。确认正常后,即可使其在工作状态下运转。

2) 调整系统压力,在调整溢流阀压力时,应从压力为零开始,逐步提高压力使之达到规定压力值。

3) 调整流量控制阀,先逐步关小流量控制阀,检查执行元件能否达到规定的最低速度及平稳性,然后按其工作要求的速度来调整。

4) 将排气装置打开,使运动部件速度由低到高,行程由小至大运行,然后运动部件全程快速往复运动,以排出系统中的空气,空气排尽后应将排气装置关闭。

5) 调整自动工作循环和顺序动作,检查各动作的协调性和顺序动作的正确性。

6) 各工作部件在空载条件下,按预定的工作循环或顺序连续运转 2~4 h 后,检查油温及液压系统所要求的精度(如换向、定位、停留等),确认一切正常后,方可进入负载调试。

(4) 负载调试

负载调试的目的是使液压系统在规定的负载条件下运转,进一步检查系统的运行质量和存在的问题，检查机器的工作情况，安全保护装置的工作效果，有无噪声、振动和外泄漏等现象，系统的功率损耗和油液温升等。

负载调试时，一般应先在低于最大负载和速度的情况下试车，如果轻载试车一切正常，才逐渐将压力控制阀和流量控制阀调节到规定值，以进行最大负载和速度的试车，以免试车时损坏设备。若系统工作正常，即可投入使用。

## 二、液压系统的使用与维护

拓展阅读：5 万吨垂直挤压机的油路检测

液压系统工作性能的保持，在很大程度上取决于正确的使用与及时的维护，故应建立使用和维护方面的规章制度，并严格执行。

1. 液压系统使用注意事项

1）使用前应熟悉液压设备的操作要领，对各液压元件所控制的相应执行元件和调节旋钮的转动方向与压力、流量大小的变化关系等熟稔于心，防止因调节错误造成事故。

2）要注意温度变化。低温下，油温应达到 20 ℃以上才准许顺序动作。油温高于 60 ℃时应注意系统工作情况，异常升温时，应停车检查。

3）停机 4 h 以上的设备应先使液压泵空载运行 5 min，然后再起动执行机构工作。

4）经常保持液压油清洁。加油时要过滤，液压油要定期检查和更换。过滤器的滤芯应定期清洗或更换。

5）各种液压元件未经主管部门同意不要私自拆换或调节。液压系统出现故障时，不准乱动，应通过有关部门分析原因并排除故障。

2. 液压系统的维护

液压系统的维护、保养包括日常检查、定期检查和综合检查三个阶段。

（1）日常检查

日常检查也称点检，是减少液压系统故障最重要的环节，操作者在使用中应经常通过目视、耳听及手触等比较简单的方法，在液压泵起动前、起动后和停止运转前检查其油量、油温、油质、压力、泄漏、噪声、振动等情况。当出现不正常现象时应停机检查原因，并及时排除故障。

（2）定期检查

定期检查也称定检，为保证液压系统正常工作，提高其寿命与可靠性，须进行定期检查，以便早日发现潜在的故障，并及时进行修复和排除。定期检查的内容包括，调整日常检查中发现的异常现象，潜在的故障预兆，查明原因并给予排除。对规定须定期维修的基础部件，应认真检查并加以保养，对需要维修的部位，必要时可分解检修。定期检查的时间一般与过滤器检修间隔时间相同，约三个月。

（3）综合检查

综合检查大约每年一次，其主要内容是检查液压装置的各元件和部件，判断其性能和寿命，并对产生的故障进行检修或更换元件。

定期检查和综合检查均应作好记录，作为设备出现故障查找原因或设备大修时的依据。

3. 液压系统的故障及排除方法

由于液压系统是密封的，故发生故障时不易查找原因。查找原因时一般从现象入手，分析可能的原因并逐个检查、测试。只要找到故障源，故障就不难排除了。而能否迅速地找到故障源一方面取决于对系统和元件的结构、工作原理的理解，另一方面还依赖于实践经验的积累，有时可通过一些辅助性试验来查找故障。液压系统常见故障主要有液压系统无压力或压力低，运动部件换向有冲击或冲击大，运动部件爬行，液压系统发热、油温升高，泄漏，振动和噪声等。液压系统中各种故障的现象、原因及排除方法，可参考有关手册。

## 技能实训七　液压系统的安装、调试与维护

### 技能实训任务单

<table>
<tr><td>实训目的</td><td colspan="2">1. 进一步了解和熟悉各类液压基本回路的组成、工作原理及功用。<br>2. 能够识读液压系统图。<br>3. 能够安装、调试和维护液压系统。<br>4. 培养实践技能和分析、解决问题的能力。</td></tr>
<tr><td>实训要求</td><td colspan="2">1. 实训前要明确液压系统的作用、组成及原理。<br>2. 能够正确安装、调试与维护液压系统。<br>3. 牢固连接管路，检查无误后才能起动液压泵。<br>4. 在实训过程中，不得在有压力的情况下拆卸油管。<br>5. 严格遵守各种安全操作规程。<br>6. 观察液压系统的运行情况，加深对液压系统的认知。<br>7. 对液压系统的运行情况进行分析，按要求完成技能实训工作页。</td></tr>
<tr><td>实训器材</td><td colspan="2">液压实训台、实训液压系统所需的液压元件等。</td></tr>
<tr><td>实训内容与参考步骤</td><td>实训内容</td><td>液压系统可由实训教师根据液压实训设备实际情况提供。本实训以下图所示的专用铣床工作台液压系统为例。该系统能够实现“快进→工进→快退→停止”工作循环。<br>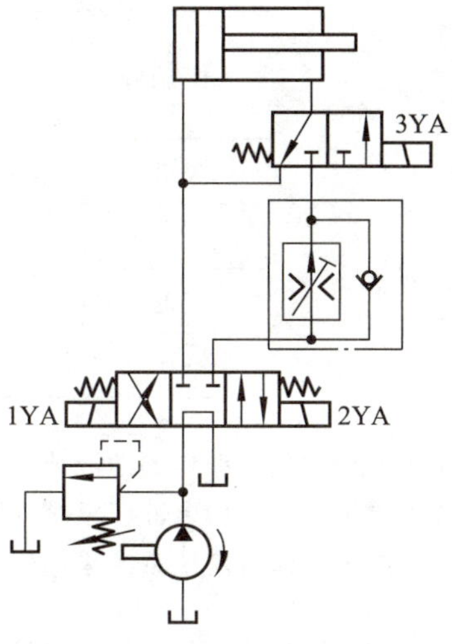<br></td></tr>
</table>

续表

<table>
<tr><td rowspan="5">实训内容与参考步骤</td><td rowspan="5">实训参考步骤</td><td>实训准备</td><td>根据所实训的液压系统图,确定实训所需的所有液压元件并准备好,同时检查元件是否密封完好。</td></tr>
<tr><td>系统安装</td><td>1. 元件布局。首先根据液压系统图进行布局设计,然后将液压元件按布局位置安装固定在液压实训台面板上,注意液压缸的进、回油口应尽量避免朝下(朝上或侧向均可),其他元件的油口接头应方便油管的连接。<br>2. 油路连接。参考液压系统图,按油路逻辑顺序完成油管的连接,注意各液压元件的油口标识字母及其含义,不能接错、接反。油管连接过程中,可将元件从面板上拆下接好后再原位安装。油管全部连接完毕后应进行仔细检查并确保无误。<br>3. 电路连接。用电磁换向阀连接线将电磁换向阀和电气控制面板上的相应插孔接好,然后再连接输入电源。</td></tr>
<tr><td>实训操作</td><td>1. 放松溢流阀,轻载起动液压泵电动机,调整系统压力。<br>2. 按系统工作循环进行调试,对出现的问题进行分析和排除,观察系统的运行情况。<br>3. 认真作好记录,理解、分析实训系统的工作原理。</td></tr>
<tr><td>系统拆除</td><td>1. 将液压泵调至回油模式运转几分钟,使各液压元件和油管中滞留的油液退回油箱。<br>2. 关闭液压泵电动机,断开电源并拆除所有电气连接。<br>3. 从顶部开始依次拆除所有可拆卸元件及油管,尽可能地避免油液泄漏。<br>4. 清理现场,元件、工具清洁后放回原处。</td></tr>
<tr></tr>
<tr><td>实训思考</td><td colspan="3">1. 填写电磁铁的动作顺序。<br><table><tr><td rowspan="2">工作循环</td><td colspan="3">电磁铁</td></tr><tr><td>1YA</td><td>2YA</td><td>3YA</td></tr><tr><td>快进</td><td></td><td></td><td></td></tr><tr><td>工进</td><td></td><td></td><td></td></tr><tr><td>快退</td><td></td><td></td><td></td></tr><tr><td>停止</td><td></td><td></td><td></td></tr></table><br>2. 写出工作循环各动作的油液流动路线。<br>3. 分析专用铣床工作台液压系统由哪几种基本回路组成?<br>4. 专用铣床工作台液压系统采用的是哪种调速方式?为什么?</td></tr>
</table>

## 技能实训工作页

| | | | |
|---|---|---|---|
| 实训内容 | | | |
| 实训过程记录 | | | |
| 实训出现的问题及解决方法 | | | |
| 实训思考解答 | | | |
| 实训效果 | | | |
| 实训人员 | | | |
| 技能实训评价 | 参考附录 D。 | 得分 | |

## 思考和练习

1. 判断题

(1) 动力滑台液压系统不是以速度变化为主的典型液压系统。 (　　)

(2) YT4543 型组合机床动力滑台液压系统的特点是采用液压缸差动连接的快速回路，简单可靠，能源利用合理。 (　　)

(3) 液压机是利用油液作为工作介质来传递功率的，不可使用水。 (　　)

(4) 在液压机中，液压泵流量的大小决定了压力机的工作压力。 (　　)

(5) 数控车床液压系统用限压式变量泵供油，可自动调整输出流量，能量损失小。 (　　)

(6) 数控车床液压系统中泵输出的压力油经双向阀进入各子系统支路。 (　　)

2. YT4543 型组合机床动力滑台的工作循环是什么？

3. 分析 YT4543 型组合机床动力滑台液压系统的一工进与二工进的主油路有何不同？

4. YA32-200 型四柱式万能液压机主缸的工作循环是什么？

5. 简述 YA32-200 型四柱式万能液压机液压系统的主要特点有哪些？

6. 分析 MJ-50 型数控车床液压系统有哪些基本控制回路？

7. 根据图 6-5 所示 MJ-50 型数控车床液压系统图回答以下问题：

(1) 刀盘在停电时处于何种状态，为什么？

(2) 减压阀 5、9、10 的作用分别是什么？

(3) 系统中的液压泵 2 有什么特点？

8. 图 6-6 所示为专用钻床工作台液压系统，能实现“快进——工进—二工进—快退—原位停止”工作循环。试填写其电磁铁的动作顺序表（表 6-4）。

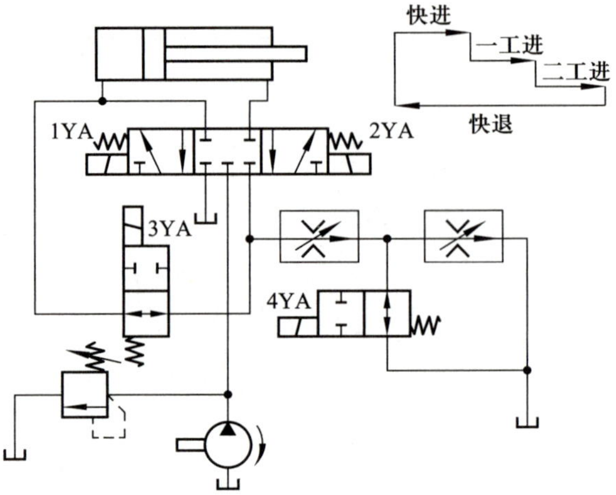


图 6-6　题 8 图

表 6-4　电磁铁的动作顺序表

| 工作循环 | 电磁铁 | | | |
|---|---|---|---|---|
| | 1YA | 2YA | 3YA | 4YA |
| 快进 | | | | |
| 一工进 | | | | |
| 二工进 | | | | |
| 快退 | | | | |
| 原位停止 | | | | |

# 项目七　气源装置和气动辅助元件的认识与选用

## 项目引入

与液压传动一样,气压传动(简称“气动”)也是一种依靠流体作为工作介质进行能量传递和控制的传动形式。在基本工作原理、系统组成、元件结构与图形符号等方面,两者之间有诸多相似之处,但因工作介质不同,其间又有显著的差异。气源装置为气动系统提供满足一定质量要求且具有能量的压缩空气,它是气动系统的动力部分,这部分元器件性能的好坏直接关系到气动系统能否正常工作;气动辅助元件更是气动系统正常工作必不可少的组成部分,如图 7-1 所示的气源装置和气动辅助元件。本项目通过对气源装置与气动辅助元件的认识,掌握正确选用气源装置与气动辅助元件的方法,以保证气动系统正常工作。

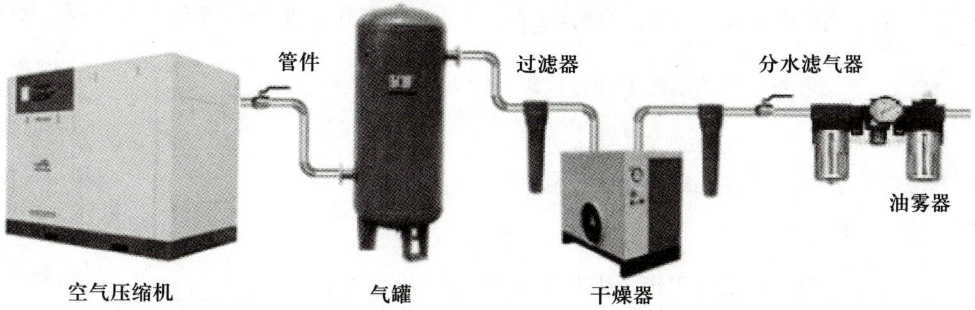


图 7-1　气源装置和气动辅助元件

## 学习目标

1. 知识目标

掌握气动系统的原理、组成及各部分的作用。

掌握气源装置的组成和工用原理。

掌握气源装置与气动辅助元件的图形符号。

了解气动系统的特点、工作介质的性质。

了解油雾器、消声器、转换器及管件的作用。

2. 技能目标

能正确认识气源装置和气动辅助元件。

能正确识读气源装置和气动辅助元件的图形符号。

能正确选用气源装置和气动辅助元件。

能正确演示剪切机气动系统。

3. 素质目标

增强自主学习意识。

增强团队合作意识。

培养分析、解决问题的能力。

培养良好的职业素养。

## 任务 7.1 气压传动的认识

### 任务清单

| | | | |
|---|---|---|---|
| 任务引入 | 气压传动采用来源方便、无污染，且防火、防爆的压缩空气作为工作介质，在工业生产中得到了广泛的应用。气动系统是由各种气动元件组成的能完成一定控制功能的传动系统，以实现运动和动力的传递。 | | |
| 任务目标 | 能正确分析气压传动的工作原理及气动系统的组成。 | | |
| 任务要求 | 请以剪切机气动系统为例，分析气压传动的工作原理、气动系统的组成及其作用。 | | |
| 任务思考 | 1. 剪切机气动系统中的行程阀起什么作用？<br>2. 气动系统有哪些优缺点？<br>3. 气压传动的工作介质中若混有水蒸气有何危害？ | | |
| 任务实施 | 1. 分析气压传动的工作原理。<br>2. 分析气动系统的组成。 | | |
| 任务总结 | 通过完成上述任务，学到了哪些知识或技能？ | | |
| 实施人员 | | | |
| 任务评价 | 参考附录 C。 | 得分 | |

## 知识库

### 一、气压传动的工作原理

微课：气压传动

下面以剪切机为例，介绍气压传动的工作原理。

图 7-2 所示为剪切机气动系统图。图示位置为剪切前的预备状态，空气压缩机 1 产生的压缩空气经后冷却器 2、油水分离器 3、气罐 4、分水滤气器 5、减压阀 6、油雾器 7 到达换向阀 9。部分气体经节流通路进入换向阀 9 的下腔 A，使上腔弹簧压缩，换向阀阀芯位于上位。大部分压缩空气经换向阀 9 后进入气缸 10 的上腔，气缸的下腔经换向阀 9 与大气相通。故气缸 10 活塞处于最下端位置，剪切机的剪口张开，处于预备工作状态。

当上料装置把工料 11 送入剪切机并到达规定位置时，工料将行程阀 8 的阀芯向右推，换向阀 9 的 A 腔经行程阀 8 与大气相通，在弹簧的推动下，换向阀 9 的阀芯向下运动至下位，压缩空气则经换向 9 后进入气缸 10 的下腔，上腔经换向阀 9 与大气相通。此时，气缸 10 的活塞向上运动，剪刃随之上行剪断工料。工料剪下后，即与行程阀 8 脱开，行程阀 8 的阀芯在弹簧力作用下复位，将换向阀 9 的 A 腔的排气口封死，换向阀 9 的 A 腔压力上升，阀芯上移，使气路换向。气缸 10 上腔进气，下腔排气，气缸 10 的活塞带动剪刃向下运动，系统又恢复到预备工作状态，等待第二次进料剪切。

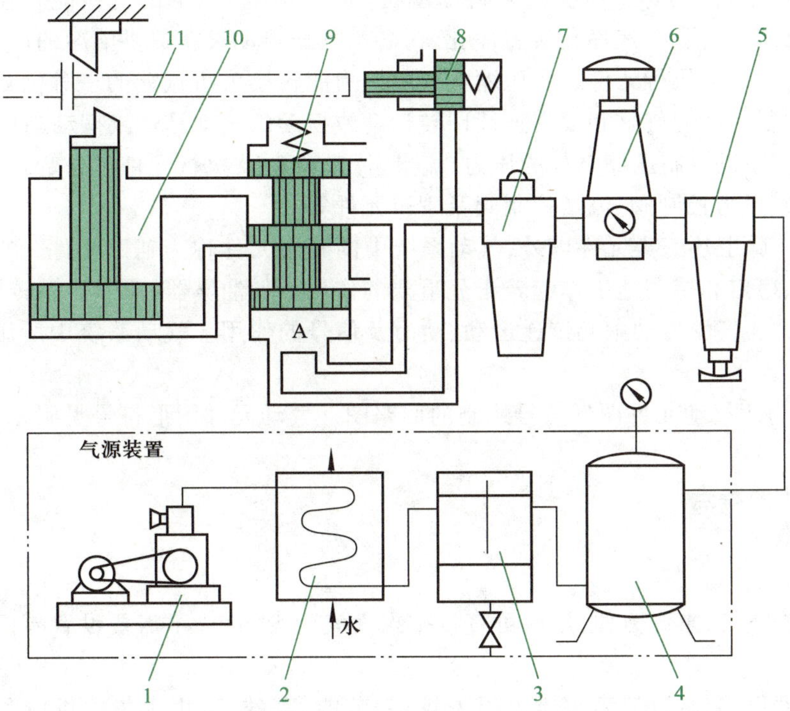

(a) 结构图

动画：剪切机的工作原理

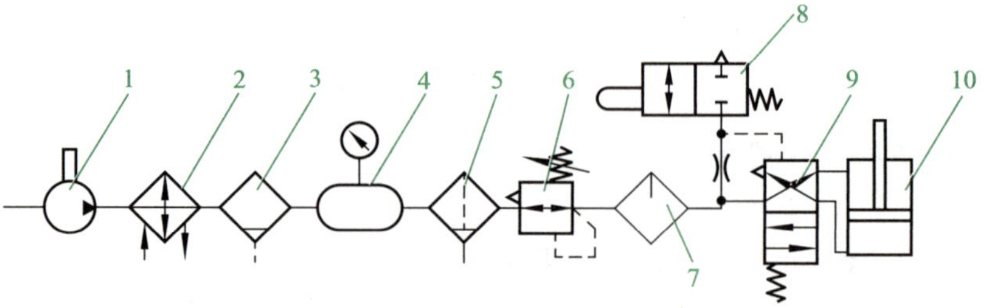


(b) 回路图

1—空气压缩机；2—后冷却器；3—油水分离器；4—气罐；5—分水滤气器；6—减压阀
7—油雾器；8—行程阀；9—换向阀；10—气缸；11—工料

图 7-2　剪切机气动系统图

由以上分析可知，气路中气缸活塞的向上运动将压缩空气的压力能转换为剪切机剪刃克服阻力剪断工料的机械能，为气路提供压缩空气的是空气压缩机，换向阀和行程阀起改变气体的流动方向，控制气缸活塞运动方向的作用。由此可见，气压传动就是把压缩气体的压力能转换为机械能而做功的一种传动形式。

## 二、气动系统的组成

动画：气动系统的组成

从上面实例可知，气动系统由以下 5 个部分组成。

1）气源装置　气源装置是压缩空气的发生装置，其主体部分是空气压缩机（简称空压机），它将原动机（如电动机）供给的机械能转换为空气的压力能，并经净化装置净化，为各类气压传动设备提供洁净的压缩空气。

2）执行元件　将压缩空气的压力能转换为机械能的一种能量转换元件。如实现直线往复运动的气缸和实现连续回转运动或摆动的气动马达或摆动马达等。

3）控制元件　用以控制压缩空气的压力、流量、流动方向及执行元件工作程序的元件。如各种方向控制阀、压力控制阀、流量控制阀及逻辑元件等。

4）辅助元件　除上述三类元件以外，气动系统中的其余元件称为辅助元件。它们对保证系统正常、可靠、稳定和持久地工作起着十分重要的作用。如油雾器、消声器和转换器等。

5）工作介质　在气压传动中起传递运动、动力及信号的作用。气动系统中所用的工作介质是压缩空气。

图 7-2b 所示为用气动元件图形符号绘制的回路图。气动元件图形符号见附录 B。

## 三、气压传动的特点

（1）气压传动的优点

1）工作介质是空气，来源方便，用后可直接排入大气而无污染，不需要设置专门的回气装置。

2）空气的黏度很小，所以流动时压力损失较小，节能、高效，适用于集中供应和远距离输送。

3）气压传动动作迅速、反应快、维护简单，调节方便，特别适合一般设备的控制。

4）工作环境适应性好，特别适合在易燃、易爆、潮湿、多尘、强磁、振动、辐射等恶劣条件下工作，在食品、轻工、纺织、印刷、精密检测等场合中采用最为适宜。

5）气压传动装置结构简单，重量轻，安装、维修方便，压力等级低，故使用安全。

6）成本低，过载时可自动保护。

（2）气压传动的缺点

1）空气具有可压缩性，不易实现准确的速度控制和很高的定位精度，负载变化时对系统的稳定性影响较大。

2）空气的压力较低（一般为 0.4~0.8 MPa），只适用于压力较小的场合。

3）排气噪声较大，高速排气时应加消声器。

4）因空气无润滑性能，故在系统中需设置润滑装置。

### 四、气压传动的工作介质

气压传动以压缩空气作为工作介质，自然界中的空气都含有一定量的水蒸气，这种由空气和水蒸气组成的气体称为湿空气。空气的干湿程度对系统的工作稳定性和使用寿命都有着一定的影响。若它的湿度较大，即空气中含有的水蒸气较多，这样的湿空气在一定的温度和压力条件下，在系统中的局部管道和气动元件中会凝结出水滴，使管道和气动元件锈蚀，严重时还会导致整个系统工作失灵。因此应采取有效措施，减少压缩空气中所含的水分。

单位体积空气的质量称为空气的密度。气体的密度与气体压力和温度有关，压力增加，空气密度增大；温度升高，空气密度减小。气体体积随压力增大而减小的性质称为可压缩性。气体体积随温度升高而增大的性质称为膨胀性。气体的可压缩性和膨胀性都大于液体的可压缩性和膨胀性，故在研究气压传动时，应予以考虑。

## 任务 7.2 气源装置的认识与选用

### 任务清单

| | |
|---|---|
| 任务引入 | 气动系统所需的压缩空气是由气源装置提供的。由空气压缩机产生的压缩空气温度较高，且所含的杂质较多，因而不能直接为气动系统所用，还需要进一步处理，才能满足气动系统工作的需要。 |
| 任务目标 | 能正确认识和选用气源装置。 |
| 任务要求 | 气源装置可为气动系统提供足够清洁、干燥且具有一定压力和流量的压缩空气。因此，气源装置除了空气压缩机外，还应包括气源净化装置。请分析气源装置的工作原理，根据气动系统的需求合理选用气源装置。 |

续表

| | |
|---|---|
| 任务思考 | 1. 气源装置主要由哪几部分组成？<br>2. 空气压缩机按其工作原理的不同分为哪几类？它们有何区别？画出其图形符号。<br>3. 气源净化装置一般包括哪些辅助设备？<br>4. 后冷却器的作用是什么？它一般安装在什么位置？常用哪种方式的后冷却器？画出其图形符号。<br>5. 油水分离器的作用是什么？它一般安装在什么位置？常用哪种结构形式的油水分离器？画出其图形符号。<br>6. 气罐的作用是什么？画出其图形符号。<br>7. 干燥器的作用是什么？常用的干燥方法有哪几种？画出其图形符号。<br>8. 空气过滤器的作用是什么？常用的空气过滤器有哪几种？画出其图形符号。 |
| 任务实施 | 1. 分析活塞式空气压缩机的工作原理及空气压缩机的选用。<br>2. 分析后冷却器的工作原理及其选用。<br>3. 分析撞击折回并环形回转式油水分离器的工作原理，为净化程度较高的气动系统选用油水分离器，并分析其特点。<br>4. 分析气罐的结构及其容积的选用。<br>5. 分析不加热再生式干燥器的工作原理。<br>6. 分析一次过滤器和二次过滤器的区别及空气过滤器的选用。 |

续表

| | | | |
|---|---|---|---|
| 任务总结 | 通过完成上述任务,学到了哪些知识或技能? | | |
| 实施人员 | | | |
| 任务评价 | 参考附录 C。 | 得分 | |

## 知识库

### 一、气源装置的作用、组成及工作原理

气源装置是气动系统的重要组成部分。气源装置的作用是产生具有足够压力和流量的压缩空气,同时将其净化、处理及储存。它一般由空气压缩机和气源净化装置组成。

图 7-3 所示为压缩空气站的设备组成及布置示意图。空气压缩机 1 一般由电动机带动,进气口装有简易空气过滤器,它能先过滤掉空气中的一些灰尘、杂质。后冷却器 2 用以冷却压缩空气,使气化的水、油凝结出来。油水分离器 3 使水滴、油滴、杂质从压缩空气中分离出来,再从放水阀排出。气罐 4 用以储存压缩空气,稳定压缩空气的压力,并除去其中的油和水,该气罐中输出的压缩空气即可用于一般要求的气动系统。干燥器 5 用以进一步吸收和排除压缩空气中的水分和油分,使之变成干燥空气。空气过滤器 6 用以进一步过滤压缩空气中的灰尘、杂质。从气罐 7 输出的压缩空气可用于要求较高的气动系统,如气动仪表及射流组件组成的控制回路等。

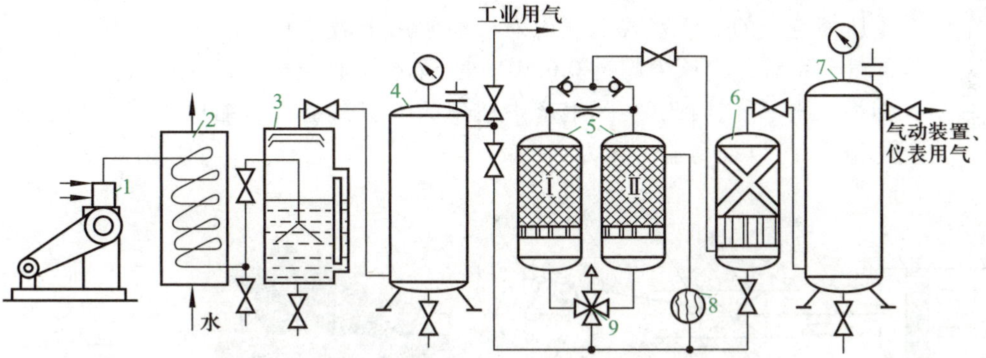


1—空气压缩机;2—后冷却器;3—油水分离器;4、7—气罐;
5—干燥器;6—空气过滤器;8—加热器;9—四通阀

图 7-3　压缩空气站的设备组成及布置示意图

动画:气源装置的组成

### 二、空气压缩机

1. 空气压缩机的分类

空气压缩机是产生和输送压缩空气的装置,它将机械能转换为气体的压力能,其种类很

多，分类形式也有数种。

微课：空气压缩机

1）按工作原理的不同，空气压缩机可分为容积式和速度式两类。容积式空气压缩机是通过机件的运动，使密封容积发生周期性大小的变化，从而完成对空气的吸入和压缩过程的。这种空气压缩机又有活塞式、离心式、螺杆式、叶片式等不同的形式。速度式空气压缩机的原理是利用转子或叶轮的高速旋转使空气产生高速度而具有高动能，再使气流速度降低，将动能转换为压力能，如离心式空气压缩机。

2）按输出压力的不同，空气压缩机可分为低压（0.2 MPa≤$p$<1 MPa）、中压（1 MPa≤$p$<10 MPa）、高压（10 MPa≤$p$<100 MPa）、超高压（$p$≥100 MPa）4 类。

3）按输出流量的不同，空气压缩机可分为微型（$q$<1m$^3$/min）、小型（1m$^3$/min≤$q$<10m$^3$/min）、中型（10m$^3$/min≤$q$<100m$^3$/min）、大型（$q$≥100m$^3$/min）4 类。

4）按润滑方式的不同，空气压缩机可分为有油润滑和无油润滑两类。

2. 空气压缩机的工作原理

在气动系统中，一般都采用容积式空气压缩机。其中最为常用的是活塞式空气压缩机，如图 7-4 所示。它利用曲柄滑块机构，将电动机的回转运动转变为活塞的往复直线运动，使气缸容积的大小发生周期性变化，从而完成对空气的吸入和压缩过程。当活塞 3 向右运动时，气缸 2 的容积增大，压力降低，排气阀 1 关闭，外界空气在大气压的作用下，打开吸气阀 9 进入气缸内，此过程称为吸气过程。当活塞 3 向左运动时，吸气阀 9 在缸体内部气体作用下关闭，随着气缸 2 的容积减小，空气受到压缩，压力逐渐升高，此过程称为压缩过程。当气缸内的气体压力升高到高于输气管道内的压力后，排气阀 1 被打开，压缩空气经排气口进入气罐，这一过程称为排气过程。活塞往复行程一次，即完成“吸气→压缩→排气”一个工作循环。单级单缸空气压缩机就是这样循环往复运动，不断产生压缩空气的。活塞式空气压缩机通常用于需要 0.3～0.7 MPa 压力范围的气动系统。当压力超过 0.6 MPa 时，单级单缸空气压缩机的各项性能指标将急剧下降，因此，实际生产中使用的大多数空气压缩机为多缸多活塞的组合，可以提高输出压力。

动画：活塞式空气压缩机的工作原理

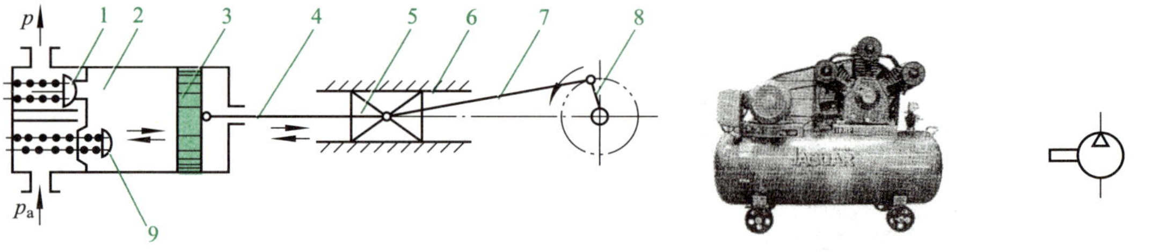


(a) 工作原理　　(b) 实物图　　(c) 图形符号

1—排气阀；2—气缸；3—活塞；4—活塞杆；5—滑块；6—滑道；7—连杆；8—曲柄；9—吸气阀

图 7-4　活塞式空气压缩机

3. 空气压缩机的选用

选择空气压缩机的依据是气动系统所需要的工作压力和流量两个参数。

1）工作压力　一般气动系统常用的工作压力为 0.5～0.8 MPa，可直接选用额定压力为

0.7 MPa~1 MPa 的低压空气压缩机。若气动系统中各装置对气源有不同的压力要求时，则以其中最高工作压力为标准，并考虑系统压力损失，再加上一定的压力来选用空气压缩机的输出压力，这种特殊需要可选用中压、高压或超高压的空气压缩机。当气动系统中某些装置所要求的工作压力较低时，可采用减压方式供给。

2）流量　对每台气动装置而言，执行元件通常是断续工作的，因而所需的耗气亦是断续的，并且每个耗气元件的耗气量大小也不同，因此，在供气系统中，统计所有气动元件和装置在一定时间内的平均耗气量之和，并将各元件和装置在其不同压力下所需的压缩空气流量转换为大气压下的自由空气流量，再加上一定的备用余量，即为确定空气压缩机供气量的依据。空气压缩机铭牌上的流量为自由空气流量。

根据结构特点，活塞式空气压缩机适用于压力较高的中、小流量场合；离心式空气压缩机运转平稳、排气均匀，适用于低压、大流量的场合；螺杆式空气压缩机适用于低压的中、小流量的场合；叶片式空气压缩机适用于低、中压的中、小流量的场合。

使用空气压缩机的注意事项：

1）空气压缩机的安装地点应清洁、无粉尘，通风好，湿度小，温度低且要留有维护、保养空间，所以一般要安装在专用机房内。

2）空气压缩机的运转噪声应考虑防治，如设置隔声罩、消声器，选择噪声较低的空气压缩机等。一般而言，螺杆式空气压缩机的噪声较小。

3）使用空气压缩机的专用润滑油并定期更换，起动前应检查润滑油位，并用手拉动传动带使机轴转动几圈，以保证起动时的润滑。起动前和停车后，都应及时排除空气压缩机气罐中的水分，并定期检查空气过滤器的阻塞情况。

## 三、气源净化装置

微课：气源净化装置

空气压缩机输出的压缩空气，虽然能够满足一定的压力和流量的要求，但不能直接被气动设备使用。因为一般的气动设备所使用的空气压缩机都是属于工作压力较低（小于 1 MPa）、用油润滑的活塞式空气压缩机，它从大气中吸入含有水分和灰尘的空气，经压缩后空气温度升高到 140~170 ℃，这时空气压缩机气缸里的润滑油也部分成为气态。这样油分、水分及灰尘便形成混合的雾状胶体及杂质，混合在压缩空气中被一同排出。如果将此压缩空气直接供给气动设备使用，将会影响设备的寿命，严重时将导致整个气动系统工作不稳定甚至失灵。因此，须设置一些除油、除水、除尘并使压缩空气干燥的气源净化装置，以提高压缩空气的质量。气源净化装置通常包括后冷却器、油水分离器、气罐、干燥器和空气过滤器等。

1. 后冷却器

后冷却器安装在空气压缩机的出气口管道上。它的作用是将空气压缩机产生的高温压缩空气由 140~170 ℃降到 40~50 ℃，使压缩空气中的油雾和水汽达到饱和，使其大部分析出并凝结成油滴和水滴，以便将其清除，达到初步净化压缩空气的目的。后冷却器主要有风冷式和水冷式两种。风冷式后冷却器靠排气扇送风冷却，冷却能力较小。一般采用水冷式后冷却器，其结构形式有蛇管式、列管式、套管式等，如图 7-5 所示，热的压缩空气经由管道壁面与冷却水进行热交换。为了提高降温效果，选用的后冷却器应能将通过的排气量均降到规定的温度要求，同时在安装使用时要特别注意冷却水与压缩空气的流动方向，一般采用气水逆流的方式。

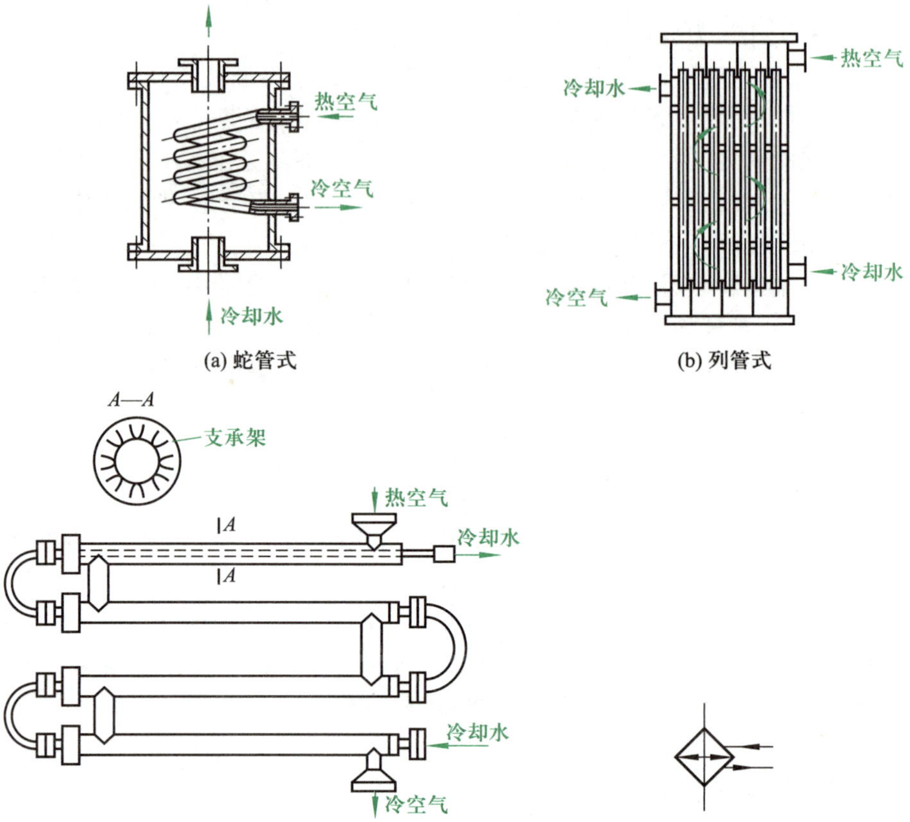


(a) 蛇管式　(b) 列管式　(c) 套管式　(d) 图形符号

动画：后冷却器

图 7-5　后冷却器

2. 油水分离器

油水分离器安装在后冷却器的出气口管道上。它的作用是分离压缩空气中凝聚的水分、油分和灰尘等杂质，使压缩空气得到初步净化。其结构形式有撞击折回式、水浴式、旋转离心式、环形回转式及以上形式的组合等。

应用较多的是使气流撞击折回并产生环形回转流动的油水分离器，如图 7-6 所示。压缩空气自进气口进入分离器壳体以后，气流先受到隔板阻挡而被撞击折回向下（见图 7-6 中箭头所示流向），继而又上升产生环形回转，这样凝聚在压缩空气中的油滴、水滴等杂质受惯性力作用将分离析出，沉降于壳体底部，再由放水阀定期排出。为了提高油水分离的效果，气流回转后的上升速度不能太快，一般不超过 1 m/s。通常油水分离器的高度 $H$ 为其内径 $D$ 的 3.5~5 倍。

在净化程度要求较高的气动系统中，可采用水浴式和旋转离心式串联使用的油水分离器，其特点是先将气体水洗，可除掉大量的油分等杂质，然后使气体以切线方向进入另一分离器，迫使其产生强烈旋转，加大其离心力，可显著增强分离效果。气动系统中最好设置两套油水分离器，交替使用，以便排除污物和清洗。

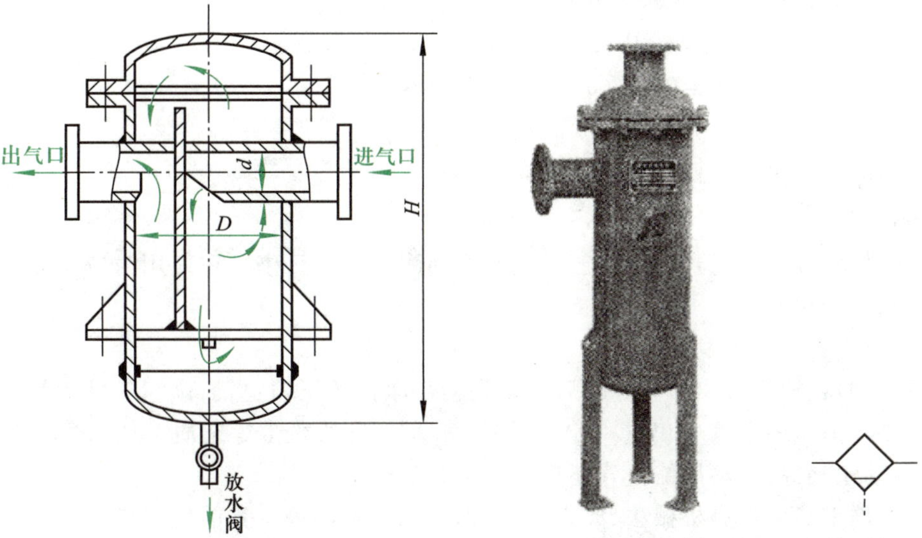


(a) 结构图　(b) 实物图　(c) 图形符号

图 7-6　撞击折回并环形回转式油水分离器

动画：油水分离器

3. 气罐

气罐的主要作用是消除排气压力波动，保证输出流量和压力的稳定性；还可进一步分离压缩空气中的水和油等杂质；当空气压缩机发生意外或突然停电时，气罐的压缩空气可作为应急动力源使用。气罐一般采用圆筒状焊接结构，有立式和卧式两种，一般以立式居多，其结构如图 7-7 所示。立式气罐的高度 $H$ 为其内径 $D$ 的 2~3 倍，进气口设置在下，出气口在上，并尽可能加大两口之间的距离，以利于分离空气中的油、水杂质。同时，气罐上应配置安全阀（调定压力为 1.1 倍的工作压力）、压力表、放水阀和清理、检查用的孔口等。

目前，在气动系统中后冷却器、油水分离器和气罐三位一体的结构形式已被广泛采用，这使压缩空气站的辅助设备大为简化。

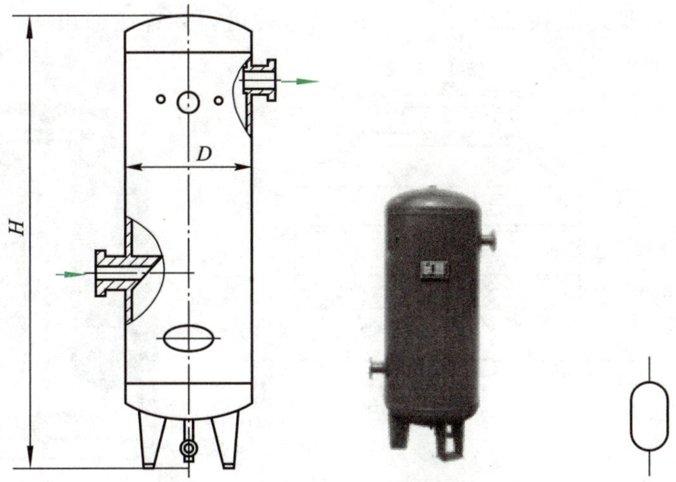


(a) 结构图　(b) 实物图　(c) 图形符号

图 7-7　立式气罐

动画：气罐

选择气罐容积时，可参考下列经验公式：

$$V_c=0.2q(q<0.1\ m^3/s);$$

$$V_c=0.15q(q=0.1\sim0.5\ m^3/s);$$

$$V_c=0.1q(q>0.5\ m^3/s)$$

式中，$q$——空气压缩机的额定排量，$m^3/s$；

$V_c$——气罐容积，$m^3$。

需要强调，气罐属于压力容器，选用的产品应有产品耐压合格证书。在使用时应遵守压力容器相关的国家标准规定。

4. 干燥器

空气经过后冷却器、油水分离器和气罐后可得到初步净化的压缩空气，该空气已满足一般气压传动的需要。但压缩空气中仍含一定量的油、水及少量的粉尘等杂质。如果用于精密的气动装置、气动仪表等，上述压缩空气还应进行干燥处理。

压缩空气的干燥方法主要有机械法、离心法、冷冻法和吸附法等。目前使用广泛的是冷冻法和吸附法。

1）冷冻式干燥器　利用制冷设备使空气冷却到一定的露点温度，析出空气中的多余水分，从而达到所需要的干燥程度。这种方法适用于处理低压、大流量并对干燥程度要求不高的压缩空气。除了采用制冷设备，压缩空气的冷却也可采用制冷剂直接蒸发或用冷却液间接冷却。

2）吸附式干燥器　主要是利用硅胶、活性氧化铝、焦炭或分子筛等具有吸附性能的吸附剂来吸附压缩空气中的水分。压缩空气的干燥方法中吸附法的除水效果最好。但当干燥器使用一段时间后，吸附剂吸水达到饱和状态后会失去吸水能力，因此需设法除去吸附剂中的水分，使其恢复干燥状态，以便继续使用，这就是吸附剂的再生。图 7-8 所示为一种常见的不加热再生式干燥器，它有两个填满干燥剂的相同容器 Ⅰ、Ⅱ，当空气从容器 Ⅰ 的下部流到上部时，水分被干燥剂吸收而得到干燥，一部分空气输出供给系统，另一部分空气又从容器 Ⅱ 的上部流到下部，从饱和的干燥剂中把水分带走并排入大气，实现了不需外加热源而使吸附剂再生；两容器定期地交换工作（5～10 min），这样可得到连续输出的干燥压缩空气。

动画：干燥器

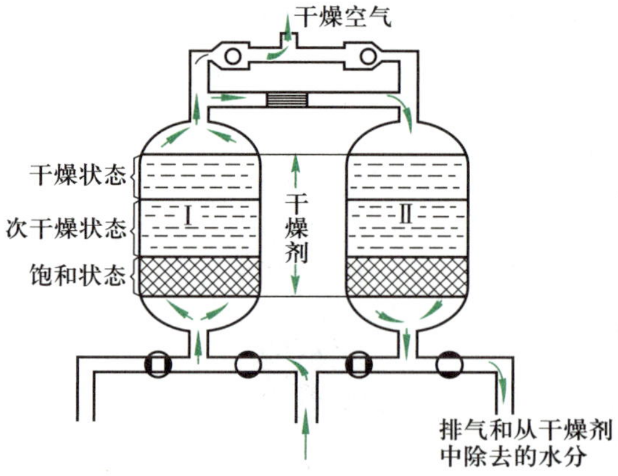


(a) 结构图

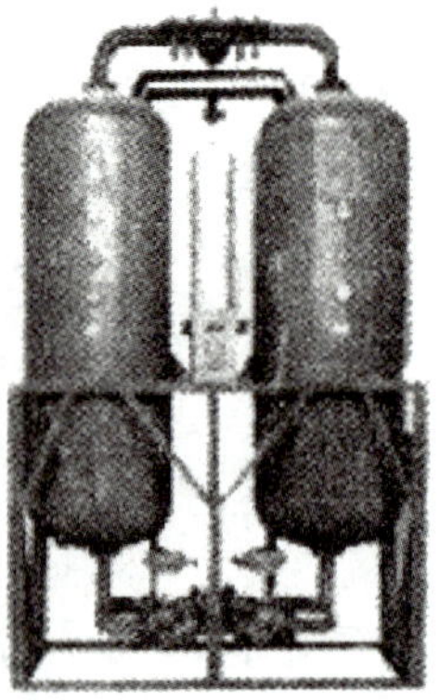

(b) 实物图

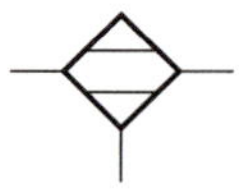

(c) 图形符号

图 7-8　不加热再生式干燥器

5. 空气过滤器

空气的过滤是气动系统中的重要环节。不同的场合，对压缩空气的要求也不同。空气过滤器的作用是进一步滤除压缩空气中的油污、水分和灰尘等杂质。常用的空气过滤器有一次过滤器（滤灰效率为 50%～70%）、二次过滤器（滤灰效率为 70%～99%）。在要求较高的特殊场合，还可使用高效过滤器（滤灰效率大于 99%）。

（1）一次过滤器

图 7-9 所示的一次过滤器也称为简易过滤器。它由壳体和滤芯组成，按滤芯所采用的材料不同，可分为纸质、织物（麻布、绒布、毛毡）、陶瓷、泡沫塑料和金属（金属网、金属屑）等过滤器。气流由切线方向进入筒内，在离心力的作用下分离出液滴，然后气体由下而上通过多片钢板、毛毡、硅胶、焦炭、滤网等过滤吸附材料，干燥清洁后从筒顶输出。空气进入空气压缩机之前，应经过简易过滤器，过滤空气中所含的一部分灰尘和杂质，通常采用纸质过滤器和金属过滤器。

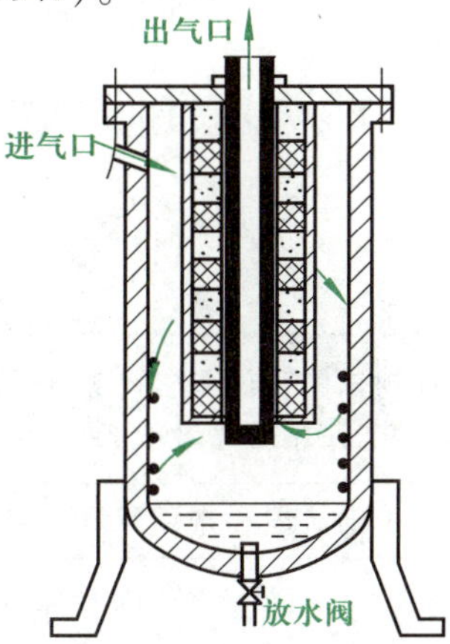


(a) 结构图

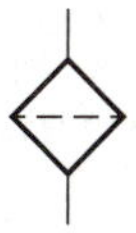

(b) 图形符号

图 7-9　一次过滤器

（2）二次过滤器

二次过滤器滤灰能力较强，一般在空气压缩机的出气口使用。图 7-10 所示的分水滤气器即属于二次过滤器，其工作原理是：压缩空气从进气口输入后，被引入旋风叶子 1，旋风叶子上有很多呈一定角度的缺口，迫使空气沿切线方向运动产生强烈的旋转；夹杂在气体中较大的水滴、油滴等，在惯性力作用下与存水杯 3 的内壁碰撞，并分离出来沉到杯底；微粒灰尘和雾状水气则在气体通过滤芯 2 时被拦截滤除，洁净的空气便从出气口输出。为防止气体旋涡将杯中积存的污水卷起而破坏过滤作用，滤芯下部应设有挡水板 4。此外，为保证分水滤气器正常工作，应将污水通过放水阀 5 及时放掉。

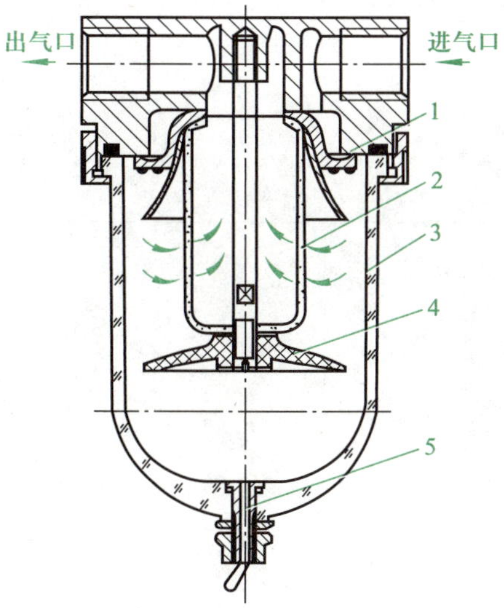


(a) 结构图

(b) 实物图

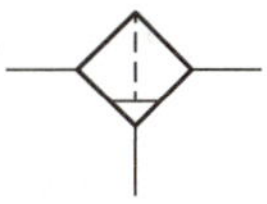

(c) 图形符号

1—旋风叶子；2—滤芯；3—存水杯；4—挡水板；5—放水阀

图 7-10　分水滤气器

动画：分水滤气器

（3）空气过滤器的选用

空气过滤器主要由气动系统所需要的过滤度和额定流量选定。分水滤气器应按垂直位置安装，并将放水阀朝下，壳体上箭头所示方向应为气流方向，不可装反。分水滤气器可单独使用，但多数情况与减压阀、油雾器组合使用。安装位置应在气动设备的近处。

## 任务 7.3 气动辅助元件的认识与选用

### 任务清单

| | |
|---|---|
| 任务引入 | 气动辅助元件是气动系统不可缺少的重要组成部分。它们是元件连接和提高系统可靠性、使用寿命及改善工作环境等所必需的。 |
| 任务目标 | 能正确认识和选用气动辅助元件。 |
| 任务要求 | 气动系统中主要辅助元件有油雾器、消声器、转换器和管件等。请分析气动辅助元件的工作原理，根据气动系统的需求选用气动辅助元件。 |
| 任务思考 | 1. 油雾器的作用是什么？画出其图形符号。<br>2. 气源处理装置由哪些元件组成？它们是如何安装的？画出其图形符号。<br>3. 消声器的作用是什么？常用的消声器有哪几种？画出其图形符号。<br>4. 气动系统常用的转换器有哪些？画出其图形符号。<br>5. 气动系统中常用的管件有哪些？ |
| 任务实施 | 1. 分析油雾器的工作原理及选用。<br>2. 分析消声器的工作原理及其应用。<br>3. 分析气液转换器的工作原理及其应用。<br>4. 分析管件的选用要求。 |

续表

| | | | |
|---|---|---|---|
| 任务总结 | 通过完成上述任务，学到了哪些知识或技能？ | | |
| 实施人员 | | | |
| 任务评价 | 参考附录 C。 | 得分 | |

## 知识库

### 一、油雾器

气动系统中的各种气阀、气缸、气动马达等，其可动部分都需要润滑，但以压缩空气为动力的气动元件都是密封气室，不能用一般的方法注油，只能以某种方法将油混入气流中再带到需要润滑的地方。油雾器是一种特殊的注油装置，它以压缩空气为动力，使润滑油雾化后随压缩空气进入需要润滑的部件，达到润滑气动元件的目的。用这种方法润滑，具有润滑均匀、稳定，耗油量少和不需要大的储油设备等特点。

图 7-11 所示为一种油雾器。压缩空气由进气口 1 输入，大部分气体从出气口 4 输出，小部分气体由小孔 2 经特殊单向阀 10 进入储油杯 5 的上腔，杯中油面受压，使储油杯中的润滑油经吸油管 11、单向阀 6、节流阀 7 滴入视油器 8 内，再滴入喷嘴小孔 3，被主气管道通

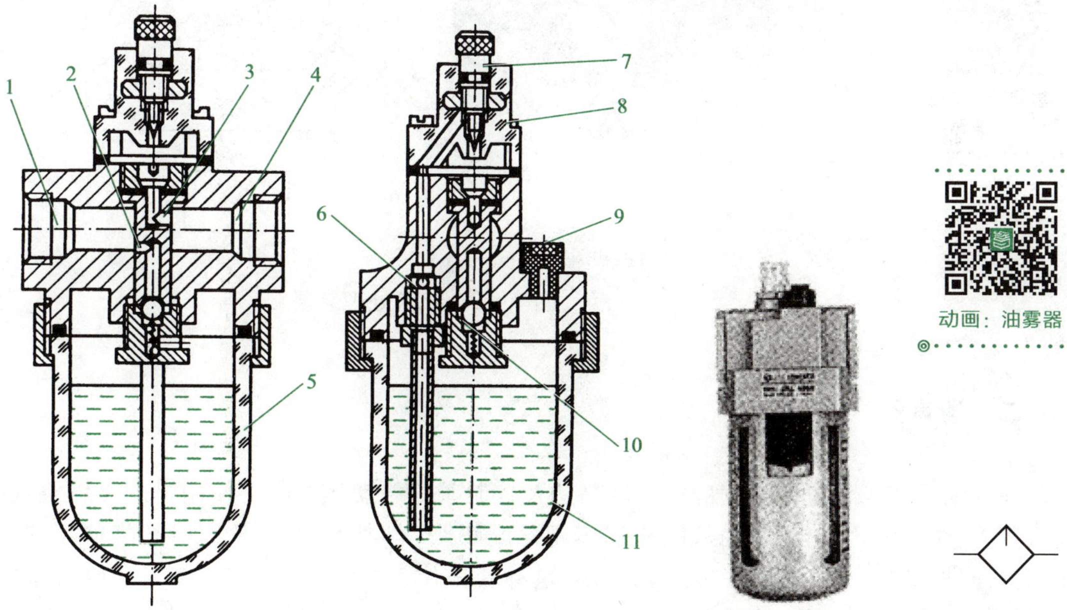


动画：油雾器

(a) 结构图　　(b) 实物图　　(c) 图形符号

1—进气口；2、3—小孔；4—出气口；5—储油杯；6—单向阀；7—节流阀；8—视油器；9—油塞；10—特殊单向阀；11—吸油管

图 7-11　油雾器

过的气流引射出来，润滑油油雾后随气流从出气口 4 输出。在气源压力不大于 0.1 MPa 时，该油雾器允许在不关闭气路的情况下加油。储油杯和视油器采用透明材料制成，便于观察。油雾器的供油量随气流大小而变化。视油器 8 上的节流阀 7 用以调节油量，可在 0~200 滴/min 范围调节。

这种油雾器使润滑油只经过一次雾化，是普通型油雾器，也称一次油雾器，油雾粒径为 20~35 μm，一般输送距离在 5 m 以内，适用于一般气动元件的润滑。若润滑油在油雾器中经过两次雾化，则为二次油雾器，油雾粒径更均匀、更小，可达 5 μm 左右，油雾在传输中不易附壁，可输送至更远的距离，适用于气动马达和气动轴承等对润滑要求特别高的场合。

油雾器主要是根据气动系统所需额定流量及油雾粒径大小来进行选择的。所需油雾粒径约在 50 μm 选用一次油雾器；若所需油雾粒径很小，可选用二次油雾器。油雾器可以单独使用，也可以与分水滤气器、减压阀组合使用，安装在用气设备之前较近处，注意进、出气口不能接错，垂直安装，不可倒置或倾斜，并保持正常油面不应过高或过低。其供油量应根据气动设备的情况而定，一般以 10 $m^3$ 自由空气供给 1 mL 的油量为基准。实际应用时因油的种类或供油条件不同，应按实际情况进行修正。

油雾器与分水滤气器、减压阀组合使用构成气源处理装置，使之具有过滤、减压和油雾的功能，通常称之为气动三联件，是气动设备必不可少的辅助装置。气源处理装置的安装顺序按进气方向依次是分水滤气器→减压阀→油雾器，不能颠倒安装，如图 7-12 所示。

拓展阅读：降噪元件——消声器

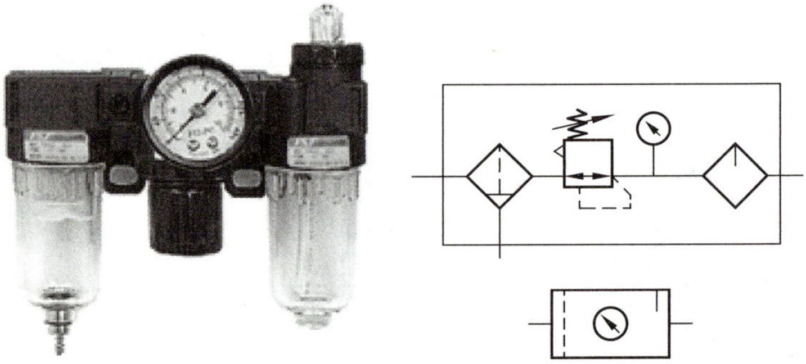

(a) 实物图　　(b) 图形符号

图 7-12　气源处理装置

## 二、消声器

在气动系统工作过程中，气缸、气动马达及控制阀等气动元件在将使用过的压缩空气排向大气时，由于排出气体速度很高，气体体积急剧膨胀，会产生涡流，从而引起气体振动，发出强烈的排气噪声，一般可达 100~120 dB，这种噪声使工作环境恶劣，危害人的身心健康，应设法消除或减弱噪声。为此，通常在气动系统的排气口装设消声器来降低排气噪声。消声器是通过阻尼或增加排气面积来降低排气速度和功率，从而降低噪声的。

气动元件使用的消声器一般有三种类型：吸收型消声器、膨胀干涉型消声器和膨胀干涉吸收型消声器。

1. 吸收型消声器

图 7-13 所示为吸收型消声器，该消声器主要依靠吸声材料来消声。消声罩 2 为多孔的吸音材料，一般用聚苯乙烯或铜珠烧结而成。其消声原理是：当有压缩空气通过消声罩时，气流受到阻力，声能量被部分吸收而转换为热能，从而降低了噪声强度。吸收型消声器结构简单，具有良好的消除中、高频噪声的性能，消声效果大于 20 dB。在气动系统中，排气噪声主要是中、高频噪声，尤其是高频噪声，所以采用这种消声器是合适的。

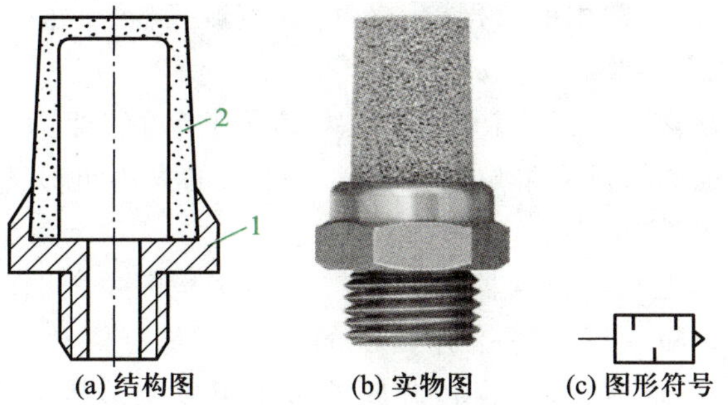


(a) 结构图 (b) 实物图 (c) 图形符号

1—连接件；2—消声罩

图 7-13 吸收型消声器

动画：消声器

2. 膨胀干涉型消声器

膨胀干涉型消声器呈管状，其直径比排气孔口径大得多。当气流通过时，让气流在管道里膨胀、扩散、反射、相互干涉而消声。这种消声器结构简单，排气阻力小，主要用于消除中、低频噪声，尤其是低频噪声。它的缺点是结构较大，不够紧凑。

3. 膨胀干涉吸收型消声器

它是综合上述两种消声器的特点而构成的，如图 7-14 所示。其工作原理是：气流由端盖上的斜孔引入，在 A 室扩散、减速、碰壁撞击后反射到 B 室，气流束互相冲撞、干涉，进一步减速而使噪声减弱，然后气流经过吸声材料及消声套上的孔排入大气，噪声被再次削弱。这种消声器消声效果好，低频可消声 20 dB，高频可消声 45 dB。

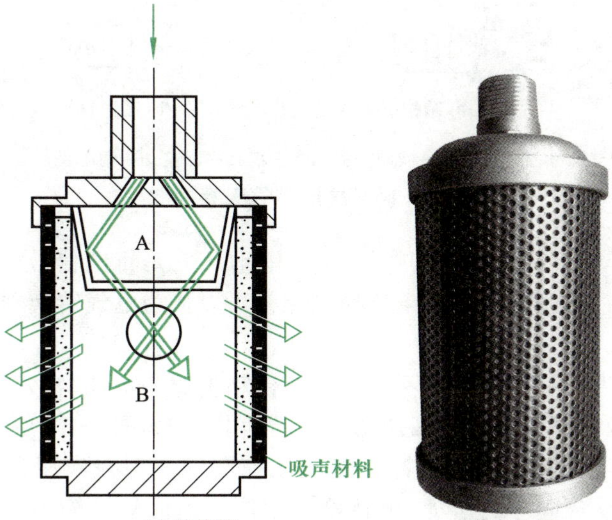


(a) 结构图 (b) 实物图

图 7-14 膨胀干涉吸收型消声器

选择消声器的主要依据是排气口直径及噪声的频率范围。

## 三、转换器

在气动装置中，控制部分的工作介质都是气体，但信号传感部分和执行部分可能采用液体和电信号作为工作介质，这样就需要转换器来转换。转换器是一种可以让电、液、气信号发生相互转换的辅助元件。常用的有气电、电气、气液转换器。

1. 气电转换器及电气转换器

气电转换器是将压缩空气的气信号转换成电信号的装置，即用气信号（气体压力）来接通或关断电路的装置，也称为压力继电器。按信号压力的大小可分为低压型（0～0.1 MPa）、中压型（0.1～0.6 MPa）和高压型（>1.0 MPa）三种。

图 7-15 所示为高压型气电转换器。这种转换器结构简单，调压膜片 6 受压变形，产生推力，该推力推动圆盘 5 和顶杆 7 克服弹簧 2 的作用力向上移动，同时带动爪枢 4 向上移动，使两个微动开关 3 发出电信号。旋转调压螺母 1 可以调节控制压力范围。其他类型的气电转换器的结构原理与该转换器大致相同。

在安装气电转换器时应避免安装在振动较大的地方，以防止产生误动作，且安装时不应倾斜和倒置，以免使控制失灵，造成事故。

动画：气电转换器

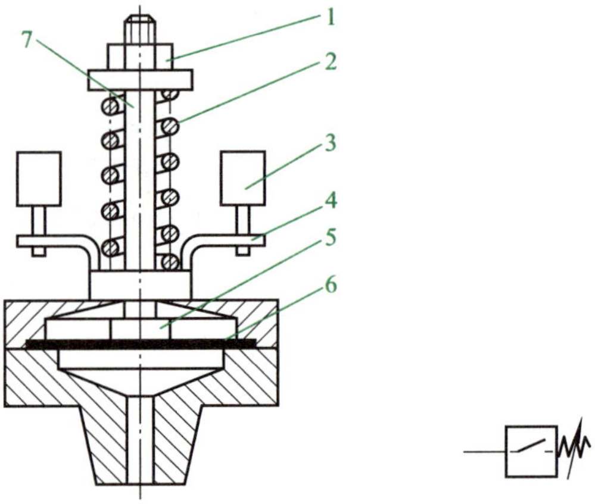


(a) 结构图　　(b) 图形符号

1—调节螺母；2—弹簧；3—微动开关；4—爪枢；5—圆盘；6—调压膜片；7—顶杆

图 7-15　高压型气电转换器

电气转换器的作用正好与气电转换器的作用相反，它是将电信号转换为气信号的装置。实际上各种电磁换向阀，尤其是小型电磁换向阀都可以作为电气转换器。

2. 气液转换器

在气动装置中，为了利用液体的不可压缩及传动平稳等特性，常常需要将气压转换为液压。气液转换器就是把气压转换为液压的压力转换装置，如图 7-16 所示。当压缩空气由上面的进气管输入后，经过管末端的缓冲装置使压缩空气作用在液压油面上，根据帕斯卡原理，液压油即以压缩空气同样的压力，由转换器主体下面的油孔输出至液压缸，并驱动液压缸动作。注意，气液转换器的储油量应不少于液压缸有效容积的 1.5 倍。

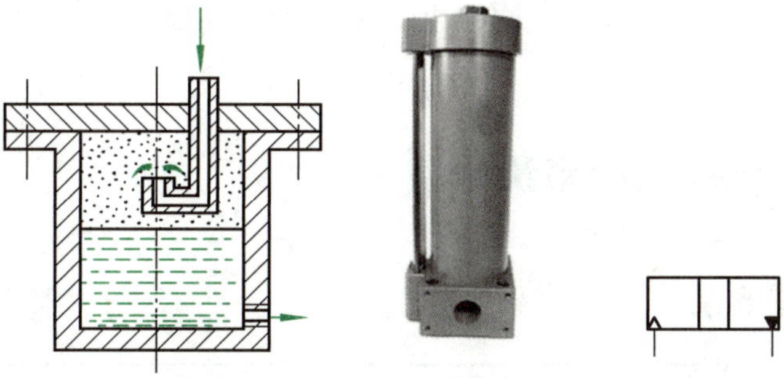

(a) 结构图　　(b) 实物图　　(c) 图形符号

动画：气液转换器

图 7-16 气液转换器

## 四、管件

管件包括气管和各种管接头。有了气管和各种管接头，才能把气动控制元件、气动执行元件及气动辅助元件等连接成一个完整的气动系统，因此，实际应用中，管件是不可缺少的。

1. 气管

气管可分为硬管和软管两种。如总气管和支气管等一些固定不动、不需要经常装拆的管路使用硬管。连接运动部件和临时使用、希望装拆方便的管路应使用软管。硬管有铁管、铜管、黄铜管、紫铜管和硬塑料管等。软管有塑料管、尼龙管、橡胶管、金属编织塑料管及挠性金属导管等。常用的是紫铜管和尼龙管。

2. 管接头

管接头是连接、固定气管所必需的辅助元件。气动系统中使用的管接头，其结构及工作原理与液压系统中的管接头基本相似，可分为卡套式、扩口螺纹式、卡箍式、插入快换式等。对于通径较大的气动设备、元件、气管等可采用法兰连接。

3. 管件选用的注意事项

1）选择气管时应主要满足气动元件通流能力的要求，一般可按大于或等于元件接口尺寸选定，尽量减少流动压力的损失，做到易拆装、不漏气，并确保安全。

2）安装配管前，气管及管接头应用压缩空气吹洗。装配时，要防止密封材料碎片掉入管路内。

3）配管不要超出所需长度，以减小压力损失，并减少耗气量。

4）软管应满足最小长度要求，以防设备运行中软管过度弯曲或过紧。应避免软管扭转变形，不要让软管处于易磨损处。软管因自重引起过大张力时，应有支撑。软管损坏会引起危险，应将其遮蔽起来。

5）气管弯曲处不得压扁或打褶。

6）气管内、外直径应符合连接管接头提出的公差要求。配管接口螺纹应与连接体一致。

7）尼龙管切断时切口应保证垂直且不变形。

8）管接头拧到气动元件上时，拧紧力矩不要过大，以防损坏螺纹。

9）当配管随设备转动时，应注意配管方向，以防配管松动。

## 技能实训八　剪切机气动系统的演示

### 技能实训任务单

| | |
|---|---|
| 实训目的 | 1. 进一步理解气压传动的工作原理、组成及作用。<br>2. 熟悉气源装置及气动辅助元件的作用及应用。<br>3. 熟悉气动实训台的基本操作方法。<br>4. 熟悉气动元件和管路的安装方法。<br>5. 增加对气压传动的感性认识，激发学习气压传动的兴趣。 |
| 实训要求 | 1. 要保证实训设备和元器件的完好性。<br>2. 要正确安装和固定气动元件。<br>3. 牢固连接管路，检查无误后才能接通气源。<br>4. 在实训过程中，不得在有气压的情况下插拔气管。<br>5. 要严格遵守各种安全操作规程。<br>6. 观察剪切机气动系统运行情况，加深对气动系统的认知。<br>7. 对演示的剪切机气动系统进行运行情况分析，按要求完成技能实训工作页。 |
| 实训器材 | 气动实训台、气源装置、气源处理装置、气缸、气控换向阀、行程阀、气管、管接头等。 |
| 实训内容与参考步骤 | 在实训教师的指导下，利用气动实训台对剪切机气动系统进行演示操作，观察和了解气动元件在气动系统中的作用，了解气压传动的工作原理。<br>1. 熟悉气动实训台的工作原理、实训要求及设备安全操作规程。<br>2. 按照剪切机气动系统图（图 7-2），将所需气动元件安装在气动实训台相应位置上。<br>3. 将各组成部分按照气动系统图用气管连接完整，检查无误后起动空气压缩机，接通气源。<br>4. 观察压力表，在设备允许的压力下，调整系统压力到规定压力范围内，操作行程阀，使气缸运动，观察气动系统各组成部分在气压传动中的作用，分析气压传动的工作原理。<br>5. 实训完成后，关闭气源，待回路中气压为零后拆卸元件。<br>6. 清理现场，元件、工具清洁后放回原处。 |
| 实训思考 | 1. 如何调节气罐中气体的压力？<br>2. 气源处理装置的安装顺序有什么要求？<br>3. 分析该系统是如何实现气缸活塞杆的伸出，从而完成剪切运动的？ |

## 技能实训工作页

| 实训内容 | | | |
| --- | --- | --- | --- |
| 实训过程记录 | | | |
| 实训出现的问题及解决方法 | | | |
| 实训思考解答 | | | |
| 实训效果 | | | |
| 实训人员 | | | |
| 技能实训评价 | 参考附录 D。 | 得分 | |

## 思考和练习

1. 选择题

(1) 空气进入空气压缩机之前,应经过(　　),以滤去空气中所含的一部分灰尘和杂质。

A. 简易过滤器　　B. 二次过滤器　　C. 高效过滤器　　D. 空气干燥器

(2) 气动系统中所用的工作介质是空气。气体体积随压力增大而减小的性质称为(　　)。

A. 黏性　　B. 膨胀性　　C. 可压缩性　　D. 密度

(3) 压缩空气站是气压系统的(　　)。

A. 执行元件　　B. 辅助元件　　C. 控制装置　　D. 气源装置

(4) 气缸和气动马达将压缩空气的压力能转换为机械能,在气动系统中属于(　　)。

A. 气源装置　　B. 执行元件

C. 控制元件　　D. 辅助元件

(5) 在气动系统中,适用于低压、大流量场合的空气压缩机是(　　)。

A. 活塞式　　B. 螺杆式　　C. 离心式　　D. 叶片式

(6) 空气压缩机按输出压力可分为(　　)。

A. 鼓风机、低压空压机、中压空压机、高压空压机

B. 微型空压机、低压空压机、中压空压机、高压空压机

C. 低压空压机、中压空压机、高压空压机、超高压空压机

D. 小型空压机、低压空压机、中压空压机、高压空压机

(7) (　　)安装在后冷却器后的管道上,它的作用是分离压缩空气中凝聚的灰尘、水分和油分等杂质,使压缩空气得到初步净化。

A. 油水分高器　　B. 干燥器　　C. 油雾器　　D. 空气过滤器

(8) 过滤器可分为(　　)三种。

A. 一次过滤器、排水过滤器、高效过滤器

B. 排水过滤器、二次过滤器、高效过滤器

C.一次过滤器、二次过滤器、高效过滤器

D.一次过滤器、二次过滤器、排水过滤器

(9) 油雾器的作用(　　)。

A. 减压　　B. 净化　　C. 润滑　　D. 干燥

(10) 下列(　　)不是气动元件使用的消声器。

A. 吸收型消声器　　B. 膨胀干涉型消声器

C. 膨胀干涉吸收型消声器　　D. 压缩吸收型消声器

2. 判断题

(1) 采取有效措施减少压缩空气中所含的水分,降低进入气动设备的空气温度对系统是十分有利的。(　　)

(2) 气体的可压缩性和膨胀性都远小于液体的可压缩性和膨胀性。(　　)

(3) 与液压传动相比,气压传动具有动作迅速、反应快、维护简单、管路不易堵塞的特点,且不存在介质变质、补充和更换等问题。(　　)

(4) 空气压缩机的工作原理与液压泵类似,通过吸、排气向系统连续供气。(　　)

(5) 油水分离器安装在空气压缩机后的管道上,它的作用是分离压缩空气中凝聚的灰尘、水分和油分等杂质,使压缩空气得到初步净化。(　　)

(6) 空气过滤器的作用是除去压缩空气中的固态杂质、水滴和油滴,不能除去气态油和气态水。(　　)

(7) 油雾器是一种特殊的注油装置,它以压缩空气为动力,将润滑油喷射成雾状并混合于压缩空气中,随着压缩空气进入需要润滑的部位,达到润滑气动元件的目的。(　　)

(8) 消声器主要是通过对气流的阻尼或增加排气面积等方法,来提高排气速度和排气功率,从而达到降低噪声的目的。(　　)

3. 写出图 7-17 所示图形符号的元件名称。

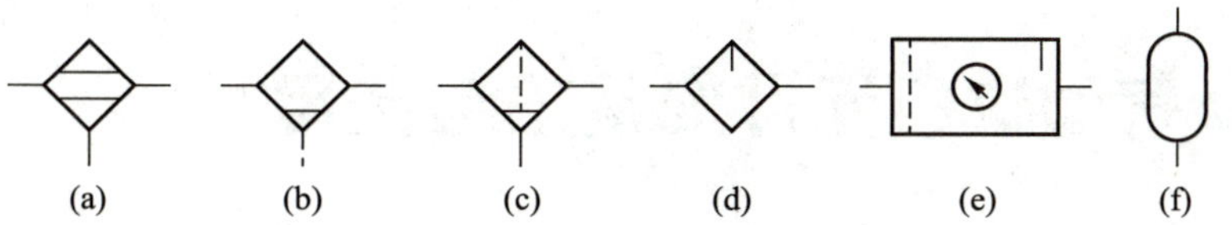


图 7-17　题 3 图

4. 在气动系统中，气电转换器和电气转换器各有何作用？

5. 若把气液转换器的出、入口颠倒一下，将会出现什么样的情况？

# 项目八　气动执行元件的认识与选用

## 项目引入

气动执行元件是将压缩空气的压力能转换为机械能的元件，用其来实现既定的动作，以驱动工作部件工作，常用的气动执行元件有气缸和气动马达。气缸用于实现直线往复运动或摆动，气动马达用于实现连续旋转运动。气缸和气动马达在结构和工作原理上，分别与液压缸和液压马达相类似。图 8-1 所示为常用的气动工具，气动虎钳用气缸实现夹紧工作，气动扳手用气动马达实现拆装工作。本项目通过对气动执行元件的认识，掌握正确选用与维护气缸和气动马达的方法，以保证气动系统可靠工作。

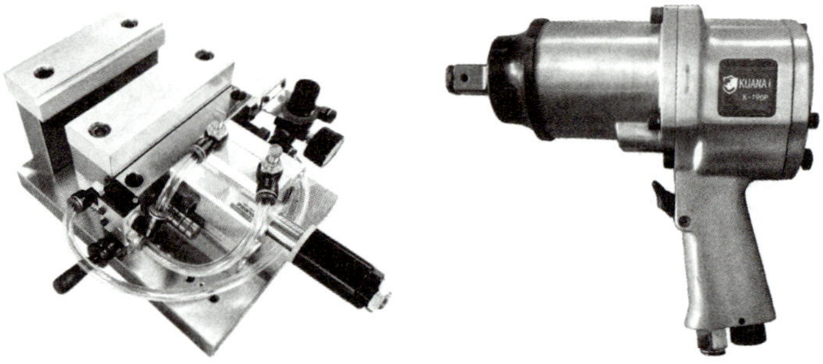


(a) 气动虎钳　　(b) 气动扳手

图 8-1　常用的气动工具

## 学习目标

1. 知识目标

掌握气缸、气动马达的常用类型和特点。

了解气缸的标记及主要参数。

了解气动马达的工作原理。

掌握气缸和气动马达的选用与维护。

2. 技能目标

能正确认识气缸和气动马达。

能正确选用与维护气缸和气动马达。

能正确拆装气缸和气动马达。

3. 素质目标

增强自主学习意识。

增强团队合作意识。

培养分析、解决问题的能力。

培养良好的职业素养。

## 任务 8.1 气缸的认识与选用

### 任务清单

| | |
|---|---|
| 任务引入 | 气缸是气动系统中常用的执行元件，其结构简单、成本低、工作可靠，因此应用广泛。正确选用和维护气缸是保证气动系统正常稳定工作的前提。 |
| 任务目标 | 能正确认识、选用和维护气缸。 |
| 任务要求 | 气缸的种类有很多，请分析气缸的工作原理，根据工作要求和条件选择气缸，分析气缸的故障原因，并找出排除方法。 |
| 任务思考 | 1. 按压缩空气对活塞的作用方式，气缸分为哪几种？按功能气缸分为哪几种？<br>2. 普通气缸是什么气缸？单作用与双作用普通气缸有何区别？画出它们的图形符号。<br>3. 常用的特殊气缸包括哪几种？ |
| 任务实施 | 1. 分析双作用普通气缸的工作原理。<br>2. 分析冲击气缸的工作原理。<br>3. 分析气缸的选择和使用要求。<br>4. 分析气缸输出力不足，动作不平稳的原因，并找出排除方法。 |

续表

| | | | |
|---|---|---|---|
| 任务总结 | 通过完成上述任务，学到了哪些知识或技能？ | | |
| 实施人员 | | | |
| 任务评价 | 参考附录C。 | 得分 | |

## 知识库

### 一、气缸的分类

气缸有多种分类方法，按压缩空气对活塞的作用方式不同，可分为单作用气缸和双作用气缸；按气缸的结构特征不同，可分为活塞式、薄膜式、柱塞式气缸等；按气缸的安装形式不同，可分为固定式（耳座式、凸缘式和法兰式）、轴销式（尾部轴销、中间轴销和头部轴销）、回转式和嵌入式；按气缸的功能不同，又可分为普通气缸（包括单作用气缸和双作用气缸）和特殊气缸（包括薄膜式气缸、气液阻尼缸、冲击气缸、缓冲气缸、摆动气缸等）。

微课：气缸的认识与选择

动画：单作用气缸

### 二、普通气缸

普通气缸是活塞式单活塞杆型气缸，在各类气缸中使用最广。

1. 单作用气缸

图8-2所示为单作用气缸。气缸的单向运动是由压缩空气作用在活塞端面上的力实现的，而反向运动则依靠其他外力实现，如弹簧力、重力等。

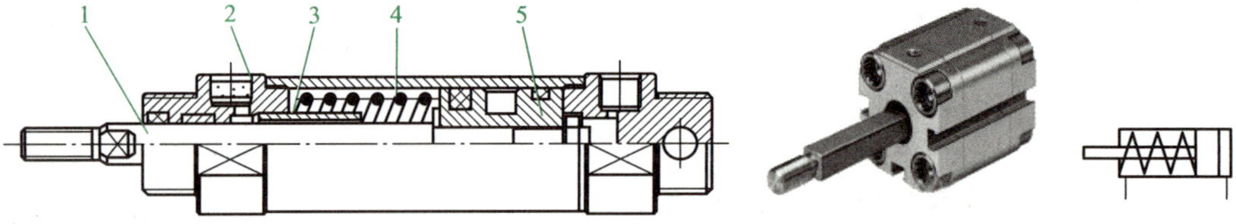


(a) 结构图　(b) 实物图　(c) 图形符号

1—活塞杆；2—过滤片；3—止动套；4—弹簧；5—活塞

图8-2　单作用气缸

单作用气缸的特点如下：

1）由于单边进气，所以结构简单，耗气量小。

2）由于采用弹簧复位，压缩空气的压力能有一部分要用来克服弹簧力，因而减少了活塞杆的输出力。

3）缸体内安装弹簧而减少了空间，缩短了活塞的有效行程。

4）气缸复位弹簧的弹力是随其变形大小而变化的，因而活塞杆的推力和运动速度在行程中是变化的。

单作用气缸多用于行程短且对活塞杆的推力和运动速度要求不高的场合，如用于定位和夹紧等。

2. 双作用气缸

图 8-3 所示为单杆双作用气缸。气缸的双向运动都是由压缩空气作用在活塞端面上的力实现的。它由缸筒 3、前缸盖 6、后缸盖 1、活塞 2、活塞杆 4、紧固件和密封件等组成。当 A 孔进气、B 孔排气时，压缩空气作用在活塞左侧端面上的作用力大于作用在活塞右端面上的作用力和摩擦阻力时，压缩空气推动活塞向右移动，使活塞杆伸出；反之，当 B 孔进气、A 孔排气，压缩空气推动活塞向左移动，使活塞和活塞杆缩回到初始位置。这种单杆双作用气缸应用十分广泛。

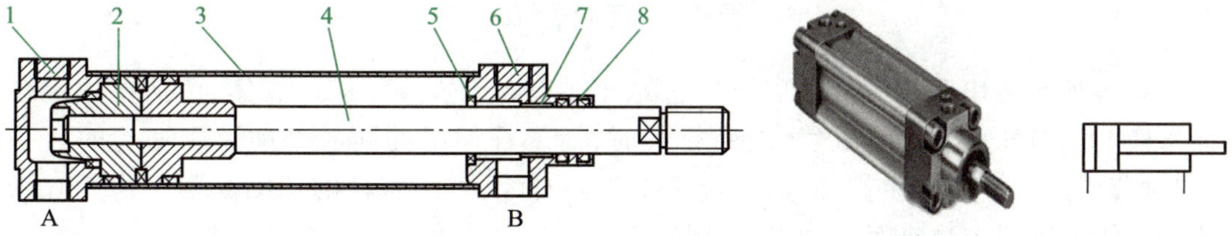


(a) 结构图　　(b) 实物图　　(c) 图形符号

1—后缸盖；2—活塞；3—缸筒；4—活塞杆；5—缓冲密封圈；
6—前缸盖；7—导向套；8—防尘圈

图 8-3　单杆双作用气缸

双杆双作用气缸的使用较少，其结构与单杆双作用气缸基本相同，只是活塞两端都装有活塞杆。这种气缸常用于往复运动速度和推力相同的气动加工机械及包装机械设备上。

动画：双作用气缸

## 三、特殊气缸

1. 薄膜式气缸

图 8-4 所示为薄膜式气缸。这种气缸是利用压缩空气通过膜片推动活塞杆做往复直线运动的。它由缸体 1、膜片 2、膜盘 3 和活塞杆 4 等组成。其功能类似于活塞式气缸，分单作用式和双作用式两种。

与活塞式气缸相比，薄膜式气缸具有结构简单、紧凑、制造容易、成本低、维修方便、寿命长、泄漏小、效率高等优点。但是膜片的变形量有限，故其行程短，一般不超过 50 mm，且气缸活塞杆上的输出力随着行程的加大而减小，因此应用范围受到一定限制，常用于各种自锁机构及夹具。

动画：薄膜式气缸

2. 气液阻尼缸

普通气缸工作时，由于气体的可压缩性，当外部载荷变化较大时，会产生“爬行”或“自走”现象，使气缸的工作不稳定。为了使气缸运动平稳，可采用气液阻尼缸。气液阻尼缸是由气缸和液压缸组合而成的，它以压缩空气为动力，利用油液的不可压缩性和控制油液的排量来获得活塞的平稳运动和调节活塞的运动速度。按组合方式不同，气液阻尼缸可分为串联式和并联式两种。

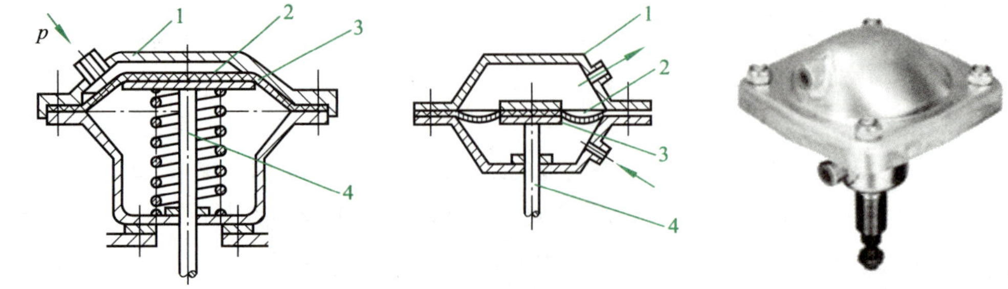


(a) 单作用式结构图　　(b) 双作用式结构图　　(c) 实物图

1—缸体；2—膜片；3—膜盘；4—活塞杆

图 8-4　薄膜式气缸

图 8-5 所示为串联式气液阻尼缸。它的气缸和液压缸共用同一缸体，两活塞固定在同一活塞杆上。当气缸 5 右腔供气、左腔排气时，活塞杆伸出的同时带动液压缸 4 的活塞左移，此时液压缸 4 左腔排油，油液经节流阀 1 流向右腔，对活塞杆的运动起阻尼作用。调节节流阀 1 便可控制排油速度，并同步控制和稳定了气缸活塞的左行速度。当反向运动时，单向阀 3 开起，活塞杆可快速返回。油箱 2 的作用只用来补充因液压缸 4 泄漏而减少的油量，一般用油杯即可。

串联式气液阻尼缸的缸体较长，加工与装配的工艺要求较高，且两缸间可能产生油气互串现象。而图 8-6 所示的并联式气液阻尼缸，其缸体较短，两缸直径可以不同，且两缸间不会产生油气互串现象。

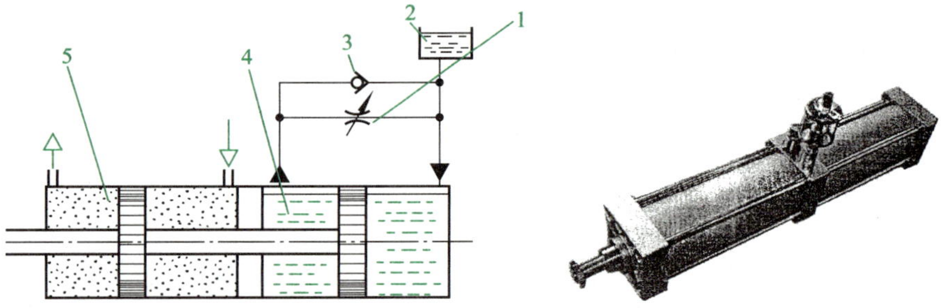


(a) 结构图　　(b) 实物图

1—节流阀；2—油箱；3—单向阀；4—液压缸；5—气缸

图 8-5　串联式气液阻尼缸

动画：串联式
气液阻尼缸

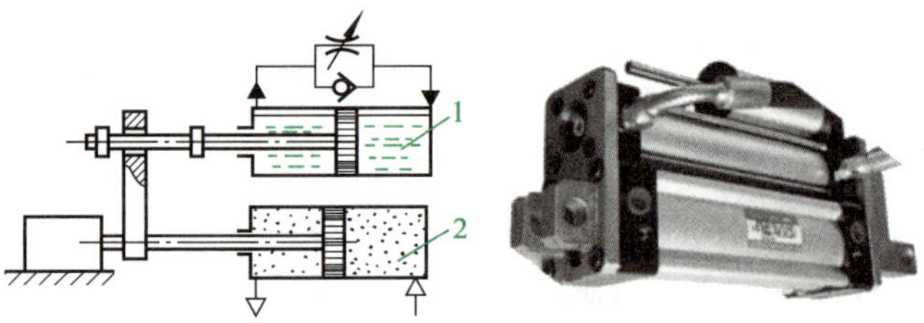


(a) 结构图　　(b) 实物图

1—液压缸；2—气缸

图 8-6　并联式气液阻尼缸

3. 冲击气缸

冲击气缸是把压缩空气的压力能转换为活塞、活塞杆的高速运动（可达 10m/s 以上），输出动能，产生较大的冲击力，打击工件做功的一种气缸。

冲击气缸的体积小、结构简单、易于制造、耗气功率小，但能产生相当大的冲击力。与普通气缸相比，冲击气缸的结构特点是增加了一个具有一定容积的蓄能腔和喷嘴。冲击气缸有普通型和快速型两种，它们的工作原理相同，区别是快速型冲击气缸在普通型的基础上增加了快速排气结构，以获得更大的能量。

图 8-7 所示为普通型冲击气缸。它在结构上有蓄能腔 1、活塞腔 4 和活塞杆腔 5 三个工作腔，以及固定在气缸体上带有排气小孔 3 和喷嘴的中盖 2。冲击气缸的工作过程一般分为以下三个阶段：

1）压缩空气进入冲击气缸活塞杆腔，蓄能腔和活塞腔与大气相通并排气，活塞上移至上限位置封住中盖上的喷嘴。

2）蓄能腔进气，其压力只能通过喷嘴小面积地作用在活塞上，还不能克服活塞杆腔的排气压力所产生的向上的作用力及活塞与缸体间的摩擦阻力，喷嘴处于关闭状态，蓄能腔的充气压力逐渐上升，从而使活塞上端面向下的作用力逐渐增大。与此同时，活塞杆腔排气，其压力逐渐变小，使活塞下端面向上的作用力逐渐减小。

3）当活塞上端面的作用力大于下端面的作用力时，活塞立即离开喷嘴向下运动，在喷嘴打开的瞬间，活塞腔与蓄能腔立刻连通，活塞上端的承压面突然增大为整个活塞面，于是活塞在巨大的压差作用下迅速加速，使活塞、活塞杆等运动部件在瞬间以极高的速度向下冲击，从而获得很大的动能，利用这个能量实现冲击做功，可产生很大的冲击力。

冲击气缸广泛应用于锻造、冲压、下料、压坯等方面。

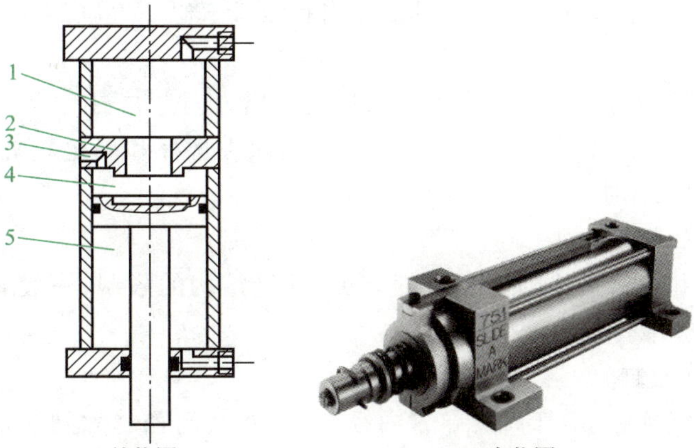


动画：冲击气缸

(a) 结构图　　(b) 实物图

1—蓄能腔；2—中盖；3—排气小孔；4—活塞腔；5—活塞杆腔

图 8-7　普通型冲击气缸

## 四、气缸的标记及主要参数

1. 标准气缸的标记和系列

标准气缸是指气缸的功能和规格是普遍使用、容易制造的，这种气缸从结构到参数都已标准化、系列化。

符号“QG”表示气缸，符号“A、B、C、D、H”表示 5 种系列。具体标记方法如下：

| QG | A/B/C/D/H | 缸径 | × | 行程 |
| --- | --- | --- | --- | --- |

5 种系列标准气缸分别为：

QGA——无缓冲普通气缸；

QGB——细杆(标准杆)缓冲气缸；

QGC——粗杆缓冲气缸；

QGD——气液阻尼缸；

QGH——回转气缸。

例如，QGA100×125 表示直径为 100 mm、行程为 125 mm 的无缓冲普通气缸。

2. 标准气缸的主要参数

标准气缸的主要参数是缸径(缸筒内径)$D$ 和行程 $L$。在一定的气源压力下，缸径标记气缸活塞杆的理论输出力，行程标记气缸的作用范围。

5 种系列标准气缸有 11 种规格为：

缸径 $D$(mm)：40，50，63，80，100，125，160，200，250，320，400。

行程 $L$(mm)：对于无缓冲气缸，$L=(0.5\sim2)D$；对于有缓冲气缸，$L=(1\sim10)D$。

## 五、气缸的选用与维护

1. 气缸的选择

选择气缸时应优先选择标准气缸，其次是自行设计气缸。气缸的选择要点如下。

(1) 气缸输出力的大小

根据工作机构所需力的大小来确定活塞杆的输出力(推力或拉力)。一般按公式计算出活塞杆的输出力，再乘以 1.15~2 的备用系数，并据此去选择和确定气缸内径。为了避免气缸容积过大，应尽量采用扩力机构，以减小气缸尺寸。

(2) 气缸行程的长度

它与使用场合和执行机构的行程长度有关，并受结构的限制，一般应比所需行程长 5~10mm，并尽量选择标准行程。

(3) 活塞杆(或气缸)的运动速度

它主要取决于气缸进、排气口及导管内径的大小，其内径越大则活塞杆运动速度越高。为了得到缓慢且平稳的运动速度，通常可选用带节流装置或气液阻尼装置的气缸。

(4) 安装方式

它由安装位置、使用目的等因素来决定。工件做周期性转动或连续转动时，应选用旋转气缸，此外在一般场合应尽量选用固定式气缸。如有特殊要求，则选用相适应的特殊气缸或组合气缸。

2.气缸的使用要求

1) 气缸的一般工作条件是周围环境及介质温度在-35~80 ℃范围内，工作压力在 0.4~0.6 MPa 范围(表压)。超出此范围时，应考虑使用特殊密封材料及十分干燥的空气。

2）安装前应在 1.5 倍的工作压力下试压，不允许有泄漏。

3）在整个工作行程中，负载变化较大时应使用输出力有足够余量的气缸，并要附加缓冲装置。

4）不使用满行程工作（特别在活塞杆伸出时），不要使活塞与缸盖相碰，避免撞击而损坏零件。

5）安装时要注意受力方向，活塞杆不允许承受偏载或径向载荷。

6）使用时要检查负载的惯性力，大惯性负载运动时，需要设置负载停止时的阻挡装置和缓冲装置，以减小冲击。

7）注意合理润滑，正确设置和调整油雾器，否则将严重影响气缸的运动性能而产生爬行，甚至不能工作。不允许用油润滑时，可用无油润滑气缸。

3. 气缸的常见故障及排除方法

即使气缸本身制造质量符合标准，由于安装和使用不当，特别是长期使用，也会使气缸产生故障。气缸的常见故障及排除方法见表 8-1。

表 8-1 气缸的常见故障及排除方法

| 故障现象 | | 故障原因 | 排除方法 |
|---|---|---|---|
| 外泄漏 | 活塞杆与密封衬套间漏气 | 1. 衬套密封圈磨损；<br>2. 活塞杆偏心；<br>3. 活塞杆有伤痕；<br>4. 活塞杆与密封衬套的配合面处有杂质 | 1. 更换衬套密封圈；<br>2. 重新安装，使活塞杆不受偏心负荷；<br>3. 更换活塞杆；<br>4. 去除杂质，安装防尘盖 |
| | 缸体与端盖间漏气 | 密封圈损坏 | 更换密封圈 |
| | 缓冲装置的调节螺钉处漏气 | 密封圈损坏 | 更换密封圈 |
| 内泄漏（活塞两腔串气） | | 1. 活塞密封圈损坏；<br>2. 润滑不良；<br>3. 活塞被卡住；<br>4. 活塞配合面有缺陷；<br>5. 杂质挤入密封面 | 1. 更换活塞密封圈；<br>2. 改善润滑；<br>3. 重新安装，消除偏心；<br>4. 缺陷严重者，更换零件；<br>5. 去除杂质 |
| 输出力不足，动作不平稳 | | 1. 润滑不良；<br>2. 活塞或活塞杆卡住；<br>3. 气缸体内表面有锈蚀或缺陷；<br>4. 进入了冷凝水、杂质 | 1. 调节或更换油雾器；<br>2. 检查安装情况，消除偏心；<br>3. 视缺陷大小，再决定排除故障办法；<br>4. 加强对空气过滤器和油水分离器的管理，定期排放污水 |

续表

| 故障现象 | | 故障原因 | 排除方法 |
|---|---|---|---|
| 缓冲效果不好 | | 1. 缓冲装置密封圈密封性能差；<br>2. 调节螺钉损坏；<br>3. 气缸速度太快 | 1. 更换密封圈；<br>2. 更换调节螺钉；<br>3. 检查缓冲装置的结构是否合适 |
| 损伤 | 活塞杆折断 | 1. 有偏心负荷；<br>2. 摆动气缸安装轴销的摆动面与负荷摆动面不一致；<br>3. 摆动销轴的摆动角度过大；<br>4. 负荷很大，摆动速度太快，有冲击；<br>5. 气缸速度太快 | 1. 调整安装位置，消除偏心；<br>2. 使摆动面与负荷摆动面一致；<br>3. 减小销轴的摆动；<br>4. 减小摆动速度和冲击；<br>5. 设置缓冲装置 |
| | 端盖损坏 | 缓冲机构不起作用 | 在外部或回路中设置缓冲机构 |

## 任务 8.2　气动马达的认识与选用

### 任务清单 »

| | |
|---|---|
| 任务引入 | 气动马达工作时输出转速和转矩，用于驱动机构做旋转运动，其作用相当于电动机或液压马达。 |
| 任务目标 | 能正确认识、选用和维护气动马达。 |
| 任务要求 | 气动马达有多种类型，请分析气动马达的工作原理，根据负载的状态要求选择气动马达，分析气动马达的故障原因，并找出排除方法。 |
| 任务思考 | 1. 气动马达有哪些类型？<br>2. 气动马达有什么特点？ |
| 任务实施 | 1. 分析叶片式气动马达的工作原理。<br>2. 分析活塞式气动马达的工作原理。<br>3. 分析气动马达的选择和使用要求。<br>4. 分析叶片式气动马达叶片严重磨损的原因，并找出排除方法。<br>5. 分析活塞式气动马达运行中突然不转的原因，并找出排除方法。 |

续表

| | | | |
|---|---|---|---|
| 任务总结 | 通过完成上述任务，学到了哪些知识或技能？ | | |
| 实施人员 | | | |
| 任务评价 | 参考附录 C。 | 得分 | |

## 知识库

### 一、气动马达的分类和特点

1. 气动马达的分类

气动马达的类型有叶片式、活塞式、齿轮式和薄膜式等，应用最广泛的是叶片式和活塞式气动马达。

2. 气动马达的特点

气动马达的优点：

1）工作安全　可以在易燃易爆场合工作，同时不受高温和振动的影响。

2）具有过载保护作用　可以长时间满载工作而温升较小，过载时气动马达只是降低转速或停车，当过载解除后，可立即重新正常运转。

3）可实现无级调速　只要控制进气流量，就能调节气动马达的转速。额定转速范围可从每分钟几十转到几十万转。

4）具有较高的起动转矩　可以直接带负载运动。

5）结构简单，操纵方便，维护容易，成本低。

气动马达的缺点：速度稳定性较差，输出功率小，耗气量大，效率低，噪声大和易产生振动等。

微课：气动马达的工作原理

### 二、气动马达的工作原理

1. 叶片式气动马达

图 8-8 所示为叶片式气动马达。一个径向装有 3～10 个叶片的转子偏心安装在定子内，转子两侧有前、后端盖（图中未画出），叶片在转子的槽内可径向滑动，叶片底部通有压缩空气，转子转动的离心力和叶片底部气压将叶片压紧在定子内表面上。定子内有半圆形的切沟，提供压缩空气及废气排出。

当压缩空气从 A 口进入定子内时，会使叶片带动转子逆时针旋转，产生转矩。做功后的废气从 C 口排出，残留气体则从 B 口排出。如需改变气动马达旋转方向，只需改变进、排气口即可。

动画：叶片式气动马达

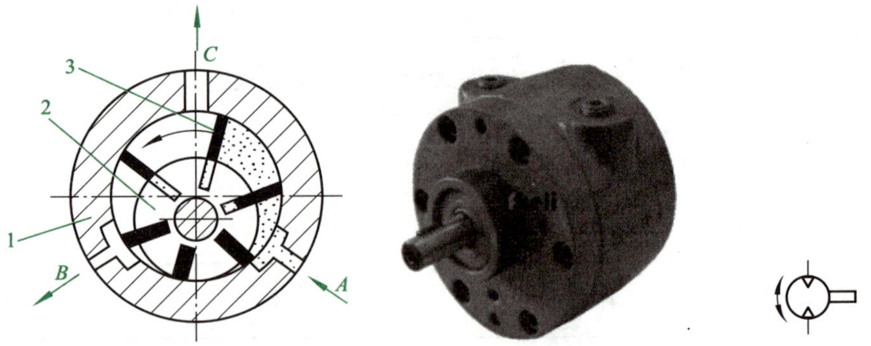

(a) 结构图　(b) 实物图　(c) 图形符号

1—定子；2—转子；3—叶片

图 8-8　叶片式气动马达

2. 活塞式气动马达

活塞式气动马达是一种通过曲轴或斜盘将若干活塞的直线运动转换为回转运动的气动马达。按结构不同，活塞式气动马达可分为径向活塞式和轴向活塞式两种。

图 8-9 所示为径向活塞式气动马达。5 个气缸围绕曲轴呈放射状分布，每个气缸通过连杆与曲轴相连。压缩空气经进气口进入配气阀 2 后再进入气缸 3，推动活塞 4 及连杆 5 组件运动，再使曲轴 6 旋转。曲轴旋转的同时，带动固定在曲轴上的配气阀同步转动，使压缩空气随着配气阀角度位置的改变而进入不同的缸内，从而依次推动各个活塞运动，再由各活塞及连杆带动曲轴连续运转。与此同时，与进气缸相对应的气缸则处于排气状态。改变进、排气方向，可实现气动马达的正、反转换向。

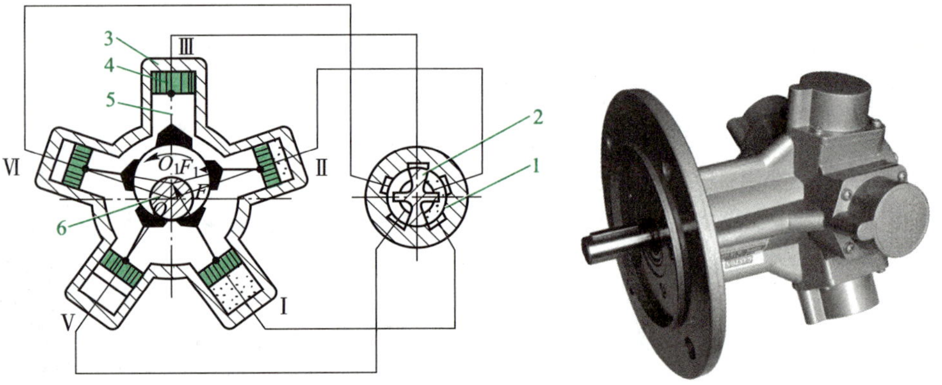

(a) 结构图　(b) 实物图

1—配气阀套；2—配气阀；3—气缸；4—活塞；5—连杆；6—曲轴

图 8-9　径向活塞式气动马达

## 三、气动马达的选用与维护

1. 气动马达的选择

主要根据负载的状态要求来选择适用的气动马达。不同类型的气动马达具有不同的特点及应用范围，见表 8-2。

表 8-2 各种气动马达的特点及应用范围

| 类型 | 转矩 | 速度 | 功率 | 特点及应用范围 |
|---|---|---|---|---|
| 叶片式 | 低转矩 | 高速 | 小 | 制造简单，结构紧凑，但低速起动转矩小，低速性能不好。适用于低转矩、高速的场合，如手提工具、复合工具传送带、升降机、泵、拖拉机等中小功率的机械 |
| 活塞式 | 中高转矩 | 低速或中速 | 大 | 在低速时有较大的输出功率和较好的转矩特性，起动准确，且起动和停止特性均比叶片式好。适用于中高转矩和中、低速场合，如手提工具、起重机、绞车、绞盘、拉管机等载荷较大且起动要求高的机械 |
| 齿轮式 | 中高转矩 | 低速和中速 | 大 | 适用于中高转矩和中、低速场合 |
| 薄膜式 | 高转矩 | 低速 | 较小 | 适用于控制要求很精确、起动转矩极高和速度低的机械 |

2. 气动马达的使用要求

特别注意的是：润滑是气动马达正常工作中不可缺少的一个环节。气动马达在得到正确、良好润滑的情况下，可在两次检修之间至少运转 2 500~3 000 h。一般应在气动马达的换向阀前加装油雾器，以进行不间断地润滑。

3. 气动马达的常见故障及排除方法

1）叶片式气动马达的常见故障及排除方法见表 8-3。

表 8-3 叶片式气动马达的常见故障及排除方法

| 故障现象 | 故障原因 | 排除方法 |
|---|---|---|
| 叶片严重磨损 | 1. 空气中混入了杂质；<br>2. 长期使用造成严重磨损；<br>3. 断油或供油不足 | 1. 去除杂质；<br>2. 更换叶片；<br>3. 检查油雾器，保证润滑 |
| 前、后气缸盖磨损严重 | 1. 轴承磨损，转子轴向窜动；<br>2. 衬套选择不当 | 1. 更换轴承；<br>2. 更换衬套 |
| 定子内孔有纵向波浪槽 | 1. 使用时间过长；<br>2. 配合面上混有杂质 | 1. 定期更换定子；<br>2. 去除杂质或更换定子 |
| 叶片折断 | 转子叶片槽喇叭口太大 | 更换转子 |
| 叶片卡死 | 叶片槽间隙不当或变形 | 更换叶片 |

2）活塞式气动马达的常见故障及排除方法见表 8-4。

表 8-4　活塞式气动马达的常见故障及排除方法

| 故障现象 | 故障原因 | 排除方法 |
|---|---|---|
| 运行中突然不转 | 1. 润滑不良；<br>2. 气阀卡死、烧伤；<br>3. 曲轴、连杆和轴承磨损；<br>4. 气缸螺钉松动；<br>5. 配气阀堵塞、脱焊 | 1. 加强润滑；<br>2. 更换气阀；<br>3. 更换磨损的零件；<br>4. 拧紧气缸螺钉；<br>5. 清洗配气阀、重焊 |
| 功率转速显著下降 | 1. 气压低；<br>2. 配气阀装反；<br>3. 活塞环磨损 | 1. 调整压力；<br>2. 重装配气阀；<br>3. 更换活塞环 |
| 耗气量太 | 1. 气缸、活塞、配气阀套磨损<br>2. 管路系统漏气 | 1. 更换磨损的零件<br>2. 检修气路 |

## 技能实训九　气动执行元件的拆装

### 技能实训任务单

| | |
|---|---|
| 实训目的 | 1. 熟悉气动执行元件的结构特点，加深对气动执行元件作用和原理的理解。<br>2. 掌握气动执行元件的拆卸、装配方法。<br>3. 掌握气动执行元件维修的基本方法。<br>4. 培养实践技能和分析、解决问题的能力。 |
| 实训要求 | 1. 拆装时要按照拆装顺序进行操作，不能拆卸的禁止强拆。<br>2. 拆装时要边拆装边分析气动执行元件的结构原理及特点，并做好拆卸记录。<br>3. 拆装时注意不要散失小的零件，实训完要把气动执行元件装配好。<br>4. 拆装过程中实行“谁拆卸，谁装配”的原则。<br>5. 拆装完毕后，整理好现场，将气动执行元件的外表擦拭干净，工具清洁后放回原处。<br>6. 要对拆装的气动执行元件进行结构分析，按要求完成技能实训工作页。 |
| 实训器材 | 气缸，气动马达，内六角扳手，活口扳手，螺丝刀，内、外卡钳，铜棒等。 |
| 实训内容与参考步骤 | 在实训教师的指导下，拆解气动执行元件，观察、了解各零件在气动执行元件中的作用，了解气动执行元件的工作原理，按照规定的步骤装配气动执行元件。 |

续表

<table>
<tr><td rowspan="8">实训内容与参考步骤</td><td rowspan="4">气缸：单杆双作用气缸(图 8-3)</td><td>拆卸顺序</td><td>1. 卸下后缸盖。<br>2. 卸下前缸盖。<br>3. 卸下活塞杆和活塞组件。<br>4. 卸下密封圈。</td></tr>
<tr><td>主要零件的结构及作用分析</td><td>观察所拆卸气缸的类型和安装形式。观察及分析各零件的结构和作用。观察活塞与活塞杆、缸盖与缸体的连接形式。观察气缸中所用密封圈的位置和形式。</td></tr>
<tr><td>装配要领</td><td>按拆卸时的反向顺序进行装配。装配前清洗各零部件，并在活塞与气缸缸筒等配合表面涂上润滑油，并注意各处密封的装配。安装好后气缸应动作灵活，没有阻滞、卡死现象。</td></tr>
<tr><td>拆装注意事项</td><td>1. 装配时严禁遗漏零件。<br>2. 拆装中应使用铜棒敲打零部件，以免损坏零部件和轴承。<br>3. 拆卸过程中，遇到元件卡住的情况时，不要乱敲硬砸，请实训教师来解决。<br>4. 检查密封圈弹性和尺寸精度，如有磨损和老化应及时更换。</td></tr>
<tr><td rowspan="4">气动马达：叶片式气动马达(图 8-8)</td><td>拆卸顺序</td><td>1. 松开固定螺钉，卸下后端盖，取下密封圈，卸下轴承。<br>2. 卸下转子，分解转子、叶片、弹簧。<br>3. 卸下前端盖，取下密封圈、定位销。<br>4. 取下前端盖油封，卸下轴承。</td></tr>
<tr><td>主要零件的结构及作用分析</td><td>观察所拆卸气动马达转子和马达壳体的相对安装位置。观察气动马达密封容积的构成。观察马达壳体上气孔的位置和结构形式，分析气流的流动路径。观察弹簧的安装位置，分析其作用。</td></tr>
<tr><td>装配要领</td><td>按拆卸时的反向顺序进行装配。装配前清洗各零部件，并在配合表面上涂润滑油，并注意各处密封的装配。安装完后马达应转动灵活，没有阻滞、卡死现象。</td></tr>
<tr><td>拆装注意事项</td><td>1. 拆装中应使用铜棒敲打零部件，以免损坏零部件和轴承。<br>2. 拆卸过程中，遇到元件卡住的情况时，不要乱敲硬砸，请实训教师来解决。<br>3. 装配时严禁遗漏零件。<br>4. 拧紧螺钉时，注意用力要均匀。</td></tr>
</table>

续表

| | | |
|---|---|---|
| 实训思考 | 气缸 | 1. 被拆气缸的类型和安装形式是什么？<br>2. 气缸由哪几部分组成？<br>3. 活塞与缸体、端盖与缸体、活塞杆与端盖间的密封形式有哪些？ |
| | 气动马达 | 1. 叶片式气动马达的密封容积是如何构成的？<br>2. 分析叶片式气动马达中弹簧的作用。<br>3. 分析叶片式气动马达的气流路径。 |

## 技能实训工作页

| | | | |
|---|---|---|---|
| 实训内容 | | | |
| 实训过程记录 | | | |
| 实训出现的问题及解决方法 | | | |
| 实训思考解答 | | | |
| 实训效果 | | | |
| 实训人员 | | | |
| 技能实训评价 | 参考附录 D。 | 得分 | |

## 思考和练习

1. 选择题

(1) 输入压缩空气作用在活塞一端面上，推动活塞运动，而活塞的反向运动依靠复位弹簧力、重力或其他外力来工作的这类气缸称为(　　)。

A. 双作用气缸　　B. 单作用气缸　　C. 冲击气缸　　D. 缓冲气缸

(2)(　　)的特点是结构简单、紧凑、制造容易、成本低、维修方便、使用寿命长、泄漏小、效率高,但行程较短。

A. 气液阻尼缸　　B. 普通气缸　　C. 薄膜式气缸　　D. 冲击气缸

(3)(　　)气动马达是依靠作用于气缸底部的气压,推动活塞来实现气动马达转动的。

A. 单叶片式　　B. 活塞式　　C. 齿轮齿条式　　D. 双叶片式

2. 判断题

(1)气液阻尼缸虽然能输出较稳定的运动速度,但是速度无法调节。(　　)

(2)气动执行元件是将气体的压力能转换为机械能的装置。(　　)

(3)气动马达的突出特点是具有防爆、高速、输出功率大、耗气量小等优点,但也有噪声大和易产生振动等缺点。(　　)

(4)气动马达具有较高的起动力矩,可以直接带动负载起动。(　　)

(5)单杆双作用气缸工作中,活塞杆伸出时的推力小于退回时的推力。(　　)

(6)一般气缸在工作载荷变化较大时,会出现“爬行”或“自走”现象,平稳性较差,如果系统工作需要较高的平稳性,可采用气液阻尼缸。(　　)

(7)叶片式气动马达主要用于低速、大转矩的场合。其起动转矩和功率都比较大。(　　)

3. 为什么要使用气液阻尼缸?气液阻尼缸有哪两种形式?它们有何区别?

4. 何为标准气缸?标准气缸应如何标记?

# 项目九　气动控制元件的认识及基本回路的组建

## 项目引入

在气动系统中,气动控制元件是控制和调节压缩空气的流动方向、压力、流量及发送信号的各类控制阀,按功能的不同可分为方向控制阀、压力控制阀、流量控制阀及能实现一定逻辑功能的气动逻辑元件。图9-1所示的自动生产线上应用的气动送料装置,就是用气动控制元件控制送料气缸来实现送料工作的。由有关气动控制元件组成的具有特定功能的控制回路称为气动基本回路,按控制功能的不同可分为方向控制回路、压力控制回路、速度控制回路、基本逻辑回路等。本项目通过对气动控制元件的认识,掌握正确组建气动基本回路的方法,为分析气动系统打下必要的基础。

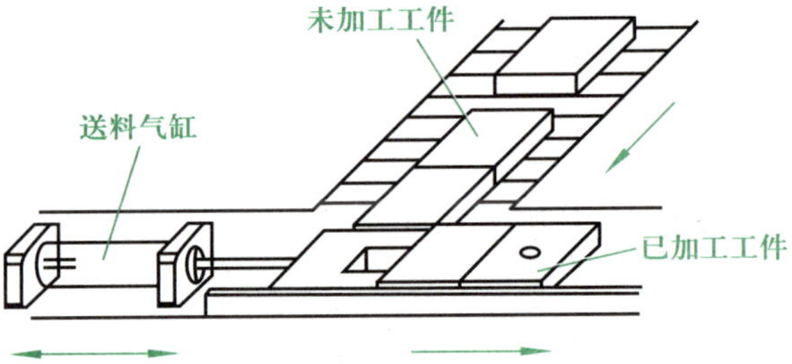

图9-1　气动送料装置

## 学习目标

1. 知识目标

了解气动控制阀的作用、分类。

掌握气动控制阀的结构、工作原理及应用。

熟悉气动基本回路的种类及作用。

掌握气动基本回路的组成、原理及应用。

了解气动逻辑元件的类型、结构及应用。

掌握气动控制阀的选用与维护。

2. 技能目标

能正确认识气动控制阀。

能正确识读气动基本回路图。

能正确选用和维护气动控制阀。

能正确拆装气动控制阀。

能正确组建气动基本回路。

3. 素质目标

增强自主学习意识。

增强团队合作意识。

培养分析、解决问题的能力。

培养良好的职业素养。

## 任务 9.1 方向控制阀的认识及方向控制回路的组建

### 任务清单

| | |
|---|---|
| 任务引入 | 在气动系统中控制压缩空气的流动方向和气流通断的元件称为方向控制阀。利用换向阀来实现控制执行元件运动方向的基本回路称为方向控制回路,也称换向回路。 |
| 任务目标 | 能正确认识、选用和维护方向控制阀,并能正确识读方向控制回路图。 |
| 任务要求 | 按气流在阀内的流动方向,方向控制阀可分为单向型方向控制阀和换向型方向控制阀。请分析方向控制阀的工作原理,根据不同的使用要求选用方向控制阀,分析方向控制阀故障原因,并找出排除方法。方向控制回路可以实现单作用执行元件和双作用执行元件的各种换向控制,请识读换向回路图,分析其组成和工作原理。 |
| 任务思考 | 1. 单向型方向控制阀的作用是什么?常用的有哪几种?请画出它们的图形符号。<br>2. 换向型方向控制阀有何作用?换向型方向控制阀按控制方式不同可分为哪几种?<br>3. 气压控制换向阀是如何操纵阀芯换位的?这类阀分为哪几种?<br>4. 电磁控制换向阀是如何操纵阀芯换位的?按电磁控制部分对换向阀的推动方式的不同可分为哪几类?<br>5. 机械控制换向阀阀芯常用的头部结构有哪几种?它们有何特点?<br>6. 人力控制换向阀与其他控制方式相比有何特点?按其操纵方式可分为哪两类?<br>7. 二位换向阀和三位换向阀控制的换向回路有何不同? |

续表

| | | | |
|---|---|---|---|
| 任务实施 | 1. 分析梭阀和双压阀的工作原理及应用。<br><br>2. 分析快速排气阀的工作原理及应用。<br><br>3. 分析单气控加压式、双气控加压式换向阀和气压延时换向阀的工作原理。<br><br>4. 分析直动式和先导式电磁换向阀的工作原理。<br><br>5. 分析杠杆滚轮式机控换向阀(常闭型)的工作原理。<br><br>6. 分析推拉式手动阀的工作原理。<br><br>7. 分析方向控制阀的选用。<br><br>8. 分析换向阀不能换向的原因,并找出排除方法。<br><br>9. 分析三位五通电磁换向阀控制的单作用气缸换向回路的组成和工作原理。<br><br>10. 分析双气控加压式换向阀控制的双作用气缸换向回路的组成和工作原理。 | | |
| 任务总结 | 通过完成上述任务,学到了哪些知识或技能? | | |
| 实施人员 | | | |
| 任务评价 | 参考附录 C。 | 得分 | |

## 知识库

微课:方向控制阀(气动)

### 一、方向控制阀

1. 单向型方向控制阀

单向型方向控制阀只允许气流沿一个方向流动,包括单向阀、梭阀、双压阀和快速排气阀。

(1) 单向阀

单向阀是指气流只能向一个方向流动而不能反方向流动的阀。如图 9-2 所示，气体只能从 P 口向 A 口流动，反向流动时单向阀内的通路会被阀芯 2 封闭。单向阀的工作原理、结构和图形符号与液压单向阀基本相同，只是在气动单向阀中，阀芯和阀座之间有一层胶垫（软质密封）。

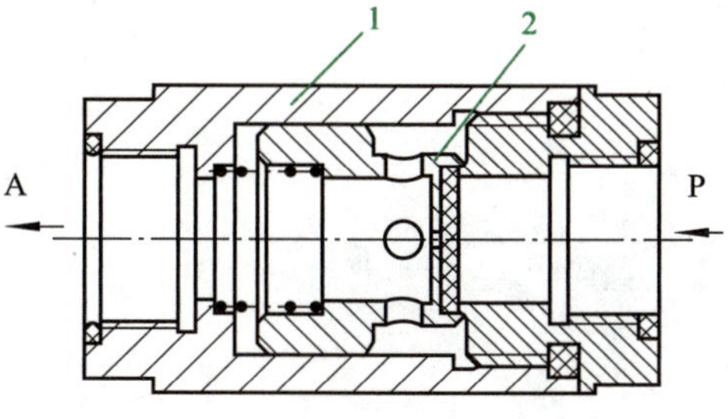

(a) 结构图

(b) 实物图

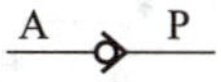

(c) 图形符号

动画：单向阀（气动）

1—阀体；2—阀芯

图 9-2 单向阀

在气动系统中，为防止气罐中的压缩空气倒流回空气压缩机，在空气压缩机和气罐之间应装有单向阀。单向阀还可与其他的控制阀并联使用，使之只在某特定方向上起控制作用。

(2) 梭阀

梭阀又称或门型梭阀，其相当于共用一个阀芯而无弹簧的两个单向阀的组合，其作用相当于逻辑“或”，在气动系统中应用很广泛。如图 9-3 所示，它有两个输入口 $P_1$、$P_2$，一个输出口 A，阀芯在两个方向上起单向阀的作用。当 $P_1$ 口进气时，阀芯将 $P_2$ 口切断，$P_1$ 口与 A 口相通，A 口有输出。当 $P_2$ 口进气时，阀芯将 $P_1$ 口切断，$P_2$ 口与 A 口相通，A 口也有输出。如 $P_1$ 口和 $P_2$ 口都有进气时，阀芯移向低压侧，使高压侧进气口与 A 口相通。如两侧压力相等，先加入压力的一侧与 A 口相通，后加入压力的一侧关闭。梭阀在输入口 $P_1$ 或 $P_2$ 单独有气或两者均有气时都有输出，它常用于两个信号控制同一个动作的组合。

动画：梭阀

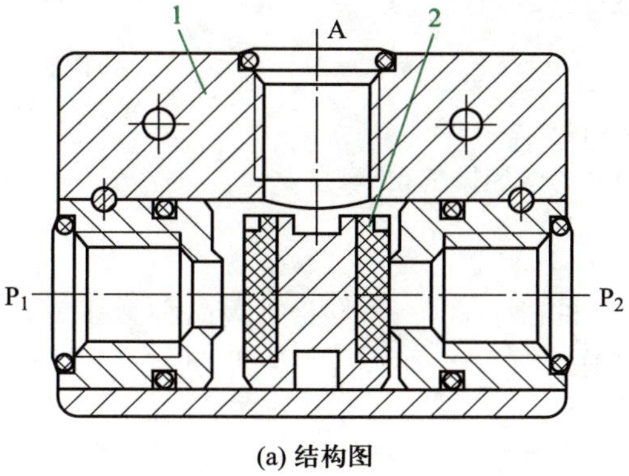

(a) 结构图

(b) 实物图

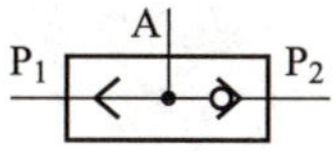

(c) 图形符号

1—阀体；2—阀芯

图 9-3 梭阀

（3）双压阀

双压阀又称与门型梭阀，它也相当于两个单向阀的组合，只是将密封面由外端面改为内端面，其作用相当于逻辑“与”。如图 9-4 所示，它有 $P_1$ 和 $P_2$ 两个输入口和一个输出口 A。当 $P_1$ 口或 $P_2$ 口单独有输入时，阀芯被推向右端或左端，A 口无输出。只有当 $P_1$ 口和 $P_2$ 口同时有输入时，A 口才有输出。当 $P_1$ 口与 $P_2$ 口气体压力不等时，则气压低的一侧通过 A 口输出。双压阀在输入口 $P_1$ 和 $P_2$ 均有气时才有输出，否则均无输出，它常用于两输入口均有气时才能控制某一动作的组合。

动画：双压阀

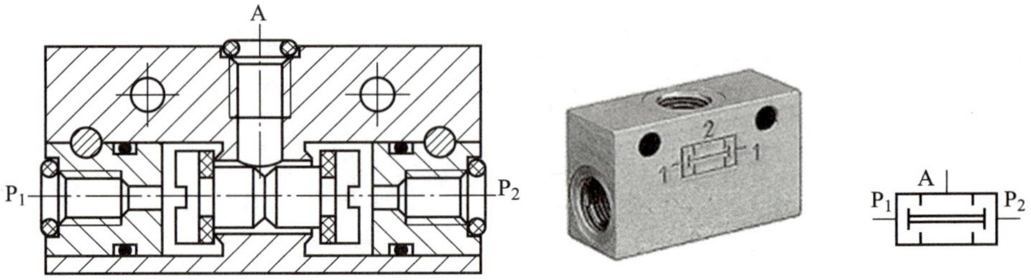


(a) 结构图　　(b) 实物图　　(c) 图形符号

图 9-4　双压阀

（4）快速排气阀

快速排气阀简称快排阀，其作用是使气动元件或装置快速排气，如图 9-5 所示。当 P 口进气时，膜片被压下封住排气孔 R，气流经膜片四周小孔从 A 口输出。当 P 腔气体排空时，A 腔压力将膜片顶起，隔断 P 口、A 口通路，A 腔气体经排气孔 R 迅速排向大气。快速排气阀常装在气缸排气口，使气缸实现快速排气，可大大提高气缸运动速度。

动画：快速排气阀

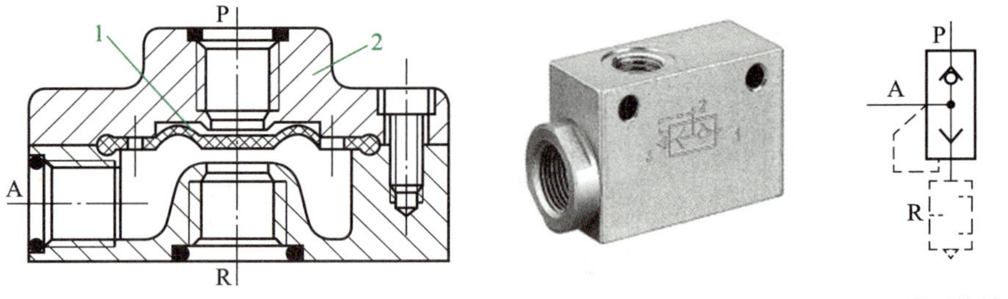


(a) 结构图　　(b) 实物图　　(c) 图形符号

1—膜片；2—阀体

图 9-5　快速排气阀

2. 换向型方向控制阀

换向型方向控制阀是指可以改变气流流动方向的控制阀。此类换向阀品种繁多，分类方法与液压换向阀大致相同，如按控制方式不同可分为气压控制、电磁控制、机械控制、人力控制等。

（1）气压控制换向阀

气压控制换向阀是利用空气压力推动阀芯运动，使换向阀换向，从而改变气体的流动方向的换向阀。在易燃、易爆、潮湿、粉尘大的工作条件下，使用气压控制换向阀安全可靠。

气压控制换向阀分为加压式、泄压式、差压式和延时控制几种类型，常用的是加压式和差压式。加压式控制是指加在阀芯上的控制信号的压力值是渐升的，当控制信号的气压增加到阀的切换动作压力时阀便换向，这类阀有单气控和双气控之分。差压式控制是利用控制气压在阀芯两端面面积不等的控制活塞上产生的推力差，使阀换向的一种控制方式。

1）单气控加压式换向阀 利用压缩空气的作用力与弹簧力相平衡的原理来进行控制。如图 9-6 所示的单气控加压式换向阀属于截止式二位三通换向阀。当 Z 口没有压缩空气输入时，阀芯在弹簧力和 P 腔气体压力的作用下，阀芯位于上端，A 口与 R 口相通、P 不通。当 Z 口有压缩空气输入时，阀芯下移，P 口与 A 口相通、R 不通。

动画：单气控加压式换向阀

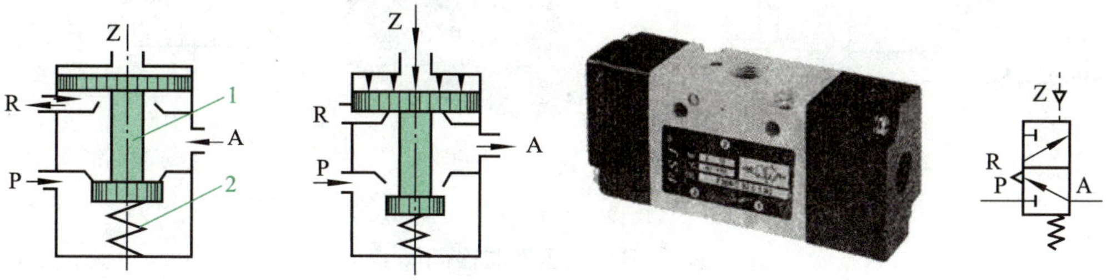


(a) 无信号控制 (b) 有信号控制 (c) 实物图 (d) 图形符号

1—阀芯；2—弹簧

图 9-6 单气控加压式换向阀

2）双气控加压式换向阀 换向阀阀芯两边都可作用压缩空气，但一次只作用于一边。如图 9-7 所示的双气控加压式换向阀属于滑阀式二位五通换向阀。当控制信号 Z 存在，信号 Y 不存在时，阀芯停在右端，P 口与 B 口相通，A 口与 R 口相通；当控制信号 Y 存在，信号 Z 不存在时，阀芯停在左端，P 口与 A 口相通，B 口与 S 口相通。双气控滑阀具有记忆功能，即气控信号消失后，阀仍能保持在有信号时的工作状态。

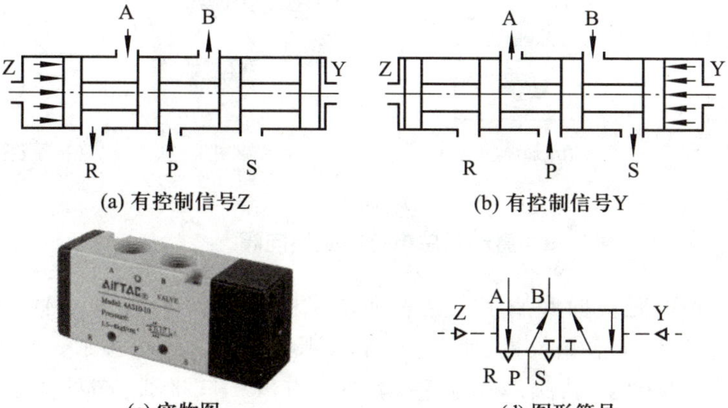


(a) 有控制信号Z (b) 有控制信号Y

(c) 实物图 (d) 图形符号

图 9-7 双气控加压式换向阀

动画：双气控加压式换向阀

3）气压延时换向阀 其作用相当于时间继电器。如图 9-8 所示的气压延时换向阀属于二位三通常断延时接通型换向阀。该阀是一种带有时间信号元件的换向阀，由气容 C 和一个单向节流阀组成时间信号元件，用

动画：气压延时换向阀

它来控制主阀换向。当 Z 口通入信号气流时，气流通过节流阀 1 的节流口进入气容 C，经过一定时间后，使主阀阀芯 3 左移换向。调节节流口的大小可控制主阀延时换向的时间，一般延时时间为几分之一秒至几分钟。当去掉信号气流后，气容 C 的空气经单向阀 2 快速放气，主阀阀芯 3 在左端弹簧力作用下返回右端。

(a) 结构图　(b) 实物图　(c) 图形符号

1—节流阀；2—单向阀；3—主阀阀芯

图 9-8　气压延时换向阀

(2) 电磁控制换向阀

电磁控制换向阀是利用电磁力的作用推动阀芯换向，从而改变气流方向的气动换向阀。按照电磁控制部分对换向阀的推动方式不同，可分为直动式和先导式两大类。

1) 直动式电磁换向阀　电磁铁的活动铁心在电磁力的作用下，直接推动阀芯换向的气动换向阀，有单电控和双电控两种形式。其工作原理与液压电磁换向阀相似。

动画：直动式单电控电磁换向阀

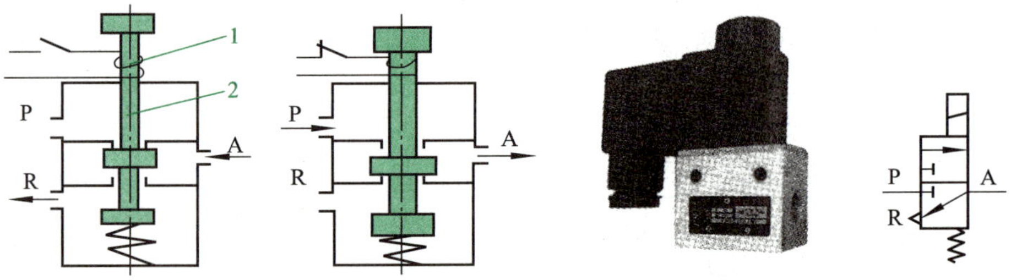


(a) 断电状态　(b) 通电状态　(c) 实物图　(d) 图形符号

1—电磁铁；2—阀芯

图 9-9　直动式单电控电磁换向阀

图 9-9 所示的直动式单电控电磁换向阀属于二位三通电磁阀，它只有一个电磁铁。当电磁铁断电时，阀芯靠弹簧力复位处于上端位置，使 P 口、A 口断开，A 口、R 口接通，阀处于排气状态。当电磁铁通电时，电磁铁推动阀芯向下移动，使 P 口、A 口接通，阀处于进气状态。

图 9-10 所示的直动式双电控电磁换向阀属于二位五通电磁换向阀。当电磁铁 1 通电、2 断电时，阀芯被推到右位，A 口有输出，B 口排气；若电磁铁 1 断电，阀芯位置不变，即具有记忆能力。当电磁铁 1 断电、2 通电时，阀芯被推到左位，B 口有输出，A 口排气；若电磁铁 2 断电，空气通路不变。这种阀的两个电磁铁只能交替得电工作，不能同时得电，否则会产生误动作。

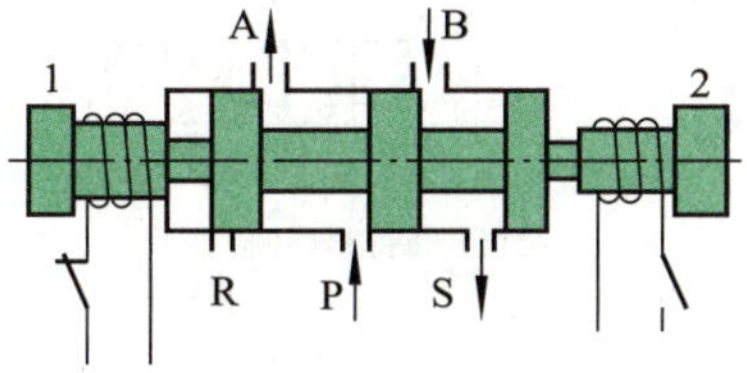

(a) 1通电、2断电状态

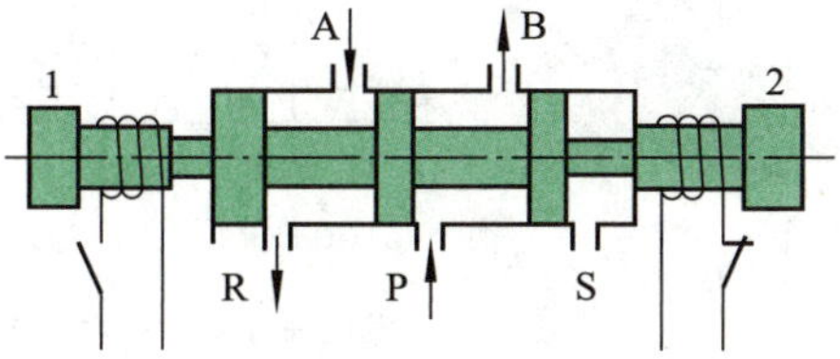

(b) 1断电、2通电状态

动画：直动式双电控电磁换向阀

(c) 实物图

(d) 图形符号

图 9-10 直动式双电控电磁换向阀

直动式电磁换向阀是由电磁铁直接推动阀芯移动的，当阀的通径较大时，用直动式结构所需的电磁铁体积和电力消耗都必然加大，为克服此弱点可采用先导式结构。

2）先导式电磁换向阀　由电磁先导阀和气动换向阀组成，它利用直动式电磁换向阀输出的先导气压去控制主阀阀芯的换向，相当于一个电气换向阀。按该类换向阀有无专门的外接控制气口，可分为外控式和内控式两种。

图 9-11 所示的先导式双电控电磁换向阀属于二位五通先导式电磁换向阀，带有手动辅助控制。当电磁先导阀 1 的线圈通电，而电磁先导阀 3 的线圈断电时，主阀的 Y 腔进气，Z 腔排气，使主阀阀芯 2 向右移动，P 口与 A 口接通，B 口与 S 口接通，A 口进气，B 口排气；反之，当电磁先导阀 3 的线圈通电，而电磁先导阀 1 的线圈断电时，Z 腔进气，Y 腔排气，主阀阀芯 2 向左移动，P 口与 B 口接通，A 口与 R 口接通，B 口进气，A 口排气。若先导气压来自主阀 P 口，则为内控式；若先导气压来自外接控制气口，则为外控式。该阀具有记忆功能，即通电时换向，断电时并不返回原位。应注意的是，两电磁铁不能同时通电，电路中要考虑互锁。先导式电磁换向阀便于实现电、气联合控制，应用广泛。

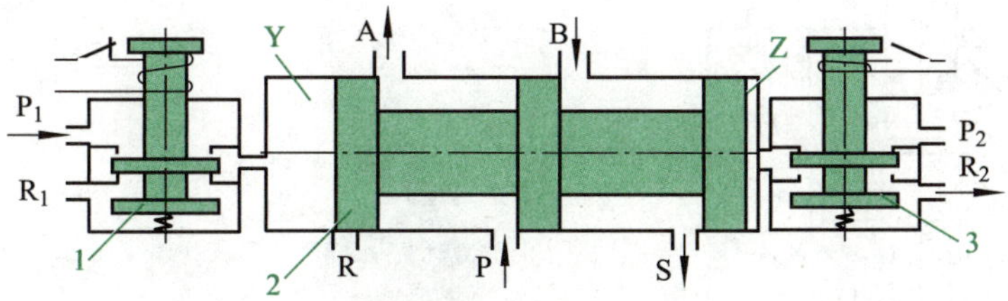

(a) 1通电、3断电状态

动画：先导式双电控电磁换向阀

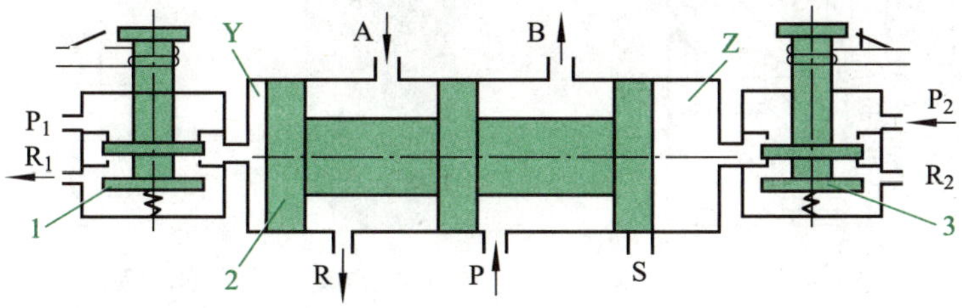

(b) 1断电、3通电状态

(c) 实物图

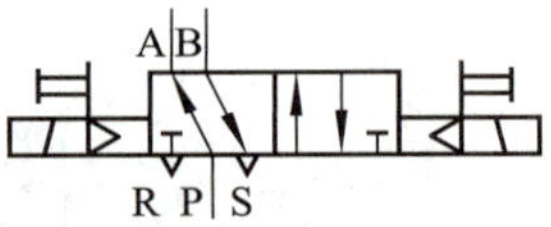


(d) 图形符号(内控式)

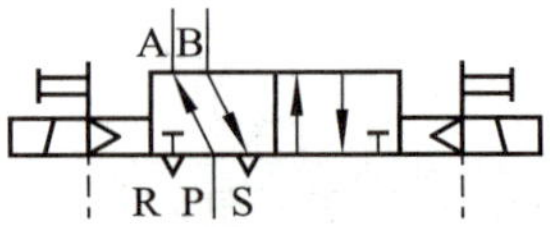


(e) 图形符号(外控式)

1、3—电磁先导阀;2—主阀阀芯

图 9-11　先导式双电控电磁换向阀

(3) 机械控制换向阀

机械控制换向阀又称为行程阀,多用于行程程序控制,作为信号阀使用。常依靠凸轮、挡块或其他机械外力推动阀芯,使阀换向。机械控制换向阀按阀芯头部结构形式可分为直动式、杠杆滚轮式和可通过杠杆滚轮式等,如图 9-12 所示。

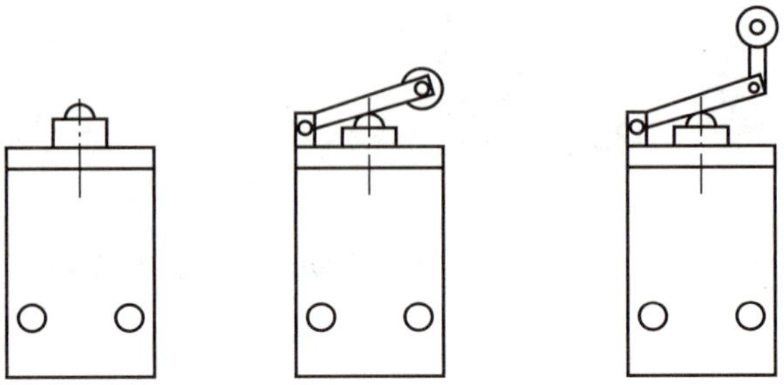

(a) 直动式　(b) 杠杆滚轮式　(c) 可通过杠杆滚轮式

图 9-12　机械控制换向阀常见的阀芯头部结构形式

直动式是由机械力直接推动阀杆的头部使阀换向的。杠杆滚轮式头部结构可以减小顶杆所受的侧向力及外部机械压力。可通过杠杆滚轮式结构的头部滚轮是可折回的,当机械撞块正向运动时,阀芯被压下,阀换向;撞块通过滚轮后,阀芯靠弹簧力返回;撞块返回时,由于头部滚轮折回,阀芯不动,阀不换向。

图 9-13 所示为杠杆滚轮式机控换向阀(常闭型)。当机械凸轮或挡块直接与滚轮 1 接

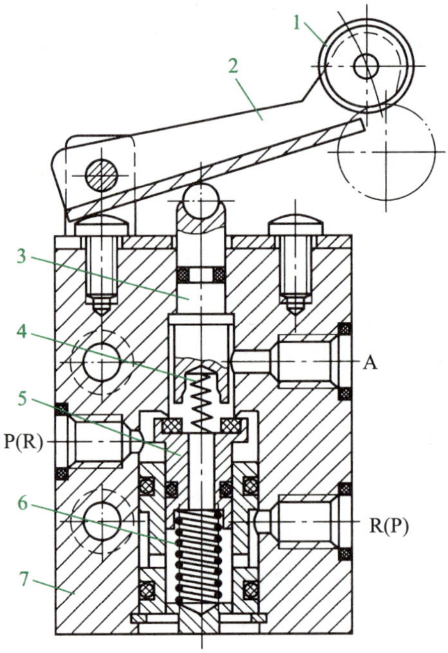


(a) 结构图

(b) 实物图

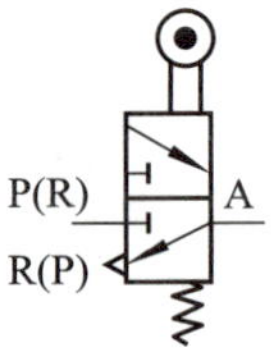


(c) 图形符号

1—滚轮;2—杠杆;3—顶杆;4—缓冲弹簧;5—阀芯;6—密封弹簧;7—阀体

图 9-13　杠杆滚轮式机控换向阀

触后，通过杠杆 2 使阀芯 5 换向，实现 P 口、A 口接通，A 口、R 口断开。若将 P 口与 R 口互换（如括弧中的接法），便为常开型。

（4）人力控制换向阀

与其他控制方式相比，人力控制换向阀使用频率较低、动作速度较慢。因操作力不大，故阀的通径小、操作灵活，可按人的意志随时改变控制对象的状态，可实现远距离控制。人力控制换向阀在手动、半自动和自动控制系统中得到广泛的应用。在手动气动系统中，一般直接操纵气动执行机构。在半自动和自动系统中多作为信号阀使用。

人力控制换向阀的主体部分与气控换向阀类似，按其操纵方式不同可分为手动阀和脚踏阀两类。

1）手动阀　手动阀的头部结构有按钮式、推拉式、旋钮式、拨动式、锁定式等多种形式，如图 9-14 所示。

图 9-14　手动阀的头部结构

手动阀的操作力不宜太大，故常采用长手柄以减小操作力，或者阀芯采用气压平衡结构，以减小气压作用面积。

图 9-15 所示为推拉式手动阀。当用手压下阀芯时，P 口与 A 口相通，B 口与 S 口相通；

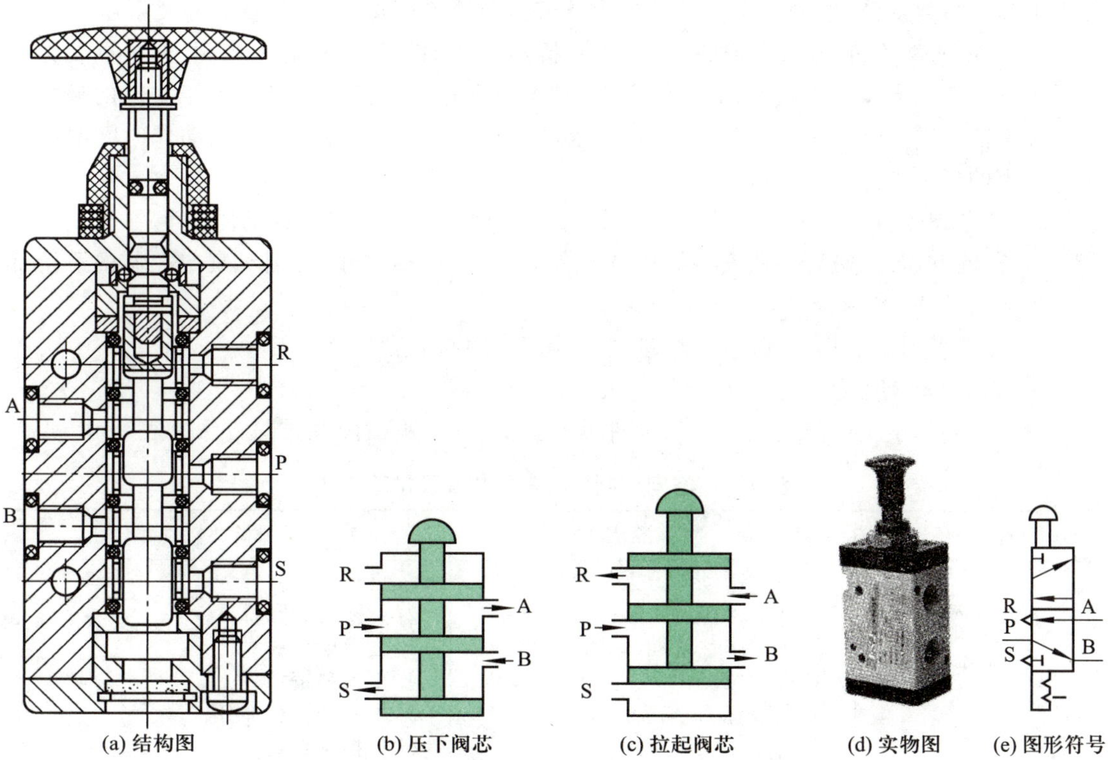


图 9-15　推拉式手动阀

手松开后，阀芯依靠定位装置保持状态不变。当用手拉起阀芯时，气路方向改变，P 口与 B 口相通，A 口与 R 口相通；手松开后，阀芯能维持该状态不变。

2）脚踏阀

在半自动气控冲床上，由于操作者两只手需要装卸工件，为提高生产效率，采用脚踏阀控制供气更为方便，特别是操作者可坐着操作的冲床。脚踏阀有单板脚踏阀和双板脚踏阀两种。单板脚踏阀是脚一踏下便进行阀位切换，脚一离开便恢复到原位，即只有两位式，如图 9-16 所示。双板脚踏阀有两位式和三位式之分。两位式的动作是踏下踏板后，脚离开，阀不复位，直到踏下另一踏板后，阀才复位。三位式有三个动作位置，脚没有踏下时，两边踏板处于水平位置，即为中位状态，踏下任一边的踏板，阀被切换，待脚一离开又立即回复到中位状态。

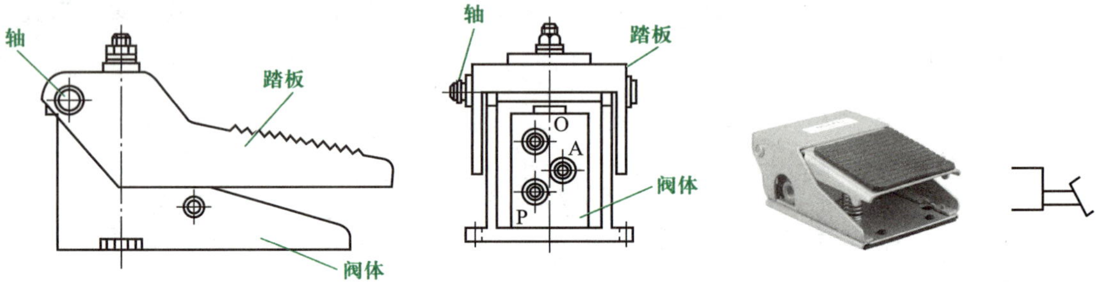


(a) 结构图　(b) 实物图　(c) 图形符号

图 9-16　单板脚踏阀

3. 方向控制阀的选用

首先根据基本功能选择阀的类型，然后确定具体型号，在选型号时要考虑安装方式、尺寸大小等。需要注意，阀的外形尺寸不代表其流量及容许压降，具体可查阅有关手册。

1）根据所需流量选择阀的通径。对于直接控制气动执行机构的主控阀，要根据工作压力状态下的最大流量来选择阀的通径。一般情况下所选阀的额定流量应大于实际的最大流量。对于信号阀（手控、机控），应根据它所控制阀的远近、控制阀的数量和动作时间等因素来选择阀的通径。

2）考虑阀的机能是否能保证工作需要，尽量选择与所选机能一致的阀。

3）安装方式的选择，要从安装维护方面考虑，板式连接较好，特别对集中控制的系统优点更为突出。

4）优先采用标准化系列产品，尽量避免采用专用阀。

4. 方向控制阀的常见故障及排除方法

方向控制阀产生故障时会使执行元件动作失灵，其常见故障及排除方法见表 9-1。

表 9-1　方向控制阀的常见故障及排除方法

| 故障现象 | 故障原因 | 排除方法 |
|---|---|---|
| 不能换向 | 1. 阀的滑动阻力大，润滑不良；<br>2. O 形密封圈变形；<br>3. 粉尘卡住滑动部分；<br>4. 弹簧损坏；<br>5. 阀操纵力小；<br>6. 活塞密封圈磨损 | 1. 进行润滑；<br>2. 更换密封圈；<br>3. 去除粉尘；<br>4. 更换弹簧；<br>5. 检查阀操纵部分；<br>6. 更换密封圈 |

续表

| 故障现象 | 故障原因 | 排除方法 |
| --- | --- | --- |
| 阀产生振动 | 1. 空气压力低（对先导式电磁换向阀）；<br>2. 电源电压低（对直动式电磁换向阀） | 1. 提高操纵压力，采用直动式电磁换向阀；<br>2. 提高电源电压，使用低电压线圈 |
| 交流电磁铁有蜂鸣声 | 1. 活动铁心密封不良；<br>2. 粉尘进入铁心的滑动部分，使活动铁心不能密切接触；<br>3. 活动铁心的铆钉脱落，铁心叠层分开不能吸合；<br>4. 短路环损坏；<br>5. 电源电压低；<br>6. 外部导线拉得太紧 | 1. 检查铁心接触和密封性；<br>2. 去除粉尘，必要时更换铁心组件；<br>3. 更换铁心组件；<br>4. 更换短路环；<br>5. 提高电源电压；<br>6. 引线应宽裕 |
| 电磁铁动作时间偏差大，或有时不能动作 | 1. 活动铁心锈蚀，不能移动；<br>2. 在湿度高的环境中使用气动元件时，由于密封不完善而向磁铁部分泄漏空气；<br>3. 电源电压低；<br>4. 粉尘等进入活动铁心的滑动部分，使运动恶化 | 1. 铁心除锈；<br>2. 修理好对外部的密封，更换坏的密封件；<br>3. 提高电源电压或使用符合电压的线圈；<br>4. 去除粉尘 |
| 线圈烧毁 | 1. 环境温度高；<br>2. 换向过于频繁；<br>3. 因为吸引时电流大，单位时间耗电多，温度升高，使绝缘损坏而短路；<br>4. 粉尘夹在阀芯和铁心之间，不能吸引活动铁心；<br>5. 线圈上残余电压 | 1. 按产品规定温度范围使用；<br>2. 使用高频电磁换向阀；<br>3. 使用气动逻辑回路；<br>4. 去除粉尘；<br>5. 使用正常电压，使用符合电压的线圈 |
| 切断电源，活动铁心不能退回 | 粉尘夹入活动铁心滑动部分 | 去除粉尘 |

## 二、方向控制回路

微课：方向控制回路（气动）

1. 单作用气缸换向回路

图 9-17a 所示为采用二位三通电磁换向阀控制的单作用气缸换向回路。当电磁铁通电时，活塞杆向上伸出；当电磁铁断电时，活塞杆在弹簧力作用下返回。该回路比较简单，但对由气缸驱动的部件有较高的要求，以保证气缸活塞能可靠退回。图 9-17b 所示为采用三位五通电磁换向阀控制的单作用气缸换向回路，当两电磁铁均断电时，在弹簧力的作用下换向阀处于中位，使气缸可以停留在行程中的任意位置，但

该回路定位精度不高，且定位时间不长。

动画：单作用气缸换向回路(1)

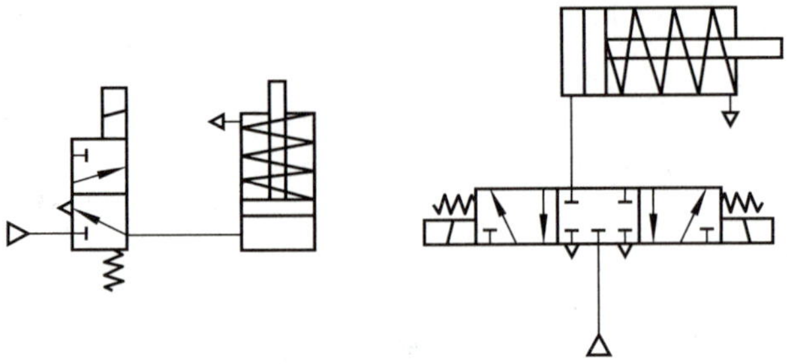

(a)　(b)

图 9-17　单作用气缸换向回路

动画：单作用气缸换向回路(2)

2. 双作用气缸换向回路

动画：双作用气缸换向回路

图 9-18a 所示为采用二位五通电磁阀控制的双作用气缸换向回路。图 9-18b 所示为采用二位五通单气控换向阀控制的双作用气缸换向回路，气控换向阀由二位三通手动换向阀控制切换。图 9-18c 所示为采用直动式双电控换向阀控制的双作用气缸换向回路。图 9-18d 所示为采用双气控加压式换向阀控制的双作用气缸换向回路，主阀由两侧的两个二位三双作用气缸通手动换向阀控制，手动换向阀可远距离控制，但两阀应协调动作，不能同时按下。图 9-18e 所示为采用三位五通电磁换向阀控制的双作用气缸换向回路，该回路不仅可控制双作用气缸换向，还可使活塞在任意位置停留，但定位精度不高。

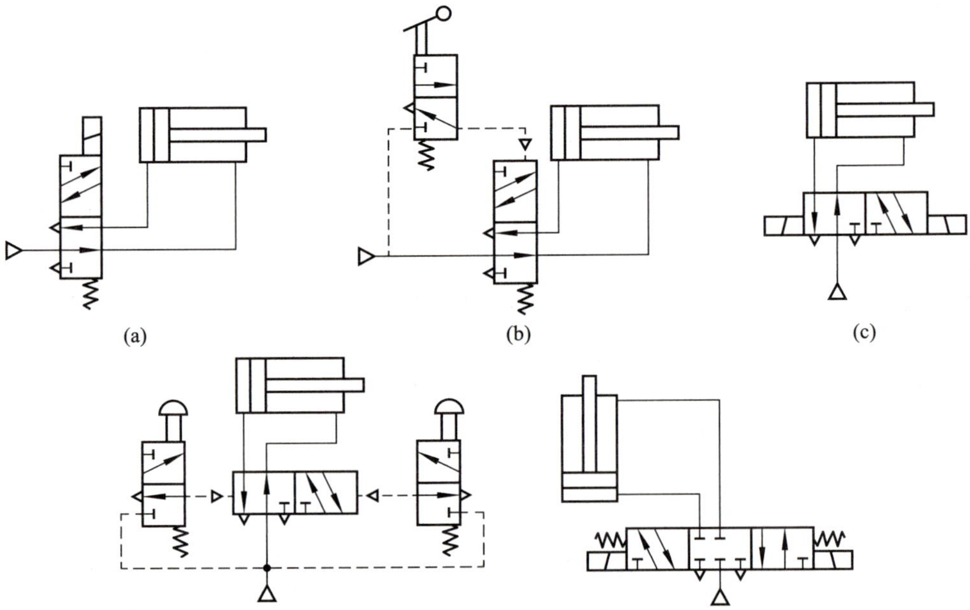

(a)　(b)　(c)　(d)　(e)

图 9-18　双作用气缸换向回路

# 任务 9.2 压力控制阀的认识及压力控制回路的组建

## 任务清单

| | |
|---|---|
| 任务引入 | 在气动系统中,压力控制阀是控制压缩空气的压力以控制执行元件的输出推力和依靠空气压力来控制执行元件顺序动作的阀。这类阀都是利用作用在阀芯上的压缩空气的作用力和弹簧力相平衡的原理来进行工作的。压力控制回路是使气动回路中的压力保持在一定范围内,或使回路得到高、低不同压力的基本回路。 |
| 任务目标 | 能正确认识、选用和维护压力控制阀,并能正确识读压力控制回路图。 |
| 任务要求 | 压力控制阀主要有减压阀、溢流阀和顺序阀,请分析压力控制阀的工作原理和应用,分析压力控制阀故障原因,并找出排除方法。常用的压力控制回路有一次压力控制回路、二次压力控制回路和高低压转换回路,请识读压力控制回路图,分析其组成和工作原理。 |
| 任务思考 | 1. 减压阀又称为什么?其作用是什么?根据压力调节方式不同减压阀可分为哪几种?画出其图形符号。<br>2. 溢流阀又称为什么?其作用是什么?根据控制方式不同溢流阀可分为哪几种?画出其图形符号。<br>3. 顺序阀的作用是什么?画出其图形符号。<br>4. 一次压力控制回路和二次压力控制回路的作用是什么?<br>5. 高低压转换回路的作用是什么? |
| 任务实施 | 1. 分析直动式减压阀的工作原理及减压阀的应用。<br>2. 分析直动式溢流阀的工作原理及溢流阀的应用。<br>3. 分析单向顺序阀的工作原理及其应用。 |

续表

| | | | |
|---|---|---|---|
| 任务实施 | 4. 分析减压阀输出压力升高的原因,并找出排除方法。<br><br>5. 分析溢流阀进气口压力没有超过调定值,但在出气口却溢流空气的原因,并找出排除方法。<br><br>6. 分析一次压力控制回路和二次压力控制回路的组成和工作原理。<br><br>7. 分析高低压转换回路的组成和工作原理。 | | |
| 任务总结 | 通过完成上述任务,学到了哪些知识或技能? | | |
| 实施人员 | | | |
| 任务评价 | 参考附录 C。 | 得分 | |

## 知识库

### 一、压力控制阀

微课：压力控制阀(气动)

拓展阅读：学会“减压阀”的自我调节

1. 减压阀

气动设备或装置的气源一般都来自压缩空气站,它所提供的压缩空气的压力通常都高于每台设备或装置所需的工作压力,且压力波动较大,因此需要用调节压力的减压阀来降低压缩空气站输出的空气压力,使其适合每台气动设备或装置实际需要的压力,并保持该压力值的稳定,故减压阀又称为调压阀。减压阀按压力调节方式的不同可分为直动式和先导式。

(1) 直动式减压阀

图 9-19 所示为 QTY 型直动式减压阀。其工作原理是:当阀处于工作状态时,顺时针旋转手柄 1,调压弹簧 2、3 被压缩推动膜片 5 及阀杆 6 下移,打开阀芯 9 与阀座 8 间的阀口 11,压缩空气从 P 口输入,经阀口 11 的节流减压后从 A 口输出。与此同时,有一部分气流经阻尼孔 7 进入膜片室 12,在膜片 5 的下面产生一个向上的推力,当推力与弹簧力互相平衡时,阀口开度稳定在某一值上,减压阀的输出压力便保持稳定。阀口 11 开度越小,节流作用越强,压力下降越大。

减压阀可自动调整阀口的开度以保证输出压力的稳定。当输入压力发生波动,如输入压力瞬时升高时,此时输出压力也随之升高,作用在膜片 5 上的气体推力也相应增大,破坏了原来的力平衡,使膜片 5 向上移动,有少量气体经溢流孔 4、排气孔 13 排出。在膜片上移的同时，在复位弹簧 10 的作用下，阀芯 9 也向上移动，阀口 11 开度减小，节流作用增大，使输出压力下降，直到新的平衡为止，重新平衡后的输出压力又基本上恢复至原值。这种减压阀在使用过程中，常常从溢流孔排出少量气体，因此又称为溢流式减压阀。

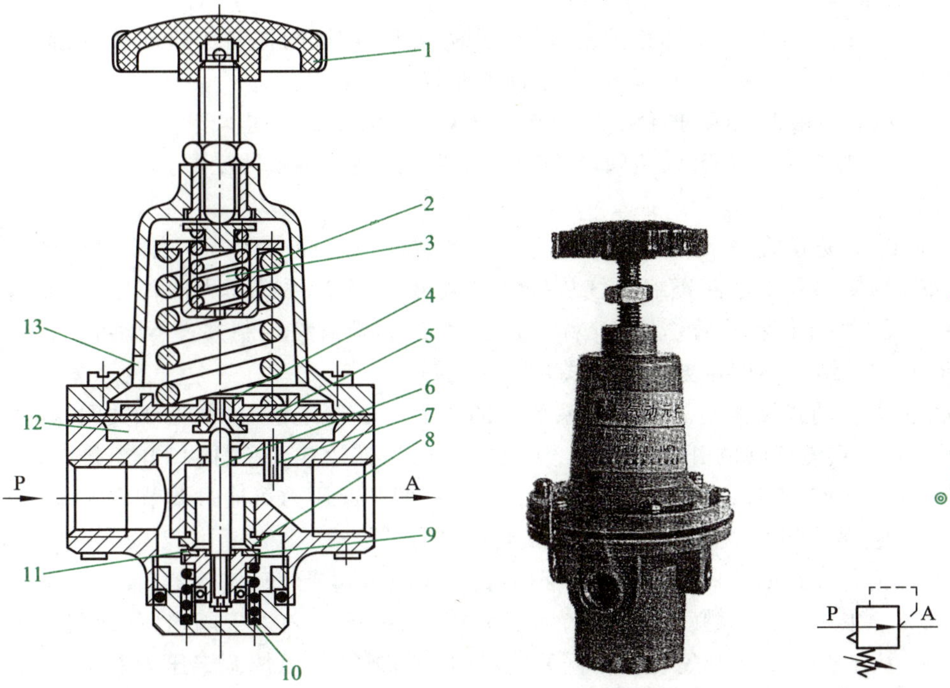


(a) 结构图　　(b) 实物图　　(c) 图形符号

1—手柄；2、3—调压弹簧；4—溢流孔；5—膜片；6—阀杆；7—阻尼孔；8—阀座；9—阀芯；10—复位弹簧；11—阀口；12—膜片室；13—排气孔

图 9-19　QTY 型直动式减压阀

动画：直动式减压阀（气动）

（2）先导式减压阀

当管道内压缩空气的压力较高或流量较大，用调压弹簧直接调压时，弹簧的刚度要求很大，当流量变化时，输出压力波动较大，且阀的结构尺寸也需相应增大。为了克服这些缺点可采用先导式减压阀。

先导式减压阀的基本工作原理与直动式相同，只是采用小型直动式减压阀调整好的压缩空气的作用力来代替调压弹簧的作用力来进行调压。若将这种小型直动式减压阀装在主阀内部，则称为内部先导式减压阀；若将它装在主阀外部，则称外部先导式减压阀或远程控制减压阀。

动画：内部先导式减压阀（气动）

（3）减压阀的选用

为使气动系统能正常工作，选用减压阀时应考虑以下问题：

1）根据所要求的工作压力、调压范围、最大流量和稳压精度来选择减压阀。减压阀的公称流量是主要参数，一般与阀的接管口径相对应。稳压精度高时应选用先导式精密减压阀。

动画：外部先导式减压阀（气动）

2）在易燃、易爆等且人不宜接近的场合，应选用外部先导式减压阀，但遥控距离不宜超过 30 m。

3）减压阀一般都用管式连接，特殊需要时也可用板式连接。

4）减压阀常与空气过滤器、油雾器组合使用。为了节省空间，也可选用气动三联件或二联件气源处理装置。

5）为了操作方便，减压阀一般都是垂直安装，手柄在上，且按阀体箭头指向接管，箭头方向为气体的流动方向，不能将方向装反。安装前要做好清洁工作。

6）减压阀调压时应由低向高进行调节，直至调至规定的压力值为止。

7）减压阀不用时应旋松手柄，以免阀内膜片因长期受力而产生塑性变形。

2. 溢流阀

在气动系统中，为防止管路、气罐等的破坏，应限制系统中的最高压力。当系统中的压力达到某一定值时，使部分或全部压缩空气从排气口溢出，并保持系统压力的稳定，从而起过载保护作用的压力控制阀称为溢流阀（又称为安全阀）。溢流阀按控制方式不同可分直动式和先导式两种，按其结构不同可分为活塞式和膜片式两种。

图 9-20 所示为直动式溢流阀。当气动系统中的压力低于调定值时，阀处于关闭状态。当气动系统压力升高到溢流阀的开起压力时，压缩空气推动膜片 3 上移，阀口开起排气，直到系统压力降至低于调定值时，阀口又重新关闭。溢流阀的开起压力可通过调节调压弹簧 2 的预压缩量来实现。直动式溢流阀一般用于小流量的场合。

图 9-21 所示为先导式溢流阀。它用一个小型直动式减压阀或气动定值器（高精度的减压阀）作为先导阀。工作时，由减压阀减压后的压缩空气从控制口 Z 进入阀内，从而代替了调压弹簧的控制，故不会因调压弹簧在阀不同开度时的不同弹簧力而使调定压力发生变化，该阀的流量特性好，但需要一个减压阀。先导式溢流阀适用于大流量和远距离控制的场合。

动画：直动式溢流阀（气动）

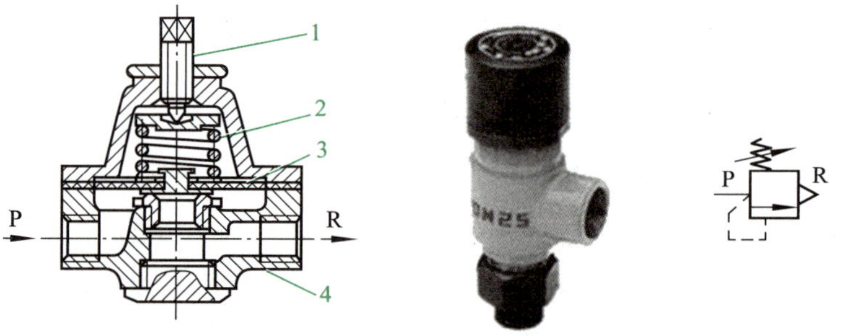


(a) 结构图　(b) 实物图　(c) 图形符号

1—调节螺杆；2—调压弹簧；3—膜片；4—阀体

图 9-20　直动式溢流阀

动画：先导式溢流阀（气动）

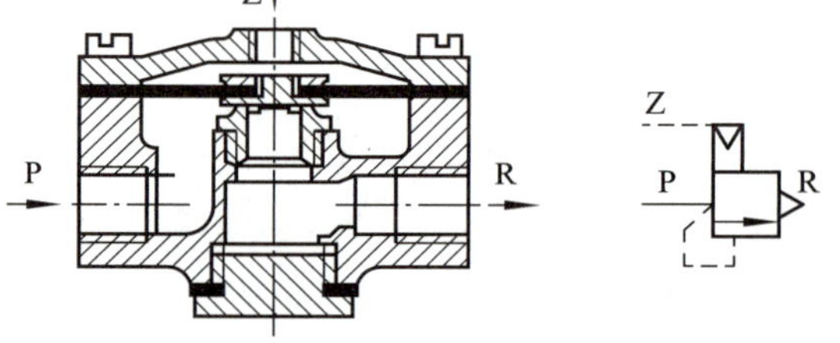


(a) 结构图　(b) 图形符号

图 9-21　先导式溢流阀

在使用溢流阀时，若是用于调节和稳定系统压力，溢流阀的调节压力应等于系统的工作压力；若是用于保护系统，作安全阀用，则其调定压力应高于系统工作压力。

3. 顺序阀

顺序阀是依靠气路中压力的变化来控制各执行元件按顺序动作的压力控制阀，其作用和工作原理与液压顺序阀基本相同。顺序阀常与单向阀组合成单向顺序阀使用，如图 9-22 所示。当压缩空气由 P 口进入气腔 4 后，作用在活塞 3 上的空气压力超过调压弹簧 2 上的预紧力时，活塞将被顶起。压缩空气从 P 口经气腔 4、5 至 A 口输出，如图 9-22a 所示。此时单向阀 6 在压力及弹簧力的作用下处于关闭状态。反向流动时，P 口变成排气口，输出侧压力将顶开单向阀 6 由 R 口排气，如图 9-22b 所示。调节调压手柄 1 就可改变单向顺序阀的开起压力，以便在不同的开起压力下，控制执行元件的顺序动作。

动画：顺序阀（气动）

动画：单向顺序阀（气动）

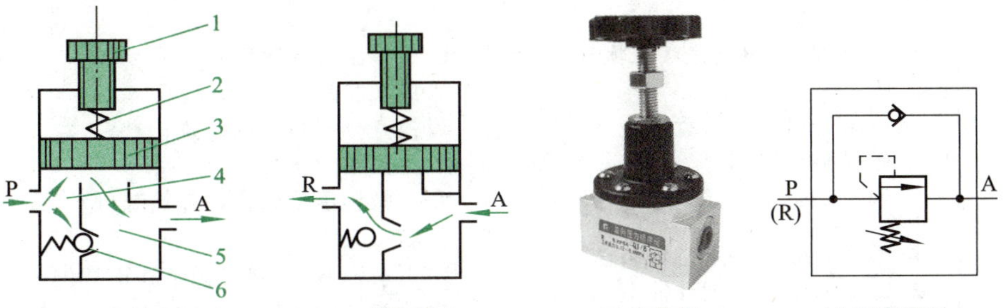


(a) 开起状态 (b) 关闭状态 (c) 实物图 (d) 图形符号

1—调压手柄；2—调压弹簧；3—活塞；4、5—气腔；6—单向阀

图 9-22 单向顺序阀

图 9-23 所示为顺序阀控制顺序动作的应用。进通气源时，压缩空气先进入气缸 1，使气缸 1 先动作，当达到一定压力后，顺序阀 4 打开，压缩空气才开始进入气缸 2 并使其动作。切断气源，气缸 2 返回的气体经单向阀 3 和排气口 R 排出。

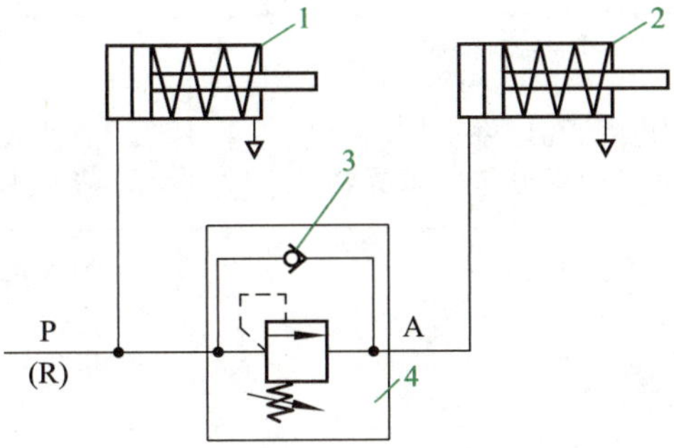


1、2—气缸；2—单向阀；4—顺序阀

图 9-23 顺序阀控制顺序动作的应用

4. 压力控制阀的常见故障及排除方法

1）减压阀的常见故障及排除方法见表 9-2。

表 9-2　减压阀的常见故障及排除方法

| 故障现象 | 故障原因 | 排除方法 |
| --- | --- | --- |
| 输出压力升高 | 1. 阀内弹簧损坏；<br>2. 阀座有伤痕，或阀座橡胶剥离损坏；<br>3. 阀体中央进入灰尘，阀导向部分黏附异物；<br>4. 阀芯导向部分和阀体的 O 形密封圈收缩、膨胀 | 1. 更换阀内弹簧；<br>2. 更换阀体；<br>3. 清洗、检查过滤器；<br>4. 更换 O 形密封圈 |
| 压力降过大 | 1. 阀口径偏小；<br>2. 阀底部积存冷凝水，阀内混入异物 | 1. 更换口径大的减压阀；<br>2. 清洗、检查过滤器 |
| 外部总是漏气 | 1. 溢流阀阀座有伤痕（溢流式）；<br>2. 膜片破裂；<br>3. 由出气口处进入背压空气；<br>4. 密封垫片损坏；<br>5. 调压手轮止动弹簧螺母松动 | 1. 更换溢流阀阀座；<br>2. 更换膜片；<br>3. 检查排气口处的装置；<br>4. 更换密封垫片；<br>5. 拧紧调压手轮止动弹簧螺母 |
| 异常振动 | 1. 弹簧力减弱，弹簧错位；<br>2. 阀体的中心和阀杆的中心错位；<br>3. 因空气消耗量周期性变化使阀不断开起、关闭，与减压阀引起共振 | 1. 更换弹簧，把弹簧调整到正常位置；<br>2. 检查并调整位置偏差；<br>3. 和制造厂协商更换 |
| 调节调压手轮但不能减压 | 1. 溢流阀溢流孔堵塞；<br>2. 使用了非溢流式减压阀 | 1. 清扫、检查空气过滤器；<br>2. 更换溢流式减压阀 |

2）溢流阀的常见故障及排除方法见表 9-3。

表 9-3　溢流阀的常见故障及排除方法

| 故障现象 | 故障原因 | 排除方法 |
| --- | --- | --- |
| 压力虽超过调定值，但不溢流 | 1. 阀内部的孔堵塞；<br>2. 阀的导向部分进入了异物 | 1. 清洗或疏通堵塞孔；<br>2. 清洗阀的导向部分 |
| 压力虽没有超过调定值，但在出气口有溢流空气 | 1. 阀内进入异物；<br>2. 阀座损坏；<br>3. 调压弹簧失灵 | 1. 阀内清洗；<br>2. 更换阀座；<br>3. 更换调压弹簧 |
| 溢流时发生振动（主要发生在膜片式阀上），其起闭压差较小 | 1. 压力上升速度很慢，溢流阀放出流量多，引起振动；<br>2. 因从气源到溢流阀之间被节流，溢流阀进口压力上升慢而引起振动 | 1. 出气口侧安装针阀，微调溢流量，使其与压力上升量匹配；<br>2. 增大气源到溢流阀的管道口径，以消除节流 |
| 从阀体或阀盖向外漏气 | 1. 膜片破裂（膜片式）；<br>2. 密封件损坏 | 1. 更换膜片；<br>2. 更换密封件 |

## 二、压力控制回路

1. 一次压力控制回路

一次压力控制回路的主要作用是控制气罐内的压力，使其不超过规定的压力值。图9-24所示为一次压力控制回路，常用外控式溢流阀或电接点压力表来控制气罐内的压力。当采用外控式溢流阀控制，气罐内的压力超过规定压力值时，溢流阀接通，空气压缩机输出的压缩空气由外控溢流阀1排入大气，使气罐内压力保持在规定范围。当采用电接点压力表控制，气罐内的压力超过预定上限时，电接点压力表2内的指针碰到上触点，即控制中间继电器断电，电动机停转，空气压缩机停止运转，使压力不再上升；当气罐内的压力下降到预定下限时，指针碰到下触点，使中间继电器通电，电动机起动，空气压缩机向气罐供气，这样也可保证气罐内压力在规定的范围。

微课：压力控制回路（气动）

采用外控式溢流阀结构较简单、工作可靠，但气量浪费大。采用电接点压力表对电动机控制要求较高，常用于对小型空气压缩机的控制。

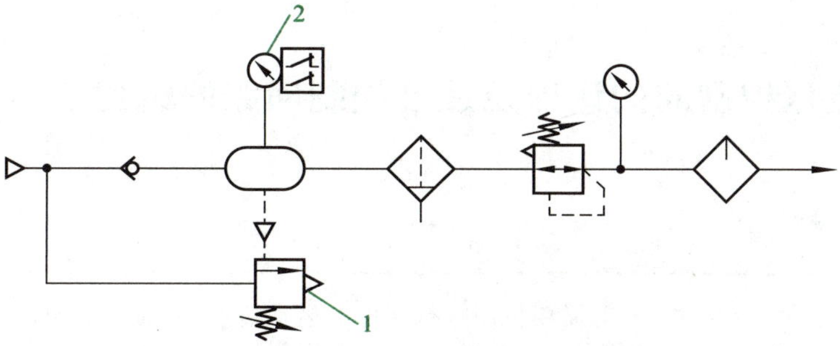

动画：一次压力控制回路

1—外控式溢流阀；2—电接点压力表

图 9-24 一次压力控制回路

2. 二次压力控制回路

二次压力控制回路主要是对气动系统的气源压力进行控制。图9-25所示的二次压力控制回路为气缸、气动马达系统气源常用的压力控制回路，其输出压力的大小由溢流式减压阀调节。若气动系统中不需要润滑，如供给逻辑元件的压缩空气，则可不用油雾器或在其前引出支路即可。

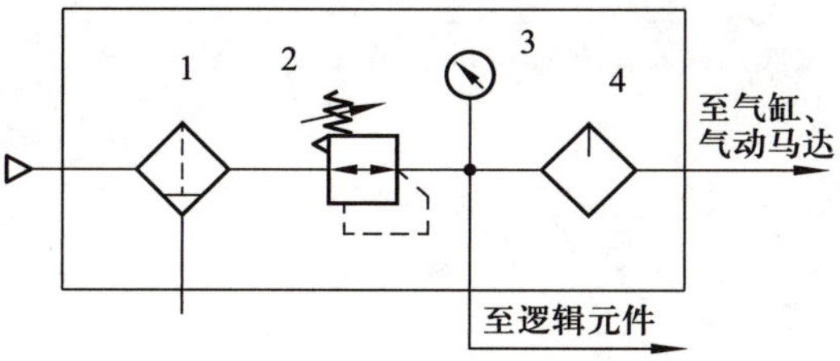

动画：二次压力控制回路

1—分水滤气器；2—减压阀；3—压力表；4—油雾器

图 9-25 二次压力控制回路

3. 高低压转换回路

在实际应用中，有些气动系统需要有高、低压力的选择，如图 9-26 所示为高低压转换回路。图 9-26a 所示的回路是由两个减压阀构成，可分别调出 $p_1$和 $p_2$两种不同的压力，气动系统就能同时得到所需的高、低压力输出，该回路适用于负载差别较大的场合。图 9-26b 所示的回路是由两个减压阀和一个换向阀构成，可进行高、低压力 $p_1$和 $p_2$的自动转换。

动画：高低压转换回路(1)

动画：高低压转换回路(2)

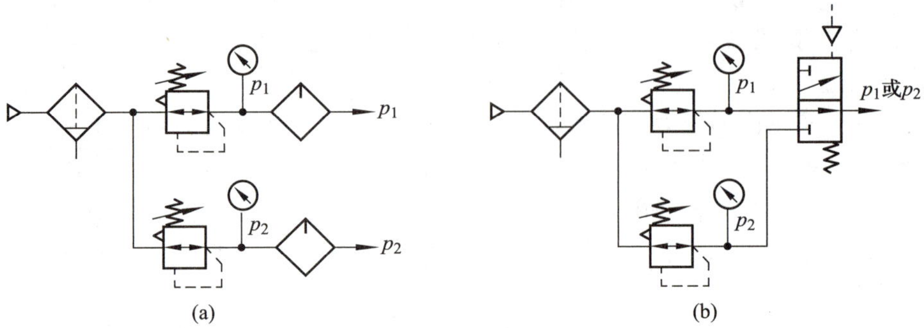


图 9-26　高低压转换回路

## 任务 9.3　流量控制阀的认识及速度控制回路的组建

### 任务清单

| | |
|---|---|
| 任务引入 | 在气动系统中，有时需要控制执行元件的运动速度，有时还需要控制换向阀的切换时间和气动信号的传递速度等，这些都需要调节压缩空气的流量来实现。流量控制阀就是通过改变阀的通流截面面积来实现流量控制的元件。速度控制回路是用来调节或改变执行元件运动速度的基本回路 |
| 任务目标 | 能正确认识、选用和维护流量控制阀，并能正确识读速度控制回路。 |
| 任务要求 | 流量控制阀包括节流阀、单向节流阀和排气节流阀等，请分析流量控制阀的工作原理和应用，以及分析流量控制阀故障原因，并找出排除方法。由于气压传动的速度控制所传递的功率不大，故一般采用节流调速，请识读速度控制回路图，分析其组成和工作原理。 |
| 任务思考 | 1. 画出节流阀、单向节流阀和排气节流阀的图形符号。<br>2. 常见的速度控制回路有哪些？<br>3. 气液联动速度控制回路有何特点？常采用哪几种回路？ |

续表

<table>
<tr><td>任务实施</td><td colspan="3">1. 分析节流阀和排气节流阀的不同。<br><br>2. 分析单向节流阀的工作原理及应用。<br><br>3. 分析流量控制阀的选用。<br><br>4. 分析当采用单向节流阀控制气缸时，气缸虽然能动，但运动不圆滑的原因，并找出排除方法。<br><br>5. 分析单作用气缸速度控制回路的组成和工作原理。<br><br>6. 分析双作用气缸进气节流调速回路和排气节流调速回路的异同。<br><br>7. 分析气液转换器速度控制回路的组成和工作原理。</td></tr>
<tr><td>任务总结</td><td colspan="3">通过完成上述任务，学到了哪些知识或技能？</td></tr>
<tr><td>实施人员</td><td colspan="3"></td></tr>
<tr><td>任务评价</td><td>参考附录 C。</td><td>得分</td><td></td></tr>
</table>

## 知识库

### 一、流量控制阀

微课：流量控制阀(气动)

动画：节流阀(气动)

1. 节流阀

图 9-27 所示为圆柱斜切型节流阀。压缩空气由 P 口进入，经过节流后，由 A 口输出。旋转阀芯螺杆可改变节流口的开度。由于这种节流阀的结构简单、体积小，故应用范围较广。

2. 单向节流阀

单向节流阀是由单向阀和节流阀并联而成的组合式流量控制阀，常用

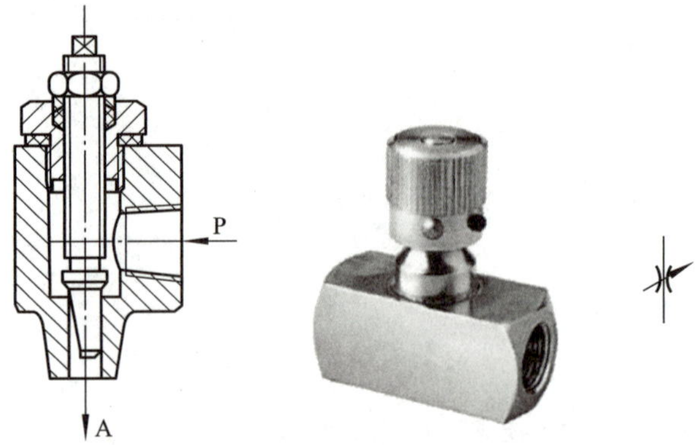


(a) 结构图　　(b) 实物图　　(c) 图形符号

图 9-27　圆柱斜切型节流阀

来控制气缸的运动速度，又称为速度控制阀，如图 9-28 所示。当气流正向流动时，从 P 口流向 A 口，单向阀关闭，流量由节流阀控制；当气流反向流动时，从 A 口进入打开单向阀阀芯可直接从 R 口输出，不必经过节流阀的节流。此阀常用于单向节流调速回路中。

动画：单向节流阀（气动）

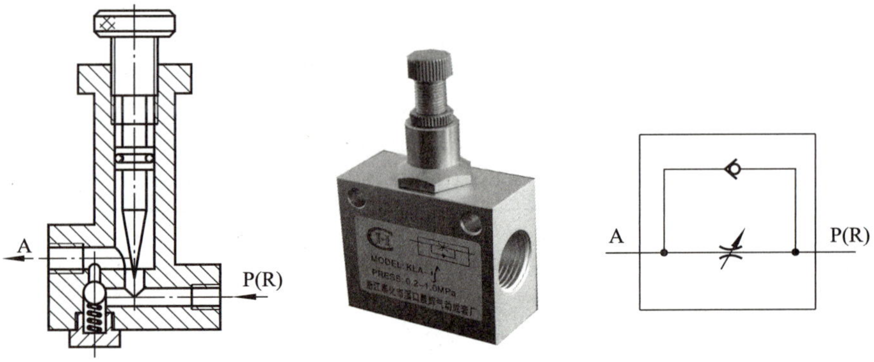


(a) 结构图　　(b) 实物图　　(c) 图形符号

图 9-28　单向节流阀

动画：排气节流阀

3. 排气节流阀

排气节流阀是装在执行元件的排气口处，调节排入大气的流量，以改变执行元件的运动速度的一种流量控制阀。它常带有消声器件以降低排气噪声，并能防止污物通过排气孔污染气路中的元件。图 9-29 所示为排气节流阀，其工作原理和节流阀类似，通过旋钮 3 调节节流口 1 处的通流截面面积可调节排气流量，消声套 2 用来减小排气噪声。

4. 流量控制阀的选用

选用流量控制阀时应考虑以下两点：

1）根据气动装置或气动执行元件的进、排气口通径来选用。

2）根据所控制气缸的缸径和缸速，计算流量调节范围，然后从产品样本上查节流特性曲线，选择流量控制阀的规格。

用流量控制阀控制执行元件的运动速度时，由于气体的可压缩性较大，用气压传动控制速

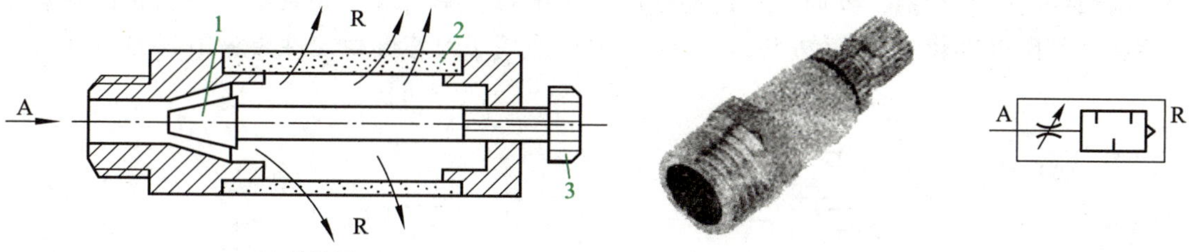


(a) 结构图 (b) 实物图 (c) 图形符号

1—节流口;2—消声套;3—旋钮

图 9-29 排气节流阀

度比液压传动困难,特别是在超低速控制中,单用气压传动很难实现控制,故气缸的运动速度一般不得低于 50 mm/s。在使用流量控制阀控制执行元件速度时应充分注意以下几点:

1)流量控制阀应尽量安装在气缸附近,以减少气体压缩对速度的影响。

2)气缸和活塞间的润滑要好。要特别注意气缸内表面的加工精度和表面粗糙度。

3)气缸的负载要稳定。在外负载变化很大的情况下,可采用气液联动以便进行较为准确的调速。

4)管道上不能存在漏气现象。

5. 流量控制阀的常见故障及排除方法

单向节流阀的常见故障及排除方法见表 9-4。

表 9-4 单向节流阀的常见故障及排除方法

| 故障现象 | 故障原因 | 排除方法 |
|---|---|---|
| 气缸虽然能动,但运动不圆滑 | 1. 单向节流阀的安装方向不对;<br>2. 气缸运动途中负载有变动;<br>3. 气缸使用时超过低速极限 | 1. 按规定方向重新安装;<br>2. 减少气缸的负载率;<br>3. 低速极限为 50 mm/s,超过此极限宜用气液阻尼缸或气液转换器 |
| 气缸运动速度慢 | 单向节流阀的有效截流面积过小 | 更换合适的单向节流阀 |
| 微调困难 | 1. 节流阀有尘埃进入;<br>2. 选用了规格过大的单向节流阀 | 1. 拆卸管路并清洗节流阀;<br>2. 按规定选用单向节流阀 |
| 产生振动 | 单向节流阀中单向阀的开起压力接近气源压力,导致单向阀振动 | 调整单向阀的开起压力 |

## 二、速度控制回路

微课:速度控制回路(气动)

1. 单作用气缸速度控制回路

图 9-30a 所示为采用节流阀的单作用气缸速度控制回路。通过改变节流阀的开度来调节活塞速度,活塞向左运动时,气缸左腔通过快速排气阀排气,这样可以提高气缸的返回速度。图 9-30b 所示为采用单向节流阀的单作用气缸速

度控制回路。活塞在两个方向上的运动速度分别由两个单向节流阀调节。该回路的运动平稳性和速度刚度都较差，易受外负载变化的影响，适用于对速度稳定性要求不高的场合。

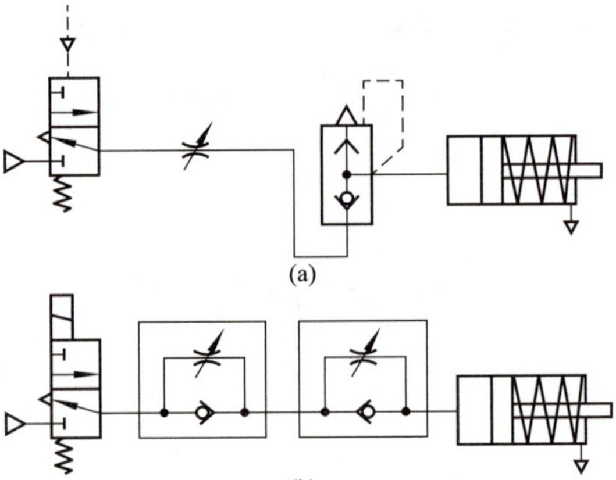


动画：单作用气缸速度控制回路

图 9-30　单作用气缸速度控制回路

2. 双作用气缸速度控制回路

（1）双作用气缸进气节流调速回路

动画：双作用气缸排气节流调速回路

图 9-31a 所示为双作用气缸进气节流调速回路。活塞的运动速度靠进气侧的单向节流阀调节。当负载方向与活塞运动方向相反时，活塞运动易出现不平稳现象，即“爬行”现象。当负载方向与活塞运动方向一致时，气体经换向阀实现快排，几乎没有阻尼，负载易产生“跑空”现象，使气缸失去控制。该回路承载能力大，但不能承受负值负载，运动平稳性差，受外负载变化的影响大，适用于对速度稳定性要求不高的场合，多用于垂直安装的气缸。

（2）双作用气缸排气节流调速回路

动画：双作用气缸排气节流阀调速回路

对于水平安装的气缸，一般采用如图 9-31b 所示的双作用气缸排气节流调速回路。活塞的运动速度靠排气侧的单向节流阀调节。在排气节流时，排气腔内可以建立与负载相适应的背压，在负载保持不变或微小变动的条件下，运动比较平稳，调节节流阀的开度即可调节气缸往复运动的速度。该回路可承受负值负载，运动较平稳，受外负载变化的影响较小。双作用气缸一般多采用该回路控制。图 9-31c 所示为采用排气节流阀的双作用气缸速度控制回路。

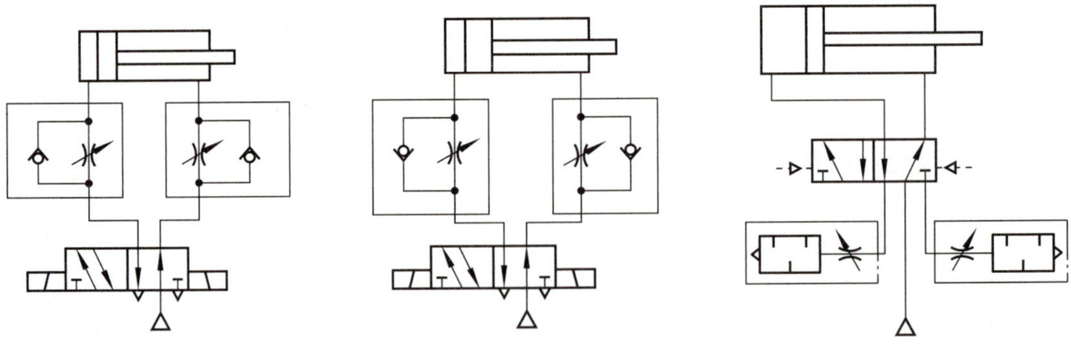


图 9-31　双作用气缸速度控制回路

（3）缓冲回路

气缸驱动较大负载高速运动时，会产生很大的动能，将此动能从某一位置开始逐渐减小，逐渐减慢执行元件速度，最终使执行元件在指定位置平稳停止的回路称为缓冲回路。

如图 9-32 所示，当活塞向右运动时，右腔气体经行程阀及三位五通阀排出，当活塞前进到预定位置压下行程阀时，气体只能经节流阀通过三位五通阀排出，节流使活塞运动速度减慢，达到了缓冲目的。调整行程阀的安装位置就可以改变缓冲的开始时间。此回路用于惯性力较大的气缸。

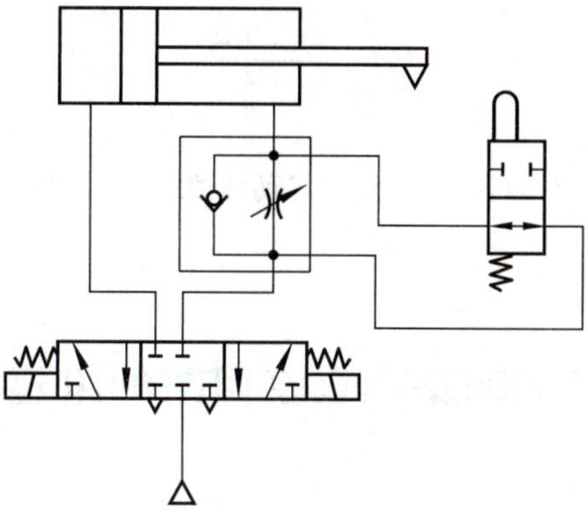

动画：缓冲回路

图 9-32 缓冲回路

3. 气液联动速度控制回路

单纯采用流量控制阀的调速回路适用于负载变化不大的场合。如果要求具有准确且平稳的速度，特别是在负载变化较大的场合，就要采用气液联动的调速方式。常采用气液转换器速度控制回路和气液阻尼缸速度控制回路。气液联动速度控制回路具有运动平稳、停止准确、泄漏途径少、制造维修方便、能耗低等特点。

（1）气液转换器速度控制回路

如图 9-33a 所示为气液转换器速度控制回路。它利用气液转换器将气压转换为液压，利用液压油驱动液压缸，从而得到平稳易控制的活塞运动速度，再通过改变节流阀开度来实现两个运动方向的调速。它要求气液转换器的油量大于液压缸的容积，并有一定余量。这种回路充分发挥了气动供气方便和液压速度容易控制的特点，且调速精度高、活塞运动平稳，但气、油之间要求密封性好，以防止空气混入油液中，从而才可保证运动速度的稳定。

图 9-33b 所示为采用气液转换器和行程阀来实现变速的速度控制回路。靠行程阀的切换，可使活塞由快进转换为慢进。改变单向节流阀开度，即可获得任意低速。

（2）气液阻尼缸速度控制回路

图 9-33c 所示为气液阻尼缸速度控制回路。通过调节两个单向节流阀的开度来分别获得两个运动方向的速度，高位油箱起补充泄漏油液的作用。

动画：气液转换器速度控制回路

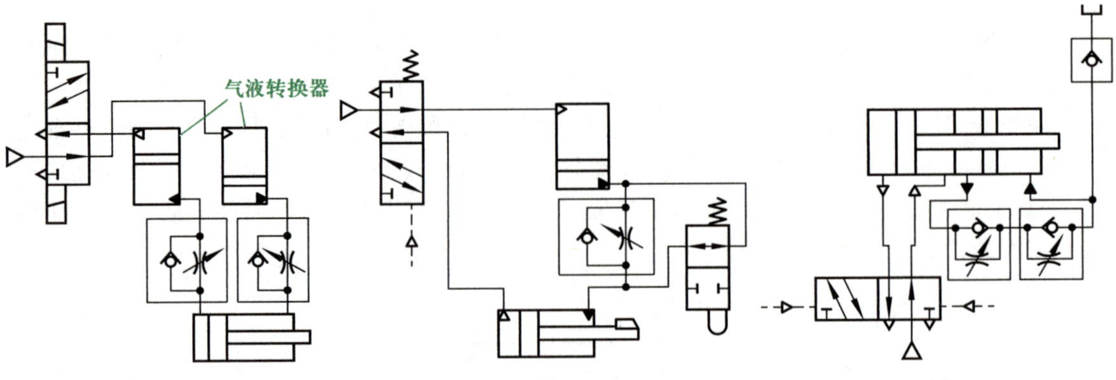


图 9-33　气液联动速度控制回路

## 任务 9.4　其他常用气动回路和真空回路的组建

### 任务清单

| | |
|---|---|
| 任务引入 | 在气动系统中，除了方向控制回路、压力控制回路和速度控制回路等基本回路，还有可实现安全保护、延时控制、往复动作控制及真空吸附等功能的其他常用气动回路，这些回路在气动系统中应用广泛。 |
| 任务目标 | 能正确识读其他常用气动回路图和真空回路图。 |
| 任务要求 | 请识读安全保护回路、延时回路、往复动作回路及真空回路等回路图，分析回路的组成和工作原理。 |
| 任务思考 | 1. 常见的安全保护回路有哪几种？<br>2. 如何调节延时回路的延时时间？<br>3. 往复动作回路有哪几种？它们有何区别？<br>4. 单往复动作回路有几种控制方式？<br>5. 什么是真空系统？真空系统一般由哪些真空元件组成？各组成部分的作用是什么？<br>6. 使用真空系统时需要注意哪些问题？ |

续表

| | | | |
|---|---|---|---|
| 任务实施 | 1. 分析过载保护回路的组成及工作原理。<br>2. 分析双手操作回路的组成及工作原理。<br>3. 分析多执行元件互锁回路的组成及工作原理。<br>4. 分析延时回路的组成及工作原理。<br>5. 分析连续往复动作回路的组成及工作原理。<br>6. 分析真空回路的组成及工作原理。 | | |
| 任务总结 | 通过完成上述任务，学到了哪些知识或技能？ | | |
| 实施人员 | | | |
| 任务评价 | 参考附录 C。 | 得分 | |

## 知识库

### 一、安全保护回路

拓展阅读：增强安全意识，保障安全生产

动画：过载保护回路

1. 过载保护回路

图 9-34 所示为过载保护回路。当活塞向右运动的过程中遇到障碍或其他原因使气缸过载时，气缸左腔内的压力将逐渐升高，当其超过预定值时，顺序阀 3 将被打开，使换向阀 4 换向，换向阀 1、2 同时复位，气缸返回，从而保护设备安全。

2. 双手操作回路

双手操作回路是只有同时按动两个手动换向阀才能动作的回路。这种回路在锻造、冲压机械设备上常用来避免误动作，以保护操作者的安全及设备的正常工作。

在图 9-35a 所示的双手操作回路中，应把两个手动换向阀 1 和 2 同时按下，才能使主控阀 3 换向。在此回路中，两个手动阀应安装在单手不能同时操作的位置上。在操作时，如任何

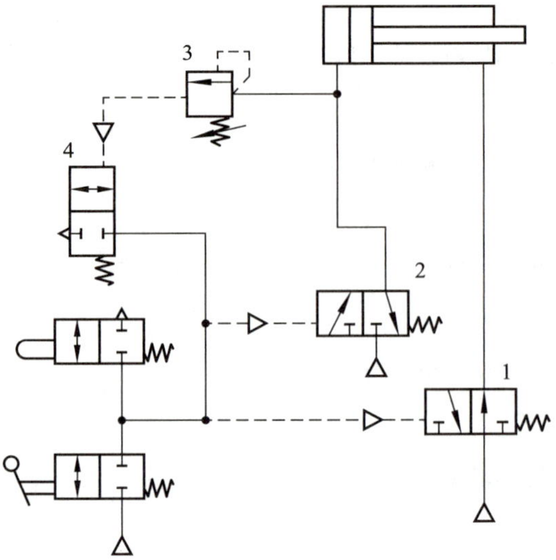


1、2、4—换向阀；3—顺序阀

图 9-34　过载保护回路

一只手离开，则信号消失，主控阀复位，活塞杆退回。若回路中的一个手动换向阀由于弹簧失灵而不能复位，则只要按动另一个手动换向阀便能使气缸运动，因此回路的安全性较差。

在图 9-35b 所示的双手操作回路中，当两个手动换向阀 1、2 未按下时，气源向气容 5 充气。当同时按下手动换向阀 1、2 时，气容 5 内的压缩空气经阀 1、阻尼孔 4 进入主控阀 3 的左端，气源输出的压缩空气进入气缸的无杆腔，使活塞杆伸出。如果两手不同时按下手动换向阀，或其中任意一个手动换向阀因弹簧失灵不能复位时，气容 5 内的压缩空气都将通过手动换向阀 2 的排气口排空，这样由于建立不起控制压力，主控阀 3 就不能切换，因而不会产生误动作。

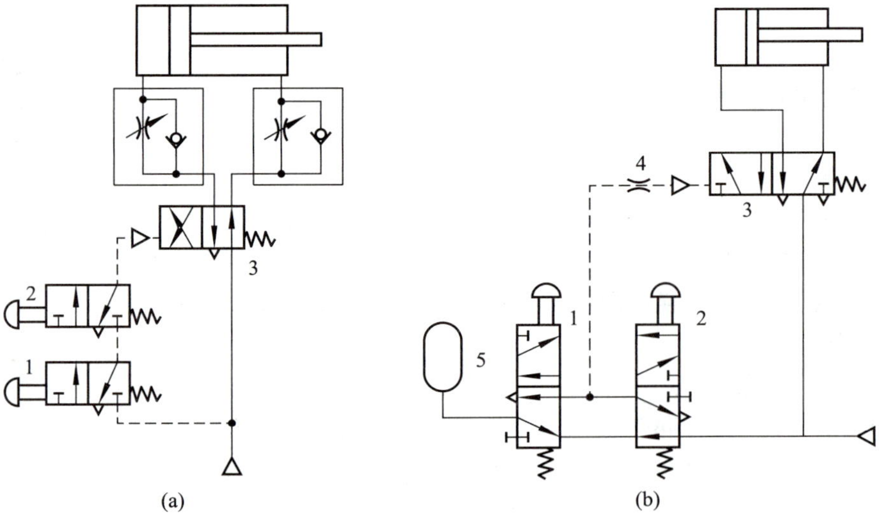


1、2—手动换向阀；3—主控阀；4—阻尼孔；5—气容

图 9-35　双手操作回路

3. 互锁回路

图 9-36 所示为串联换向阀互锁回路。主控阀的换向受三个串联的二位三通机控换向阀的控制，只有三个机控换向阀都接通时，主控阀才能换向，活塞才能动作。

图 9-37 所示为多执行元件互锁回路。该回路能防止各气缸同时动作，保证只有一个气缸动作。回路主要是利用梭阀 1、2、3 及气动换向阀 4、5、6 进行互锁。例如，当气动换向阀 7 换向时，气动换向阀 4 也换向，使气缸 A 活塞杆伸出。同时，气缸 A 进气管路的压缩空气使梭阀 1、2 动作，把气动换向阀 5、6 锁住，此时即使气动换向阀 8、9 有气控信号，气缸 B、C 也不会动作。如要改变气缸的动作，应把前一个动作气缸的气动换向阀复位才行，以此达到互锁的目的。

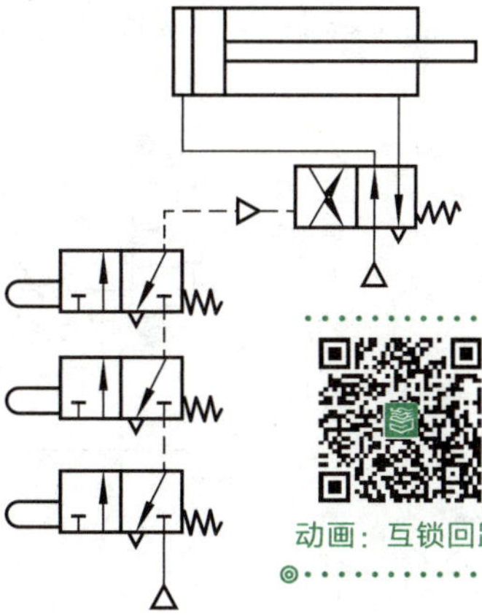

动画：互锁回路

图 9-36 串联换向阀互锁回路

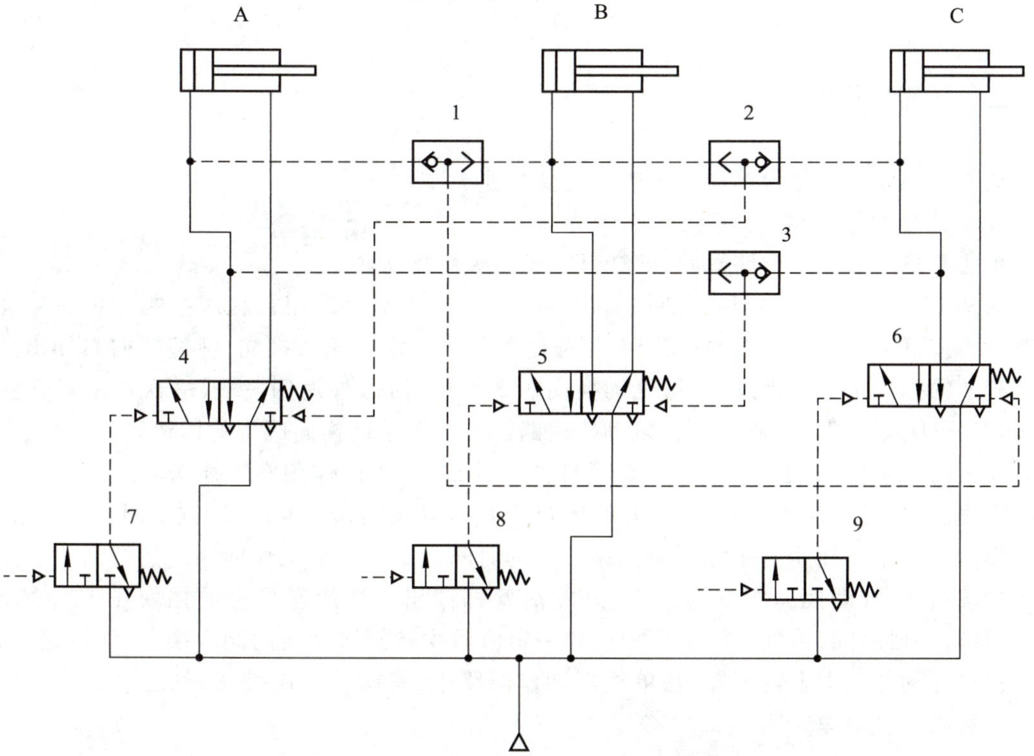


1、2、3—梭阀；4、5、6、7、8、9—气动换向阀

图 9-37 多执行元件互锁回路

## 二、延时回路

图 9-38a 所示为延时接通回路。单向节流阀 3 在主控阀 1 先导信号输入侧形成进气节流。输入先导信号 Z 后应延迟一定时间，待气容 2 中的压力达到一定值时，主控阀 1 才能换

向，使 A 口有输出。图 9-38b 所示为延时断开回路。同理待气容 2 中的压力达到一定值时，主控阀 1 换向，使 A 口的输出断开。延时时间由节流阀调节。

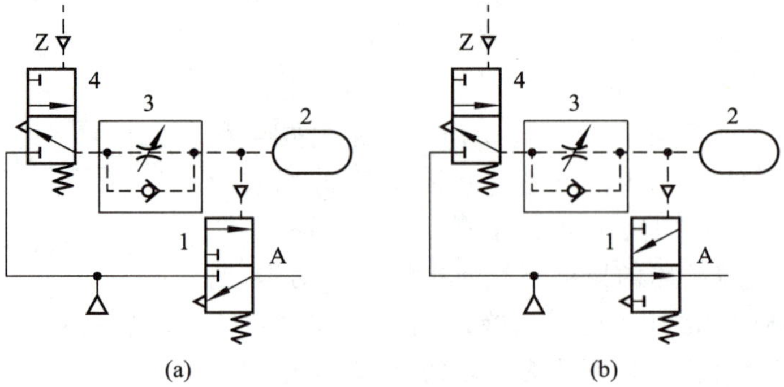


1—主控阀；2—气容；3—单向节流阀；4—先导阀

图 9-38　延时回路

## 三、往复动作回路

往复动作回路可分为单往复和连续往复两种。

1. 单往复动作回路

单往复是指输入一个信号后，气缸只完成一次往复动作。

图 9-39 所示为三种单往复动作回路。图 9-39a 所示为采用行程阀控制的单往复动作回路。当按下手动换向阀 1 的按钮后，压缩空气使气动换向阀 3 换向，活塞杆向右伸出。当活塞杆上的挡块压下行程阀 2 时，气动换向阀 3 复位，活塞杆返回，完成一次往复动作。图 9-39b所示为采用压力控制的单往复动作回路。当按下手动换向阀 1 的按钮后，气动换向阀 3 控制压缩气体进入气缸的无杆腔，活塞杆伸出，同时气压还作用在顺序阀 4 上。当活塞到达行程终点时，无杆腔气压升高，打开顺序阀 4，使气动换向阀 3 换向，气缸返回，完成一次往复动作。图 9-39c 所示为采用延时回路形成的时间控制单往复动作回路。当按下手动换向阀 1 的按钮后，气动换向阀 3 换向，气缸的活塞杆伸出。当活塞杆上的挡块压下行程阀 2 后，需延时一段时间，待气容中的压力达到一定值后才能使气动换向阀 3 换向，气缸返回，完成一次往复动作。由上述可知，在单往复动作回路中，每按动一次按钮，气缸可完成一次伸出和缩回的往复动作。

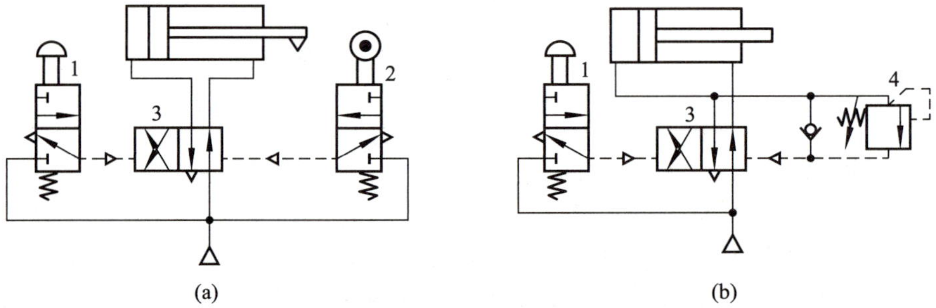

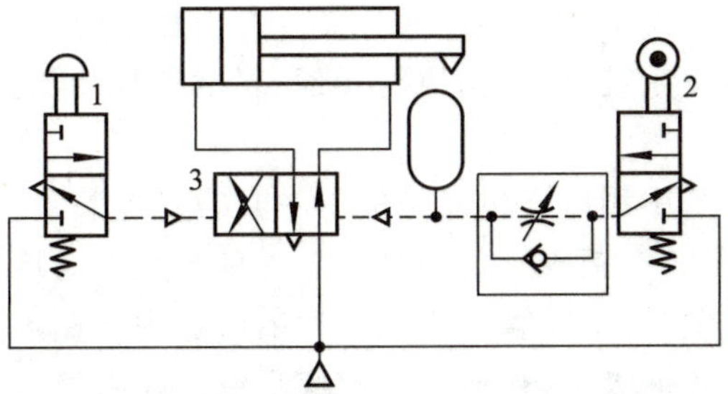


(c)

动画：单往复动作回路

1—手动换向阀;2—行程阀;3—气控换向阀;4—顺序阀

图 9-39 单往复动作回路

2. 连续往复动作回路

连续往复是指输入一个信号后,气缸可连续地进行往复动作。

图 9-40 所示为连续往复动作回路。当按下手动换向阀 1 的按钮后,气控换向阀 4 换向,气缸活塞杆向右移动,这时由于行程阀 3 复位将气路封闭,使气控换向阀 4 不能复位,气缸活塞杆将继续向右移动。当到达行程终点,活塞杆上的挡块压下行程阀 2 时,气控换向阀 4 控制气体排出,在弹簧力作用下气控换向阀 4 复位,气缸返回。当活塞杆上的挡块压下行程阀 3 时,气控阀 4 换向,气缸活塞再次向右移动,形成了伸出和缩回的连续往复动作。当提起阀 1 的按钮后,气控换向阀 4 复位,气缸活塞杆返回并停止运动。

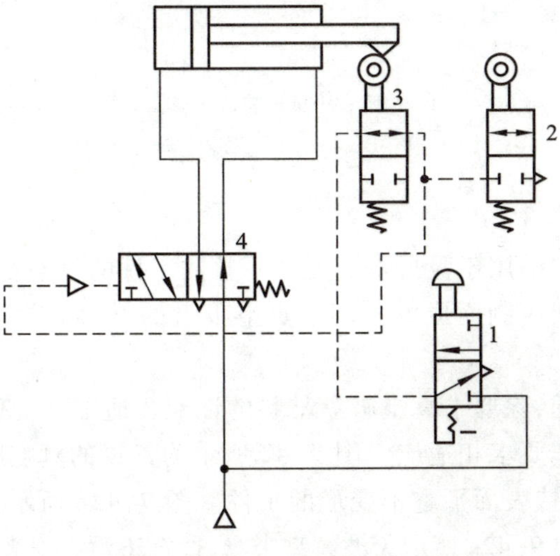


动画：连续往复动作回路

1—手动换向阀;2、3—行程阀;4—气控换向阀

图 9-40 连续往复动作回路

## 四、真空系统

气动系统中,在低于大气压力下工作的元件称为真空元件,由真空元件组成的,以真空吸附为动力源的气动系统称为真空系统。该系统作为实现自动化的一种手段,已在诸多方面得到了广泛的应用。

1. 真空系统的组成

真空系统一般由真空发生装置、真空执行元件、真空控制阀及真空辅助元件等组成。

(1) 真空发生器

真空发生器是真空系统中用以产生真空的一种真空发生装置,如图 9-41 所示。它由先收缩后扩张的喷嘴 1、负压腔 2、接收管 3 和真空吸附口等组成。压缩空气从进气口供气,在喷嘴 1 两端压差高于一定值后,由喷嘴射出超声速射流。由于超声速射流的卷吸作用,将负压腔 2 内的空气从接收管 3 抽吸走,在该腔中形成真空。在真空吸附口接上真空吸盘,便可吸持物体。真空发生器适合从事流量不大的间歇工作和吸持表面光滑平整的工件。

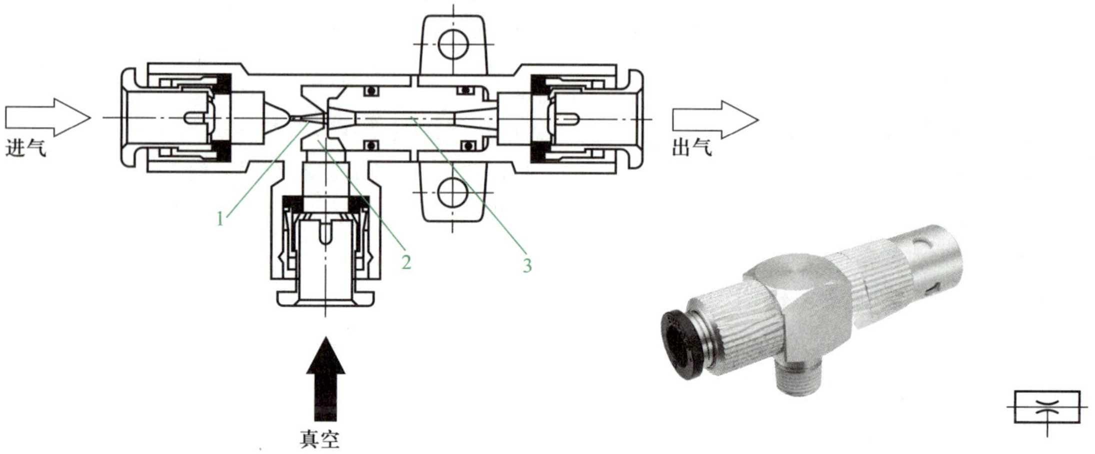


(a) 结构图　(b) 实物图　(c) 图形符号

1—喷嘴;2—负压腔;3—接收管

图 9-41　真空发生器

(2) 真空吸盘

真空吸盘是真空系统中用于吸持表面光滑平整的工件的真空执行元件。真空吸盘通常是由橡胶材料和金属骨架压制而成的。制造真空吸盘的材料通常有丁腈橡胶、聚氨酯橡胶和硅橡胶等。

根据吸持对象的不同,除要求真空吸盘材料的性能要适配外,真空吸盘的形状和安装方式也要与吸持对象的工作要求相适应。图 9-42 所示为常见的真空吸盘,其中图 9-42a 所示为平直型吸盘,适合于吸持表面平整不变形的工件。图 9-42b 所示为深凹型吸盘,适合于吸持呈曲面形状的工件。图 9-42c 所示为波纹型吸盘,适合于没有安装缓冲的空间、工件吸着面倾斜的场合。图 9-42d 所示为头可摇摆型吸盘,适合于工件吸着面倾斜的场合。图 9-42e 所示为真空吸盘的图形符号。

(a) 平直型　(b) 深凹型　(c) 波纹型　(d) 头可摇摆型　(e) 图形符号

图 9-42　常见的真空吸盘

(3) 其他真空元件

真空系统中除了真空发生器和真空吸盘这两个主要元件外，还有真空控制阀、空气过滤器、油雾分离器、真空压力开关、真空安全开关等元件。

1) 真空控制阀　包括压力控制阀、方向控制阀和流量控制阀，真空阀的结构和工作原理与普通阀相类似，其中流量控制阀用于控制真空产生和破坏的快慢。

2) 空气过滤器、油雾分离器　防止压缩空气中的污染物引起真空元件故障。

3) 真空压力开关　检测真空度是否达到要求，防止工件因吸持不牢而跌落。

4) 真空安全开关　在由多个真空吸盘构成的真空系统中，当一个真空吸盘失效后可维持系统真空度不变。

2. 真空回路

真空回路是利用真空泵或真空发生器产生的真空以吸附物体，从而达到吊运物体、组装产品的目的。图 9-43 所示为采用真空发生器的真空回路。当吸持物体时，供给阀 12 的电磁铁通电，压缩空气通过真空发生器 13、消声器 14 排入大气，由于真空发生器 13 的作用，在真空吸盘 10 处产生真空，将物体吸持。当放开物体时，供给阀 12 的电磁铁断电，真空破坏阀 5 的电磁铁通电，真空系统破坏，将物体放开。

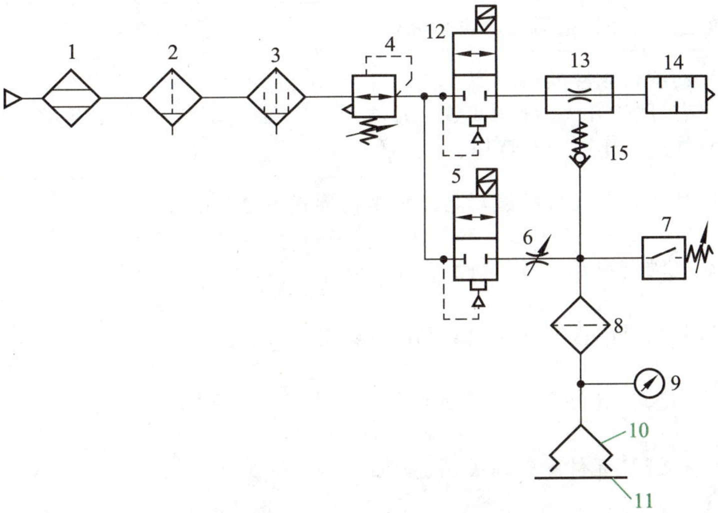


1—干燥器；2—分水滤气器；3—油雾分离器；4—减压阀；5—真空破坏阀；6—节流阀；7—真空压力开关；8—空气过滤器；9—压力表；10—真空吸盘；11—物体；12—供给阀；13—真空发生器；14—消声器；15—单向阀

图 9-43　真空回路

3. 真空系统使用注意事项

1) 在恶劣环境中工作时，真空压力开关前应安装空气过滤器。供给真空系统的气源应经过净化处理，不能含有油雾。

2) 真空吸盘的吸着面积应小于工件的表面积，以免发生泄漏。

3) 真空发生器与真空吸盘间的连接管道应尽量短，且不承受外力。拧动时要防止因管道扭曲变形而造成漏气。

4）为保证停电后系统仍能保持一定真空度，防止真空失效造成工件松脱，应在真空吸盘与真空发生器间设置单向阀，真空电磁阀应采用常通型结构。

5）对于大面积的板材宜采用多个大口径真空吸盘吸持，以增加吸持平稳性。

6）一个真空发生器带多个真空吸盘时，其中一个真空吸盘漏气，会减小其他真空吸盘的吸力，故应单独配置真空压力开关或选用带单向阀的真空吸盘。

## 任务 9.5　气动逻辑元件的认识与选用

### 任务清单

| | |
|---|---|
| 任务引入 | 气动逻辑元件是以压缩空气为工作介质，在气控信号作用下动作，通过元件内部的可动部件（如膜片、阀芯）来改变气流方向，以实现一定逻辑功能的气动控制元件。实际上，方向控制阀也具有气动逻辑元件的各种功能，所不同的是它的输出功率较大、尺寸亦大，而气动逻辑元件的尺寸较小，因此在气动系统中被广泛应用。 |
| 任务目标 | 能正确认识、选用气动逻辑元件。 |
| 任务要求 | 气动逻辑元件的输出信号状态只有“1”或“0”（表示“开”或“关”“有”或“无”等）两种状态，属于开关元件（或数字元件）。气动逻辑元件的种类很多，请分析常用气动逻辑元件的工作原理及选用。 |
| 任务思考 | 1. 气动逻辑元件按逻辑功能和结构形式各分为哪几种？<br>2. 气动逻辑元件有何特点？<br>3. 什么是高压截止式逻辑元件？其有何特点？<br>4. “是门”元件与“与门”元件的逻辑关系有何不同？<br>5. “或门”元件的逻辑关系是什么？<br>6. “非门”元件与“禁门”元件的逻辑关系有何不同？<br>7. “双稳”元件的逻辑关系是什么？<br>8. 采用二位三通单气控加压式换向阀可实现何种逻辑功能？ |
| 任务实施 | 1. 分析“是门”元件的工作原理。<br>2. 分析“或门”元件的工作原理。<br>3. 分析“非门”元件的工作原理。 |

续表

| | | | |
|---|---|---|---|
| 任务实施 | 4. 分析“双稳”元件的工作原理。<br>5. 分析气动逻辑元件的选择和使用注意事项。<br>6. 分析采用两个二位三通单气控加压式换向阀组成“或门”或“与门”逻辑回路的工作原理。 | | |
| 任务总结 | 通过完成上述任务,学到了哪些知识或技能? | | |
| 实施人员 | | | |
| 任务评价 | 参考附录 C。 | 得分 | |

## 知识库

### 一、气动逻辑元件的分类及特点

1. 气动逻辑元件的分类

气动逻辑元件的种类很多,可根据不同特性进行分类。

1) 按工作压力可分为高压元件(工作压力为 0.2~0.8 MPa)、低压元件(工作压力为 0.02~0.2 MPa)及微压元件(工作压力在 0.02 MPa 以下)。

2) 按逻辑功能可分为“或门”“与门”“非门”“双稳”元件等。

3) 按结构形式可分为截止式、膜片式和滑阀式逻辑元件等。

2. 气动逻辑元件的特点

气动逻辑元件具有流道孔径大、抗污染能力强、结构简单、成本低、带负载能力强、无功耗气量低、匹配简单、调试容易,且适应能力强、对环境条件要求不严等特点,但响应时间长、响应速度慢,不能用于强烈冲击和振动的场合。

### 二、高压截止式逻辑元件

高压截止式逻辑元件是依靠控制气压信号或通过膜片的变形推动阀芯动作,改变气流流动方向,实现一定逻辑功能的逻辑元件。气动逻辑系统中广泛采用高压截止式逻辑元件。它具有行程短、流量大、工作压力高、对气源净化程度要求低,便于实现集成安装和集中控制等特点,其拆卸也很方便。

1. “是门”和“与门”元件

图 9-44 所示为“是门”和“与门”元件。该图中 a 为信号输入口,S 为信号输出口,中间口接气源 P 时为“是门”元件。当 a 口无信号时,阀片 1 在弹簧力及空气压力作用下位于上

位，封住 P 口与 S 口间的通道，输出口 S 经阀芯 3 径向间隙与排气口相通，S 口无输出；反之，当 a 口有信号时，膜片 4 在输入信号作用下将阀芯 3 推动下移，封住输出口 S 与排气口间的通道，P 口与 S 口相通，S 口有输出。即 a 口无输入信号时，S 口无输出；a 口有输入信号时，S 口就有输出；元件的输入和输出信号之间始终保持相同的状态，则逻辑关系式为 S=a。

动画："是门"和"与门"元件

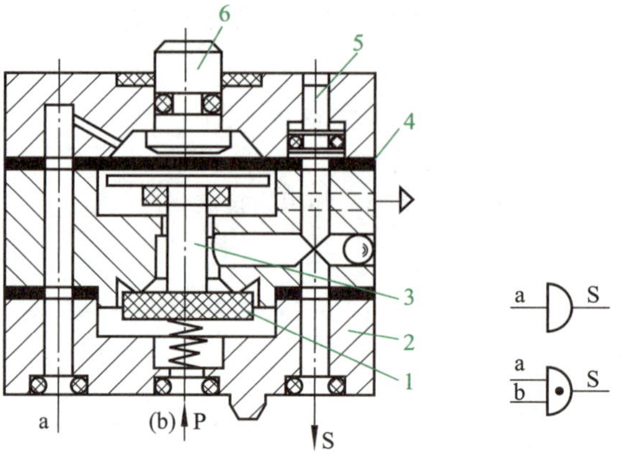


(a) 结构图　　(b) 逻辑符号

1—阀片；2—阀体；3—阀芯；4—膜片；5—显示活塞；6—手动按钮

图 9-44　"是门"和"与门"元件

若将中间口不接气源 P，而换接另一输入信号 b，则成为"与门"元件。也就是说，只有当 a、b 口同时有输入信号时，S 口才有输出，逻辑关系式为 S=a · b。

显示活塞 5 可以显示 S 口有无输出。手动按钮 6 用于调试时手动发出信号。

2. "或门"元件

图 9-45 所示为"或门"元件。该图中 a、b 为信号输入口，S 为信号输出口。当只有 a 口有信号输入时，阀芯 3 在此信号作用下下移，封住 b 口，a 口与 S 口相通，S 口有输出；当只有 b 口有输入信号时，阀芯 3 在此信号作用下上移，封住 a 口通道，b 口与 S 口相通，S 口也有输出；当 a、b 均有输入信号时，阀芯 3 在两个信号作用下或上移、或下移、或保持在中位，S 口均会有输出。也就是说，在 a 或 b 两个信号输入口中，只要有一个口有信号或同时有信号，S 口均有输出，起到了逻辑"或"的作用，即逻辑关系式为 S=a+b。

动画："或门"元件

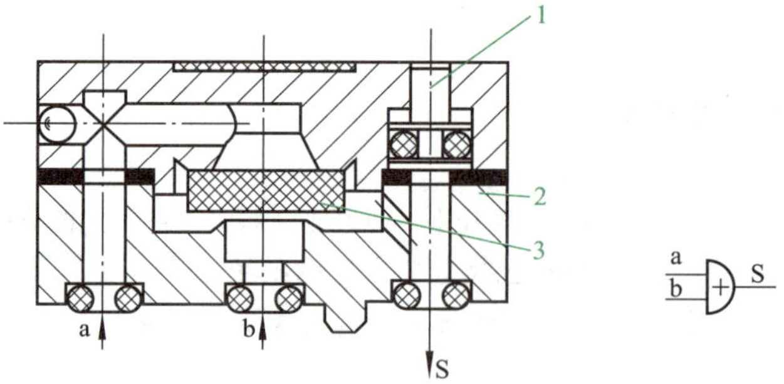


(a) 结构图　　(b) 逻辑符号

1—显示活塞；2—阀体；3—阀芯

图 9-45　"或门"元件

3. “非门”和“禁门”元件

图 9-46 所示为“非门”和“禁门”元件。图中 a 为信号输入口，S 为信号输出口，中间口接气源 P 时为“非门”元件。当 a 口没有信号输入时，阀片 1 在气源 P 的压力作用下上移，封住 S 口与排气口间的通道，S 口有信号输出。当 a 口有输入信号时，信号压力通过膜片 6 推动阀杆 3 下移，因阀杆 3 上端作用面积比下端大得多，故阀片 1 下移封住 P 口，关闭气源 P 通路，S 口没有信号输出。即 a 口无输入信号时，S 口有信号输出，a 口有输入信号时，S 口无信号输出，则逻辑关系式为 $S=\bar{a}$。

若中间孔不接气源 P，而接另一输入信号 b，则元件为“禁门”。也就是说，在 a、b 同时有信号时，由于作用面积的关系，阀片 1 将封住 b 口，S 口没有信号输出。在 a 口无信号而 b 口有信号时，S 口有输出。即 a 口的信号对 b 口的信号起“禁止”作用，即逻辑关系式为 $S=\bar{a}\cdot b$。

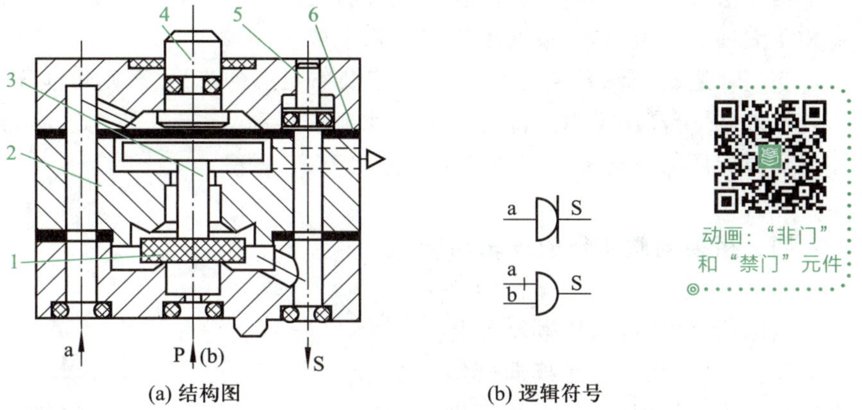


1—阀片；2—阀体；3—阀杆；4—手动按钮；5—显示活塞；6—膜片

图 9-46 “非门”和“禁门”元件

4. “双稳”元件

双稳元件属于记忆元件，在气动逻辑回路中具有重要的作用，如图 9-47 所示。当 a 口有信号输入时，阀芯 2 移动到右端极限位置，由于滑块 4 的分隔作用，P 口的压缩空气通过 $S_1$ 口输出，$S_2$ 口与排气口 R 相通，此时“双稳”处于“1”状态。在 a 口信号消失、b 口信号到来前，阀芯 2 保持在右端位置，$S_1$ 口总有输出。当 b 口有信号输入时，阀芯 2 移动到左端极限位置，P 口的压缩空气通过 $S_2$ 口输出，$S_1$ 口与排气口 R 相通，于是“双稳”处于“0”状态。在

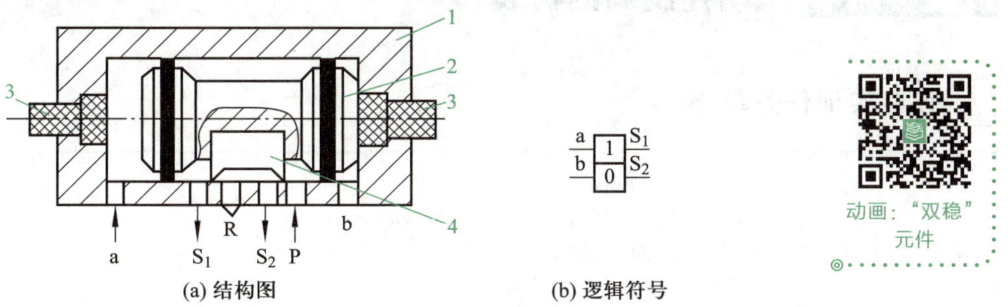


1—阀体；2—阀芯；3—手动按钮；4—滑块

图 9-47 “双稳”元件

b 口信号消失、a 口信号到来前，阀芯 2 保持在左端位置，$S_2$ 口总有输出。所以该元件具有记忆功能，其逻辑关系式为 $S_1=K_b^a$，$S_2=K_a^b$。在使用中，不能在"双稳"元件的两个输入口同时输入信号，否则元件将处于不确定工作状态。

## 三、气动逻辑元件的选用

气动逻辑系统所用气源应保障气动逻辑元件正常工作需要的气压范围和输出端切换时所需的切换压力，气动逻辑元件的输出流量和响应时间等在设计气动系统时可根据系统的要求参照有关资料选取。

无论采用截止式或膜片式高压逻辑元件，都要尽量将元件集中布置，以便于集中管理。

由于信号的传输有一定的延时，信号的发出点（如行程开关）与接收点（如元件）之间不能相距太远。一般说来，最好不要超过几十米。

当气动逻辑元件要相互串联时，一定要有足够的流量，否则可能无力推动下一级元件。

另外，尽管高压逻辑元件对气源过滤要求不高，但最好使用过滤后的气源，一定不要使加入油雾的压缩空气进入气动逻辑元件。

## 四、用换向阀实现的逻辑功能

实际运用中，可以用逻辑元件组成逻辑回路，也可采用换向阀实现逻辑功能。根据需要，采用不同的连接方法可以组成多种逻辑回路。如图 9-48 所示，用两个二位三通单气控加压式换向阀并联或串联可以组成"或门"回路及"与门"回路，A 与 $Z_1$、$Z_2$ 形成"或门"逻辑功能及"与门"逻辑功能。

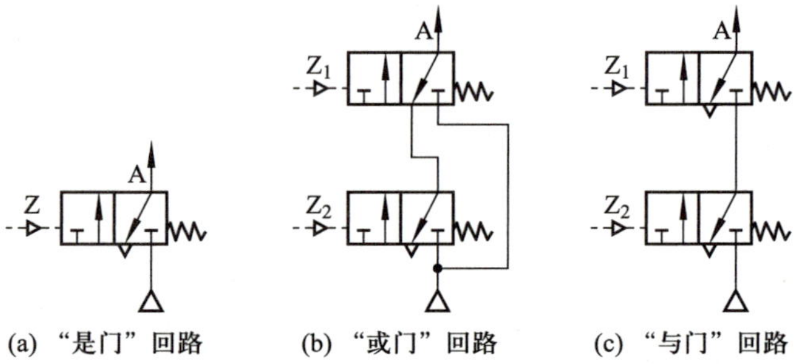


图 9-48　用换向阀实现的逻辑功能

# 技能实训十　气动控制阀的拆装

## 技能实训任务单

| | |
|---|---|
| 实训目的 | 1. 熟悉气动控制阀的用途、结构特点。<br>2. 加深理解气动控制阀的工作原理及特性。<br>3. 掌握气动控制阀的拆卸、装配方法。<br>4. 掌握气动控制阀维修的基本方法。<br>5. 培养实践技能和分析、解决问题的能力。 |

续表

<table>
<tr><td>实训要求</td><td colspan="3">1. 拆装时要按照拆装顺序进行操作，不能拆卸的禁止强拆。<br>2. 拆装时要边拆装边分析气动控制阀的结构原理及特点，并做好拆卸记录。<br>3. 拆装时将拆下的零部件放好，不要散失小的零件，实训完要把气动控制阀装配好。<br>4. 拆装过程中实行“谁拆卸，谁装配”的原则。<br>5. 拆装完毕后，整理好现场，将气动控制阀的外表擦拭干净，工具清洁后放回原处。<br>6. 对拆装的气动控制阀进行结构分析，按要求完成技能实训工作页。</td></tr>
<tr><td>实训器材</td><td colspan="3">气动控制阀：建议可选择典型的方向控制阀、压力控制阀和流量控制阀。<br>拆装工具：内六角扳手，活口扳手，螺丝刀，内、外卡钳，铜棒等。</td></tr>
<tr><td rowspan="9">实训内容与参考步骤</td><td colspan="3">在实训教师的指导下，拆解气动控制阀，观察、了解各零件在气动控制阀中的作用，了解气动控制阀的工作原理，按照规定的步骤装配气动控制阀。</td></tr>
<tr><td rowspan="4">方向控制阀(图 9-9)</td><td>拆卸顺序</td><td>1. 拆下接线盒。<br>2. 拧下螺帽，卸下电磁铁。<br>3. 拆下活动铁心。<br>4. 拆下进气口密封圈。<br>5. 卸下复位弹簧。</td></tr>
<tr><td>主要零件的结构及作用分析</td><td>观察阀体的结构和作用。观察活动铁心的结构和作用。观察复位弹簧的安装位置和作用。</td></tr>
<tr><td>装配要领</td><td>装配前清洗各零件，并将配合零件的表面涂润滑油，然后按拆卸时的反向顺序装配。</td></tr>
<tr><td>拆装注意事项</td><td>1. 装配时严禁遗漏零件。<br>2. 检查各零件的气孔、气路是否畅通、是否有尘屑，若有则需重新清洗。<br>3. 阀芯装入阀体后，应运动自如。</td></tr>
<tr><td rowspan="4">压力控制阀(图 9-19)</td><td>拆卸顺序</td><td>1. 松开调压手柄，再拆下手柄及推杆。<br>2. 拆下减压阀上体和下体上的连接螺钉，并将它们分开。<br>3. 拆下调压弹簧。<br>4. 拆下膜片。<br>5. 拆下阀芯下的螺母，取出复位弹簧、阀杆及阀芯。</td></tr>
<tr><td>主要零件的结构及作用分析</td><td>观察阀体及阀体上气口的结构和作用。观察调压弹簧和复位弹簧与阀座的装配关系，并分析它们的作用。观察作用在膜片上的气压的来源，并分析其受力情况。</td></tr>
<tr><td>装配要领</td><td>装配前清洗各零件，并在配合零件的表面涂润滑油，然后按拆卸时的反向顺序装配。</td></tr>
<tr><td>拆装注意事项</td><td>1. 装配时严禁遗漏零件。<br>2. 检查各零件的气孔、气路是否畅通、是否有尘屑，若有则需重新清洗。<br>3. 装配时注意两根弹簧及减压阀阀座之间的装配关系。<br>4. 阀芯、阀杆装入阀体后，应运动自如。<br>5. 阀体上体和下体平面应完全贴合后，才能用螺钉连接，螺钉要分两次拧紧，并按对角线顺序进行。</td></tr>
</table>

续表

<table>
<tr><td rowspan="4">实训内容与参考步骤</td><td rowspan="4">流量控制阀(图 9-28)</td><td>拆卸顺序</td><td>1. 拆下单向阀的弹簧座,取出单向阀弹簧、钢球等。<br>2. 拆下节流阀阀芯。</td></tr>
<tr><td>主要零件的结构及作用分析</td><td>观察节流阀和单向阀的结构和在阀体上的相对位置关系,并分析它们的作用。</td></tr>
<tr><td>装配要领</td><td>装配前清洗各零件,并将配合零件的表面涂润滑油,然后按拆卸时的反向顺序装配。</td></tr>
<tr><td>拆装注意事项</td><td>1. 装配时严禁遗漏零件。<br>2. 检查各零件的气孔、气路是否畅通、是否有尘屑,若有则需重新清洗。</td></tr>
<tr><td rowspan="3">实训思考</td><td>方向控制阀</td><td colspan="2">1. 分析电磁铁通断电时,换向阀阀芯的位置,并说明气口的通断情况。<br>2. 分析换向阀复位弹簧的作用。<br>3. 分析换向阀有无记忆功能。</td></tr>
<tr><td>压力控制阀</td><td colspan="2">1. 分析减压阀的出口压力是如何调节的。<br>2. 分析减压阀膜片的受力情况。<br>3. 分析减压阀的排气方式。<br>4. 分析作用在膜片上的气压来自减压阀的进气口还是排气口</td></tr>
<tr><td>流量控制阀</td><td colspan="2">1. 分析单向节流阀组成部分的作用。<br>2. 分析如何调节节流阀的节流口。<br>3. 分析不需要节流时气流的流动方向。</td></tr>
</table>

## 技能实训工作页

| | |
|---|---|
| 实训内容 | |
| 实训过程记录 | |
| 实训出现的问题及解决方法 | |
| 实训思考解答 | |

续表

| | | | |
|---|---|---|---|
| 实训效果 | | | |
| 实训人员 | | | |
| 技能实训评价 | 参考附录 D。 | 得分 | |

## 技能实训十一　气动基本回路的组建

### 技能实训任务单

<table>
<tr><td>实训目的</td><td colspan="3">1. 进一步了解和熟悉各类气动元件的工作原理与应用。<br>2. 熟悉气动基本回路的组成、工作原理及功用。<br>3. 能够识读气动基本回路图。<br>4. 能够安装、调试和运行气动基本回路。<br>5. 培养实践技能和分析、解决问题的能力。</td></tr>
<tr><td>实训要求</td><td colspan="3">1. 实训前要明确气动基本回路的作用、组成及原理。<br>2. 能够正确组建与调试气动基本回路。<br>3. 要牢固连接管路，检查无误后才能起动空气压缩机。<br>4. 在实训过程中，不得在有气压的情况下插拔气管。<br>5. 要严格遵守各种安全操作规程。<br>6. 观察气动基本回路的运行情况，加深对气动基本回路的认知。<br>7. 对组建的气动基本回路进行运行情况分析，按要求完成技能实训工作页。</td></tr>
<tr><td>实训器材</td><td colspan="3">气动实训台、各类气动基本回路所需的气动元件等。</td></tr>
<tr><td rowspan="3">实训内容与参考步骤</td><td colspan="2">实训内容</td><td>气动基本回路的种类有很多，可由实训教师根据气动实训设备情况提供气动基本回路，也可参考本书所讲述的气动基本回路。</td></tr>
<tr><td rowspan="2">实训参考步骤</td><td>实训准备</td><td>根据所实训的气动基本回路图，确定需要实训的所有气动元件并准备好，同时检查其是否密封完好。</td></tr>
<tr><td>回路安装</td><td>1. 元件布局。首先根据气动基本回路图进行布局设计，然后将实训元件按布局位置安装固定在气动实训台面板上。<br>2. 气路连接。参考气动基本回路图，按气路逻辑顺序完成气管的连接，注意各气动元件的气口标识字母及其含义，不能接错、接反。气管全部连接完毕后须进行仔细检查并确保无误。<br>3. 电路连接。若有元件需要电气控制时，应用电磁阀连接线将电磁阀和电气控制面板上的相应插孔接好，然后接入输入电源。</td></tr>
</table>

续表

| | | | |
|---|---|---|---|
| 实训内容与参考步骤 | 实训参考步骤 | 实训操作 | 1. 起动空气压缩机，接通气源，调节气源处理装置中的减压阀，得到回路压力。<br>2. 按回路功能进行调试，观察回路的运行情况。<br>3. 认真作好记录，理解、分析实训回路的工作原理。 |
| | | 回路拆除 | 完成实训后，关闭电源和气源，拆下气管和元件，清理现场，元件清洁后放回原处。 |

## 技能实训工作页

| | | | |
|---|---|---|---|
| 实训内容 | | | |
| 实训过程记录 | | | |
| 实训出现的问题及解决方法 | | | |
| 实训效果 | | | |
| 实训人员 | | | |
| 技能实训评价 | 参考附录 D。 | 得分 | |

## 思考和练习

1. 选择题

(1) 在气压控制换向阀中，施加在阀芯控制端的压力逐渐升高到一定值时，使阀芯迅速沿加压方向移动的控制属于(　　)。

A. 加压控制　　B. 差压控制　　C. 时间控制　　D. 卸压控制

(2) 常用的电磁换向阀是控制气流的(　　)。

A. 压力　　B. 流量　　C. 方向　　D. 速度

(3) 顺序阀一般与(　　)一起使用。

A. 节流阀　　B. 单向阀　　C. 减压阀　　D. 溢流阀

(4) 二次压力控制回路的主要作用是(　　)。

A. 控制气罐压力　　B. 控制气缸压力

C. 控制气动马达压力　　D. 控制气动系统的气源压力

(5) 双作用气缸进气节流调速回路多用于(　　)安装的气缸供气回路中。

A. 垂直　　B. 水平

C. 倾斜　　D. 都可以

(6) 关于双手操作回路的说法不正确的是(　　)。

A. 需双手操作

B. 可双手或单手操作

C. 两个手动换向阀安装的距离应使单手不能同时操作

D. 保护操作者安全

(7) 主控阀的换向受三个串联的二位三通机控换向阀的控制,只有三个机控换向阀都接通时,主控阀才能换向。这种回路称为(　　)。

A. 双手操作回路　　B. 互锁回路

C. 过载保护回路　　D. 延时回路

(8) 下列不属于双作用气缸排气节流调速回路特点的是(　　)。

A. 气缸速度随负载变化较小　　B. 运动较平稳

C. 能承受负值负载　　D. 气缸出现"爬行"现象

(9) 快速排气阀一般应装置在(　　)和气缸之间。

A. 单向阀　　B. 节流阀

C. 换向阀　　D. 减压阀

(10) 真空发生器是真空系统的(　　)。

A. 真空发生装置　　B. 真空执行元件

C. 真空控制阀　　D. 真空安全开关

2. 判断题

(1) 排气节流阀不仅可调节排气量,还可起到降低排气噪声的作用。(　　)

(2) 与门型梭阀只要两个输入口 $P_1$、$P_2$,中有任意一个有输入时,输出口 A 就有输出。(　　)

(3) 快速排气阀只能快速排气,不能进气。(　　)

(4) 双手操作回路中,只要按动两个手动换向阀中任意一个阀就可以使活塞运动换向。(　　)

(5) 双作用气缸速度控制回路中的缓冲回路适用于活塞惯性力大的场合。(　　)

3. 梭阀与双压阀各有何功能?

4. 用一个二位三通换向阀能否控制一个双作用气缸的换向?

5. 分析如图 9-49 所示回路的工作过程,并指出各元件名称。

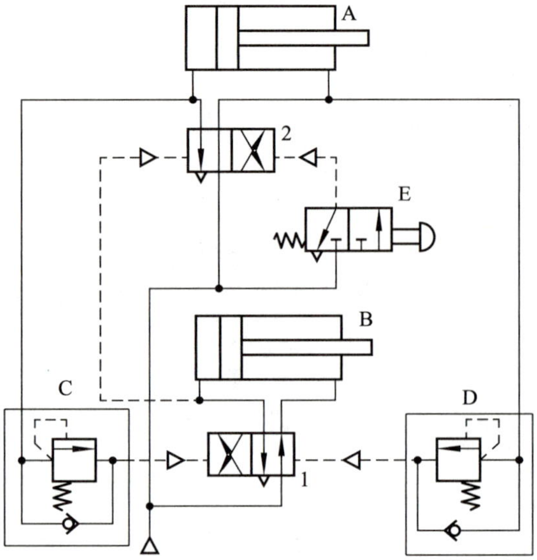


图 9-49　题 5 图

6. 要求气缸活塞左、右换向，可以任意位置停止，并使左、右运动速度可调，试设计并绘制其气动回路图。

7. 试用两个双作用气缸、一个顺序阀、一个二位四通单电控换向阀组成顺序动作回路。

# 项目十　气动系统的分析与维护

## 项目引入

气压传动技术是实现工业生产自动化和半自动化的方式之一。由于气动系统使用安全、可靠,可以在高温、振动、腐蚀、易燃、易爆、多尘埃、强磁、辐射等恶劣环境下工作,所以气压传动技术的应用日益广泛,特别是在机电装备和生产装备线上得到了广泛应用,如图10-1所示的气动设备。气动设备的工作原理也是用气动系统图表示。本项目通过对典型气动系统实例的分析,学会阅读气动系统图和分析气动系统的方法及步骤,能正确使用和维护气动系统。

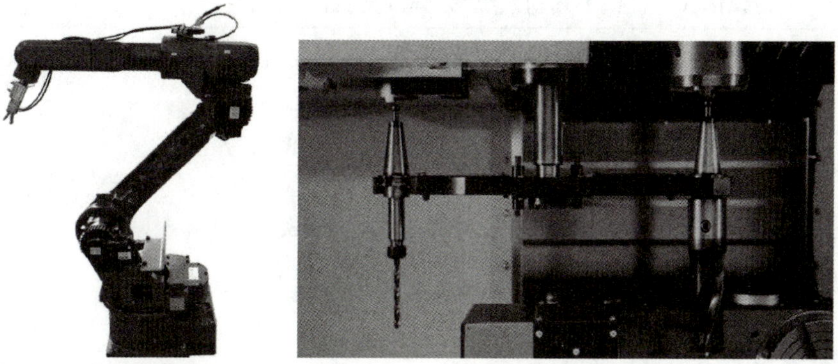

(a) 气动机械手　　(b) 自动换刀装置

图 10-1　气动设备

## 学习目标

1. 知识目标

掌握阅读气动系统图和分析气动系统的方法及步骤。

了解典型气动系统元件组成及其基本回路。

了解气动系统设备的功用、特点。

了解气动系统的使用与维护。

2. 技能目标

能正确识读气动系统图。

能正确分析气动系统。

能正确安装、调试与维护气动系统。

3. 素质目标

增强自主学习意识。

增强团队合作意识。

培养分析、解决问题的能力。

培养良好的职业素养。

## 任务 10.1　气动机械手气动系统的分析

### 任务清单

| | |
|---|---|
| 任务引入 | 气动机械手是机械手的一种，它具有结构简单、重量轻、动作迅速、平稳可靠及节能和环保等优点，在要求工作环境洁净、工作负载较小的自动生产设备和生产线上被广泛应用，其能按预定的控制程序动作。 |
| 任务目标 | 能正确分析气动机械手气动系统。 |
| 任务要求 | 请识读气动机械手气动系统图，分析其工作原理。 |
| 任务思考 | 1. 气动机械手的立柱是如何实现回转的？<br>2. 写出起动阀 q 及主控阀 A′、B′、C′、D′的名称。<br>3. 气缸 A、B、C、D 的换向是利用何种换向阀实现的？ |
| 任务实施 | 分析气动机械手气动系统的工作原理。 |
| 任务总结 | 通过完成上述任务，学到了哪些知识或技能？ |
| 实施人员 | |
| 任务评价 | 参考附录 C。　　　得分： |

### 知识库

图 10-2 所示为气动机械手气动系统结构示意图。该系统由 A、B、C、D 4 个气缸组成，A 缸为夹紧缸，其活塞杆退回时夹紧工件，活塞杆伸出时松开工件；B 缸为长臂伸缩缸，可实现伸出和缩回动作；C 缸为立柱升降缸；D 缸为立柱回转缸，该气缸为齿轮齿条气缸，有两个活塞，分别装在带齿条的活塞杆两头，齿条的往复运动带动立柱上的齿轮旋转，从而实现立柱的回转。

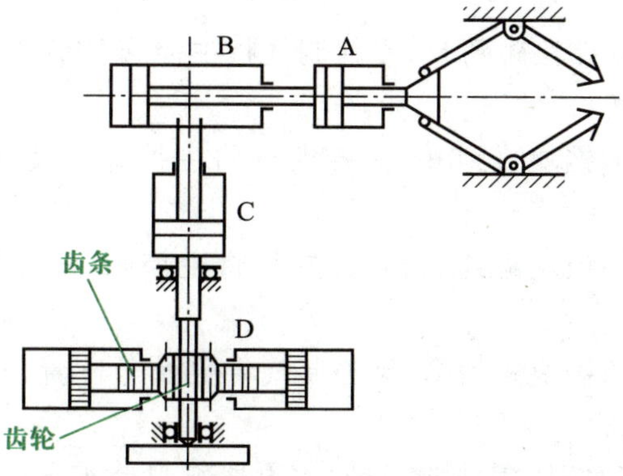


图 10-2　气动机械手气动系统结构示意图

微课：气动机械手

动画：气动机械手的结构

图 10-3 所示为气动机械手气动系统图。若要求该气动机械手的工作顺序为“立柱下降→伸臂→夹紧工件→缩臂→立柱顺时针回转→立柱上升→松开工件→立柱逆时针回转”，则该气动系统的工作循环分析如下：

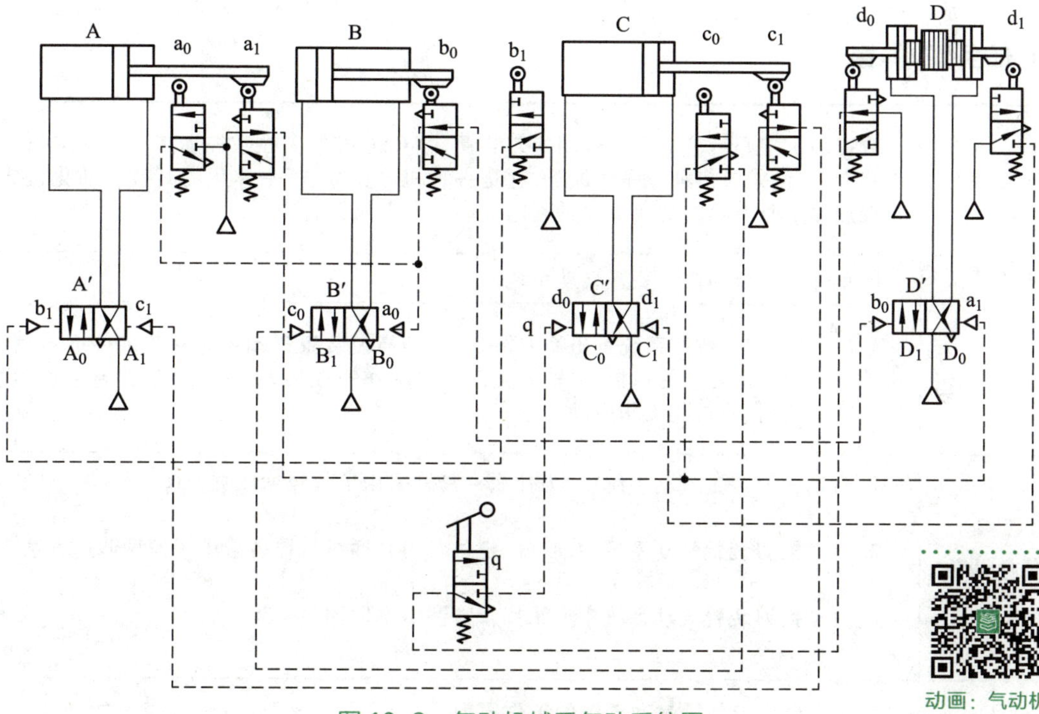


图 10-3　气动机械手气动系统图

动画：气动机械手气动系统

1）按下起动阀 q 起动手柄，主控阀 C′将置于 $C_0$ 位，使 C 缸活塞杆退回，实现立柱下降。

2）当 C 缸活塞杆上的挡块碰到 $c_0$，则控制气将主控阀 B′置于 $B_1$ 位，使 B 缸活塞杆伸出，实现伸臂。

3）当 B 缸活塞杆上的挡块碰到 $b_1$，则控制气将主控阀 A′置于 $A_0$ 位，使 A 缸活塞杆退回，实现夹紧工件。

4）当 A 缸活塞杆上的挡块碰到 $a_0$，则控制气将主控阀 B′置于 $B_0$ 位，使 B 缸活塞杆退回，实现缩臂。

5）当 B 缸活塞杆上的挡块碰到 $b_0$，则控制气将主控阀 D′置于 $D_1$ 位，使 D 缸活塞杆向右移动，实现立柱顺时针回转。

6）当 D 缸活塞杆上的挡块碰到 $d_1$，则控制气将主控阀 C′置于 $C_1$ 位，使 C 缸活塞杆伸出，实现立柱上升。

7）当 C 缸活塞杆上的挡块碰到 $c_1$，则控制气将主控阀 A′置于 $A_1$ 位，使 A 缸活塞杆伸出，实现松开工件。

8）当 A 缸活塞杆上的挡块碰到 $a_1$，则控制气将主控阀 D′置于 $D_0$ 位，使 D 缸活塞杆向左移动，实现立柱逆时针转。

9）当 D 缸活塞杆上的挡块碰到 $d_0$，只要再次按下起动阀 q 起动手柄，控制气将经起动阀 q 又使主控阀 C′置于 $C_0$ 位，于是开始新的一轮工作循环。

## 任务 10.2　数控加工中心自动换刀装置气动系统的分析

### 任务清单

| | | | |
|---|---|---|---|
| 任务引入 | 数控加工中心具有刀库和自动换刀装置，由 CNC 控制。在数控加工中心上，工件一次装夹后，可完成多种工序的加工，它是一种机、电、液、气一体化的高效自动化机床。数控加工中心刀具的交换主要是利用气动技术完成的。 | | |
| 任务目标 | 能正确分析自动换刀装置气动系统。 | | |
| 任务要求 | 当需要换刀时，数控系统发出换刀指令，自动换刀装置气动系统在刀库中通过气动机械手自动进行刀具的选择、主轴松夹刀具等动作完成换刀工作，请识读自动换刀装置气动系统图，分析其工作原理。 | | |
| 任务思考 | 1. 自动换刀装置气动系统中，为什么夹紧缸采用了气液增压缸？<br>2. 自动换刀装置气动系统中，吹气、定位及刀具插拔机构各采用了何种调速方法？<br>3. 自动换刀装置气动系统主要采用了哪些基本回路？ | | |
| 任务实施 | 分析自动换刀装置气动系统的工作原理。 | | |
| 任务总结 | 通过完成上述任务，学到了哪些知识或技能？ | | |
| 实施人员 | | | |
| 任务评价 | 参考附录 C。 | 得分 | |

## 知识库

图 10-4 所示为某数控加工中心自动换刀装置气动系统图。该系统在换刀过程中实现“主轴定位→主轴松刀→拔刀→向主轴锥孔吹气及停止→插刀→刀具夹紧→主轴复位”等动作，其电磁铁的动作顺序见表 10-1。

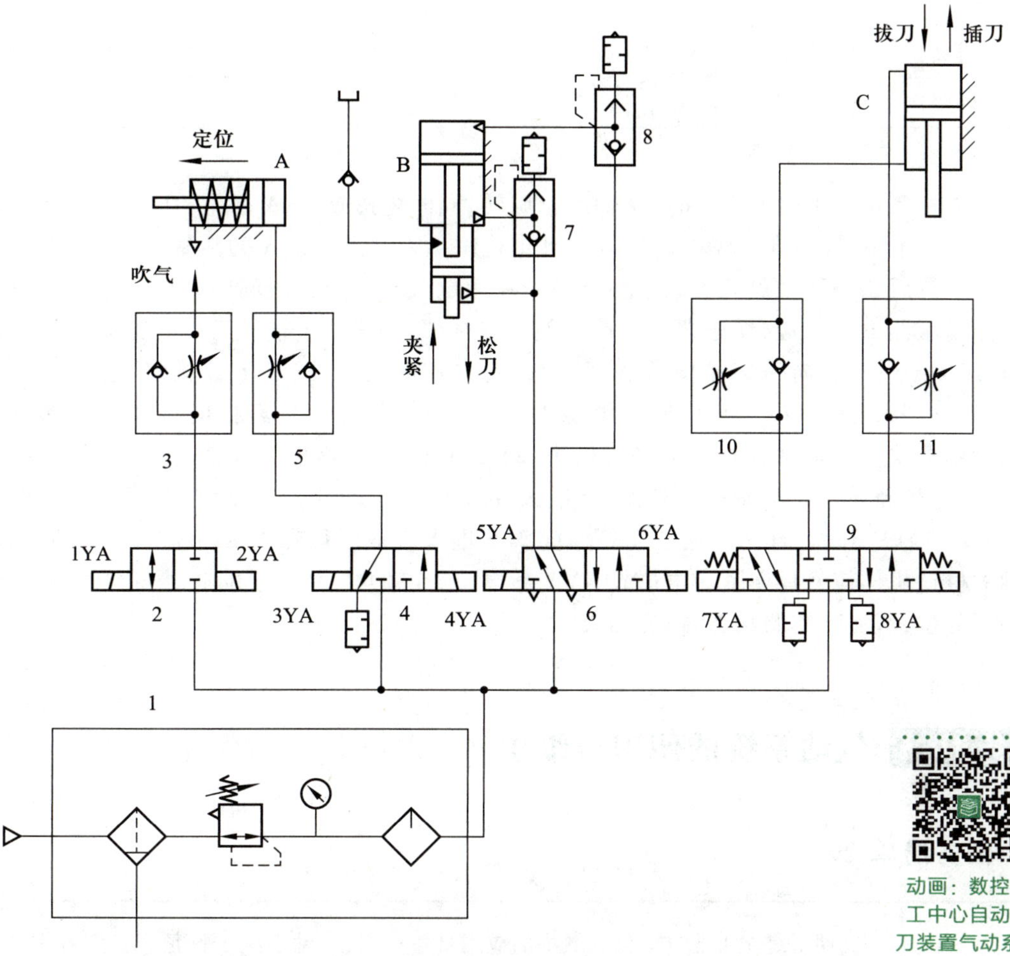


动画：数控加工工中心自动换刀装置气动系统

1—气源处理装置；2、4、6、9—换向阀；3、5、10、11—单向节流阀；7、8—快速排气阀

图 10-4 数控加工中心自动换刀装置气动系统图

表 10-1 电磁铁的动作顺序表

| 动作 | 电磁铁 | | | | | | | |
|---|---|---|---|---|---|---|---|---|
| | 1YA | 2YA | 3YA | 4YA | 5YA | 6YA | 7YA | 8YA |
| 主轴定位 | − | − | − | + | − | − | − | − |
| 主轴松刀 | − | − | − | + | − | + | − | − |
| 拔刀 | − | − | − | + | − | + | − | + |
| 向主轴锥孔吹气 | + | − | − | + | − | + | − | + |

续表

| 动作 | 电磁铁 | | | | | | | |
|---|---|---|---|---|---|---|---|---|
| | 1YA | 2YA | 3YA | 4YA | 5YA | 6YA | 7YA | 8YA |
| 吹气停止 | - | + | - | + | - | + | - | + |
| 插刀 | - | - | - | + | - | + | + | - |
| 刀具夹紧 | - | - | - | + | + | - | - | - |
| 主轴复位 | - | - | + | - | - | - | - | - |

注："+"表示通电；"-"表示断电。

当数控系统发出换刀指令时，主轴停止旋转，同时电磁铁4YA通电，压缩空气经气源处理装置1、换向阀4、单向节流阀5进入主轴定位缸A的右腔，缸A的活塞左移，使主轴自动定位。定位后压下无触点开关，使电磁铁6YA通电，压缩空气经换向阀6、快速排气阀8进入气液增压器B的上腔，增压器的高压油使活塞杆伸出，实现主轴松刀。同时使电磁铁8YA通电，压缩空气经换向阀9、单向节流阀11进入缸C的上腔，缸C下腔排气，活塞杆下移实现拔刀。由回转刀库交换刀具，同时电磁铁1YA通电，压缩空气经换向阀2、单向节流阀3向主轴锥孔吹气。延时后电磁铁1YA断电、2YA通电，吹气停止。电磁铁8YA断电、7YA通电，压缩空气经换向阀9、单向节流阀10进入缸C的下腔，使活塞杆上移，实现插刀动作。电磁铁6YA断电、5YA通电，压缩空气经换向阀6进入气液增压器B的下腔，使活塞杆退回，主轴的机械机构使刀具夹紧。电磁铁4YA断电、3YA通电，主轴定位缸A的活塞在弹簧力作用下复位，恢复到初始状态，换刀结束。

## 任务10.3　气动系统的使用与维护

### 任务清单

| | |
|---|---|
| 任务引入 | 气动系统在工业自动化领域中的应用日益广泛，气动系统工作是否稳定可靠，关键在于气动系统的正确安装和调试，并应及时发现系统的故障先兆，予以处理，才能保持系统良好的工作性能，延长其使用寿命。 |
| 任务目标 | 能正确安装、调试及使用、维护气动系统。 |
| 任务要求 | 请分析气动系统安装、调试及使用、维护的方法、步骤和要求。 |
| 任务思考 | 1. 气动系统管道安装前应做哪些检查工作？<br>2. 气动系统调试前应做好哪些准备工作？<br>3. 气动系统的维护分为哪几种维护工作？ |

续表

| | | | |
|---|---|---|---|
| 任务实施 | 1. 分析气动系统管道和元件安装的要求。<br><br>2. 分析气动系统空载和负载调试的要求。<br><br>3. 分析气动系统的使用要求。<br><br>4. 分析气动系统的维护措施。 | | |
| 任务总结 | 通过完成上述任务，学到了哪些知识或技能？ | | |
| 实施人员 | | | |
| 任务评价 | 参考附录 C。 | 得分 | |

## 知识库

### 一、气动系统的安装与调试

1. 气动系统的安装

（1）管道的安装

安装前应检查管道，管道中不应有粉尘及其他杂质，管道外表面及两端接头应完好，加工后的几何形状应符合要求。经检验合格的管道需吹风后才能安装。安装时按管路系统安装图中标明的安装、固定方法安装，并要注意如下问题：

1）导管扩口部分的几何轴线应与管接头的几何轴线重合。

2）螺纹连接头的拧紧力矩要适中，拧得太紧，扩口部分会受挤压而损坏，拧得不够紧则影响密封。

3）为了防止漏气，连接前平管嘴表面和螺纹处应涂密封胶。

4）软管的抗弯曲刚度小，在软管接头的接触区内产生的摩擦阻力不足以消除接头的转动，因此在安装后有可能会出现软管的扭曲变形。为了防止软管的扭曲，可在最后拧紧外套螺母前将软管向拧紧外套螺母相反的方向转动 1/8~1/6 圈。

5）为了保证焊缝质量，零件上应开焊缝坡口，焊缝部位要清理干净。

6）管路的走向要合理，尽量平行布置，减少交叉，力求短距，弯曲要少，并避免急剧弯曲。

7）管路中任何一段管道均应能自由拆装。

（2）元件的安装

1）安装前应对元件进行清洗，必要时要进行密封试验。

2）各类阀体上的箭头方向或标记，要符合气流流动方向。

3）逻辑元件应按控制回路的需要，将其成组地装于底板上。

4）密封圈不要装得太紧，以免阻力太大。

5）气缸的中心线与负载作用力的中心线要同轴。

6）各种自动控制仪表、自动控制器、压力继电器等，在安装前应进行校验。

2. 气动系统的调试

（1）调试前的准备工作

1）气动回路的调试应在机械部分动作完全正常的情况下进行。如果机械部分尚未调整好，不能进行气动回路的调试。

2）要熟悉说明书等有关技术资料，力求全面了解系统的原理、结构、性能和操作方法。

3）了解元件在设备上的实际位置，需要调整的元件的操作方法及调节旋钮的旋向。

4）准备好调试工具等。

（2）空载运行

空载运行不得不少于 2 h，注意观察压力、流量、温度的变化。如发现异常应立即停车检查，待排除故障后才能继续运转。

（3）负载试运行

负载运行应分段加载，运转不得少于 4 h，分别测出有关数据，并作好记录。

## 二、气动系统的使用与维护

1. 气动系统的使用

1）开车前、后要放掉系统中的冷凝水。

2）定期给油雾器加油。

3）随时注意压缩空气的清洁度，定期清洗分水滤气器的滤芯。

4）开车前检查各调节手柄是否在正确位置，行程阀、行程开关、挡块的位置是否正确、牢固。

5）设备长期不使用时，应将各手柄放松，以免弹簧失效而影响元件的性能。

6）熟悉元件控制机构操作特点，严防调节错误从而造成事故。

2. 气动系统的维护

为了使气动系统能够长期稳定地运转，须对其进行及时的维护、保养工作。气动系统的维护可分日常维护和定期维护，维护时要作好记录，以利于以后的故障诊断和排除。具体应采取以下维护措施：

1）每天应将空气过滤器中的水排放掉。气罐较大时，应装油水分离器。检查油雾器的油面高度和油雾器的调节情况。

2）每周应检查信号发生器上是否有灰尘和铁屑沉积。查看调压阀上的压力表。检查油雾器的工作情况是否正常。

3）每 3 个月检查管道连接处的密封情况，以免泄漏。更换连接运动部件的管道。检查阀口有无泄漏。用肥皂水清洗空气过滤器内部，并用压缩空气从反方向将其吹干。

4）每 6 个月检查气缸内活塞杆的支撑点是否磨损，必要时可更换。同时应更换刮板和密封圈。

# 技能实训十二 气动系统的安装、调试与维护

## 技能实训任务单

<table>
<tr><td>实训目的</td><td colspan="2">1. 进一步了解和熟悉各类气动基本回路的组成、工作原理及功用。<br>2. 能够识读气动系统图。<br>3. 能够安装、调试和维护气动系统。<br>4. 培养实践技能和分析、解决问题的能力。</td></tr>
<tr><td>实训要求</td><td colspan="2">1. 实训前要明确气动系统的作用、组成及原理。<br>2. 要能够正确安装、调试与维护气动系统。<br>3. 要牢固连接管路，检查无误后才能起动空气压缩机。<br>4. 在实训过程中，不得在有气压的情况下拆卸气管。<br>5. 要严格遵守各种安全操作规程。<br>6. 观察气动系统的运行情况，加深对气动系统的认知。<br>7. 对气动系统的运行情况进行分析，按要求完成技能实训工作页。</td></tr>
<tr><td>实训器材</td><td colspan="2">气动实训台、实训气动系统所需的气动元件等。</td></tr>
<tr><td>实训内容与参考步骤</td><td>实训内容</td><td>气动系统可由实训教师根据气动实训设备情况提供。本实训以下图所示的机床夹具气动系统图为例。该系统可实现“缸 A 夹紧头压下→缸 B 和 C 伸出夹紧→缸 B 和 C 返回→缸 A 夹紧头返回”的工作循环。<br>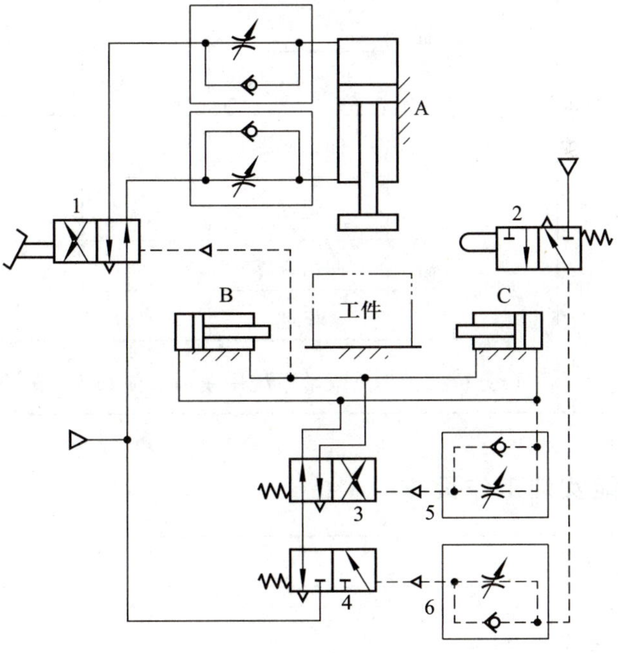<br><br>1—脚踏换向阀；2—行程阀；3、4—气控换向阀；5、6—单向节流阀</td></tr>
</table>

续表

<table>
<tr><td rowspan="4">实训内容与参考步骤</td><td rowspan="4">实训参考步骤</td><td>实训准备</td><td>根据所实训的气动系统图，确定所需所有气动元件并准备好，同时检查其是否密封完好。</td></tr>
<tr><td>系统安装</td><td>1. 元件布局。先根据气动系统图进行布局设计，然后将实训元件按布局位置安装固定在气动实训台面板上。<br>2. 气路连接。参考气动系统图，按气路逻辑顺序完成气管的连接，注意各气动元件的气口标识字母及其含义，不能接错、接反。气管全部连接完毕后进行仔细检查并确保无误。</td></tr>
<tr><td>实训操作</td><td>1. 起动空气压缩机，接通气源，调节气源处理装置中的减压阀，得到系统压力。<br>2. 按系统工作循环进行调试，对出现的问题进行分析和排除，观察系统的运行情况。<br>3. 认真作好记录，理解、分析实训系统的工作原理。</td></tr>
<tr><td>系统拆除</td><td>完成实训后，关闭电源和气源，拆下气管和元件，清理现场，元件清洁后放回原处。</td></tr>
<tr><td>实训思考</td><td colspan="3">1. 分析机床夹具气动系统的工作过程。<br>2. 填写机床夹具气动系统控制阀的动作顺序。<br>
<table>
<tr><td colspan="2">工作循环</td><td>脚踏换向阀 1</td><td>行程阀 2</td><td>气控换向阀 3</td><td>气控换向阀 4</td></tr>
<tr><td rowspan="2">缸 A</td><td>夹紧头压下</td><td></td><td></td><td></td><td></td></tr>
<tr><td>夹紧头返回</td><td></td><td></td><td></td><td></td></tr>
<tr><td rowspan="2">缸 B</td><td>伸出夹紧</td><td></td><td></td><td></td><td></td></tr>
<tr><td>返回</td><td></td><td></td><td></td><td></td></tr>
<tr><td rowspan="2">缸 C</td><td>伸出夹紧</td><td></td><td></td><td></td><td></td></tr>
<tr><td>返回</td><td></td><td></td><td></td><td></td></tr>
</table>
3. 分析机床夹具气动系统中单向节流阀 5、6 的作用。</td></tr>
</table>

## 技能实训工作页

| | |
|---|---|
| 实训内容 | |
| 实训过程记录 | |

续表

| | | | |
|---|---|---|---|
| 实训出现的问题及解决方法 | | | |
| 实训思考解答 | | | |
| 实训效果 | | | |
| 实训人员 | | | |
| 技能实训评价 | 参考附录 D。 | 得分 | |

## 思考和练习

1. 分析气动机械手气动系统的特点。
2. 分析数控加工中心自动换刀装置气动系统的特点。
3. 图 10-5 所示为拉门自动开闭气动系统图。分析系统的工作原理和特点。

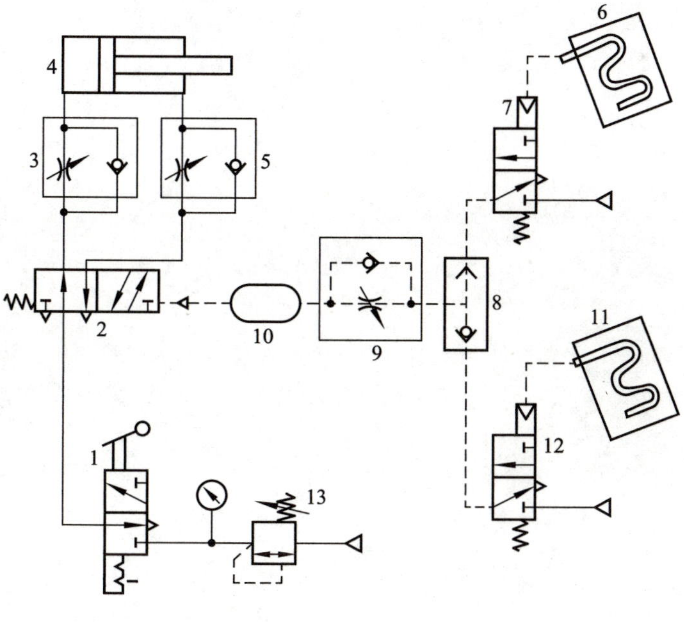


1—手动换向阀；2—气控换向阀；3、5、9—单向节流阀；4—气缸；6、11—踏板；
7、12—超低压气控换向阀；8—梭阀；10—气容；13—减压阀

图 10-5 题 3 图

4. 图 10-6 所示为公共汽车门气动系统图。该系统中驾驶员和售票员处各有一个气动开关，用以控制汽车门的开和关，分析其工作过程。

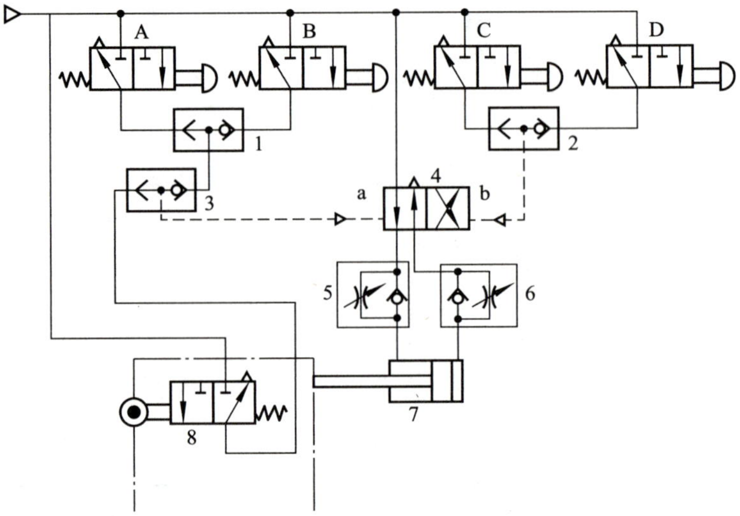


1、2、3—梭阀；4—气控换向阀；5、6—单向节流阀；7—气缸；8—行程阀；A、B、C、D—手动换向阀

图 10-6　题 4 图

# 附录

## 附录 A　液压元件图形符号（摘自 GB／T 786.1—2021）

## 附录 B　气动元件图形符号（摘自 GB／T 786.1—2021）

# 附录 C 任务评价表

| 任务名称 | | | | | 时间 | | 成绩 | |
|---|---|---|---|---|---|---|---|---|
| 班级 | | | 学号 | | 姓名 | | 授课教师 | |
| 类别 | 评价项目 | 评价内容 | 配分 | 评分标准 | 得分 | | |
| | | | | | 自我评价（25%） | 组内评价（35%） | 教师评价（40%） |
| 任务评价 | 任务准备 | 1. 明确任务目标和任务要求；<br>2. 制订任务实施计划；<br>3. 搜集资料，完成任务思考题 | 20 | 1. 任务目标和任务要求不明确的，酌情扣 1~2 分；<br>2. 任务实施计划不合理的，酌情扣 2~3 分；<br>3. 任务思考题没有完成或不准确的，每题酌情扣 3~5分，扣完为止 | | | |
| | 任务实施 | 1. 根据任务要求，完成任务内容；<br>2. 任务实施正确、规范 | 40 | 1. 未按要求完成任务的，缺一项酌情扣 5 ~ 10 分，扣完为止；<br>2. 任务实施不正确、不规范的，酌情扣 5~10 分 | | | |
| | 任务总结 | 正确总结任务内容 | 10 | 总结内容不准确的，酌情扣 3~5 分 | | | |
| | 任务完成 | 认真填写任务清单 | 5 | 不认真填写任务清单的，酌情扣 3~5 分 | | | |
| 职业素养评价 | 学习态度 | 1. 遵守考勤制度，不迟到，不早退；<br>2. 积极参与学习，态度端正，严谨认真 | 10 | 1. 迟到、早退的，酌情扣 2~5 分；<br>2. 不积极参与学习，态度不端正、不认真的，酌情扣 3~5 分 | | | |
| | 责任意识 | 责任意识强，要求严格 | 5 | 责任意识不强的，酌情扣 3~5 分 | | | |
| | 团结协作 | 1. 团队协作意识强；<br>2. 善于沟通交流 | 10 | 1. 团队合作意识不强的，酌情扣 3~5 分；<br>2. 不善沟通交流的，酌情扣 2~5 分 | | | |
| 合计 | | | 100 | | | | |

# 附录 D 技能实训评价表

| 实训名称 | | | | | 时间 | | 成绩 | |
|---|---|---|---|---|---|---|---|---|
| 班级 | | | 学号 | | 姓名 | | 实训教师 | |
| 类别 | 评价项目 | 评价内容 | 配分 | 评分标准 | 得分 | | | |
| | | | | | 自我评价（25%） | 组内评价（35%） | 教师评价（40%） | |
| 实训能力评价 | 实训准备 | 1. 理论知识扎实，熟悉元件/回路的作用、组成及原理；<br>2. 能够正确识别元件/识读回路图；<br>3. 能够正确选择拆装工具/回路元件 | 10 | 1. 理论知识不扎实的，酌情扣1~2分；<br>2. 元件识别错误/回路图识读有误的，酌情扣2~3分；<br>3. 拆装工具选择不当/回路元件选择错误的，酌情扣2~5分 | | | | |
| | 实训操作 | 1. 根据实训要求，按步骤正确拆卸元件/安装回路；<br>2. 正确观察、分析拆卸零件的结构和作用/运行、调试回路，分析回路原理，并做好记录；<br>3. 按步骤正确装配元件/拆除回路 | 30 | 1. 未按要求拆卸元件/安装回路的，酌情扣5~10分；<br>2. 不符合实训操作评价内容2的，酌情扣3~10分；<br>3. 未按要求装配元件/拆除回路的，酌情扣5~10分 | | | | |
| | 实训总结 | 1. 正确回答实训思考题/分析回路故障原因；<br>2. 正确总结实训效果；<br>3. 规范完成技能实训工作页 | 20 | 1. 不符合实训总结评价内容1，且思路不清晰的，酌情扣5~10分；<br>2. 实训效果总结不清晰的，酌情扣2~5分；<br>3. 技能实训工作页没有完成或不规范的，酌情扣2~5分 | | | | |

续表

<table>
<tr><td colspan="2">实训名称</td><td colspan="3"></td><td>时间</td><td></td><td>成绩</td><td></td></tr>
<tr><td colspan="2">班级</td><td></td><td>学号</td><td></td><td>姓名</td><td></td><td>实训教师</td><td></td></tr>
<tr><td rowspan="2">类别</td><td rowspan="2">评价项目</td><td rowspan="2">评价内容</td><td rowspan="2">配分</td><td rowspan="2">评分标准</td><td colspan="4">得分</td></tr>
<tr><td>自我评价（25%）</td><td>组内评价（35%）</td><td colspan="2">教师评价（40%）</td></tr>
<tr><td rowspan="4">职业素养评价</td><td>敬业精神</td><td>1. 遵守考勤制度，不迟到，不早退；<br>2. 积极参与，态度端正，严谨认真；<br>3. 吃苦耐劳，踏实肯干</td><td>10</td><td>1. 迟到、早退的，酌情扣1~2分；<br>2. 不积极参与，态度不端正、不认真的，酌情扣3~5分；<br>3. 怕脏怕累，不踏实的，酌情扣2~3分</td><td></td><td></td><td colspan="2"></td></tr>
<tr><td>安全操作</td><td>1. 遵守安全操作规程；<br>2. 遵守实训室管理制度</td><td>15</td><td>1. 违反安全操作规程的，酌情扣5分，导致工具、元件、设备损坏的，扣10分；<br>2. 不遵守实训室管理制度的，扣3~5分</td><td></td><td></td><td colspan="2"></td></tr>
<tr><td>团结协作</td><td>1. 团队协作意识强；<br>2. 善于沟通交流</td><td>5</td><td>1. 团队合作意识不强的，酌情扣1~3分；<br>2. 不善沟通交流，酌情扣1~2分</td><td></td><td></td><td colspan="2"></td></tr>
<tr><td>现场管理</td><td>1. 工具、元件摆放整齐；<br>2. 工具、元件及设备使用完好；<br>3. 按“6s”管理要求做好现场整理工作</td><td>10</td><td>1. 工具、元件摆放杂乱的，酌情扣2~3分；<br>2. 不爱惜实训室工具、元件及设备的，酌情扣2~3分；<br>3. 未按现场“6s”管理要求的，酌情扣2~4分</td><td></td><td></td><td colspan="2"></td></tr>
<tr><td colspan="2">合计</td><td></td><td>100</td><td></td><td></td><td></td><td colspan="2"></td></tr>
</table>

# 参考文献


[1] 杨光龙,兰建设.液压与气压传动[M].3版.北京:高等教育出版社,2021.

[2] 许福玲.液压与气压传动[M].4版.北京:机械工业出版社,2018.

[3] 左建民.液压与气压传动[M].5版.北京:机械工业出版社,2016.

[4] 冯锦春.液压与气压传动技术[M].3版.北京:人民邮电出版社,2021.

[5] 刘建明,孙杰.液压与气压传动[M].5版.北京:机械工业出版社,2024.

[6] 张群生.液压与气压传动[M].4版.北京:机械工业出版社,2019.

[7] 徐钢涛,岳丽敏.液压与气压传动技术[M].3版.北京:高等教育出版社,2019.

[8] 马振福.液压与气压传动[M].3版.北京:机械工业出版社,2021.

[9] 赵雷,陈翠.液压与气压传动技术[M].成都:西南交通大学出版社,2019.

[10] 张福臣.液压与气压传动[M].2版.北京:机械工业出版社,2016.

[11] 李鄂民.液压与气压传动[M].北京:机械工业出版社,2019.

[12] 刘延俊,关浩,周德繁.液压与气压传动[M].2版.北京:高等教育出版社,2016.

[13] 王德洪,周慎,何安琪.液压与气动系统故障诊断及排除[M].北京:北京理工大学出版社,2021.

**读者意见反馈**

为收集对教材的意见建议，进一步完善教材编写并做好服务工作，读者可将对本教材的意见建议通过如下渠道反馈至我社。

**咨询电话**　400-810-0598

**反馈邮箱**　gjdzfwb@pub.hep.cn

**通信地址**　北京市朝阳区惠新东街4号富盛大厦1座

　　　　　高等教育出版社总编辑办公室

**邮政编码**　100029

授课教师如需获得本书配套教辅资源，请登录"高等教育出版社产品信息检索系统"(https://xuanshu.hep.com.cn/)搜索下载，首次使用本系统的用户，请先进行注册并完成教师资格认证。